FINANÇAS CORPORATIVAS

SISTEMA COMÉRCIO-RJ
SENAC RIO DE JANEIRO

Presidente do Conselho Regional
Orlando Diniz

Diretor do Sistema Comércio
Julio Pedro

Diretor Regional
Eduardo Diniz

Conselho Editorial
Julio Pedro, Eduardo Diniz, Daniele Paraiso, Marcelo Toledo, Ana Paula Alfredo, Wilma Freitas, Manuel Vieira e Karine Fajardo

Editora Senac Rio de Janeiro
Rua Pompeu Loureiro, 45/11º andar
Copacabana – Rio de Janeiro
CEP: 22061-000 – RJ
comercial.editora@rj.senac.br
editora@rj.senac.br
www.rj.senac.br/editora

Publisher
Manuel Vieira

Editora
Karine Fajardo

Prospecção
Viviane Iria (coordenadora), Emanuella Santos e Manuela Soares

Produção editorial
Ana Carolina Lins, Camila Simas, Cláudia Amorim e Jacqueline Gutierrez

Impressão: Lis Gráfica e Editora Ltda.

2ª edição revista e ampliada: dezembro de 2014

Dados Internacionais de Catalogação na Publicação (CIP)
(Câmara Brasileira do Livro, SP, Brasil)

Luzio, Eduardo
Finanças Corporativas : teoria e prática/Eduardo Luzio. – 2 ed. revista e ampliada – São Paulo: Cengage Learning ; Rio de Janeiro : Editora Senac Rio de Janeiro, 2014.

Bibliografia.
ISBN 978-85-221-1821-2

1. Administração de empresas – Brasil 2. Administração financeira – Brasil 3. Empresas – Brasil – Finanças 4. Empresas – Brasil – Produtividade 5. Finanças corporativas 6. Valor (Economia) I. Título.

14-11135 CDD-658.150981

Índices para catálogo sistemático:

1. Brasil : Finanças corporativas : Administração de empresas 658.150981
2. Finanças corporativas : Empresas brasileiras : Administração. 658.150981

Incluí estudos de caso sobre geração e destruição de valor em empresas, endividamento excessivo, M&A, MBO, financiamento mezanino e outros desafios

Eduardo Luzio

FINANÇAS CORPORATIVAS
TEORIA E PRÁTICA

2ª edição revista e ampliada

CENGAGE Learning

Senac

CENGAGE
Learning®

Finanças Corporativas: teoria e prática
2ª edição revista e ampliada
Eduardo Luzio

Gerente editorial: Noelma Brocanelli

Editora de desenvolvimento: Salete Del Guerra

Supervisora de produção gráfica: Fabiana Alencar Albuquerque

Copidesque: Jacqueline Gutierrez

Revisão: Ana Carolina Lins e Isabel Ribeiro

Projeto gráfico: Alberto Mateus

Diagramação: Crayon Editorial

Capa: Cynthia Braik

Pesquisa iconográfica e licenciamento de texto: Josiane Camacho Laurentino

ISBN-13: 978-85-221-1821-2

Cengage Learning
Condomínio E-Business Park
Rua Werner Siemens, 111 – Prédio 11 – Torre A – conjunto 12
Lapa de Baixo – CEP 05069-900 – São Paulo – SP
Tel.: (11) 3665-9900 Fax: (11) 3665-9901
SAC: 0800 11 19 39

Para suas soluções de curso e aprendizado, visite **www.cengage.com.br**.

Impresso no Brasil
Printed in Brazil
1 2 3 4 5 17 16 15 14

Às pessoas com quem tive a
oportunidade de trabalhar.
Aos colegas, clientes, alunos e
amigos com quem aprendi
e continuo aprendendo.

Agradecimentos

A MOTIVAÇÃO E A INSPIRAÇÃO para escrever este livro surgiram nas salas de aula da Fundação Instituto de Pesquisas Econômicas da Universidade de São Paulo (Fipe-USP). Em 1998, a convite dos professores Denisard Alves e Luiz Martins Lopes, comecei a ministrar aulas de Finanças Corporativas no MBA Economia do Setor Financeiro. No princípio, foram cinco aulas. Não demorou muito para que, com o apoio de Luiz Martins Lopes, o módulo de Finanças Corporativas ocupasse mais de trinta aulas, equivalentes a um terço de todo o MBA.

Desde o início, meu maior estímulo na elaboração do curso era a possibilidade de oferecer algo de que senti falta em meu mestrado em Finanças na Universidade de Illinois, nos Estados Unidos: a articulação entre teoria e prática. Esforcei-me em levar para as salas de aula o que pude aprender na prática de Finanças Corporativas como consultor em Fusões e Aquisições, Reestruturação Financeira e Societária, Project Finance e Avaliação de Novos Empreendimentos. Por isso, sou grato às pessoas com quem tive a oportunidade de trabalhar tanto na vida acadêmica quanto nas empresas.

No percurso acadêmico, agradeço o apoio dos professores: Antonio Gledson de Carvalho, Luiz Martins Lopes e Marco Antonio Sandoval de Vasconcellos, hoje na Fundação Getulio Vargas (FGV); Francisco Annuatti, Antonio Coelho Campino, Rodrigo De Losso, José Carlos de Souza Santos e Marcos Eugênio da Silva, da Fipe-USP; Marco Seidel, Sidnei Martini e Carlos Márcio Vieira Tahan, da Escola Politécnica da USP (Poli-USP); Marina Figueira de Mello, da Pontifícia Universidade Católica do Rio de Janeiro (PUC-Rio); André Cury Maialy, Rogério Mori, Afonso de Campos Pinto e Ricardo Fernandes Paixão da Escola de Economia de São Paulo da Fundação Getulio Vargas (FGV-EESP); Felipe Garran e Roy Martelanc, da Fundação Instituto de Administração da Universidade de São Paulo (FIA-USP); Guy Cliquet do Amaral Filho, Irineu Gustavo Gianesi, Adalto Barbaceia Gonçalves, Naércio Menezes Filho e Ricardo Mollo, do Insper; e Rodrigo Ferreira, do Centro de Treinamento e Estudos em Energia (CTEE).

No percurso não acadêmico, agradeço a todos os profissionais com quem compartilhei experiências significativas: Fernando Albino, Reginaldo Alexandre, José Renato Almeida, Simon Aluan, Paulo Azzi, Maria Luiza Baroni, Marcel Baumgartner, Yves Besse, Marcelo Bicudo, Dan Biller, Rodrigo Braga, Umberto Bonini, Christian Callas, Elisa Carra, Joaquim Castro Neto, Eduardo Cavalheiro, Gilmário Cavalcante, Luiz Felix Cavallari, Marcos Cheganças, Vanderlei Chu, Yon Uk Chung, Augusto Cruz, Pedro Paulo Diniz, Newton Duarte, Jader Engelbrecht Jr., Carlo Ernst, Caetano Fabrini, Walter Faria Jr., Alan do Amaral Fernandes, Maria do Carmo Ferrante, Carlos Ferraz, Tibério Graco Ferreira, Álvaro de Sá Freire, Fernando Gentil, Mauro Guizeline, Milton Hage, Karina Hazan, Gustava Heller, Eduardo Hidal, Horácio Hirata, Celso Torquato Junqueira, Adhemar Kajita, Murilo Bueno Kammer, Samuel Klein, Carlos Alberto Lanza, Roberta Laurindo, Renato Rilston Luz, Fernando Luzio, Antonio Luis Martins, Caio Mattar, Carlos Eduardo Mellis,

André Melo, Vincent Menu, João Roberto Mesquita, Álvaro Gil Miguel, Ana Beatriz Monteiro, André Palma, Cleomar Parisi, Marcelo Brito Peixoto, Márcio Guedes Pereira Jr., Ricardo Pigatto, Ricardo Pogetti, Rubens Prata, Antonio Lemes Rigolin, Pedro Moreira Salles, Rosana Santos, Luiz Fernando Schneider, Eduardo Serra, Jorge Simino, Tom Simmons, Nivaldo Silveira Simões, Fernando Sotelino, Ricardo Stern, José Francisco Teixeira Neto, Luiz Antonio e Luiz Carlos Urquiza, Israel Vainboim, Adalberto Ferreira do Valle Jr., Ricardo Cunha Vaz, Paulo Vasconcelos e Antonio Watanabe.

As primeiras versões deste livro contaram com a minuciosa revisão de meu pai, José, falecido em julho de 2010. É difícil descrever o sentimento de perda de um bom pai. Um pouco de tudo o que faço tem sua contribuição, inclusive esta obra.

Escrever um livro é um exercício tão intenso quanto extenso. Neste, em especial, foram 12 anos de dedicação e esforço. Ao fim, no processo de editoração, sinto-me muito afortunado de ter tido o apoio minucioso e cuidadoso de Fábio Gonçalves, da Cengage Learning, Carlos Villarruel, Luicy Caetano de Oliveira e Maria Alice da Costa.

Agradeço à equipe da Cengage o grande apoio na revisão e diagramação do texto e a obtenção das devidas autorizações dos autores e obras citadas. Em particular, agradeço a Salete Del Guerra (editora de desenvolvimento), Isabel Ribeiro (revisão), Crayon Editorial (diagramação e arte) e Josiane Camacho Laurentino (pesquisa iconográfica e licenciamento de textos). Sou grato pelo apoio de Guacira Simonelli (editora de aquisição), Eduardo Mônaco (gerente de divulgação e marketing), Noelma Brocanelli (gerente editorial) e Milagros Valderrama (managing diretor). Agradeço também à equipe editorial da Editora Senac Rio de Janeiro: Karine Fajardo (editora), Cláudia Amorim e Jacqueline Gutierrez (revisão) e, ainda, aos autores que, generosamente, permitiram que suas obras fossem citadas em prol de compartilhar conhecimento. A primeira revisão gramatical do texto integral original contou com a assessoria de Karina Saghikian, a quem também estendo minha gratidão.

Sou grato a Sandra Letícia Berta, que me acompanhou em minhas reflexões mais caras sobre valor, dívidas e estratégias.

Posso dizer que este livro foi motivado por encontros com meus alunos e colegas de trabalho. De todos esses encontros, no entanto, um dos mais valiosos foi com minha querida esposa, Juliana. A ela faço um agradecimento pessoal: por nosso encontro "inesquecível", "incomparável" e "inexplicável", que vem me proporcionando aprendizados inestimáveis.

Sumário

Prefácio

COM GRANDE SATISFAÇÃO RECEBI o convite da Cengage Learning para publicar, em parceria com a Editora Senac Rio de Janeiro, a segunda edição deste livro, três anos após a primeira. Aproveitando a oportunidade, decidi revisá-lo, atualizá-lo e ampliá-lo. Assim, além de maior, esta edição traz as novidades apresentadas a seguir.

- Com a ideia de aproximar o leitor à aplicabilidade dos conceitos apresentados no cotidiano das empresas, relatos pessoais atuais e novas caixas de texto denominadas "Na prática" buscam ilustrar conceitos com fatos ocorridos no dia a dia e divulgados pela mídia especializada.
- Novos exercícios e o desdobramento dos anteriores.
- Dois novos estudos de caso (Collins & Sons e Arbol), que compõem um novo capítulo: "Estudos de caso preparatórios". Com níveis de complexidade de simples a intermediário, os casos servem para ilustrar os conceitos e a metodologia, e preparar o leitor para situações semelhantes.
- Expansão da reflexão sobre concepção estratégica e de temas correlatos; por exemplo, Governança Corporativa.
- Aprofundamento de alguns aspectos metodológicos, como a avaliação por meio de múltiplos de mercado, as simulações de Monte Carlo e as opções reais.
- Ampliação da análise do caso Crazy Fish.
- Atualizações de alguns aspectos contábeis que se mostraram pertinentes, de acordo com as normas vigentes.

O autor

Introdução
O desafio de gerar valor em empresas

Show me the money!
Frase do jogador de futebol
americano Rod Tidwell,
representado pelo ator Cub Gooding
no filme *Jerry Maguire* (1996).

QUANTO TEMPO TEMPO "VIVE" UMA EMPRESA?[1]

NO MUNDO

As estatísticas apresentadas a seguir ilustram a longevidade de empresas.

- Entre as 500 maiores empresas do mundo (revista *Fortune 500*): a vida média é de 45 anos.[2]
- Grandes empresas nos Estados Unidos: das 501 empresas com ações na NYSE (New York Stock Exchange – bolsa de valores de Nova York) em 1925, somente 13 (2,6%) ainda existiam de forma independente em 2004.[3]
- Empresas de diversos tamanhos na Europa e no Japão: a vida média é de 12 anos.[4]

NO BRASIL

Há uma estatística para as empresas de São Paulo:[5]

- 27% das empresas paulistas não completam o primeiro ano; e
- 62% não completam o quinto ano.

POR QUE AS EMPRESAS QUEBRAM?

NO MUNDO

A resposta mais óbvia é "falta de dinheiro". Como diz Collins (2009), dinheiro é um dos ativos mais estratégicos de uma empresa, pois é com este que paga seus empregados, fornecedores, tributos e bancos.

No entanto, falta de dinheiro é causa ou consequência? No mundo dos negócios, os fracassos são mais frequentes que se imagina. Confira a seguir mais algumas estatísticas internacionais sobre destruição de valor em empresas.

- Dois terços das transações de fusões e aquisições não agregam valor ao comprador.[6]
- A maior parte dos novos produtos lançados sai de linha pouco depois de seus lançamentos.[7]

- Nos Estados Unidos, "metade dos 10 mil títulos que uma livraria típica possui não vende sequer uma cópia por trimestre. Metade dos 10 mil CDs que uma loja Wal-Mart expõe não vende sequer uma cópia por trimestre".[8]

NO BRASIL

- Em 2003, havia 69 marcas de bebidas, alimentos industrializados e artigos de higiene e limpeza líderes por dez anos consecutivos. Em 2013, foram apenas 28 marcas líderes por uma década.[9]
- Somente 1% das empresas brasileiras que entram em recuperação judicial consegue se recuperar.[10]
- Trinta por cento de 572 obras de oito concessões rodoviárias estão atrasadas.[11]
- Setenta por cento dos CEOs das maiores empresas brasileiras acreditam que M&A (abreviatura para fusões e aquisições, tradução do termo "Mergers & Acquisitions", em inglês) "não atingem os resultados desejados".[12]

COMO AS EMPRESAS DESTROEM VALOR?

AS ESTATÍSTICAS ENUMERADAS ANTERIORMENTE ilustram que o processo de destruição de valor se manifesta de várias formas e contextos. A geração, ou destruição, de valor em uma empresa é resultado de ações de três naturezas distintas:

1 **Ações relacionadas à operação**. Por exemplo: qual preço cobrar pelo produto ou serviço *vis-à-vis* a meus concorrentes, qual tecnologia adotar, quanto produzir e a que custo, quanto estocar, qual prazo de pagamento conceder aos clientes, quanto investir em infraestrutura produtiva, quando serão pagas as compras feitas com os fornecedores, quanto será gasto em campanhas de publicidade e marketing?

2 **Ações relacionadas ao financiamento da operação**. Por exemplo: novos investimentos devem ser financiados com empréstimos ou capital próprio? Se forem por empréstimos, quais seriam os termos mais adequados (prazo de amortização, taxa de juros, garantias etc.)? Quando (e quanto) distribuir dividendos e/ou juros sobre capital próprio (JSCP) aos acionistas? Como investir o excesso de dinheiro acumulado na tesouraria da empresa?

3 **Ações não operacionais.** Trata-se de gastos e/ou investimentos que não trazem qualquer benefício objetivo à empresa. Por exemplo: construir e manter uma sede administrativa luxuosa; comprar obras de arte, aeronaves, embarcações de luxo; sustentar despesas de natureza pessoal dos acionistas.

Essas ações, em particular as dos tipos (1) e (2), podem acontecer de maneira reativa, sem uma reflexão estratégica. Assim como ser concebidas ativamente, após a devida concepção, planejamento e implementação estratégica. De um modo ou de outro, não há garantias de que tais ações gerem valor para a empresa e seus acionistas.

SETE ASPECTOS CRÍTICOS DA GERAÇÃO (OU DESTRUIÇÃO) DE VALOR[13]

A EXPERIÊNCIA PROFISSIONAL APONTA que, em geral, as empresas levam algum tempo para "morrer", especialmente se têm boas reservas de dinheiro. O processo de destruição de valor pode ser gradual e levar anos. Desse modo, destacam-se a seguir **sete aspectos críticos** da geração (ou destruição) de valor que comprometem a sustentabilidade de uma empresa.

1 **Capacidade de antecipar/adaptar-se às condições do mercado, incluindo a habilidade de reinventar o negócio.** Os mercados são dinâmicos e mudam. As empresas precisam mudar também. Os consumidores mudam, assim como as tecnologias, os fornecedores, o custo do capital e, principalmente, os concorrentes. Uma empresa que tem altos custos fixos (conhecido como **alavancagem operacional**) precisa cortar despesas quando a economia entra em recessão. Uma empresa com muitos concorrentes precisa sempre buscar melhorar sua proposta de valor ao seu cliente.

Um exemplo impressionante de capacidade de adaptação é o da Stora Enso. A empresa sueco-finlandesa é uma das maiores produtoras de papel e celulose do mundo, mas, há mais de 700 anos, quando foi fundada (1288), era uma mina de cobre! No Brasil, um interessante exemplo foi o da Cremer, que produzia fraldas de pano e quase quebrou com a inovação das fraldas descartáveis. A empresa se reinventou introduzindo linhas de ataduras, tecidos cirúrgicos e outros produtos correlatos.

2 **Avaliação correta de oportunidades de investimento e desinvestimento.** "Uma empresa é uma coleção de projetos", dizem Brealey e Myers (1999). Esta frase é admirável! E arrisco-me a completá-la: "Uma empresa é uma coleção de projetos... e de conflitos". Conflitos com fornecedores externos e internos, concorrentes, consumidores etc. É muito importante para o empresário conhecer cada um dos projetos de sua empresa e saber julgar objetivamente a hora de investir mais e a de sair do negócio. Exemplo interessante é o da Nokia, que chegou a ser líder de mercado em telefones celulares. Falhou ao perceber a força dos smartphones, apesar de ter tecnologias capazes de competir no mercado. Depois de amargar perdas, finalmente vendeu sua unidade de celulares para a Microsoft.

3 **Endividamento adequado às singularidades da empresa e de seus sócios.** Usar o "dinheiro dos outros" é uma força célebre para fazer crescer uma empresa. Dívidas podem ser interessantes para as empresas que buscam compartilhar os riscos de seus projetos, reduzir impostos e custo médio de capital. A quantidade ótima de dívida e seus termos, entretanto, são a grande questão. Até quanto é bom ter de dívida? E qual é o perfil (prazo, custo, moeda, garantias) mais adequado dessa dívida?

Exemplo dramático foi o da empresa de celulares BCP. Na época, controlada por uma grande empresa americana de telefonia (Southwestern Bell), endividou-se em dólares para construir sua rede no Brasil. Com dívidas em dólares e receitas em reais, foi tudo bem até 1999, quando houve uma crise cambial. A dívida da BCP "explodiu", e a empresa acabou sendo vendida.

Contudo, não é apenas de dívida que vive uma empresa. O capital dos acionistas também é fundamental. E esse capital "próprio" tem custo. Não é de graça. As empresas destroem valor ao investir em projetos (aspecto 2) que não são capazes de remunerar adequadamente o dinheiro dos outros (financiadores) e dos acionistas. Na verdade, é importante para o gestor de uma empresa reconhecer que deve se preocupar em pagar seus acionistas assim como se preocupa em pagar seus empréstimos!

4 **Alinhamento entre os sócios, executivos e colaboradores.** Este é um dos aspectos mais controversos, pois envolve diretamente a questão humana. Como alinhar interesses de pessoas em posições diferentes? Como administrar o poder? Como recompensar a performance daqueles dedicados ao sucesso da empresa, e o que fazer com os desalinhados? Neste aspecto, é importante enfatizar que a palavra "sócio", aqui, inclui também acionistas minoritários (o tal do "mercado", que "assombra" algumas empresas com ações em bolsa) e os financiadores (sim, os donos das dívidas descritos no aspecto 3).

Um exemplo próximo aos brasileiros é a Petrobras. O acionista controlador (o Governo) insiste em usar a empresa para controlar a inflação. Resultado? O valor da empresa na bolsa está mais baixo que seu valor patrimonial.

5 **Valor dos "intangíveis", especialmente capital humano, informação e relacionamentos.** Neste aspecto, um grande exemplo é o papel de Steve Jobs na Apple. O fundador, diante do fracasso do lançamento de alguns produtos, foi demitido, em 1985, pelo Conselho de Acionistas da empresa. Mas continuou investindo em computação. Em 1996, o Conselho de Acionistas da Apple, na ocasião enfrentando uma grave crise, convidou Jobs para retornar à presidência da empresa. Em 2011, a Apple se tornou a empresa mais valiosa do mundo.

6 **Identificação e administração de riscos.** Exemplo dramático foi a quebra da Aracruz Celulose em 2008, a ser discutido no Capítulo 3. Com sede no estado de Espírito Santo, era a maior empresa de celulose de fibra curta (matéria-prima para papel tissue) do mundo. Em 2007, a empresa teve sua classificação de risco (*rating*) elevada ao grau de investimento.

Em 31/12/2008, o saldo do Patrimônio Líquido da Aracruz era de R$ 1 bilhão, contra R$ 5,4 bilhões no ano anterior. As despesas financeiras e o resultado com derivativos somaram R$ 6,3 bilhões. O prejuízo no ano foi de R$ 4,2 bilhões. As ações da empresa despencaram de R$ 12,9 em 31/12/2007, para R$ 2,5 em 31/12/2008.

Em suma, a Aracruz quebrou porque aplicou seu excesso de dinheiro em derivativos, cujos riscos não foram devidamente mensurados antes.

7 **Gestão do capital de giro.** Este é um aspecto importante, discutido com profundidade neste livro (casos Arbol e Quixote). Aqui, capital de giro tem um significado muito preciso: a gestão de três contas estratégicas para qualquer empresa – Contas a Receber, Estoques e Contas a Pagar (ou, simplesmente, "Fornecedores"). A natureza dessas contas é contraintuitiva para muitos empresários; por exemplo, ter muitas mercadorias em estoque pode parecer bom, mas não é assim necessariamente. Mercadoria em estoque é dinheiro parado. A venda dessa mercadoria pode demorar e acontecer em momentos difíceis de mercado, quando os preços são menores e a margem de lucro também. Efeito similar pode acometer o Contas a Receber: ter um volume grande de cheques pré-datados, por exemplo, pode parecer um sinal de sucesso nas vendas. São direitos que virarão dinheiro no futuro próximo. E se os cheques não forem honrados? Ou seja, descasamentos entre a realização do Contas a Receber e dos Estoques com os prazos de pagamentos acordados com os fornecedores (Contas a Pagar) podem quebrar uma empresa.

Um dos aspectos menos intuitivos do capital de giro é que, quanto mais uma empresa cresce, mais precisa investir neste capital. Muitas vezes, o empresário fica satisfeito com o aumento da receita e do lucro líquido de sua empresa, e não se dá conta de que, para sustentar esse crescimento e essa rentabilidade, há menos dinheiro disponível para distribuir dividendos.

Há ainda um oitavo aspecto crítico da geração (e destruição de valor): a vaidade do líder, seja ele o principal acionista e/ou o principal gestor da empresa, que será discutido mais adiante.

▪ OBJETIVOS DESTE LIVRO

APRESENTADOS O DESAFIO DE gerar (ou evitar a destruição de) valor em empresas e seus sete aspectos críticos, o objetivo é capacitar o leitor a:

1 Entender a dinâmica de geração de valor em uma empresa, ou projeto de investimento, com foco no resultado mais importante: a geração de caixa (dinheiro).
2 Aplicar uma poderosa metodologia, a análise do fluxo de caixa, para identificar ações (relacionadas à operação, ao financiamento da empresa - ou projeto - e não operacionais) que possam contribuir para a geração de valor. A metodologia é ilustrada com vários casos que abordam os sete aspectos críticos, seus reflexos na gestão de empresas e projetos de investimento.
3 Estimar o valor de uma empresa, projeto de investimento, para os seus acionistas, considerando uma estratégia competitiva e seus riscos.

Essas três capacitações fazem parte do campo de estudo das Finanças Corporativas. Segundo o dicionário Palgrave,[14] poucas áreas de finanças expandiram-se tanto como as Finanças Corporativas. Inicialmente, essa área focava apenas a questão do financiamento à empresa. Entretanto, nas últimas décadas, o campo de estudo se expandiu para incluir todos os aspectos da relação dos investidores e empresas: avaliação de investimentos, riscos, governança corporativa (problemas do agente-principal), além do financiamento aos investimentos.

▪ ABORDAGEM E ORGANIZAÇÃO

ABORDAGEM

Para quem, como e por que este livro foi escrito?

- **Para quem**: empreendedores, profissionais e estudantes, de graduação e pós-graduação, que estejam direta ou indiretamente envolvidos com o esforço contínuo e desafiador de **criar e administrar valor** em empresas de qualquer porte e atividade econômica. O conteúdo aqui desenvolvido também pode ser aplicado ao desenvolvimento de empresas ainda não existentes, ou seja, a projetos de investimento. Isso é possível se se considerar que uma empresa pode ser analisada como uma coleção de projetos. Do mesmo modo, cada projeto também pode ser pensado como uma nova empresa.
- **Como**: são apresentados alguns dos principais conceitos e métodos, **articulando a teoria e a prática**, de avaliação econômico-financeira de empresas no Brasil, por meio de seis estudos de caso inspirados em minha experiência de 20 anos em avaliação de empresas e projetos – vivida em contextos de **transações corporativas** (fusões e aquisições, reestruturação financeira, reestruturações societárias e financiamentos a projetos), **planejamento e implementação estratégica**. Assim, ao longo do livro, foram inseridos fragmentos, com base nessa experiência, que enfatizam aspectos da prática de criar e administrar valor.

Soma-se à minha experiência em banco de investimento e consultorias a **abordagem didática**, desenvolvida ao longo de 16 anos, em dezenas de turmas em cinco mestrados executivos (MBAs) da Faculdade de Economia e da Escola Politécnica da Universidade de São Paulo, da Escola de Economia da Fundação Getulio Vargas e do Insper em São Paulo. Nos mestrados executivos, não há tempo a perder: os alunos buscam capacitações imediatas. Ao mesmo tempo, eles têm *backgrounds* técnicos diversos, o que requer objetividade e eficiência no ensino de conceitos contábeis e econômicos que constituem a base das Finanças Corporativas. Em sua maioria, são **profissionais do mercado financeiro** que buscam **compartilhar experiências**, aprofundar conceitos, **unindo a teoria à prática**. Os estudos de caso são ótimos instrumentos para promover esta união.

A limitação de tempo e o foco exigido na prática das Finanças Corporativas clamam por **sínteses** e **espírito crítico**, que se busca proporcionar aos leitores desta obra.

- **Por quê**: muito já foi escrito sobre **Finanças Corporativas**, porém, pouco o foi articulando conceitos teóricos com a prática, particularmente no Brasil. Assim, aqui, a proposta de valor agregado ao leitor é, com base na teoria, refletir sobre sua prática com espírito crítico – sempre fundamental em qualquer área da Economia, e o campo das Finanças Corporativas não é exceção. Finanças Corporativas é uma ciência permeada de mais subjetividade que aparenta à primeira vista. Subjetividade não é privilégio desta área, pois está em qualquer lugar em que o ser humano esteja envolvido. **Subjetividade não é um problema em si**, é um fato da vida. O problema está em **ignorar** ou **subestimar** essa subjetividade que permeia as Finanças Corporativas. Ao longo deste livro, serão encontrados vários aspectos subjetivos, aos quais os analistas e executivos financeiros devem estar sempre atentos e críticos.

Avaliar uma empresa implica entender seu passado e criar uma história sobre seu futuro.[15] Avaliar uma empresa, ou projeto de investimento, é acreditar em uma estratégia operacional e de financiamento, em uma percepção de futuro. O futuro e o valor de uma empresa serão relevantes se for desejável a compra ou venda de suas ações e/ou seus títulos de renda fixa, a concessão de empréstimos, o fornecimento de mercadorias ou serviços, ou simplesmente nela trabalhar.

O valor de uma empresa no capitalismo de mercado **manifesta-se**, parcial ou totalmente, no preço de suas ações, quando estas são transacionadas em bolsa de valores.[16] O preço da ação, no entanto, é um parâmetro, uma manifestação do valor, que pode ou não refletir a capacidade da empresa de gerar valor a seus acionistas. Todo preço, em um mercado livre, é determinado pelo "ponto de encontro" (ou "ponto de acordo") entre as **percepções** sobre valor das ações de quem as oferece (**oferta**) e de quem as deseja comprar (**demanda**). Essas expectativas são alteradas a todo momento por múltiplos fatores, que podem variar desde a macroeconomia internacional até decisões particulares de alocação de portfólio dos grandes fundos de ações.

O preço das ações em bolsa de certa empresa que tem uma estratégia consistente de crescimento e geração de valor a seus acionistas pode "despencar" porque grandes fundos de pensão precisam realocar recursos da renda variável para a renda fixa ou, simplesmente, para ter dinheiro em tesouraria. Esse movimento não afeta, necessariamente, a capacidade da empresa de gerar valor a seus acionistas, mas afeta o preço das ações na bolsa.[17] Ou, ainda, o preço das ações em bolsa de uma empresa pode "despencar" por haver grandes quantidades de ações concentradas em poucos investidores. Assim, quando um desses investidores decide vender, pode não haver ninguém interessado em comprar.

Como Rappaport (1998), em seu livro seminal, explica, há uma diferença entre o **valor das ações de uma empresa na bolsa de valores** (valor de mercado, ou *market value*) e o **valor das ações de uma empresa para seus acionistas** (*shareholder value*). Este livro concentra-se neste último.

O que determina as percepções de valor das ações de uma empresa a seus acionistas? Um economista diria que este valor é definido pela percepção da capacidade da organização em remunerar, no futuro, aqueles que nela alocam recursos financeiros. Ou melhor, o valor é delineado pelas percepções quanto à capacidade e ao risco da empresa de gerar "dinheiro" suficiente para recompensar aqueles que nela alocam recursos financeiros, entre eles, bancos, investidores em títulos de renda fixa[18] e acionistas.[19]

Na essência, este raciocínio é mais corriqueiro que parece. Qualquer pessoa leiga em Finanças Corporativas que fosse convidada a comprar ações de uma empresa perguntaria a quem as oferecesse: a empresa é lucrativa? Tem futuro? Em quanto tempo posso reaver meu dinheiro? Qual será o ganho potencial na venda dessas ações no futuro? Qual é o risco de essas perspectivas de lucratividade e ganho não se concretizarem?

Percepção do futuro econômico é, portanto, o conceito-chave na determinação de valor. Como se pode construir uma percepção sobre a capacidade e o risco da empresa de gerar "dinheiro" suficiente no futuro? "Percepção", "risco", "futuro", "suficiente" e "dinheiro"[20] são palavras com sentidos amplos e subjetivos. O ponto de partida natural para construir uma percepção pode ser pesquisar e entender o **passado** e o **presente** da empresa, buscando referências para construir **cenários** de possíveis futuros. Construir uma perspectiva de valor econômico implica **pesquisar**, **entender** e **avaliar criticamente** os três importantes componentes de geração (ou destruição) de valor de uma empresa apresentados a seguir:

(i) No presente, a **posição no mercado** (fatia de mercado, satisfação de clientes, portfólio de produtos e serviços, amplitude da rede de distribuição comercial, diferenciação perante a concorrência).

(ii) No passado recente, a performance **econômico-financeira** com base em seus demonstrativos contábeis dos últimos dois a cinco anos (histórico de lucratividade, endividamento, liquidez financeira, grau de imobilização etc.).

(iii) Para o futuro próximo, a **estratégia de negócios** da empresa, seus sócios[21] e sua **capacidade de implementar** tal estratégia (como a empresa vai se posicionar perante seus clientes e concorrentes, e como vai estruturar sua operação para assegurar a entrega de sua **proposição de valor ao cliente**). Vale lembrar que "estratégia de negócio" inclui, aqui, ações relacionadas à operação, ao financiamento da empresa (ou projeto) e não operacionais.

É com base no entendimento crítico desses aspectos, nesses três tempos, que me foi possível elaborar uma percepção sobre a capacidade de a empresa criar e administrar valor e confrontá-la com parâmetros externos que se mostrem disponíveis e pertinentes. Do mesmo modo, pode-se construir uma percepção sobre a capacidade de um projeto de investimento em remunerar aqueles que pretendem financiá-lo. E, repetindo, uma empresa e sua estratégia podem ser entendidas como uma coleção de projetos de investimentos.

ORGANIZAÇÃO

O livro divide-se em seis capítulos.

No Capítulo 1, é apresentada, de forma sucinta, a metodologia do fluxo descontado de caixa que é utilizada, ao longo de todo o texto, para estimar o valor de empresas, projetos de investimentos e suas alternativas estratégicas.

Serão apresentados e discutidos cinco poderosos conceitos em Finanças Corporativas, a saber: fluxo operacional de caixa (FOC), fluxo livre de caixa (FLC), valor presente líquido (VPL), taxa interna de desconto (TIR) e custo médio ponderado do capital (WACC). Esses conceitos servem de base para muitas análises em Finanças Corporativas, inclusive a do valor econômico pela metodologia do fluxo descontado de caixa (FDC), que, apesar de suas limitações, é considerada a mais apropriada para entender a dinâmica de geração de valor econômico em empresas e projetos de investimento. Alguns estudos, como os de Brealey e Myers (1999, 2006), Damodaran (2007) e Rappaport (1998), são complementos valiosos para quem busca mais detalhes sobre esses conceitos.

No Capítulo 2, são descritos dois "curtos" estudos de caso, Collins e Arbol, cujo objetivo é familiarizar o leitor com a "ferramenta" FDC e o modo como pode ser utilizada para identificar e avaliar estratégias operacionais e de financiamento que promovam o crescimento com rentabilidade de empresas. Nesses casos, o leitor tem poucas informações sobre a história do percurso operacional e estratégico das empresas. Neles, o desafio é situado no presente, e as empresas têm de encontrar um meio de resolver desafios do cotidiano: o acirramento da concorrência, o atraso no pagamento de um cliente importante.

No Capítulo 3, é descrita, passo a passo, a aplicação do método do FDC em uma empresa de capital aberto com histórico financeiro e operacional documentado. A aplicação é ilustrada com os demonstrativos contábeis de cinco anos (2003 a 2007) da Aracruz Celulose SA, uma empresa brasileira, atualmente denominada Fibria Celulose SA, com ações na bolsa de Nova York. O objetivo do capítulo é apresentar ao leitor os desafios que um analista externo à empresa enfrenta para entender sua dinâmica de geração de valor. A transparência dos demonstrativos contábeis da Aracruz nos convoca a refletir sobre os limites da contabilidade e do FDC.

Nos três capítulos subsequentes, serão apresentados e discutidos outros três estudos de caso um pouco mais complexos que Collins e Arbol, com base em experiências reais que foram devidamente adaptadas para proteger a privacidade das empresas e dos empresários envolvidos. Nesses casos, é abordada a aplicação dos conceitos e dos métodos de avaliação apresentados no Capítulo 1, demonstrando, na prática, como as questões teóricas se manifestam.

Além dos estudos de caso, empregam-se outros recursos didáticos para rever e aprofundar os conceitos contábeis e financeiros mais importantes, que são: questões numéricas, conceituais, referências a bibliografia complementar e notas. Para algumas questões, são apresentadas possíveis respostas; boa parte delas surgiu nas salas de aula da Universidade de São Paulo e da Fundação Getulio Vargas. Utilizam-se também intervenções na forma de boxes, que contêm quatro tipos de informação: notas técnicas, recomendações, que podem ser lidas pelos que buscam se aprofundar; importantes conclusões conceituais; comentários ou relatos de experiências pessoais, por esse motivo escritos em primeira pessoa; e, em boxes denominados "Na prática", descrições de situações reais reproduzidas por jornais, livros ou revistas especializadas relacionados aos temas. Tais comentários e relatos pessoais propõem-se a ilustrar, complementar e/ou enfatizar aspectos práticos das Finanças Corporativas.

No Capítulo 4, são analisadas a **crise de liquidez** e a subsequente **reestruturação financeira** de uma empresa de varejo de eletrodomésticos, por meio de um estudo de caso identificado pelo pseudônimo Quixote. São abordados vários temas, a saber: a posição estratégica da empresa e os efeitos sobre seus demonstrativos contábeis; a questão da subjetividade na **construção de cenários** econômico-financeiros no planejamento estratégico; os efeitos da **alavancagem financeira** e da administração do **capital de giro** sobre a geração e destruição de valor; os desafios de uma crise de liquidez; possíveis estratégias para reestruturação financeira; e a subjetividade nas percepções de valor de uma empresa em negociação.

Esse estudo de caso resume um aprendizado de anos de experiências envolvendo empresas varejistas em que tive a oportunidade de trabalhar como assessor estratégico na reestruturação financeira, nas fusões e aquisições e/ou na análise de valor. Todas foram experiências muito interessantes do ponto de vista tanto profissional como pessoal.

O caso Quixote se passa entre 1998 e 2000, portanto, antes da promulgação da nova lei de falências (Lei nº 7.661/2005), quando as restrições à **negociação** eram muito severas e limitantes. Assim, o caso Quixote envolve uma negociação mais complexa, que é tratada em duas seções específicas.

No Capítulo 5, é relatado o caso Crazy Fish, no qual se analisa a aquisição de uma empresa, conhecida como ***management buy-out*** **(MBO)**, feita por sua diretoria profissional. Uma característica comum as MBOs é que as pessoas que se propõem a comprar a empresa para a qual trabalham não têm o dinheiro suficiente para adquiri-la, tendo de recorrer a alguma forma de financiamento, ou seja, de alavancagem financeira. Uma aquisição financiada preponderantemente com recursos de terceiros é denominada ***leveraged buy-out*** **(LBO)**.

Quase toda MBO é também uma LBO. As MBOs são pouco frequentes no Brasil, provavelmente por causa da escassez de financiamentos de longo prazo em nosso país. Os poucos registros de MBOs brasileiras conhecidos foram possíveis graças ao financiamento de longo prazo oferecido pelo próprio vendedor (o chamado *seller's finance*). De um modo ou de outro, MBOs podem ser soluções para empresas sem uma terceira parte, externa à empresa, interessada em adquiri-las, e que combinem a inexistência de sucessão familiar e/ou uma severa crise de liquidez. O mérito da MBO é valorizar um dos principais ativos intangíveis de qualquer empresa: seu capital humano.

No Capítulo 6, é apresentado o último estudo de caso, denominado Ópera, no qual se analisa uma **reestruturação societária** que envolve a aquisição alavancada das ações de um sócio por outro em uma empresa pré-operacional. A estrutura de financiamento dessa aquisição, **financiamento mezanino**, é complexa, mas poderosa, e tem muitas aplicações. Esse caso também nos permite introduzir o conceito de ***project finance***. Sua análise pode ser replicada em uma variedade de situações que vão além do contexto societário e transacional, cenário do caso Ópera. Pode ser aplicável a casos de MBOs, fusões e aquisições graduais (em que um novo sócio começa minoritário e, ao longo do tempo, se torna majoritário), e tantos outros.

O caso Ópera apresenta uma possível saída para o **risco societário**, muito frequente em projetos de investimento. Este risco manifesta-se quando um ou mais dos sócios em um projeto não conseguem se alinhar com os demais no montante do aumento de capital necessário para viabilizar o projeto e seu financiamento oneroso.

Ao longo dos estudos de caso, portanto, são revistos conceitos necessários para analisar o passado, o presente e o futuro de uma empresa, sua capacidade de se endividar e gerar ou destruir valor segundo o método do FDC. Os casos discutidos ilustram a subjetividade da análise em Finanças Corporativas, reforçando a representação do valor econômico como o "ponto de acordo" entre duas perspectivas (da demanda e da oferta) sobre o risco e a lucratividade futura. Trata-se de perspectivas que mudam com o tempo, com os objetivos e as circunstâncias culturais, socioeconômicas e políticas dos agentes que as constroem. As perspectivas dos financiadores, empregados, acionistas atuais e potenciais sobre uma mesma empresa são diferentes. Nenhuma dessas percepções por si só desmerece as outras. Todas têm sua relevância. A perspectiva que vai prevalecer em uma transação financeira é uma combinação, um encontro, um acordo dessas várias, e nem por isso será a melhor, no intuito de ser aquela que melhor prevê o que efetivamente vai ocorrer. Essa constatação remete a três importantes tópicos de estudo em Finanças Corporativas: **planejamento estratégico e sua implantação** e **processo de negociação**.

Entre a elaboração de uma perspectiva de futuro e como esse futuro ocorre há um espaço para eventos não previstos. Eventos negativos (ou positivos) no sentido de limitar (ou expandir) a geração de valor da empresa (ou do projeto). Somente o planejamento estratégico e sua implantação consistente podem minimizar efeitos negativos de eventos não previstos. Por ambos serem assuntos complexos e de suma importância, que merecem livros próprios, nas referências bibliográficas são sugeridos alguns bons livros. Sobre planejamento estratégico, há os clássicos de Kaplan e Norton (1997, 2004), Porter (1999), Markides (2000), Rumelt (2011), Osterwalder e Pigneur (2010). E sobre implantação do planejamento estratégico, Hrebiniak (2005) e Luzio (2010).

O processo de negociação e seu aspecto subjetivo são temas que também merecem livro especializado. Aqui, não é possível deixar de abordar algumas características julgadas essenciais em uma das seções do caso Quixote, embora todos os três casos ilustrem situações negociais muito singulares. O ponto a ser enfatizado é que, independentemente da capacidade da empresa de gerar valor, o processo de negociação pode comprometer a realização desse valor na ocasião da definição (ou indefinição) do preço de venda por questões subjetivas que afetem a percepção de valor do comprador e do vendedor. Nesse contexto, um terceiro personagem, um assessor, que se mantenha objetivo e evite o desgaste emocional inerente aos conflitos negociais, pode agregar muito valor ao comprador ou ao vendedor.

A seguir, apresentam-se, de forma resumida, os objetivos didáticos e os principais conceitos abordados em cada capítulo do livro.

1. DINÂMICA DE GERAÇÃO (OU DESTRUIÇÃO) DE VALOR		
Seção	**Objetivos didáticos**	**Principais conceitos**
Análise da estratégia competitiva	Apresentar os principais conceitos e ferramentas de estratégia empresarial.	Estratégia competitiva, matriz SWOT, cinco forças de Porter.
Paradigma contábil	Apresentar, brevemente, os três principais demonstrativos contábeis necessários para a análise da dinâmica de valor.	DRE, DFC, BP, regime de competência, regime caixa.
Um método de avaliação	Apresentar a metodologia de avaliação de empresas e projetos pelo FDC. Descrever seus principais conceitos econômicos e financeiros envolvidos.	Ebitda, FOC, FLC, valor presente líquido, custo de oportunidade, WACC, valor econômico da empresa e para seus acionistas, valor residual.

2. ESTUDOS DE CASO PREPARATÓRIOS		
Análise de múltiplos de mercado	Descrever os métodos de análise de múltiplos: suas virtudes e limitações.	Múltiplos com preços de ações em bolsa, transações de M&A, prêmio de controle, liquidez.
Collins	FDC como análise do valor agregado por diferentes estratégias operacionais.	Comparação de estratégias diferentes, riscos, cenários, valor de marca.
Arbol	FDC como análise do valor agregado por diferentes estratégias de financiamento.	Crise de liquidez, índices de alavancagem, construção de cenários, identificação de termos sustentáveis para renegociação da dívida.
3. FDC		
Oito passos da avaliação de uma empresa	Explicar, passo a passo, a aplicação da metodologia de avaliação de empresas e projetos pelo FDC.	Posição de mercado, forças exógenas e endógenas, fatores críticos de sucesso, FOC, FLC, valor presente, custo de oportunidade, WACC, valor econômico.
4. REESTRUTURAÇÃO FINANCEIRA: O CASO QUIXOTE		
Origens	Apresentar, por meio da contabilidade, como se gera valor em uma simples empresa de varejo.	Regime caixa, regime de competência, lucro líquido, geração de caixa e capital de giro.
Estratégias de crescimento e valor	Descrever os procedimentos da análise estratégica e avaliação de uma empresa. Discutir cenários econômicos e financeiros que representam diferentes estratégias de crescimento e suas implicações para a geração de valor da empresa.	Fatores críticos de sucesso, fluxo operacional de caixa, valor presente líquido, custo de oportunidade, WACC, FDC, valor residual, TIR, alavancagem financeira, capital de giro.
Crise de liquidez	Analisar a problemática do planejado *versus* realizado e a percepção do choque externo temporário *versus* permanente.	Provisão para devedores duvidosos (PDD), capital de giro, patrimônio líquido.
Reestruturação financeira	Identificar possíveis saídas para uma crise de liquidez.	Venda de ativos, venda de participações societárias, novos financiamentos.
Uma empresa em concordata em um arcabouço jurídico ineficaz	Elaborar novos cenários estratégicos e suas implicações negociais com agentes envolvidos.	Legislação de reestruturação financeira.

Negociação: razão e sensibilidade	Apresentar e discutir os vários aspectos de uma negociação eficiente.	Expectativas. Fundamentos de uma negociação eficaz. Ativos e passivos ocultos.
Fusão: "o salvador da pátria"	Simular os impactos da aquisição da Quixote no seu valor e na negociação das partes envolvidas.	Sinergias administrativas e estratégicas.

5. MBO E LBO: O CASO CRAZY FISH	
Objetivos didáticos	**Principais conceitos**
Apresentar um caso de MBO e LBO, suas condições precedentes e implicações financeiras e operacionais. Diferenças entre percepção de valor. Quanto vale o *know-how*, o capital humano? Como endividar uma empresa ao máximo? Como desendividar uma empresa?	Múltiplos de mercado, *junk bonds*, MBO e LBO, reestruturação operacional, securitização de recebíveis.
6. FINANCIAMENTO MEZANINO: O CASO ÓPERA	
Apresentar um caso de reestruturação societária financiado por financiamento mezanino. Discutir o risco societário na implementação de projetos.	TIR desalavancada/TIR alavancada. *Covenants*. Eventos de *default*. Riscos de um projeto, *project finance*, financiamento mezanino, prêmio de controle e PPPs (parcerias público-privadas).

NOTAS

1 Parte das estatísticas citadas origina-se de post publicado no blog do autor. Disponível em: <http://eduardoluzio.wordpress.com/2014/06/10/quanto-tempo-dura-uma-empresa/>. Acesso em 10 jun. 2014.
2 DE GEUS (1998).
3 BRUNER (2005).
4 DE GEUS (1998).
5 Sebrae-SP (2008).
6 CARROL e MUI (2009).
7 SARASVATHY e MENON (2002) e GARTNER (1988) citados em BRUNER (2005, p. 1).
8 ANDERSON, C. *The Long Tail*: Why the future is selling less of more. Nova York, NY: Hyperion, 2006, p. 7.
9 CHIARA (2013).
10 GAZZONI (2013).
11 BORGES e OTTA (2014).
12 TANURE e CANÇADO (2005, p. 10-22) citado em TANURE e PATRUS (2011, p. 5).
13 O texto dessa seção baseia-se em post publicado no blog do autor. Disponível em: <http://eduardoluzio.wordpress.com/2014/06/16/como-as-empresas-geram-ou-destroem-valor/>. Acesso em: 16 jun. 2014.
14 NEWMAN, MILGATE e EATWELL (1992, p. 462).
15 Pesquisas sobre a importância das histórias e outros aspectos psicológicos das decisões financeiras foram resenhadas por AKERLOF e SHILLER (2009) em seu fascinante livro.
16 O valor de uma empresa pode ser estimado com base no preço de suas ações em bolsa da seguinte maneira: primeiro, multiplica-se o preço da ação pela quantidade total de ações que a empresa tem (geralmente, esta informação está disponível em nota explicativa no demonstrativo contábil da empresa, que é obrigatoriamente publicado pelo menos uma vez ao ano); depois, soma-se o resultado encontrado ao va-

lor da dívida onerosa da empresa e subtraem-se suas disponibilidades (ambas as informações também são encontradas nos demonstrativos contábeis), o que resulta no valor da empresa a preços de mercado.

17 A empresa pode ter suas ações comercializadas em bolsa de valores (empresas de capital aberto) ou não (empresas de capital fechado ou limitadas). No Brasil, toda empresa de capital aberto é uma Sociedade Anônima (SA), mas nem toda SA tem ações em bolsa de valores. Por conseguinte, uma empresa que não tem ações em bolsa pode ser uma SA de capital fechado, uma sociedade limitada (Ltda.) ou outros tipos de sociedade. O artigo 1º da Lei n. 6.404/1976 define que a SA tem o capital dividido em ações, e a responsabilidade dos sócios ou acionistas será limitada ao preço de emissão das ações subscritas ou adquiridas. De acordo com o artigo 1.052 do Código Civil (Lei n. 10.406/2002), a Ltda. é o tipo mais comum. É aquela sociedade em que a responsabilidade de cada sócio é restrita ao valor de suas cotas. O capital social divide-se em cotas.

18 Por exemplo, debêntures, *bonds, commercial papers* etc.

19 Ao longo deste livro, serão usadas as palavras "sócios" e "acionistas" alternativamente, embora, a rigor, não se trate de sinônimos. "Sócios" é uma qualificação mais genérica aos proprietários de partes do capital social de uma empresa, que pode ser tanto uma Ltda. como uma SA. "Acionistas" é um termo mais específico, pois se refere aos sócios de uma SA.

20 Ao longo deste livro, a palavra "caixa" será usada como sinônimo de dinheiro. No *Dicionário Houaiss* (2001), o verbete "caixa" apresenta várias acepções, e as que mais se aproximam deste contexto são "provisão de dinheiro; fundos".

21 Por exemplo, a empresa pode optar por uma estratégia de ter: o menor custo unitário do mercado; solução integrada a seus clientes; produtos diferenciados em qualidade, preço e atributos. Por sua vez, os sócios também podem ter estratégias confluentes ou não com a da empresa: maximizar dividendos e minimizar investimentos; crescer menos, mas com riscos menores etc.

CAPÍTULO 1

Dinâmica de geração (ou destruição) de valor

O essencial é invisível aos olhos.

Saint-Exupéry (2004, p. 72)

DESAFIO

COMO IDENTIFICAR E ENTENDER a dinâmica de geração (ou destruição) de valor em uma empresa ou em um projeto de investimento? Com base neste entendimento, como identificar oportunidades para otimizar a dinâmica de geração de valor ou interromper a destruição de valor?

Identificar e entender a dinâmica de geração (ou destruição) de valor de uma empresa ou de um projeto de investimento equivale a montar um quebra-cabeça com peças faltando! Se você estiver analisando a empresa "de fora", por exemplo, como um analista de crédito de um banco, o número de peças faltantes é ainda maior.

© PETR VACLAVEK /SHUTTERSTOCK

FIGURA 1.1 › O valor de uma empresa ou de um projeto de investimento equivale a montar um quebra-cabeça com peças faltando.

Como discutido na *Introdução*, o valor de uma empresa é determinado pela percepção de sua capacidade de remunerar adequadamente aqueles que nela alocam recursos financeiros e estão expostos a seus riscos (em particular, seus acionistas). Para construir esta percepção, é necessário entender seu percurso passado e sua posição atual de mercado em busca de referências para construir cenários de possíveis futuros. Para tanto, utilizam-se informações de diversas fontes (demonstrativos contábeis, pesquisas com fornecedores, concorrentes, clientes, executivos da empresa, associações de mercado, empresas estrangeiras "similares" etc.).

Essa massa de informações é, então, filtrada e analisada para a concepção de novas estratégias (operacionais e financeiras) ou ratificação de estratégias preexistentes.

NOTA TÉCNICA › Analisar e avaliar uma empresa, em alguns aspectos, assemelha-se ao trabalho de um detetive que tem de garimpar informações, construir hipóteses sobre o desconhecido e confrontá-las com a realidade. Há, no entanto, diferenças importantes, e a principal é que o "caso" pode ter múltiplas soluções e a verdade somente é verificada *a posteriori*.

Uma vez compreendido o passado, a posição atual e a estratégia competitiva, pode-se partir para a construção de cenários que quantificarão os possíveis resultados dessas estratégias. Para analisar o passado e quantificar o futuro, é preciso entender a "linguagem" contábil e aplicar a metodologia do fluxo descontado de caixa (FDC).

A seguir serão apresentados alguns conceitos e ferramentas de análise estratégica; os principais conceitos contábeis que é preciso entender para se avaliar uma empresa; e a metodologia do FDC.

▪ ANÁLISE DA ESTRATÉGIA COMPETITIVA[1]

O QUE É E O QUE NÃO É ESTRATÉGIA

> Estratégia é a capacidade de responder com rentabilidade algo exógeno que me é imposto.
>
> Daniel Dominiguetti (eConsulting)

Análise da **estratégia competitiva** é um dos componentes essenciais da análise da dinâmica de geração de valor. E, afinal, o que é (e o que não é) estratégia? Vamos começar com o que não é estratégia. Rumelt (2011) adverte: "O problema básico é a **confusão** entre **estratégia** e **metas** estratégicas." "Por definição, **vencer não é uma estratégia**."

Estratégia competitiva é definida pelo "pai" da matéria como:

> Essencialmente, desenvolver uma estratégia competitiva é desenvolver uma ampla fórmula de como um negócio irá concorrer, quais serão seus objetivos e quais serão as táticas necessárias para atingir esses objetivos (Porter, 1980, p. xvi).

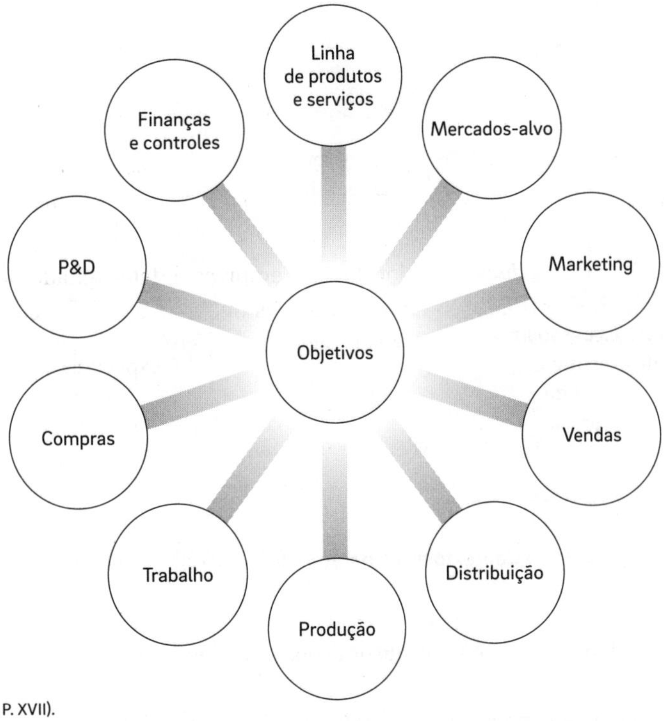

FONTE: PORTER (1980, P. XVII).

FIGURA 1.2 › Roda da estratégia competitiva: (dez) táticas e objetivos.

Estratégia competitiva é a combinação dos objetivos (fins) que os acionistas (e seus executivos) perseguem e os meios (táticas) pelos quais a empresa pretende alcançá-los, como ilustrado a seguir na Figura 1.2.[2]

Para formular uma estratégia competitiva e suas táticas, entretanto, é preciso levar em consideração quatro fatores-chave da empresa e dos acionistas (e seus executivos) que limitam a capacidade dos acionistas de implementar a estratégia. Desses fatores, dois são internos (as forças e as fraquezas do Alvo e do Comprador e os valores pessoais dos seus executivos-chave) e dois são externos (oportunidades e ameaças dos mercados da empresa e as expectativas sociais).[3]

Os acionistas (e seus executivos) precisam esclarecer os objetivos da empresa e as táticas para os dez meios estratégicos (da Roda da Estratégia Competitiva) que usarão para atingir esses objetivos. As táticas precisam levar em conta os aspectos humanos e culturais que Porter ressaltou, bem como os fatores externos dos mercados e da sociedade.

RECOMENDAÇÃO › Observe que a estratégia da empresa para os próximos anos pode ser distinta daquela até então perseguida. Por isso é importante, antes de refletir sobre a estratégia futura, entender a posição estratégica de mercado que a empresa atualmente ocupa e os fatores críticos de sucesso (em inglês, *value drivers*) do seu negócio. Ou seja, a estratégia nasce de um contexto, de uma posição e de um conjunto de desafios que o mercado impõe à empresa.

FONTE: PORTER (1980, P. XVIII).

FIGURA 1.3 › Contexto da elaboração da estratégia competitiva.

Rumelt (2011) defende que a semente de uma boa estratégia contém os três elementos a seguir.

1 **Diagnóstico**: define e explica a natureza do desafio que a empresa pretende vencer. Geralmente, esse desafio está ligado a preservar e/ou aumentar a rentabilidade futura da empresa.

Podem existir várias possíveis respostas ao desafio, entre elas, comprar outra empresa ou até sair do negócio. Entender o desafio, no entanto, é chave. O autor define estratégia como:

> [...] um **caminho** para resolver uma dificuldade, uma **abordagem** para ultrapassar um obstáculo, **uma resposta a um desafio**. Se o desafio não foi definido, é difícil, se não impossível, entender a qualidade da estratégia.

NA PRÁTICA › Conhecer o desafio não é nada trivial! O caso da Kodak é um exemplo. Em 1888, George Eastman, inventor do filme fotográfico, fundou a empresa. Apesar de lançar seu primeiro modelo de câmara digital na década de 1990, a Kodak não acreditava que a nova tecnologia ameaçava os filmes em película. Resultado: após perder US$ 70 milhões por mês, a empresa pediu concordata em 2012.

2 **Táticas norteadoras** para lidar com o desafio definido no diagnóstico. É possível resumir essas táticas como as condições e ações que poderão aumentar o fluxo livre de caixa do Comprador com a Transação para um nível adequado de risco. Nos termos de Porter, as táticas norteadoras orientariam o funcionamento dos dez meios estratégicos, ilustrados na Figura 1.2, para sustentar e fazer acontecer a estratégia.

NOTA TÉCNICA › Neste contexto, refletir sobre as táticas norteadoras ajuda a quantificar os investimentos em ativos fixos e na contratação de pessoas necessários para sustentar a implementação da estratégia selecionada.

3 **Plano de ação** coerente elaborado para executar a tática norteadora. Neste plano devem constar cronograma de implantação, executivos responsáveis e indicadores de performance mensuráveis.

NOTA TÉCNICA › Neste contexto, os planos de ação ajudam a quantificar o tempo necessário para implementar a estratégia selecionada.

TIPOS DE ESTRATÉGIA COMPETITIVA

É possível enumerar 14 tipos[4] de estratégias diferentes, mas que podem até ser combinadas dentro de certos contextos:

QUADRO 1.1 › Principais opções estratégicas e seus principais elementos

Opções estratégicas	Elementos/exemplos
Especialização	Enfoque do mercado consumidor por seu grupo social, região geográfica e/ou aplicação do produto. Por exemplo: Dudalina, grife que se especializou em camisas sociais femininas de alta qualidade e tem como lema: "Camisas para mulheres que decidem". Em 2014, esta empresa tinha seis fábricas, receita de R$ 0,5 bilhão, 95 lojas no Brasil e em Milão. Missão: "Criar produtos que encantem, envolvendo as pessoas na magia do universo Dudalina para ser a empresa brasileira de moda mais admirada".
Diferenciação de marca	Propaganda e marketing, serviços ao consumidor (satisfação, manutenção). Por exemplo: Apple, J.P. Morgan, Banco Itaú.

Opções estratégicas	Elementos/exemplos
Canais de distribuição	Verticalização entre produtor e distribuidor, enfoque no atacado ou no varejo, centralização da estrutura de armazenagem, política de comissões que promova fidelidade. Por exemplo: Netshoes, o maior *e-commerce* de produtos esportivos do mundo. Fundada em 2000, a empresa, em 2013, gerou uma receita de R$ 1,2 bilhão, atendendo a uma média de 17 milhões de clientes por mês, com 2 mil funcionários.
Qualidade do produto	Oferta de homogeneidade e credibilidade. Por exemplo: Nespresso, revista *Caras*, Apple.
Liderança tecnológica	Inovação ou imitação a custos menores. Por exemplo: BMW, Apple.
Custos baixos	Geração de economias de escala, diluindo custos fixos, administração otimizada de estoques e compras. Por exemplo: Habib's: "comida barata, quase de graça". Em 1988, Alberto Saraiva montou o primeiro Habib's, e, em 2013, a empresa se tornou a rede de *fast-food* que mais faturou no Brasil, com 430 lojas, 220 milhões de clientes por ano, 20 mil funcionários, 7,8 bilhões de Bib'sfiha, 1.800 toneladas de alimentos por mês. Além disso, abre 40 novas lojas por ano. Segredo? Produção de 100% dos alimentos que são vendidos em suas lojas. Qualidade com preço baixo e lucratividade: verticalização. Compra o leite do fazendeiro e fabrica o próprio queijo. A meta é dominar toda a cadeia.
Integração vertical	Geração de economias de escopo ao integrar vários elos da cadeia de valor de seus produtos. Por exemplo: Habib's e Riachuelo – "Do fio até a última prestação da compra". A Riachuelo, fundada em 1947, é a maior rede de moda do Brasil e está presente em todos os elos da cadeia da moda. A empresa defende que sua estratégia competitiva não é de "verticalização", mas de "integração". Competir com os chineses? *Fast fashion*! Mudar as fábricas de grandes volumes para pequenos com maior teor em "moda". Baixo custo e velocidade. Cartão *private label* quintuplica o *spending* e fideliza. Flávio Gurgel Rocha, presidente da empresa, explica:[5] "Quando temos um problema complexo, nossa tendência é fatiá-lo. Daí cria-se a segmentação da cadeia verticalizada, mas não necessariamente integrada. Sinergias podem virar conflitos de interesse. Exemplo: a remuneração variável era baseada no lucro líquido de cada elo da cadeia, o que gerava uma guerra de conflitos de interesse nos preços de transferência. Muita energia gasta em atividades estéreis. Na ausência do propósito prevalece o ótimo local, e não o global. Quando o gestor passa a mudar o foco do lucro para os seis *stakeholders* (clientes, funcionários, fornecedores, sociedade, financiadores, meio ambiente), o resultado melhora. É o capitalismo consciente. É uma forma de inclusão".
Serviços diferenciais	Agregação, ao produto, de serviços de atendimento, manutenção, suporte ao consumidor. Por exemplo: Livraria Cultura, Livraria da Vila. Num mundo no qual os livros digitais já vendem mais que os volumes em papel, como sobreviver? Tanto a Livraria Cultura como a Livraria da Vila optaram por uma estratégia que se baseia em atendimento especializado e ambiente de loja aconchegante, convidativo. Ir à Livraria Cultura ou à Livraria da Vila é também um passeio. Se você nunca foi, experimente. Pergunte a um atendente se há alguma indicação de livro sobre o assunto que for do seu interesse. Cuidado: provavelmente você comprará alguns livros! Os atendentes encantam com seu conhecimento e seu amor pelos livros. Sim, amor, não há outra palavra.
Preços e crédito	Diferenciação de preços e crediário por mercado consumidor e/ou subsídios cruzados (regional, social, produtos). Por exemplo: CVC. Aproveitando a capacidade ociosa das empresas de aviação, navegação e ônibus, o fretamento da CVC reduziu preços. Com escala nas reservas, oferece pacotes turísticos com preços e prazos de pagamento muito competitivos que atraem clientes de várias classes sociais.
Desmembramento (*unbundling*)	Separação de três tipos de negócios, que podem coexistir dentro de uma mesma empresa, mas que têm dinâmicas competitivas, culturais e econômicas diferentes: relação com o consumidor, inovação de produtos e infraestrutura. Por exemplo: empresas de telefonia móvel que começaram a separar seus negócios, incluindo a cisão dos ativos de infraestrutura de rede para compartilhamento com concorrentes.

Opções estratégicas	Elementos/exemplos
"Cauda longa" (*long tail*)	"Vender menos de mais." A estratégia é oferecer ampla gama de produtos, cada um com baixos volumes de vendas. Alguns desses produtos serão responsáveis pela maior parte do lucro. Este tipo de estratégia requer baixos estoques e plataformas potentes para disponibilizar o produto rapidamente aos compradores. Por exemplo: Netflix, Facebook, eBay. A dinamarquesa Lego, com seus famosos blocos de encaixe, ao enfrentar intensa concorrência buscou se diferenciar por meio de contratos de licenciamento com filmes de sucesso (*Batman*, *Guerra nas estrelas* etc.). Em 2005, a empresa inovou criando a Fábrica Lego, na qual seus clientes poderiam customizar seus próprios kits e adquiri-los on-line. Os clientes deixaram de ser passivos. Alguns dos designs criados por clientes são incluídos no catálogo da empresa.
Multiplataformas paralelas[6]	Aglutinação de dois ou mais grupos interdependentes de clientes. São plataformas valorizadas por um tipo de consumidor somente se outros tipos estiverem presentes. A plataforma cria valor ao facilitar a interação entre os grupos, gerando o "efeito rede" (*network effect*). Por exemplo: Google, eBay. O serviço de publicidade AdWords permite campanhas direcionadas, cuja efetividade é viabilizada com o alto tráfego do motor de pesquisa da Google. Google Maps e outras ferramentas possibilitam ampliar as receitas de publicidade. Os internautas não pagam para usar essas ferramentas. O lucro vem das receitas de publicidade.
Oferta de serviços gratuitos ("*fremium*")	Pelo menos um segmento dos consumidores consegue se beneficiar continuamente dos serviços gratuitos. Os consumidores não pagantes são financiados por outra parte do modelo ou por outro segmento de consumidores. Por exemplo: jornal *Metro*, Skype, Google.
Negócio aberto (*open business*)	Geração de valor sustentada pelo trabalho colaborativo entre empresa e associados externos. Por exemplo, Procter & Gamble (P&G). Em vez de investir fortunas em P&D, a P&G inovou abrindo seu processo de pesquisa por novos produtos na internet. Empreendedores, aposentados da própria empresa, receberiam prêmios por prover soluções para problemas divulgados pela equipe de P&D da empresa.

FONTE: ELABORADO PELO AUTOR COM BASE NO EVENTO "MARATONA VALOR PME" OCORRIDO EM 14 DE ABRIL DE 2014.

Ao articular os conceitos de Porter e Rumelt, um modo interessante de visualizar a estratégia da empresa é pela utilização do "canvas" (ver Quadro 1.2) para um modelo de negócio criado por Osterwalder e Pigneur (2010).

Como mencionado, neste livro não há a pretensão de discorrer com profundidade sobre a arte de planejar e implementar uma estratégia. A intenção é destacar elementos de uma boa estratégia que é essencial levar em conta. A ausência desses elementos indica que a empresa será analisada sem considerar sua dimensão estratégica, o que pode ser desastroso.

NA PRÁTICA › Estratégia de reposicionamento: O caso da indústria dinamarquesa de casacos de pele[7]

Na década de 1980, teve início uma campanha contra os casacos de pele animal. Atores de renome e top models participaram da luta contra a crueldade da indústria de pele. Militantes jogaram tinta nos casacos de mulheres que andavam pelas ruas. E não era para menos. Se você realmente tiver nervos fortes, conseguirá assistir aos vídeos das várias organizações contra a indústria de pele, como a Humaine Society.

No meio de tanta hostilidade e ódio, essa indústria amargou prejuízos. A canadense Hudson's Bay, empresa de pele mais antiga do mundo, foi vendida em 1987.

Na crise, a indústria de peles dinamarquesa construiu uma estratégia que pode ensinar muito sobre reposicionamento de mercado. Organizada na associação de criadores de bisão (que reúne 1.500 criadores), enviou seus representantes para a China em 1993. Lá descobriu uma classe emergente rica e pouco sensível aos direitos humanos e menos ainda aos direitos dos bisões.

QUADRO 1.2 › Canvas

<table>
<tr>
<td rowspan="2">Parcerias essenciais
Atividades que são terceirizadas ou recursos externos necessários. Alianças estratégicas com não concorrentes? Coopetição (entre concorrentes)? joint venture (JV) para desenvolver novos negócios? Alianças com fornecedores?</td>
<td>Atividades essenciais
Produção, resolução de problemas (hospitais, consultorias...), plataforma/rede (p. ex. Visa)</td>
<td rowspan="2">Proposta de valor aos consumidores
Novidade, performance, customização, preço, status, redução de risco, redução de custo, eficiência, acessibilidade, conveniência?</td>
<td>Relações com consumidores
Autosserviço? Serviços automáticos? Assistência dedicada individual? Comunidades? Cocriação (p. ex. YouTube)?</td>
<td rowspan="2">Segmentos de consumidores
Para quem a empresa vende? Massa, nicho, diversificado, segmentado?</td>
</tr>
<tr>
<td>Recursos essenciais
Ativos físicos intelectuais, humano, financeiros?</td>
<td>Canais
Como a proposta de valor é divulgada e entregue aos consumidores? Como prover o apoio no pós-venda?</td>
</tr>
<tr>
<td colspan="2">Estrutura de custos
Minimização de custos ou maximização de valor ao cliente? Custos fixos e variáveis? Economias de escala e escopo?</td>
<td colspan="3">Linhas de receitas
Venda de ativos, taxa de uso, assinatura, empréstimo, aluguel, licenciamento, corretagem, publicidade?</td>
</tr>
</table>

FONTE: OSTERWALDER E PIGNEURS (2010, P. 18-19).

Para conquistar os consumidores chineses, a associação dinamarquesa criou uma revista especializada em moda com pele, escrita em chinês, convidou estilistas chineses para cursos de moda e contratou outros atores de renome (Beyoncé e Lady Gaga) para usar casacos de pele. A associação mantém um escritório e um estúdio de design em Pequim.

Resultado? A Dinamarca, um pequeno país com 6 milhões de habitantes, considerados os mais "felizes" do mundo, hoje:

(i) responde por 20% da oferta mundial de peles, criando 17,2 milhões de bisões por ano (quase três bisões por dinamarquês). Sua capital, Copenhague, tem a maior casa de leilões de pele do mundo.
(ii) A qualidade das peles dinamarquesas, em parte consequência da excelente alimentação dos bisões e tecnologia de criação, consegue manter um preço 20% mais alto que o de seus concorrentes.
(iii) As peles respondem por um terço de toda a exportação da Dinamarca para a China, que não se limitam apenas aos casacos mas também a forrar capacetes para motociclistas e capas para iPad.
(iv) Em média, cada criador de bisão lucrou 365 mil euros (mais de R$ 1 milhão) por ano nos últimos cinco anos.

É muito curioso como, de algum modo, a Dinamarca conseguiu manter sua população distante do ódio às peles de seus vizinhos europeus e americanos. No site da associação (http://www.

kopenhagenfur.com), as "peles são um dos presentes mais fascinantes da natureza, valorizadas por sua beleza e habilidade intrínseca de aquecer".

Gosto não se discute, lamenta-se. Do ponto de vista de estratégia de reposicionamento, no entanto, o caso dinamarquês é curioso. Usando um dos diagramas de Porter (1980) de que mais gosto, apresentado na Figura 1.3, é possível entender como se montou a estratégia de reposicionamento da indústria de pele dinamarquesa:

(a) **Forças da indústria de peles dinamarquesa**: tradição, tecnologia, estrutura de criação, organização em associação, qualidade diferenciada que comanda prêmio no preço perante a concorrência.
(b) **Fraquezas da indústria de peles dinamarquesa**: na minha opinião, a principal é que não dá para esconder a crueldade por trás da morte de um animal, especialmente um "bichinho fofinho" como um bisão.
(c) **Ameaças de mercado de peles**: campanhas contra o uso de peles, apelo da crueldade contra os animais, substitutos sintéticos.
(d) **Oportunidade de mercado de peles**: consumo chinês, atores de renome dispostos a usar peles, fechamento de concorrentes de peso (por exemplo, canadenses).
(e) **Valores dos executivos da indústria**: aparentemente, muito pragmáticos e dispostos a proteger a indústria dinamarquesa.
(f) **Expectativas sociais**: como a ambiguidade é da natureza humana, pode não ter sido difícil argumentar que um bisão tem o mesmo direito à vida (ou à morte) que uma vaca, uma galinha e um salmão. Afinal, pode-se argumentar que 1.500 criadores têm direito a sobreviver.

Nesse panorama de mercado difícil, os executivos da indústria concentraram-se em um mercado consumidor que aceitasse seu produto. Organizaram-se em uma associação para fazer investimentos que beneficiariam a todos (por exemplo, escritório na China, campanhas publicitárias etc.). Preservaram a qualidade do produto e conseguiram manter a opinião pública local a seu favor (ou, pelo menos, não contra a indústria). O mesmo vale para a indústria de cigarros, bebidas, energia nuclear, sementes transgênicas e outros produtos controversos.

Para saber mais sobre a indústria de peles dinamarquesa, leia o artigo de Schumpeter, "How the Danes became masters of the global fur business". In: *The Economist*, 3 maio 2014, p. 62.

DIAGNÓSTICO: A POSIÇÃO COMPETITIVA

Toda empresa, ou projeto de investimento, está inserida em um contexto econômico, social e político que afeta sua capacidade de crescer com rentabilidade. Para entender a dinâmica de valor de uma empresa e a qualidade de sua estratégia, é imprescindível compreender o setor em que ela atua ou atuará (no caso de projetos de investimentos). Entender a concorrência, sua **posição de mercado**, dimensão e variáveis que afetam a demanda (bens complementares, variáveis macroeconômicas), ciclos, legislação e regulamentação etc.

A **posição competitiva de mercado** reflete a importância da empresa em relação a seus concorrentes e sua clientela. Esta posição é construída ao longo de anos, e, no presente, é a base para o possível crescimento com rentabilidade. Ela é resultante de muitas **variáveis exógenas e endógenas** à empresa. Entender a posição competitiva de mercado de uma empresa pressupõe entendê-las. Um projeto de investimento, por si só, não tem ainda uma posição de mercado real, mas há uma premissa, implícita ou explícita, sobre qual posição de mercado esse projeto pode ocupar a curto e médio prazos.

Porter (1980) auxilia na análise do contexto econômico em que uma empresa atua por meio da análise de cinco poderosas **forças econômicas exógenas**, que podem limitar ou expandir a rentabilidade média de um setor e que devem ser consideradas na sua análise econômico-financeira. São elas:

1 **Concorrentes potenciais**, ou seja, aquelas empresas, nacionais ou estrangeiras, que produzem bens ou prestam serviços semelhantes aos da empresa em análise, mas que ainda não atuam sobre o mercado consumidor atendido pela empresa em análise. O que faz com que esses potenciais concorrentes se transformem em efetivos são duas variáveis: o fato de a rentabilidade do setor da empresa em análise ser superior ao do potencial concorrente; e as **barreiras de entrada**. O quadro a seguir reúne alguns tipos de barreiras de entrada, os elementos que as compõem e alguns exemplos de setores econômicos nos quais essas barreiras podem estar presentes:

QUADRO 1.3 › Exemplos de barreiras de entrada e seus elementos

Barreiras de entrada	Elementos	Exemplos de setores econômicos
Economias de escala	Volume de produção, P&D, propaganda, compras, vendas.	*Commodities*, produtos de alta tecnologia (remédios, equipamentos), empresas de varejo, montadoras de automóveis, cervejarias.
Diferenciação do produto	Marcas fortes, fidelidade dos consumidores, tecnologia proprietária, acesso a insumos.	Produtos de higiene pessoal, remédios, auditorias, bancos de investimento, bebidas.
Intensidade em capital	Prazo de implantação, tecnologia, taxa interna de retorno dos investimentos, acesso a capital financeiro.	Serviços de infraestrutura, papel e celulose, siderurgia, mineração, petróleo, geração e transmissão de energia.
Switching costs[8]	Flexibilidade, disponibilidade e custo da tecnologia.	Processamento de dados, equipamentos hospitalares, TV a cabo, telefonia celular, provedor de internet, autopeças.
Acesso a canais de distribuição	Marcas fortes, poder de barganha do fornecedor e do comprador, rede de distribuição.	Bares e restaurantes que dão exclusividade a certas marcas de bebidas, alimentos e/ou cigarros.
Custos	Tecnologia proprietária, subsídios, localização favorável, acesso à matéria-prima, curva de aprendizado.	*Commodities* (papel e celulose, siderurgia, cimento).
Política governamental	Subsídios, controle de preços, restrições ambientais, licenças, ativos especializados, concessões intransferíveis.	Fabricantes de eletroeletrônicos na Zona Franca de Manaus, produtos farmacêuticos, serviços públicos de infraestrutura.

FONTE: PORTER (1980, P. 9-13).

2 **Competidores existentes** e suas vantagens competitivas (ou "forças competitivas"), desvantagens (ou "fraquezas competitivas"), capacidades de restringir o crescimento e rentabilidade da empresa em análise ("ameaças") e potencialidades que não estão sendo exploradas no momento ("oportunidades"). Essa forma de analisar os concorrentes nesses quatro aspectos – forças competitivas, fraquezas competitivas, ameaças e oportunidades do mercado de atuação – é conhecida como matriz SWOT,[9] e pode (ou melhor, deve) ser feita para a empresa em análise também.

Oportunidades	Ameaças	
Era do conhecimento	Vendas na internet	← Do mercado
Consumo das classes C e D	Ebooks	
Políticas educacionais	Livros importados	

Forças competitivas	Fraquezas competitivas	
Rede de lojas	Estrutura societária fragmentada	← Da empresa
Poder de barganha com editoras	Sistemas ultrapassados	
Pouca dívida	Atendentes × vendedores	
Boa margem	Margem declinante	

FONTE: ELABORADA PELO AUTOR.

FIGURA 1.4 › Exemplo da matriz SWOT de uma rede de livrarias.

Observe que forças e fraquezas sempre se referem à empresa objeto de análise, enquanto oportunidades e ameaças referem-se ao mercado em que a empresa atua; portanto, são aplicáveis aos concorrentes também.

3 **Produtos substitutos**, que não concorrem diretamente com os da empresa em análise, mas podem concorrer na escolha do consumidor. Por exemplo, chocolates podem ser substituídos por frutas na escolha da sobremesa. Se os preços das frutas subirem por causa de uma estiagem, o consumo de chocolate pode aumentar.

4 **Fornecedores** e seu poder de barganha com a empresa em análise. Se a empresa tem poucos fornecedores e não há fontes alternativas disponíveis, a empresa está em uma posição de mercado vulnerável.

5 **Consumidores**, cujas preferências podem mudar. Por exemplo, há alguns anos, consumidores europeus e americanos começaram a valorizar produtos de empresas com boas práticas ambientais. E também produtos alimentícios com baixos teores de gordura saturada.

Essas forças devem ser consideradas na análise do passado, presente e futuro possível para a empresa (ou projeto), do ponto de vista contábil tanto quanto econômico-financeiro.[10] Elas geram perdas, ganhos, ameaças e oportunidades que determinam a lucratividade média das empresas de um setor econômico.

Uma ilustração interessante do impacto das cinco forças em uma empresa é o setor de *call center*, que, no Brasil, é extremamente competitivo. A concorrência instalada é formada por empresas de portes diversos: desde grandes empresas telefônicas, como a Contax (da Telemar) e a Atento (da Telefônica), até pequenas empresas, conhecidas como "tubaínas", que atendem a nichos ou poucos clientes. As empresas clientes que contratam os serviços de um *call center* estão cada vez mais exigentes no que diz respeito a padrões e qualidade de atendimento, custos e tecnologia disponível. Em troca dessas exigências, os clientes oferecem contratos que, muitas vezes, podem ser facilmente interrompidos, antes mesmo de os investimentos executados pelo *call center* poderem ser remunerados. A ociosidade da estrutura gerada pela interrupção prematura de um contrato tem levado grandes empresas de *call center* a praticar preços com margens nulas ou até negativas, acirrando ainda mais a concorrência no setor.

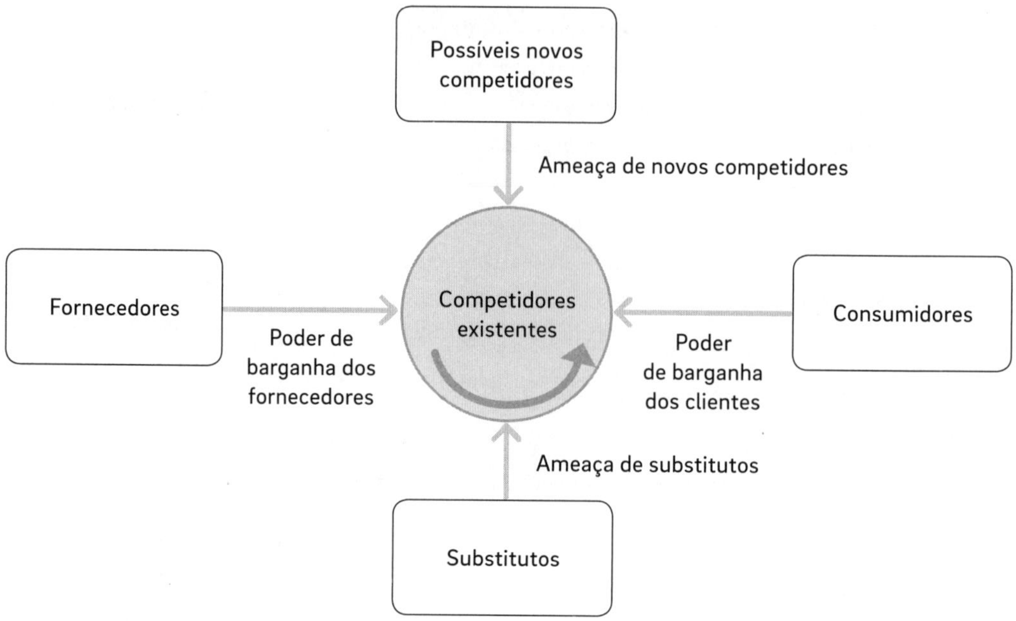

FONTE: PORTER, 1980, P. 4.

FIGURA 1.5 › Possível representação gráfica das cinco forças de Porter.

Os fornecedores de tecnologias específicas para *call center*, por sua vez, são poucos e caros. Apesar do alto custo tecnológico e da presença de grandes empresas, as barreiras de entrada para novos competidores são relativamente baixas. Há pequenas empresas que começam oferecendo serviços periféricos (*commodities*) sob contratos de adesão de alto risco e conseguem crescer, pois a demanda por serviços de *call center* tem demonstrado crescimento vigoroso. Por fim, o atendimento ao cliente via internet é um produto substituto ao *call center* que também vem crescendo.

A conjunção dessas cinco forças tem pressionado preços e margens das empresas de *call center*. E não é somente isso. Essas forças determinam o nível de investimento em infraestrutura civil, máquinas e equipamentos e em capital de giro, que requerem fontes de financiamento com prazos e custos compatíveis. Ou seja, as cinco forças afetam a estrutura e a composição de usos e fontes de recursos alocadas nas empresas, reveladas numericamente pelos demonstrativos contábeis dessas empresas.

NA PRÁTICA › Natura Cosméticos, a empresa "perfeita"?[11]

No primeiro semestre de 2011, lecionei a disciplina Avaliação de Empresas na Fundação Getulio Vargas. Dividi a classe em grupos, cada um responsável por avaliar uma empresa de capital aberto. O grupo que avaliou a Natura me chamou a atenção. Segundo eles, a Natura era uma empresa "perfeita". Não tinha defeito algum... A Natura tem esse poder de fascinar quem a analisa...

Contudo, como assim "perfeita"? Toda empresa tem suas fraquezas, seus desafios. A Natura não tem concorrentes? Segundo os alunos, que eram muito bons, as concorrentes, Avon e O Boticário, não eram ameaças significativas à marca e aos produtos Natura. Fiquei intrigado, questionei, provoquei, mas não me aprofundei na análise do mercado.

Alguns anos se passaram e me reencontrei com a Natura. Dessa vez, no Insper, lecionando a mesma disciplina. Um grupo de alunos apresentou um quadro bem diferente daquele de 2011. Entre 2012 e 2013, o preço das ações da Natura caiu 27% (mais que o Ibovespa no mesmo período). Entre 2009 e 2013, sua fatia de mercado também diminuiu, enquanto concorrentes como O Boticário e Procter & Gamble aumentaram sua fatia em 50% (dá-lhe promoção em programa dominical de TV!).

O faturamento anual por revendedora, principal canal de venda da Natura, cresceu pouco no período, abaixo da inflação. Lembrando que a revendedora Natura não é exclusiva, também pode vender Avon etc. A margem bruta da empresa também vem caindo, aparentemente porque seus preços estão crescendo menos que a inflação (viva a concorrência!).

Cerca de 20% de sua receita vem de suas atividades no exterior, que só então começaram a ser lucrativas. A empresa também investe em um novo canal de distribuição: o e-commerce. Entretanto, para fazer uma compra virtual, é preciso fornecer o número de uma revendedora. Ou seja, aparentemente, a Natura paga comissão às revendedoras no e-commerce, sacrificando parte de sua margem. Por quê?

Apesar desses desafios, a Natura tem um histórico de distribuir 100% do seu lucro líquido em dividendos. Será que é sustentável distribuir tantos dividendos assim? Se há tantas possibilidades de crescimento no exterior, por que não investir mais? Se a empresa está perdendo mercado no Brasil, por que não investir mais em publicidade, novos canais de distribuição (lojas) etc.?

Estaria a Natura "refém" de suas revendedoras? De seus acionistas "viciados" em dividendos? Dizem que a não exclusividade das revendedoras foi a escolha da Natura para minimizar o risco de processos trabalhistas. Será que vale a pena? A abertura de algumas lojas e/ou quiosques seria uma saída possível? Será que os clientes dos shoppings são os mesmos clientes das revendedoras?

Enquanto isso, O Boticário cresce sua rede de 3.500 lojas. Na apresentação, um aluno disse que a Natura está desenvolvendo na Austrália um modelo de loja para implantar no Brasil. Se isso for mesmo verdade, é preciso ir à Austrália para inovar no varejo brasileiro?

O valor de uma empresa não depende apenas de seus produtos e marcas. Depende também de seus conflitos: concorrentes, canais de distribuição, acionistas, fornecedores, funcionários e financiadores. Parece que os três primeiros preocupam mais que os três últimos.

Em resumo, deve-se analisar as cinco forças econômicas exógenas que afetam o crescimento e a rentabilidade de uma empresa e do setor econômico em que ela atua.

QUADRO 1.4 › Principais aspectos da análise das cinco forças econômicas exógenas

Consumidores

» Tamanho do mercado e sua evolução nos últimos anos.

» Como têm se comportado as vendas (preços e quantidades)?

» Que fatores macroeconômicos afetam o desempenho das vendas da empresa: PIB, taxa de juros básica, desemprego, taxa de câmbio e outros?[12]

» Distribuição do mercado por regiões geográficas.

» Quem são os consumidores da empresa? Quão pulverizada é a venda da empresa? Quais são seus principais clientes e sua participação nas vendas totais?

- Perfil do consumidor e implicações para a empresa (estoque mínimo, prazo de pagamento, canais de distribuição necessários, requerimentos de logística, assistência pós-venda, importância da marca).
- Grau de fidelidade – relações contratuais entre clientes e fornecedores (duração, mecanismos de correção).
- Importância da qualidade, dos serviços pós-venda, elasticidade, preço, correlação com a variação do PIB, inflação e outras variáveis macroeconômicas.
- Características do consumidor que, indiretamente, valorizam a empresa por suas vantagens competitivas.
- Possíveis tendências a inferir das características de mercado mais desenvolvidos (crescimento histórico, margens bruta e de Ebitda, alavancagem financeira, índices de produtividade e custos, evolução dos preços das ações (VEE/ preço da ação, VEE/Ebitda, VEE/ ROB).
- Tendências de crescimento e mudança no perfil da demanda e da concorrência (portanto, do preço).
- Tendências de consumo que favoreçam a empresa *vis-à-vis* suas vantagens competitivas.

Concorrência atual, potencial e produtos substitutos

- Barreiras de entrada (capital inicial necessário, regulamentação, acesso a produtos, licenças, tecnologia, escala etc.).
- Principais concorrentes nacionais, regionais e internacionais.
- Importância das economias de escala e escopo.
- Importância das fontes de fornecimento, tecnologia, canais de distribuição, localização geográfica.
- Diferenciação da concorrência, indiretamente, em relação à empresa.

Fornecedores

- Como tem variado o capital de giro? Quem são os principais fornecedores e o prazo médio de pagamento concedido? Como e por qual prazo a empresa financia as compras de seus clientes? Quanto a empresa aloca de recursos em seus estoques?
- Quais são as alternativas de fornecimento disponíveis? A que preços, quantidade e qualidade?
- Qual é a importância de insumos importados? Qual é a dificuldade de obtê-los?

FONTE: ELABORADO PELO AUTOR.

Para complementar a análise dos cinco fatores exógenos, é imperativa a análise dos **fatores endógenos** que constroem e sustentam a posição de mercado competitiva da empresa, bem como a capacidade de crescer com rentabilidade. A análise desses fatores relaciona-se aos quatro tipos de capital, a saber: humano, físico, financeiro e intangível, que, no encontro com as cinco forças exógenas, vão propiciar ou não o crescimento e a rentabilidade.

O primeiro a ser analisado é o capital humano, considerado um dos principais fatores endógenos estratégicos a quase qualquer empresa. Para quem se interessa pelo tópico, incluindo a importância da liderança, recomendam-se os excelentes livros de Collins (2001 e 2009). De Geus (1998) também pode contribuir muito para a compreensão do papel humano na capacidade de as empresas prosperarem.

QUADRO 1.5 › Principais aspectos da análise das forças endógenas

Capital humano

» Qual é a origem, o histórico da fundação da empresa? Quais são os principais marcos na sua história? Como se pode caracterizar a cultura da empresa?

» Como é a estrutura societária? Quem são os sócios? Estes estão em harmonia na condução da empresa? Caso contrário, como a desarmonia afeta a capacidade de a empresa investir e crescer com rentabilidade?

» Qual é o perfil dos principais líderes da empresa? Como são seus estilos de administração?

» Quem são os principais administradores da empresa? Eles são bem-sucedidos na condução da empresa dentro do planejamento estratégico? Como é o organograma da empresa? Há executivos sobrecarregados, e/ou centralizadores, acumulando muitas funções?

» Como é a política de incentivos e a avaliação de performance da empresa? A empresa remunera seus funcionários dentro dos parâmetros do setor de atuação? Se não o faz, por quê?

» Como tem evoluído a rotatividade (*turnover*) de funcionários da empresa? O que motivou os funcionários que se demitiram voluntariamente a deixar a empresa?

» Como os funcionários são treinados? A capacitação técnica dos funcionários está atualizada?

» Os cargos mais críticos são ocupados pelas pessoas certas?

» A empresa conduz pesquisa de clima organizacional com frequência? Como tem evoluído o clima organizacional da empresa?

Capital físico

» Quais são os produtos (e/ou serviços) que a empresa oferece? A produção é própria? Se for, onde estão as instalações industriais e quais são suas capacidades? Se a produção é feita por outrem, onde ficam os centros de distribuição da empresa e quais são suas capacidades de armazenagem?

» Quais são os principais componentes de custos dos principais produtos? Como os preços dos principais insumos têm evoluído? Como as margens brutas e operacionais têm evoluído e por quê?

» Quais são os impostos diretos que a empresa paga? Há algum incentivo fiscal? Se positivo, qual, sob que condições e por quanto tempo?[13]

» Quais têm sido os investimentos recentes (ativos fixos, P&D)? Como tem sido o desempenho de tais investimentos e sua contribuição para o crescimento de vendas, aumento de produtividade, abertura de novos mercados, ampliação do mix de produtos, redução de custos, emissão de poluentes?

» Qual é o plano de investimentos que a empresa tem atualmente? Qual é o gasto médio com investimentos na manutenção e sua capacidade de produzir e vender?[14]

» Quais são os principais canais de vendas (internet, distribuidores, lojas)?

» Como têm se comportado as principais despesas operacionais da empresa (administrativas, vendas, publicidade, gerais, provisão para devedores duvidosos)?

» Há possibilidades e planos de ação para redução de custos já identificados?

Capital financeiro

» Como tem evoluído a estrutura de capital da empresa e por quê?

▶

- Quais são suas principais dívidas e seus termos (taxas de juros, índice de correção, moeda, prazos e forma de amortização, garantias exigidas, obrigações específicas [*covenants*]?
- Como é o relacionamento da empresa com bancos? Quais são os principais bancos que efetuam (ou já efetuaram) operações de crédito com a empresa? Qual é o volume e custo de captação de empréstimos que podem estar disponíveis à empresa?
- Como está a liquidez da empresa? Qual é o volume de recursos com alta liquidez à disposição da empresa?
- Quanto é o custo de capital próprio dos sócios da empresa? Qual é a Taxa Interna de Retorno (TIR) mínima requerida para se aprovar novos projetos de investimento? Como se explica a diferença (se houver) entre o custo de capital próprio dos sócios da empresa e a TIR mínima requerida para se aprovar novos projetos de investimento?
- A empresa conta com algum passivo oculto que lhe possa gerar obrigações significativas? Esta enfrenta processos nas esferas cível, trabalhista, ambiental, fiscal, criminal? Qual é a probabilidade de a empresa ser condenada nesses processos e quais serão os gastos com indenizações estimados? Os advogados da empresa devem ser capazes de responder a estas perguntas.
- A empresa conta com algum ativo oculto que lhe possa gerar recursos financeiros em caso de necessidade? Por exemplo, banco de dados de clientes, acesso a seus pontos de venda (PDVs) para empresas complementares (financeiras em PDVs de redes de varejo).

Capital intangível

- Como tem evoluído a fidelidade dos principais clientes em relação a empresa? Como a empresa se relaciona com seus consumidores (serviço de atendimento ao cliente, pesquisas de satisfação etc.)?
- Quais são as vantagens competitivas da empresa na opinião de seus executivos (e, preferencialmente, na de seus consumidores)? Por exemplo: posição de mercado (ranking, locais de atuação); marca; rentabilidade; tecnologia (instalações industriais); mix de produtos; qualidade; clientes (qualidade, pulverização); sistema de informações (essencial para redes de varejo); relacionamento com fornecedores; força de trabalho qualificada etc.
- Quais são as desvantagens competitivas da empresa na opinião de seus executivos (e, preferencialmente, na de seus consumidores)?
- Quais são as políticas e os instrumentos que a empresa utiliza para administrar os sete tipos de riscos (corporativo; de mercado e de liquidez; operacional; de crédito; legal; setorial; macroeconômico)?

FONTE: ELABORADO PELO AUTOR.

FATORES CRÍTICOS DE SUCESSO

Após a análise da posição estratégica da empresa no mercado, é imprescindível identificar e entender o comportamento dos fatores críticos de sucesso, ou *value drivers*, do setor da economia em que ela atua. Esses fatores devem ser analisados no curto e longo prazos, pois podem variar com a concorrência, carga tributária, talento dos executivos etc.

Uma rede varejista depende do atendimento ao consumidor, que envolve, por exemplo, o mix de produtos, o prazo de fornecimento, o custo de entrega, os custos fixos, os custos de estocagem, todos *value drivers*. Na análise de uma rede varejista, é importante visitar várias lojas da empresa e de seus concorrentes. Comprar produtos nas lojas da empresa e nas de seus concorrentes, vivenciando a experiência da compra e da troca da mercadoria, prestando atenção ao atendimento, tempo gasto na hora de pagar, possibilidades de parcelamento das compras. Conversar com os consumidores da empresa e seus concorrentes é uma excelente maneira de vivenciar que sistemas, treinamento de pessoas e atendimento são críticos para o sucesso no varejo.[15]

QUADRO 1.6 › Exemplos de fatores críticos de sucesso por tipo de negócio

Tipo de negócio	Fatores críticos exógenos	Fatores críticos endógenos
Intensivo em capital	Custo da matéria-prima e custo do capital financeiro.	Custo do capital financeiro,[16] produtividade industrial ou prestação de serviços.
Varejo	Prazo de fornecimento, prazo de financiamento a clientes, inadimplência, juros, e renda disponível da população.	Escala, custos fixos, administração do capital de giro, motivação dos vendedores, automação de processos, atendimento ao cliente.
Bancos	Custo de capital, inadimplência, juros, renda disponível da população, regulamentação.	Custo do capital financeiro, economias de escala (custos fixos, propaganda, sistemas) e escopo, administração de riscos, automação de processos e serviços, diversificação da receita, atendimento ao cliente.
Produção de *commodities*	Ciclo de preços, concentração da oferta mundial.	Custo de transporte (produtos e matéria-prima), economias de escala e escopo, acesso à matéria-prima.
Serviços de bens públicos[17]	Custo de capital, inadimplência, juros, renda disponível da população, regulamentação.	Economias de escala e escopo, tecnologia.

FONTE: ELABORADO PELO AUTOR

RELATO PESSOAL

Na onda de fusões e aquisições de bancos que ocorreu no Brasil na segunda metade da década de 1990, fiz uma experiência. Abri contas de poupança em três bancos, depositando R$ 500 em cada uma. No banco A, nacional e privado de grande porte, fui muito bem atendido e não tive problemas. No banco B, comprado por um gigante internacional, também fui bem atendido, mas demorei duas semanas para obter o número da conta e recebi somente um extrato durante os três anos que mantive a conta aberta. No banco C, fruto da fusão de dois bancos brasileiros adquiridos por outro gigante internacional, não consegui abrir a conta. Na agência havia dois gerentes, cada um vindo de uma das instituições fusionadas. Um deles me disse que, para abrir a conta poupança, precisaria abrir uma conta-corrente, o que não quis fazer, pois teria de pagar tarifas. Outro gerente, porém, ouvindo nossa conversa, disse que não era necessário abrir a conta-corrente. Resultado: os dois passaram a discutir calorosamente, e fui embora sem abrir conta alguma.

Não é raro encontrar empresas cujos sócios e/ou principais executivos desconheçam todos os fatores críticos de sucesso do seu negócio. Um fator crucial de sucesso, frequentemente pouco entendido, é o capital do giro (especificamente, a alocação de recursos financeiros em Contas a Receber e em Estoques, e a potencial fonte de recursos oriunda do Contas a Pagar). Este tópico será discutido detalhadamente no caso Quixote.

Muitas vezes, os fatores críticos de sucesso de uma empresa não são tão óbvios, até porque, com certa frequência, especialmente na indústria de serviços, o negócio da empresa, entendido como o valor agregado que oferece a seu cliente, não é o que aparenta. Em seu excelente livro sobre estratégia, Markides (2000) ressalta que é muito importante que os acionistas e colaboradores de uma empresa saibam qual é o seu negócio.

RELATO PESSOAL

Gosto muito de ir a um restaurante especializado em culinária brasileira em São Paulo. Sua comida é ótima e seu atendimento melhor ainda. Numa das últimas vezes que lá estive, me acompanhava um querido amigo que também é fã do restaurante. Estávamos numa conversa animada com a proprietária do restaurante, que é a simpatia em pessoa, quando ela nos mostrou uma folha de papel que trouxe da cozinha contendo todas as preferências deste meu amigo.

No papel, constava que ele gosta de ter suas refeições com calma, com tempo, sem pressa. Ao chegar, gosta de pedir um drinque, ler o cardápio e saber qual é o prato especial do dia. O tipo de vinho de que gosta para acompanhar a refeição. Ao pedir bife acebolado (seu predileto), prefere com bastante cebola e a carne ao ponto. E assim por diante, até chegar a hora do café e de ir embora.

Fiquei impressionado com a dedicação da proprietária e do seu *staff* para com meu amigo. Ao assistir àquela cena, dei-me conta de que o negócio daquele restaurante não era apenas servir comida brasileira. Era o ritual de comer bem. A comida em si era um dos ingredientes do negócio. A proprietária, além de empresária, é também uma talentosa e criativa chefe de cozinha. Toda semana há algo de novo no cardápio. Ela faz questão de circular pelo salão e conversar com seus clientes. Minuciosa e sempre atenta, orienta seus garçons e o *sommelier* no atendimento ao cliente.

Acredito ser este o segredo do sucesso desse restaurante em uma metrópole tão competitiva quanto São Paulo. Ao se dedicar ao ritual de comer bem, a empresária conseguiu diferenciar seu restaurante.

Após refletir sobre esses aspectos, é possível construir uma percepção da posição competitiva da empresa, suas forças e fraquezas, e confrontá-la com os fatores críticos de sucesso impostos pelas ameaças e oportunidades de mercado. Essas questões permitem, principalmente, uma reflexão sobre a validade da atual estratégia competitiva da empresa perante as tendências de seu mercado de atuação e das forças competitivas.

Exercícios

1 Com base nas informações disponíveis publicamente (por exemplo, site da empresa, prospecto do IPO [disponível no site da BMF-Bovespa],[18] associações de classe, IBGE, estudos setoriais do BNDES, revista *Exame*, jornal *Valor econômico*, blogs especializados), analise a estratégia das seguintes empresas e classifique-as de acordo com as definições apresentadas.

» Varejo de eletrodomésticos: Casas Bahia, Ponto Frio, Magazine Luiza
» Varejo de moda: Restoque, Lojas Renner, Arezzo, Hering, Marisa
» Varejo de produtos de beleza: O Boticário, Natura
» Varejo geral: Lojas Americanas
» Bens de consumo: Hypermarcas, Ambev
» Siderurgia: Usiminas, Gerdau
» Financeiro: Banco do Brasil, Bradesco, BNDES, Banco Pine, Banco Fibra, BTG, XP
» Alimentos: JBS, BR Foods, Guarani, M. Dias Branco
» Logística: MRV, LLX, Libra
» Educação: Anhanguera, Kroton, Estácio, Positivo, Abril Educação, SEB (Sistema Educacional Brasileiro), Fundação Getulio Vargas, Insper, USP, universidades federais

» Farmácias: Brasil Pharma, Drogasil, Droga Raia
» Imóveis: Brazil Brokers, BR Malls, Gafisa, EZTEC, Cyrela, Even, JHSF, Iguatemi, Multiplan
» Saúde: Dasa, Qualicorp, Laboratório Fleury, Cura, Amil, Senior Solution
» Energia: Cosan/Raízen, Renova, Petrobras, Comgás, Energias do Brasil, Ultra, OGX, Energisa, CPFL Renováveis
» Telefonia: Claro, Vivo, Net
» Internet: Facebook, Twitter, LinkedIn, Google Plus, Alibaba, Waze, Wordpress, Spotify
» Celulose: Fibria Celulose, Suzano Papel, Klabin
» Redes: Redecard, Cielo
» Serviços públicos: Sabesp, CCR, Ecorodovias, CAB Ambiental
» Indústria em geral: Weg, Romi, Iochpe-Maxion, Embraer
» Aviação: TAM, Latam, Gol, Azul
» Notícias: jornais *O Estado de S.Paulo*, *Folha de S.Paulo*, *Valor Econômico*

2 **Em cada uma das empresas citadas no exercício 1, identifique as cinco forças de Porter.**
3 **Em cada uma delas, identifique se há barreiras de entrada e elabore uma matriz SWOT.**
4 **Em cada uma delas, identifique os fatores críticos de sucesso do mercado de atuação.**
5 **Após analisar os itens anteriores, identifique qual empresa terá de mudar sua estratégia diante das tendências de mercado para sobreviver. Justifique sua resposta.**
6 **Após analisar os itens anteriores, identifique qual empresa poderá ser alvo de aquisições dada a fragilidade de sua posição competitiva. Justifique sua resposta.**
7 **Após analisar os itens anteriores, identifique qual empresa poderá adquirir seus concorrentes dada a força de sua posição competitiva. Justifique sua resposta.**

PARADIGMA CONTÁBIL

UM "IDIOMA"

É possível comparar a contabilidade a um "idioma" – o inglês, por exemplo –, que é preciso aprender para ter acesso a valiosas informações sobre a gestão de uma empresa, seu desempenho no passado e dimensão atual (tamanho, rentabilidade, endividamento, liquidez).

A contabilidade é uma das principais formas de comunicação de uma empresa com seus **stakeholders**, ou partes interessadas, incluindo seus acionistas, financiadores, fornecedores, investidores, funcionários, agências reguladoras e, em particular, as autoridades tributárias municipais, estaduais e federais. Por causa destas últimas, todas as empresas precisam ter alguma organização das informações contábeis, que são apresentadas na forma de **demonstrativos contábeis**.

NOTA TÉCNICA › É importante esclarecer que contabilidade é muito mais que um instrumento de controle tributário; é um meio de descrever o negócio da empresa, sua gestão e capacidade de gerar dinheiro para todos os seus stakeholders.

As empresas maiores e mais organizadas têm departamentos dedicados a sua contabilidade, como controladoria, financeiro, tributário, relações com investidores. Podem, inclusive, contratar **auditores externos** independentes para revisar sua contabilidade e atestá-la como "correta" e "verdadeira" mediante as normas contábeis. Empresas com ações na bolsa de valores são obrigadas a ter seus **demonstrativos auditados**.

Os principais relatórios contábeis utilizados como fontes para avaliação econômico-financeira são: **Demonstração do Resultado do Exercício** (DRE); **Balanço Patrimonial** (BP); **Demonstração dos Fluxos de Caixa** (DFC); e **Notas Explicativas**. Esses demonstrativos se complementam e estão interligados, fornecendo informações sobre a empresa por diferentes ângulos econômicos, contábeis e financeiros.

No Brasil, em nossa prática de consultoria, é comum depararmos com uma ampla variedade de empresas, desde as muito organizadas, com demonstrativos completos, até aquelas com pouquíssimas informações, com o mínimo necessário para atender às demandas das autoridades tributárias. E é com essas realidades que temos de lidar.

NOTA TÉCNICA › Lucro presumido *versus* lucro real

Empresas menores, com receita bruta anual de até R$ 78 milhões,[19] dificilmente têm demonstrativos contábeis completos, pois, em geral, optam pelo **regime de lucro presumido**. Neste, todos os impostos, inclusive o Imposto de Renda e a Contribuição Social (IR&CS), são cobrados sobre a receita, ou seja, o valor das notas fiscais emitidas. Geralmente, essas empresas têm um DRE muito resumido e um BP pró-forma, mas dificilmente um DFC.

No regime de lucro real, uma parte dos impostos é cobrada sobre a receita, mas o IR&CS é cobrado sobre o Lucro Antes do Imposto de Renda (Lair) em demonstrativo próprio (Livro de Apuração do Lucro Real – Lalur). Além da receita bruta, o Lair considera todos os custos, as despesas e os tributos sobre receitas em que a empresa incorreu. Como tal, sua apuração exige da empresa uma organização muito maior do que no regime de lucro presumido.

Os demonstrativos contábeis, completos ou não, auditados ou não, fornecem informações essenciais sobre uma empresa. É o ponto de partida para identificar e entender a dinâmica de geração (ou destruição) de valor de uma empresa. Os projetos de investimento, por estarem em "gestação" ou no início de suas "vidas" como pessoas jurídicas, representam uma ótima oportunidade de começar a organizar sua contabilidade desde cedo.

Em seguida, serão descritos, brevemente, os principais demonstrativos (DRE, BP e DFC) utilizados para entender a dinâmica de geração de valor. Como há outros demonstrativos e a descrição de cada conta é extensa, recomenda-se complementar o estudo desses demonstrativos com livros especializados, como Martins et al. (2013).

BP

Este é um "extrato" apresentado em duas colunas paralelas e se refere a determinado dia; por exemplo, 31/12/2014. Do lado direito, o BP descreve os valores (saldos) dos recursos alocados na empresa (fontes) por terceiros, como fornecedores e financiadores (passivos), e por seus acionistas (patrimônio líquido – PL). Do lado esquerdo, detalha como a empresa aplicou essas fontes em sua operação (usos) com o intuito de gerar ganhos (lucro).

Por definição, o valor dos usos é igual ao das fontes, pois, como na natureza e plagiando Lavoisier, "no Balanço Patrimonial nada se cria, nada se perde, tudo se transforma", ou seja:

$$\textbf{Usos} \equiv \textbf{Fontes}$$

As fontes são transformadas em usos, que, por sua vez, são utilizados para gerar a renda que remunera as fontes. Por exemplo, o dinheiro oriundo de um empréstimo bancário, registrado na coluna das fontes, se transforma em máquinas e insumos, registrados na coluna dos usos. Por sua vez, esses insumos e máquinas serão utilizados para gerar os recursos financeiros que pagarão o empréstimo.

Após apresentar a essência, segue-se para os passos mais específicos: na coluna à esquerda, o BP apresenta e descreve os valores dos ativos mobiliários e imobiliários, acumulados pela empresa até sua data de referência, 31/12/2014. Na coluna à direita, apresenta e descreve o valor das obrigações e deveres da empresa para com terceiros e sócios. Ou seja, a igualdade entre ativos e passivos pode ser reapresentada da seguinte maneira:

$$\textbf{Ativos} \equiv \textbf{Passivos} + \textbf{PL}$$

ou

$$\textbf{PL} = \textbf{Ativos} - \textbf{Passivos}$$

Em que:

Ativos ≡ bens e direitos à disposição da empresa para serem consumidos com o objetivo de gerar receitas.
Passivos ≡ deveres e obrigações para com terceiros, com prazos predeterminados de liquidação.
PL ≡ fontes de recursos próprias à empresa e seus sócios, com prazo e remuneração indeterminados.

As principais contas de um BP são apresentadas no quadro a seguir.

QUADRO 1.7 › Principais contas do Balanço Patrimonial em 31/12/2014

Ativos (Usos)	Passivos (Fontes)
Ativo Circulante (liquidez em até 365 dias) • Disponibilidades • Títulos e Valores Mobiliários • Contas a Receber • Estoques	Passivo Circulante (exigibilidade em até 365 dias) • Obrigações Comerciais (Fornecedores) • Obrigações Fiscais • Obrigações Trabalhistas • Dívida Exigível a Curto Prazo • Aluguéis a Pagar
Ativo não Circulante (liquidez após 365 dias) • Contas a Receber • Estoques • Investimentos • Ativo Imobilizado Bruto (AIB) • (–) Depreciação Acumulada • (=) Ativo Imobilizado Líquido • Ativo Intangível (IA) • (–) Amortização Acumulada	Passivo não Circulante (exigibilidade após 365 dias) • Obrigações Comerciais • Dívida Exigível a Longo Prazo • Dívidas Tributárias Patrimônio Líquido (sem exigibilidade) • Capital Social • Reservas (de Capital, de Lucro) • Prejuízos Acumulados

FONTE: COM BASE EM MARTINS ET AL., 2013, P. 3.

Observe que os ativos são classificados de acordo com sua natureza e ordenados seguindo o critério da **liquidez**. A liquidez de um ativo reflete sua capacidade de se transformar em “dinheiro vivo” ou, conforme o jargão financeiro, em “caixa”. Os bens e direitos que a empresa pode transformar em caixa em até um ano estão apresentados dentro do **Ativo Circulante** (AC). Os bens e direitos com liquidez prevista para períodos acima de um ano estão apresentados no **Ativo não Circulante** (ANC), que também inclui bens e direitos que a empresa adquiriu com intuito de usá-los ao longo de todas as suas vidas úteis, classificados, respectivamente, no **Ativo Imobilizado Bruto** (AIB) e no **Ativo Intangível** (AI).

De maneira similar, o passivo descreve os deveres e as obrigações da empresa de acordo com seu prazo de exigibilidade. No **Passivo Circulante** (PC) são descritas as obrigações que devem ser honradas pela empresa em até um ano. No **Passivo não Circulante** (PNC), aquelas cujos vencimentos ocorrerão em datas posteriores a um ano da data de referência do BP. O **Patrimônio Líquido** (PL) descreve os recursos próprios, que estão à disposição da empresa por prazo e remuneração indeterminados; portanto, não é uma dívida no sentido clássico da palavra. Note que, quando o PL < 0, a empresa está com seu "**passivo a descoberto**".

É importante ter em mente as implicações da natureza estática do BP: ele retrata saldos de usos e fontes em determinado dia do ano. Por exemplo, no AC, encontramos a conta **Disponibilidades**, cujo saldo revela a quantidade imediata de dinheiro disponível à empresa em uma data específica. O saldo dessa conta assemelha-se ao saldo da conta-corrente apresentado no extrato bancário. No dia 20 de novembro, o saldo em conta-corrente era de R$ 5.031. No dia seguinte, o saldo pode mudar para R$ 3.123, pois, no prazo de 24 horas, acumulam-se rendimentos e contas são pagas. Do mesmo modo, o saldo das Disponibilidades de uma empresa pode ser de R$ 10 milhões no dia 31 de dezembro e quase nulo no dia seguinte.

NOTA TÉCNICA › Significado do Patrimônio Líquido

O conceito de "riqueza", do ponto de vista da contabilidade, é descrito e mensurado pela conta Patrimônio Líquido (PL), que é, possivelmente, o conceito mais importante para a contabilidade. O PL é revelado no BP como a diferença entre todos os bens e direitos que a empresa possui (coletivamente denominados ativos) e seus deveres e obrigações com terceiros (coletivamente denominados passivos). PL é o saldo, em determinado dia do ano, do montante de recursos historicamente investidos pelos sócios (a subconta "Capital Social") e acumulados na empresa por decisão da maioria dos sócios (as subcontas "Prejuízos Acumulados" e "Reservas"). O PL revela, portanto, o montante de recursos disponíveis à empresa, sem data para devolução nem remuneração predefinidos a seus donos de direito, ao contrário de um empréstimo bancário ou uma debênture. Por conseguinte, PL não é uma dívida no sentido clássico da palavra.

O BP é muito útil, pois fornece informações preciosas sobre a empresa: seus ativos de alta liquidez, seu **capital de giro**, sua **estrutura de capital** e o montante de **benefícios fiscais "operacionais"** que pode ser utilizado. É no BP que se encontram os saldos do endividamento bancário de curto e longo prazos e o estoque de recursos financeiros que podem ser usados para saldá-lo, ou seja, a **liquidez financeira** da empresa em um dia específico do ano. Todas essas informações são "pistas" sobre sua capacidade de gerar ou destruir valor.

Como apresentado no quadro a seguir, as rubricas do BP têm critérios de avaliação diferentes.

QUADRO 1.8 › Principais rubricas do BP e seus respectivos critérios de avaliação

Rubrica	Critério de avaliação
Aplicações em títulos e valores imobiliários	**Valor justo**, ou o valor provável de realização, o que for menor.

Rubrica	Critério de avaliação
Contas a receber	Valor dos títulos menos estimativas de perdas.
Estoques	**Custo de aquisição**, ou de fabricação, reduzido por estimativas de perdas para ajustá-lo ao preço de mercado, quando este for inferior. Nos produtos agrícolas e em certas *commodities*, ao valor justo.
Ativo imobilizado	Custo de aquisição deduzido da depreciação pelo desgaste ou perda. Periodicamente deve ser feita a análise sobre a recuperação dos valores registrados.
Ativo intangível	Custo de aquisição deduzido da amortização pelo desgaste ou pela perda. Periodicamente deve ser feita a análise sobre a recuperação dos valores registrados.
Investimentos (em empresas)	Valor do patrimônio líquido da empresa objeto de investimento (método da equivalência patrimonial) proporcional à participação societária.
Dívidas	Valores atualizados até a data do balanço ajustados por demais encargos, como juros (custo amortizado).
Patrimônio líquido	Valor do capital social, demais reservas e prejuízos acumulados.

FONTE: MARTINS ET AL., 2013, P. 3.

Em que:

Valor justo (*fair value*): "preço que seria recebido pela venda de um ativo ou que seria pago pela transferência de um passivo em uma transação não forçada entre participantes do mercado na data de mensuração".[20] O desafio é que, para muitos ativos e passivos, este "valor de saída" não é observável no mercado. Nesse caso, recorre-se ao FDC para estimá-los considerando "as melhores informações disponíveis". Este é um tema amplo que aborda os diferentes tipos de ativos e passivos. Para os interessados, é sugerida a leitura de Martins et al. (2013, Capítulo 9).

Custo (histórico de) aquisição: o custo de aquisição dos ativos, tal qual registrado no valor da nota fiscal de compra.

NOTA TÉCNICA › Depreciação e amortização

No **Ativo Imobilizado** são registrados os valores dos bens de capital tangíveis que a empresa utiliza para gerar receitas (equipamentos, ferramentas, florestas, máquinas, terrenos, edificações, veículos e outros). No **Ativo Intangível** são registrados os valores dos bens de capital intangíveis ("bens incorpóreos") que a empresa utiliza para gerar receitas e cujo custo possa ser mensurado objetivamente, com segurança. Por exemplo: patentes, direitos autorais, marcas, fundos de comércio adquirido, direitos sobre recursos naturais etc.

O consumo dos bens de capital tangíveis e intangíveis gera despesas, denominadas **Depreciação** e **Amortização**, respectivamente. Como os bens de capital têm vida útil econômica superior a um ano, são consumidos parcialmente a cada exercício contábil e fiscal. Dependendo da natureza do bem, há uma vida útil predefinida pelas autoridades fiscais.

QUADRO 1.9 › Exemplos de vidas úteis e taxa de depreciação e amortização

Tipo de bem de capital	Taxa anual	Vida útil (anos)
Edifícios	4%	25
Máquinas e equipamentos	10%	10
Instalações	10%	10

Tipo de bem de capital	Taxa anual	Vida útil (anos)
Móveis e utensílios	10%	10
Veículos	20%	5
Software	20%	5
Benfeitorias em imóveis de terceiros		Prazo do contrato de locação do imóvel
Patente adquirida		Prazo do contrato de uso

FONTE: MARTINS ET AL., 2013, P. 302.

NOTA TÉCNICA › O Ativo Imobilizado tem três componentes. No Ativo Imobilizado Bruto (AIB) são registrados os valores dos Custos Históricos de Aquisição. Soma-se ao AIB uma conta redutora denominada Depreciação Acumulada. O resultado da subtração da Depreciação Acumulada e do AIB resulta no Ativo Imobilizado Líquido (AIL).

A Depreciação Acumulada, como o próprio nome diz, é a soma das Despesas com Depreciações relativas a um bem, ou seja, o consumo da vida útil de um bem de capital desde o primeiro dia de seu uso na empresa até a data de apuração do BP. Por exemplo, a máquina de costura de uma confecção em determinado período de uso. Em outras palavras, sabe-se que a máquina de costura pode ter vida útil de cerca de dez anos. Suponha que essa máquina tenha sido comprada pela empresa por R$ 2 mil e posta em operação no começo de janeiro de 2014. A cada ano, 10% do seu valor são consumidos pela empresa na produção de roupa, até sua exaustão ao fim de dez anos. O AIL relata, portanto, o valor residual da máquina de costura, indicando a necessidade de repô-la.

Raciocínio similar aplica-se ao Ativo Intangível.

QUADRO 1.10 › Exemplo de depreciação do imobilizado (máquina de costura)

Ativo imobilizado	2/1/2014	31/12/2014	31/12/2015	31/12/2016	...	31/12/2023
Ativo imobilizado bruto	2.000	2.000	2.000	2.000	2.000	2.000
Depreciação anual	–	**- 200**	**- 200**	**- 200**	**200**	**- 200**
Depreciação acumulada	–	**- 200**	**- 400**	**- 600**	**...**	**- 2.000**
Ativo imobilizado líquido	2.000	1.800	1.600	1.400	...	–

FONTE: ELABORADO PELO AUTOR.

Custo amortizado: corresponde ao valor do montante do principal (e, se for o caso, acrescido de juros acumulados) deduzido da parcela que já foi amortizada.

Valor de recuperação (*impairment*): periodicamente,[21] as empresas devem analisar a recuperação dos valores registrados no AIB e no AI. O **valor recuperável** é o maior entre o valor líquido de venda do ativo[22] e seu **valor em uso.**[23] Se o custo histórico de aquisição for maior que o valor recuperável, o valor do ativo deve ser reduzido a menor, e a diferença ser lançada como perda contra o lucro da empresa.

NOTA TÉCNICA › Amortização do ativo intangível *versus* amortização do principal de uma dívida

Infelizmente, usa-se a mesma palavra ("amortização") com significados diferentes. O leitor não pode confundi-las. Amortização do AI refere-se ao consumo da vida útil de um bem de capital intangível (um software, por exemplo). Amortização do valor do principal de uma dívida refere-se ao pagamento de parte do valor, ou do total, de um empréstimo bancário, por exemplo. Suponha que uma empresa contratou um empréstimo de R$ 100 milhões do BNDES e tem prazo de dez anos para amortizá-lo no **Sistema de Amortização Constante** (SAC). Então, todo ano, a empresa amortizará R$ 10 milhões do empréstimo. Além da amortização do principal, o BNDES receberá também o pagamento de juros. Juntos, a amortização do principal e o pagamento dos juros são denominados **serviço da dívida**.

É importante adiantar que a amortização do ativo intangível é uma despesa não caixa, enquanto a amortização do principal de uma dívida é uma despesa caixa. O conceito de despesa não caixa será explicado em breve, quando for apresentado o DRE.

NA PRÁTICA › Segundo Martins et al. (2013, p. 288), "Na verdade, esse teste (recuperabilidade) se obriga, pela doutrina contábil, a ser feito sobre todos os ativos, sem exceção alguma. E essa regra é muito antiga, apenas vinha, aparentemente, sendo 'esquecida' em certas circunstâncias."

DRE

Antes da descrição do DRE, é preciso explicar **regime competência**, que, por sua vez, baseia-se no Princípio da Competência (também conhecido como Contraposição de Receitas e Despesas), que determina que uma receita (e despesa) deve ser reconhecida quando seu "**fato gerador**" ocorrer, o que não necessariamente coincide com o recebimento pela empresa desta receita na forma de dinheiro. Fato gerador é a emissão da nota fiscal, que descreve e comprova a transferência da mercadoria ou a prestação do serviço da empresa para o cliente, mediante o pagamento imediato ou a promessa de pagamento futuro.

Um exemplo: certa loja de eletrodomésticos vende uma geladeira por R$ 1.200, em 12/6/2014, a serem pagos em 12 parcelas iguais de R$ 120 por mês, sendo a primeira à vista. A contabilidade deve registrar, em 12/6/2014, a receita total da venda, ou seja, R$ 1.200, e as despesas associadas a essa venda, pois ocorreu o fato gerador - a geladeira que pertencia à loja foi entregue ao consumidor. Embora a loja tenha recebido apenas R$ 120 em dinheiro, lhe foi dado o direito de cobrar as 11 prestações de R$ 120 do consumidor ao longo dos próximos 11 meses. A empresa recebeu R$ 1.080 em compromissos de pagamentos futuros pela geladeira, contabilizados no Contas a Receber do BP. Pelo Princípio da Competência, a venda ocorreu no momento da transferência da geladeira, e todas as receitas e despesas relacionadas com este fato devem ser registradas contabilmente nesta data, 12/6/2014. Sem que o produto da venda tenha sido recebido integralmente em dinheiro vivo, a empresa efetivamente pagará a comissão ao vendedor, o aluguel da loja, os impostos diretos sobre a venda realizada e sobre o lucro auferido antes de receber as outras 11 prestações.

Outro importante exemplo do Princípio da Competência foi apresentado na seção anterior sobre BP: uma empresa paga, à vista, R$ 2 mil na compra da máquina de costura em 2/1/2014. Pelo Princípio da Competência, no DRE, a empresa não gastou R$ 2 mil em 2/1/2014, pois a capacidade da máquina de gerar valor será "consumida" ao longo da sua vida útil, que pode alcançar dez anos. Pelo Princípio da Competência, portanto, a cada ano, a empresa pode contabilizar uma despesa de R$ 200 referente ao uso de um décimo do valor de aquisição da máquina em 2/1/2014. Embora a empresa tenha desembolsado R$ 2 mil em dinheiro vivo pela compra da máquina, registrará no DRE apenas parte deste gasto como despesa contábil (despesa com depreciação) de R$ 200 ao ano, ao longo de dez anos. Esta despesa com depreciação, embora não seja caixa, tem um impacto caixa, pois representa uma despesa dedutível do IR&CS.

Como será verificado mais adiante, o gasto de R$ 2 mil na máquina de costura é registrado no DFC (adições ao AIB), a fim de revelar como os recursos disponíveis à empresa variaram ao longo do período.

O DRE, um demonstrativo do regime competência, descreve como os bens e direitos (ativos) da empresa foram utilizados na geração de renda (lucro líquido) em determinado período, visando remunerar suas fontes (passivos). A geração de renda pode ser positiva (lucro) ou negativa (perdas ou prejuízo) em um período; por exemplo, o ano de 2014. O plano de contas do DRE inclui receitas, custos, despesas e impostos **incorridos** pela empresa no período.

QUADRO 1.11 › Plano das principais contas do DRE

Receita Operacional Bruta (ROB)
(–) Impostos sobre vendas ou impostos diretos
(–) Abatimentos
(=) Receita Operacional Líquida (ROL)
(–) Custos (CPV, CMV, CSP)
(=) Lucro Bruto
(–) Despesas Operacionais:
Despesas com pessoal
Despesas com vendas
Despesas administrativas
Outras despesas operacionais
(+) Outras receitas operacionais
(–/+) Resultado financeiro (receitas – despesas financeiras)
(=) Lucro Operacional
(–/+) Resultado não operacional (receitas – despesas não operacionais)*
(=) Lucro Antes do Imposto de Renda (Lair)
(–) Provisão para IR&CS
(–) Participação de terceiros (empregados, diretores etc.)
(=) Lucro Líquido ou Prejuízo

* No IFRS, a figura das "Receitas e Despesas Não Operacionais" foi extinta, mas sabemos que elas existem na prática e devem ser identificadas pelo analista da empresa.

FONTE: ELABORADO PELO AUTOR.

Geralmente, o DRE descreve a rentabilidade da empresa em quatro níveis. O primeiro nível de rentabilidade é o **Lucro Bruto**, que corresponde ao resultado contábil das receitas contra impostos diretos e custos diretos envolvidos na venda da mercadoria ou prestação do serviço. O Lucro Bruto não inclui as despesas operacionais da empresa, que, indiretamente, sustentam o negócio: despesas com vendas, administração e outras.

O segundo nível, **Lucro Operacional**, reflete a rentabilidade do negócio da empresa após a dedução das "despesas operacionais", incluindo receitas e despesas financeiras.

O terceiro nível é o **Lucro Antes do IR (Lair)**, que é a diferença entre o lucro operacional e as despesas e/ou receitas não operacionais. É a base de cálculo do IR&CS. Vale observar que o Lair calculado pelas regras contábeis da legislação societária difere do Lair computado pela regras contábeis tributárias, no Lalur.[24]

Por fim, o último nível de rentabilidade é o **Lucro Líquido** ou **Prejuízo**. O Lucro Líquido (LL) é a base de cálculo para o valor que poderá ser distribuído aos sócios da empresa por meio de dividendos e/ou ser usado para constituir reservas de capital no Patrimônio Líquido.

EBIT E EBITDA

Embora não sejam considerados conceitos contábeis, é necessário apresentar outros dois níveis de rentabilidade, pois estes não o serão no DRE, mas são muito úteis na análise do FDC, para deduzir ou ajustar, a saber: o **Lajir** (ou **Ebit** - *Earnings Before Interests and Taxes*) e o **Lajida** (**Ebitda** - *Earnings Before Interests, Taxes, Depreciation and Amortization*). Vale ressaltar que as empresas não são obrigadas apresentar o Ebitda e o Ebit - é um ato voluntário.

Para calcular o Ebitda e o Ebit, utilizam-se valores do DRE e do DFC, como apresentado no quadro a seguir.

QUADRO 1.12 › Reorganização do DRE para cálculo do Ebit e do Ebitda

Lucro Líquido (ou Prejuízo)	**Lucro Líquido (ou Prejuízo)**
(+) IR&CS	(+) IR&CS
(–/+) Resultado financeiro	(–/+) Resultado financeiro
(–/+) Resultado não operacional	(–/+) Resultado não operacional
(+) Depreciação (AIB) e amortização (AI)	
(=) Ebitda (Lajida)	**(=) Ebit (Lajir)**

FONTE: ELABORADO PELO AUTOR.

É importante ressaltar três aspectos do Ebitda e Ebit que aqui serão utilizados:

1. A definição de Lucro Operacional do DRE não equivale ao Ebit, pois o primeiro considera como "despesas operacionais" as receitas e despesas financeiras. Portanto, para deduzirmos o Ebit, é preciso somar ao Lucro Operacional as despesas financeiras e subtrair as receitas financeiras.
2. Para mensurar o Ebitda, adicionam-se ao Ebit receitas e despesas operacionais não caixa, principalmente despesa com depreciação (do Ativo Imobilizado Bruto) e amortização (do Ativo Intangível).
3. No cálculo do Ebitda e do Ebit são excluídas as despesas ou receitas não operacionais, pois, como será observado mais adiante, é importante no FDC dividir todos os itens não operacionais daqueles operacionais. Entretanto, a Comissão de Valores Mobiliários (CVM), na Instrução CVM n. 527/2012, recomenda às empresas que não excluam desses cálculos quaisquer itens não recorrentes, não operacionais ou de operações descontinuadas dos Ebitda e Ebit. Ou seja, quando o objeto de análise for uma empresa de capital aberto, o leitor terá de analisar cuidadosamente a composição do Ebitda "oficial", divulgado pela empresa, para excluir itens não operacionais.

NA PRÁTICA › No Brasil, algumas empresas de capital aberto publicam o que denominam "Ebitda ajustado". Neste, algumas empresas incluem ou excluem alguns valores que consideram corretos ▶

para refletir o "verdadeiro" Ebitda. É preciso ter cuidado, pois há algumas extravagâncias. Uma dessas empresas, por exemplo, somou ao Ebitda despesas geradas na absorção de empresas que havia comprado. A empresa explicou que a exclusão se devia ao fato de essas despesas não serem "recorrentes". Se são ou não recorrentes é difícil dizer, mas, sem dúvida, são despesas operacionais. Então, por que não incluí-las no Ebitda? Ademais, a empresa adquiriu e adquire várias empresas, pois tem fusões e aquisições como estratégia de crescimento. Então, também é questionável essa não recorrência.

Por que as empresas teriam um incentivo para superestimar o tal "Ebitda ajustado"? Porque dois indicadores de endividamento mais utilizados no mercado, o Índice de Cobertura do Serviço da Dívida (ICSD) e o Índice de Alavancagem, empregam o Ebitda como parâmetro de comparação. Superestimar o Ebitda melhora esses índices e indica aos investidores e credores que a empresa está num nível confortável de endividamento. Esses dois índices de endividamento serão discutidos com mais detalhes neste e nos próximos capítulos.

Em outras palavras, o DRE descreve a geração de receitas, juntamente com os custos e as despesas decorrentes dessas receitas, ao longo de um ano (no exemplo, 2014). O BP descreve os saldos dos bens e direitos (ou usos) da empresa e suas obrigações com provedores de recursos (ou fontes) em 31/12/2014.

DFC

Este, por sua vez, complementa o DRE, ao descrever todos os fluxos de recebimentos e pagamentos efetivos (regime caixa) da empresa ao longo de um período (no caso, 2014). Recebimentos e pagamentos esses que não necessariamente entram no cálculo da geração do lucro líquido da empresa (regime competência), mas afetam o montante de recursos financeiros disponíveis à empresa (ou sua necessidade de financiamento) no curto prazo (até 12 meses). O DFC permite explicar (conciliar) o saldo de caixa disponível na tesouraria ("Disponibilidades" e/ou "Aplicações" do BP) e a geração de lucro (ou prejuízo) descrita no DRE, com o principal objetivo de revelar como a folga (ou falta) de recursos disponíveis variou durante um intervalo. Essa folga de recursos disponíveis à empresa no curto prazo é conhecida como **liquidez financeira**.

O DFC vem a substituir a Doar (Demonstração das Origens e Aplicações de Recursos), cuja apresentação foi obrigatória no Brasil entre 1978 e 2007.[25] O DFC descreve a geração de caixa da empresa em um período, ou seja, detalha os pagamentos e recebimentos de dinheiro da empresa em dado período de tempo. Como tal, o DFC concilia os lançamentos do regime competência com aqueles de natureza caixa. Para Iudícibus et al. (2010, p. 567, 568), o DFC permite aos investidores, credores, fornecedores avaliar:

1 a solvência e a liquidez da empresa;
2 a taxa de conversão de lucro em caixa;
3 a performance operacional da empresa em relação a outras "similares", uma vez que o DFC elimina efeitos das distintas práticas contábeis; e
4 os efeitos, sobre a posição financeira da empresa, das transações de investimento e de financiamento.

O DFC descreve pagamentos e recebimentos de dinheiro em três aspectos da atividade da empresa: operacional ("Atividades Operacionais"), investimento ("Atividades de Investimento") e financiamento ("Atividades de Financiamento"). Como apresentado no quadro a seguir, essa descrição pode ser representada de duas formas diferentes, mas com resultados iguais: os métodos direto (com base no recebimento de clientes)[26] e indireto (com base no Lucro Líquido):

QUADRO 1.13 › Principais contas do DFC

Método Direto	Método Indireto (da Conciliação)
Atividades Operacionais	**Atividades Operacionais**
(+) Recebimento de clientes	Lucro líquido
(–) Pagamentos de impostos	(+) Depreciação e amortização AP
(–/+) Despesas e receitas financeiras, dividendos, JSCP	(–/+) Despesas e receitas financeiras, dividendos, JSCP
(–/+) Variações de CAR	(–/+) Variações de CAR
(–/+) Variações de estoques	(–/+) Variações de estoques
(–/+) Variações de fornecedores	(–/+) Variações de fornecedores
(–) Pagamentos de despesas antecipadas	(–) Pagamentos de despesas antecipadas
(–/+) Provisões	(–/+) Provisões
Caixa Gerado (Consumido) Operações	**Caixa Gerado (Consumido) Operações**
Atividades de Investimento	**Atividades de Investimento**
Recebimento de venda ativo não circulante	Recebimento de venda ativo não circulante
Adições no ativo não circulante	Adições no ativo não circulante
Adições (resgates) de aplicações financeiras[27]	Adições (resgates) de aplicações financeiras
Caixa Gerado (Consumido) Investimentos	**Caixa Gerado (Consumido) Investimentos**
Atividades de Financiamento	**Atividades de Financiamento**
Aumento de capital	Aumento de capital
Amortização de financiamentos	Amortização de financiamentos
Captação de financiamentos	Captação de financiamentos
Distribuição de dividendos, JSCP	Distribuição de dividendos, JSCP
Caixa Gerado (Consumido) Financiamentos	**Caixa Gerado (Consumido) Financiamentos**
Aumento Líquido nas Disponibilidades	**Aumento Líquido nas Disponibilidades**

FONTE: ELABORADO PELO AUTOR COM BASE EM MARTINS ET AL., 2013, P. 653-655.

O caixa gerado nas operações indica a capacidade de a empresa sustentar seus investimentos produtivos e remunerar os fornecedores de capital (financiadores e acionistas).

Em resumo:

AUMENTO LÍQUIDO NAS DISPONIBILIDADES = Caixa Gerado (Consumido) nas (Operações + Investimentos + Financiamentos)

▪ NOTAS EXPLICATIVAS

ENTRE OUTRAS FUNÇÕES, essas notas detalham rubricas dos demonstrativos contábeis que são importantes para a nossa análise, como a descrição:

- do endividamento, incluindo juros médios, prazos de amortização; e
- dos componentes do AIB e do AI, incluindo as taxas médias de depreciação e amortização, respectivamente. Algumas empresas, inclusive, descrevem os valores dessas despesas alocados no CMV e nas despesas operacionais, o que é muito útil para nossa análise.

Em suma, todos os três demonstrativos contábeis apresentados, mais suas notas explicativas, têm um objetivo primordial: mensurar a "riqueza" de uma empresa e explicar sua evolução ou involução decorrente de sua gestão econômico-financeira. Uma análise vertical e horizontal do desempenho econômico-financeiro dos últimos dois a cinco anos pode fornecer informações preciosas para a avaliação da empresa e de seus gestores.

QUADRO 1.14 › Resumo dos principais demonstrativos contábeis e sua relevância para a avaliação de empresas

	Objetivos	Informações importantes
BP	Apresentação da posição **financeira** e **patrimonial** da empresa em uma data (posição estática).	Ativos: disponibilidades, CAR, estoques, AIB, AI. Passivos: fornecedores, dívidas (CP&LP), PL.
DRE	Apresentação do **Lucro Líquido** no período. LL é a base para distribuir **dividendos** e pode afetar o PL significativamente.	ROB, CMV, lucro bruto, lucro operacional, despesas financeiras, IR&CS, LL.
DFC	Geração de excesso ou consumo de caixa. Apresentação das **variações nas disponibilidades** entre t-1 e t.	Pagamentos e recebimentos em dinheiro. Depreciação (AIB), amortização (AI), investimentos (AIB&AI), captação e/ou devolução de empréstimos, aumento de capital e/ou pagamentos dividendos, JSCP.
Notas explicativas	Detalhamento dos aspectos do BP, DRE, DFC e de outros demonstrativos.	Abertura dos itens do AIB&AI, descrição da dívida por tipo, custo e prazo de amortização, divisão da depreciação e amortização entre custos e despesas.

FONTE: ELABORADO PELO AUTOR.

Os demonstrativos contábeis são peças fundamentais do quebra-cabeça, mas têm suas limitações. Para ilustrar essas limitações, é apresentado um exemplo simples: os três primeiros meses de vida de uma pequena empresa de varejo de eletroeletrônicos, a Bicicleta Ltda.

ILUSTRAÇÃO DA ARTICULAÇÃO ENTRE DEMONSTRATIVOS CONTÁBEIS: BICICLETA LTDA.

O SR. BICICLETA ABRIU UMA LOJA de televisores na garagem de sua casa com R$ 1 mil de capital próprio em 1/3/2013. Investiu R$ 900 em móveis e benfeitorias e comprou dez TVs, por R$ 500 cada, a serem pagas em 60 dias (1/5/2013).

QUADRO 1.15 › BP "de partida" da Bicicleta Ltda. (1/3/2013, em reais)

Ativos		Passivos	
Disponibilidades	100	Fornecedores (10 TVs a pagar em 1/5)	5.000
Estoques (10 TVs por R$ 500/TV)	5.000		
Ativo Circulante	**5.100**	**Passivo Circulante**	**5.000**
Ativo imobilizado bruto	900	Patrimônio líquido	1.000

Ativos		Passivos	
Depreciação acumulada	–	Capital social	1.000
Ativo imobilizado líquido	900	Reservas	–
Total	**6.000**	**Total**	**6.000**

FONTE: ELABORADO PELO AUTOR.

Vale destacar que a empresa Bicicleta Ltda. nasceu com R$ 6.000 em recursos, dos quais R$ 1.000 são do acionista e R$ 5.000 são do fornecedor. Essa relação representa uma alavancagem de 1:5 entre recursos próprios e de terceiros.

Em março, o sr. Bicicleta conseguiu vender todas as dez TVs à vista, por R$ 1.000 líquidos de impostos. A empresa incorreu em despesas operacionais de R$ 100 por mês, sem depreciação.

QUADRO 1.16 › DRE de março de 2013 (em reais)

DRE	Competência	% ROL
ROL	10.000	100%
(–) CMV	- 5.000	- 50%
(=) Lucro bruto	5.000	50%
(–) Despesas operacionais	- 100	1%
(=) Ebitda	4.900	49%
(–) IR&CS (30%)	- 1.470	- 15%
(=) Lucro líquido	3.430	34%

FONTE: ELABORADO PELO AUTOR.

A margem bruta da Bicicleta Ltda. foi excepcional (50% da Receita Operacional Líquida - ROL). A margem Ebitda também (49% da ROL). O lucro líquido foi de R$ 3.430 (equivalente a 34% da ROL). Em regime caixa, o resultado da empresa foi ainda melhor, com R$ 8.430 de fluxo de caixa:

QUADRO 1.17 › DFC de março de 2013 (em reais)

DFC	Caixa
Recebimentos de clientes	10.000
(–) Pagamentos de fornecedores	–
(–) Despesas operacionais	- 100
(–) Pagamentos de IR&CS	- 1.470
(=) Fluxo operacional de caixa	8.430

FONTE: ELABORADO PELO AUTOR.

O mês de março foi um sucesso! Sr. Bicicleta estava tão entusiasmado com ele e com a empresa que não resistiu, distribuiu R$ 1.000 em dividendos e levou a esposa para jantar em um restaurante caro da cidade. Afinal, em um mês ele já havia recuperado todo o dinheiro investido.

No dia seguinte, o sr. Bicicleta analisou a situação da empresa e constatou que precisava comprar mais TVs, pois seu estoque estava a zero. Como sua liquidez (ativo circulante menos passivo circulante) era muito boa, acreditou que o fornecedor não recusaria uma nova compra a prazo. Além disso, com a retenção de parte do lucro líquido na empresa (mais R$ 2.430), a relação capital próprio e capital de terceiros havia reduzido de 1:5 para 1:1,5, como apresentado no quadro a seguir.

QUADRO 1.18 › BP da Bicicleta Ltda. (em 31/3/2013, em reais)

Ativos		**Passivos**	
Disponibilidades	7.530	Fornecedores (10 TVs a pagar em 1/5)	5.000
Disponibilidade em 1/3	100		
Fluxo de caixa de março	7.430*		
Estoques	–		
Ativo Circulante	**7.530**	**Passivo Circulante**	**5.000**
Ativo imobilizado bruto	900	Patrimônio líquido	3.430
Depreciação acumulada	–	Capital social	1.000
Ativo imobilizado líquido	900	Reservas de lucros**	2.430
Total	**8.430**	**Total**	**8.430**

* Dos R$ 8.430 de geração de caixa, subtraíram-se R$ 1.000 dos dividendos.
** Dos R$ 3.430 de lucro líquido, subtraíram-se R$ 1.000 dos dividendos.

FONTE: ELABORADO PELO AUTOR.

O sr. Bicicleta surpreendeu-se com a reação do fornecedor ao novo pedido de compra: não apenas autorizou novas compras mas também aumentou o número de TVs. Foram mais 40 TVs, nas mesmas condições (60 dias de prazo para pagar, ou seja, em 1/6). Com as novas compras, a Bicicleta se realavancou de 1:1,5 para 1:7,3:

QUADRO 1.19 › BP da Bicicleta Ltda. (em 1/4/2013, em reais)

Ativos		**Passivos**	
Disponibilidades	7.530	Fornecedores (10 TVs a pagar em 1/5)	5.000
Estoques (40 TVs por R$ 500/TV)	20.000	Fornecedores (40 TVs a pagar em 1/6)	20.000
Ativo Circulante	**27.530**	**Passivo Circulante**	**25.000**
Ativo imobilizado bruto	900	Patrimônio líquido	3.430
Depreciação acumulada	–	Capital social	1.000
Ativo imobilizado líquido	900	Reservas	2.430
Total (Ativos)	**28.430**	**Total (Passivos e PL)**	**28.430**

FONTE: ELABORADO PELO AUTOR.

Ao longo do mês de abril, o sr. Bicicleta conseguiu vender as 40 TVs, mas não à vista. Não havia tantos consumidores com R$ 1.000 para pagar à vista por uma TV. Sr. Bicicleta, no entanto, não hesitou e ajudou seus clientes a comprar suas TVs concedendo-lhes mais tempo: eles poderiam pagar em seis parcelas, sendo a primeira à vista e as outras cinco em parcelas mensais. Como uma das mãos lava a outra, o sr. Bicicleta deu prazo, mas aumentou o valor da TV de

R$ 1.000 para R$ 1.200. Com essa mudança na estratégia comercial, o lucro líquido aumentou, chegando a R$ 19.530, equivalente a 41% da ROL.

QUADRO 1.20 › DRE de abril de 2013 (em reais)

DRE	Competência	% ROL
ROL	48.000	100%
(–) CMV	- 20.000	
(=) Lucro bruto	28.000	58%
(–) Despesas operacionais	- 100	
(=) Ebitda	**27.900**	**58%**
(–) IR&CS (30%)	**- 8.370**	
(=) Lucro líquido	**19.530**	**40,7%**

FONTE: ELABORADO PELO AUTOR.

O sr. Bicicleta estava obtendo sucesso de sua estratégia comercial em abril e, como o lucro líquido foi de R$ 19.530, decidiu distribuir R$ 2 mil em dividendos para si. É digno de nota também a capacidade de a empresa faturar quase cinco vezes mais com o mesmo montante de despesas, também conhecido como ganho de escala. O entusiasmo do sr. Bicicleta era tanto, que nem se importou quando calculou o DFC e deduziu que a geração de caixa em abril havia sido negativa em R$ 470, como apresentado no quadro a seguir.

QUADRO 1.21 › DFC de abril de 2013 (em reais)

DFC	Caixa
Recebimentos de clientes	8.000
(–) Pagamentos de fornecedores	–
(–) Despesas operacionais	- 100
(–) Pagamentos de IR&CS	- 8.370
(=) Fluxo operacional de caixa	- 470

FONTE: ELABORADO PELO AUTOR.

O déficit de caixa não preocupava o sr. Bicicleta, afinal, havia sido acumulado um bom caixa, como apresentado no quadro a seguir.

QUADRO 1.22 › BP da Bicicleta Ltda. (em 30/4/2013, em reais)

Ativos		Passivos	
Disponibilidades	5.060	Fornecedores (10 TVs a pagar em 1/5)	5.000
Saldo em 1/4	7.530		
Fluxo de caixa em março*	- 2.470	Fornecedores (40 TVs a pagar em 1/6)	20.000
Estoques	–		
Contas a receber	40.000		
Ativo Circulante	**45.060**	**Passivo Circulante**	**25.000**

Ativos		Passivos	
Ativo imobilizado bruto	900	Patrimônio líquido	20.960
Depreciação acumulada	–	Capital social	1.000
Ativo imobilizado líquido	900	Reservas em 1/4	2.430
		Reservas em 30/4**	17.530
Total (Ativos)	**45.960**	**Total (Passivos e PL)**	**45.960**

* Aos R$ 470 de déficit de caixa, acrescentam-se R$ 2.000 de distribuição de dividendos.
** Dos R$ 19.530 de lucro líquido, subtraem-se R$ 2.000 de distribuição de dividendos.

FONTE: ELABORADO PELO AUTOR.

Ao se analisar o BP da Bicicleta Ltda. em 30/4, é possível afirmar que a empresa está solvente? Se forem comparados o saldo do ativo circulante (R$ 45.060) com o do passivo circulante (R$ 25.000), pode-se dizer que sim. A empresa tem R$ 20.960 de patrimônio líquido para R$ 25.000 de obrigações com terceiros, ou seja, uma alavancagem de 1:1,19, o que representa um índice relativamente baixo. Contudo, será mesmo verdade?

No dia seguinte, em 1/5, vence a primeira duplicata dos fornecedores (R$ 5.000), e a empresa fica com apenas R$ 60 em disponibilidades, como apresentado no quadro a seguir.

QUADRO 1.23 › BP da Bicicleta Ltda. (em 1/5/2013, em reais)

Ativos		Passivos	
Disponibilidades	60	Fornecedores (1/6)	20.000
Estoques	–		
Contas a receber	40.000		
Ativo Circulante	**40.060**	**Passivo Circulante**	**20.000**
Ativo imobilizado bruto	900	Patrimônio líquido	20.960
Depreciação acumulada	–	Capital social	1.000
Ativo imobilizado líquido	900	Reservas em 1/4	2.430
		Reservas em 30/4	17.530
Total (Ativos)	**40.960**	**Total (Passivos e PL)**	**40.960**

FONTE: ELABORADO PELO AUTOR.

Ainda, se forem comparados os saldos do ativo circulante (R$ 40.060) com os do passivo circulante (R$ 20.000), em 1/5, é possível afirmar que a empresa está solvente. Ela tem R$ 20.960 de patrimônio líquido para R$ 20.000 de obrigações com terceiros, ou seja, uma alavancagem de 1:0,95. Entretanto, sem estoques e com R$ 20.000 para pagar em 1/6, a empresa não terá dinheiro suficiente, pois, até o fim de maio, somente R$ 8.000 dos R$ 40.000 das contas a receber se transformarão em dinheiro, **se não houver inadimplência**. Ou seja, em 1/5, a Bicicleta Ltda; pode estar prestes a entrar em uma crise de liquidez. Provavelmente, terá de descontar parte dos cheques pré-datados que recebeu em abril para obter os R$ 20.000 necessários para pagar os fornecedores.

NOTA TÉCNICA › A comparação do saldo das disponibilidades entre 30/4 e 1/5 ilustra as implicações da natureza estática do BP. O saldo das disponibilidades assemelha-se ao da conta-corrente no extrato bancário. Por exemplo, se em 20 de novembro o saldo da conta-corrente é de R$ 6.000, no dia seguinte, o saldo poderá mudar para R$ 3.200, pois, durante 24 horas, acumulam-se rendimentos e pagam-se contas. Do mesmo modo, o saldo das disponibilidades de uma empresa pode ser de R$ 10 milhões em 31 de dezembro e quase nulo no dia seguinte.

Em suma, o que a contabilidade da Bicicleta Ltda. pode dizer sobre seu valor? A empresa está quebrada ou não? Com base apenas nas informações contábeis não há como saber.

VALOR DAS AÇÕES *VERSUS* VALOR PATRIMONIAL

Do simples exemplo da Bicicleta Ltda., é possível ilustrar uma questão de suma importância: a relação do valor das ações e do valor patrimonial da empresa. Ainda é um dogma para muitos a razão entre esses dois números, que, ao meu ver, não têm uma associação direta e óbvia. No caso da Bicicleta Ltda., quanto valem suas ações em 1/5/2013? O valor patrimonial é de R$ 20.960, mas este é quanto o acionista pode obter por suas ações da Bicicleta Ltda.?

Imagine que o sr. Bicicleta queira encerrar sua empresa em 2/5/2013. Suponha que ele desconte num banco R$ 25.000 do Contas a Receber em troca de R$ 20.000 em dinheiro que serão usados para pagar os fornecedores. Nesse dia, a Bicicleta Ltda. gerará um prejuízo de R$ 5.000 referentes às despesas financeiras do desconto dos cheques. Ele ainda terá R$ 15.000 em cheques pré-datados, mais R$ 60 em dinheiro, mais R$ 900 em móveis e benfeitorias. Quanto valem esses ativos? Quanto valem R$ 900 em móveis e benfeitorias? Quanto valem R$ 15.000 em cheques pré-datados com adimplência incerta? Menos que R$ 15.960 do valor patrimonial.

QUADRO 1.24 › BP da Bicicleta Ltda. (em 2/5/2013, em reais)

Ativos		**Passivos**	
Disponibilidades	60	Fornecedores	-
Estoques	-		
Contas a receber	15.000		
Ativo Circulante	**15.060**	**Passivo Circulante**	**-**
Ativo imobilizado bruto	900	Patrimônio líquido	15.960
Depreciação acumulada	-	Capital social	1.000
Ativo imobilizado líquido	900	Reservas	19.960
		Prejuízo (2/5)*	- 5.000
Total (Ativos)	**15.960**	**Total (Passivos e PL)**	**15.960**

* Em 2/5, sem estoques, a Bicicleta Ltda. não teria receitas, tampouco custos, mas teria os R$ 5.000 de despesas financeiras (descontou R$ 25.000 em cheques pré-datados em troca de R$ 20.000 em dinheiro).

FONTE: ELABORADO PELO AUTOR.

Essas simulações comparam o valor de liquidação da empresa com seu valor patrimonial. Todavia, a liquidação da empresa é uma situação extrema. Deve-se também considerar o fato de que a Bicicleta Ltda. poderá continuar sua trajetória de crescimento, comprando e vendendo mais TVs. Neste caso, qual será o valor de suas ações? O saldo do PL reflete eventos contábeis passados; mas, e o futuro?

Outro caso hipotético é o de uma planta industrial recém-montada, com R$ 300 milhões de capital próprio dos sócios, para fabricar videocassetes. Com o crescimento da tecnologia DVD, quanto vale essa fábrica de videocassetes? Pelo valor contábil do PL, valeria R$ 300 milhões. Entretanto, qual é sua perspectiva de crescimento e rentabilidade perante a concorrência do DVD? Qual é sua capacidade de gerar caixa para seus sócios e remunerá-los pelo risco a que estão expostos?

Ou seja, o valor do PL de uma empresa não mensura a capacidade de seus ativos gerar caixa para seus sócios e remunerá-los pelos riscos incorridos. É apenas o saldo dos recursos financeiros que os sócios das empresas historicamente acumularam na empresa, sem prazo para resgate nem remuneração mínima garantida.

NOTA TÉCNICA › No BP, em qual conta está registrado o valor da marca da empresa? Como ressalta Martins et al. (2013, p. 322), esse é um tema muito importante, pois, para a contabilidade um ativo intangível (incorpóreo, como é o caso de uma marca[28]) só pode ter seu valor registrado se a empresa incorreu em um "custo, derivado de uma transação envolvendo partes não relacionadas". Se não houve esse custo, a marca não pode ser registrada no BP. Mas isso não quer dizer que a marca não afeta a capacidade de gerar valor para uma empresa.

O valor de uma marca é construído por anos por meio das estratégias de marketing, dos investimentos em produtos, da competência administrativa, da distribuição e qualidade e outros. Um exemplo são os iPhones, que possuem vários concorrentes semelhantes e, apesar disso, seu preço mais elevado.

Os efeitos da força da marca se materializam através da fatia de mercado que a empresa detém, da sua margem bruta e operacional, dos prazos obtidos com os fornecedores, do nível e giro de estoques etc. Esses efeitos são materializados em várias contas do BP e DRE.

Nessa mesma linha de raciocínio, podemos deduzir que o valor da competência administrativa, comercial, industrial, logística e estratégica do capital humano de uma empresa também tem seu valor permeado em todos seus demonstrativos contábeis. Uma ilustração interessante do valor da marca e do capital humano de uma empresa é o Grupo Pão de Açúcar. Estratégias comerciais, de investimento e de endividamento levaram o grupo a construir uma rede de supermercados com uma escala que lhe permite negociar bons preços de compras com os fornecedores, motivar seus funcionários a atender bem os clientes etc.

NOTA TÉCNICA › O que acontece quando uma empresa tem PL negativo? Isto implica que a empresa tem um valor negativo? Uma empresa pode ter um PL negativo por acumular prejuízos consecutivos, que podem ser gerados por uma alta repentina nos juros, o que aumentou muito suas despesas financeiras; alta inadimplência em sua carteira de recebíveis; um acirramento na concorrência que estreitou suas margens comerciais abaixo dos custos fixos; ou uma combinação de todos esses fatores.

Uma empresa pode se encontrar com o PL negativo por estar em fase embrionária, com pouco capital próprio e muito capital de terceiros. Em qualquer caso, o fato de o PL ser negativo não implica necessariamente que a empresa tenha de encerrar suas operações ou que seu valor seja negativo, pois o que importa é sua capacidade de reverter a crise e gerar resultados positivos.

Exercícios

8 **Quais são as relações contábeis entre o DRE e o BP? Identifique e discuta pelo menos cinco.**

9 **Quais são as relações contábeis entre o DRE e o DFC? Identifique e discuta pelo menos cinco.**

10 **Quais são as relações contábeis entre o BP e o DFC? Identifique e discuta pelo menos cinco.**

11 **O que é depreciação e qual é seu significado contábil e econômico para uma empresa?**

12 **Qual é o impacto tributário da despesa com depreciação?**

Embora não seja uma despesa de natureza caixa, a depreciação é uma despesa dedutível do IR&CS a pagar. Portanto, se uma empresa gera lucros, quanto maior for sua taxa de depreciação, menor será o IR&CS a recolher. Por isso, algumas empresas, ilegalmente, contabilizam gastos com investimentos como despesas para minimizar os impostos a pagar. No quadro a seguir é retomado o exemplo da depreciação da máquina de costura que foi comprada por R$ 2 mil e posta em operação no começo de janeiro de 2014.

QUADRO 1.25 › Exemplo de depreciação do imobilizado (máquina de costura)

Ativo Imobilizado	**1/1/2014**	**31/12/2014**	**31/12/2015**	**31/12/2016**	**...**	**31/12/2023**
Ativo imobilizado bruto	2.000	2.000	2.000	2.000	2.000	2.000
Depreciação anual	–	**- 200**	**- 200**	**- 200**	**- 200**	**- 200**
Depreciação acumulada	–	**- 200**	**- 400**	**- 600**	**...**	**- 2.000**
Ativo imobilizado líquido	2.000	1.800	1.600	1.400	...	–

FONTE: ELABORADO PELO AUTOR.

No quadro seguinte, supõe-se que a empresa tem este DRE no ano de 2014:

QUADRO 1.26 › Exemplo do lançamento da despesa com depreciação no DRE pró-forma

Em R$	**2014**	**Natureza**
Receita Operacional Líquida (ROL)	100.000	Caixa
Ebitda (40% do ROL)	40.000	Caixa
Depreciação	**- 200**	Competência
Lair	39.800	
IR&CS (34%)	**- 13.532**	Caixa
LL	26.268	

FONTE: ELABORADO PELO AUTOR.

A empresa pagou R$ 13.532 de IR&CS e gerou um lucro de R$ 26.268. No caixa, a empresa pode acumular o lucro do período mais o valor correspondente à depreciação de R$ 200, ou seja, um total de R$ 26.468. Se a empresa não tivesse lançado a depreciação de R$ 200, teria pago R$ 13.600 de IR&CS. A diferença, R$ 68, é o efeito caixa da depreciação.

Na hipótese de que a empresa conseguisse acelerar o cronograma de depreciação da máquina de dez para cinco anos com a implantação de três turnos em sua linha de produção, a depreciação seria de 20% ao ano. O DRE de 2014 poderia ser recalculado como apresentado no quadro a seguir.

QUADRO 1.27 › Exemplo do lançamento da despesa com depreciação no DRE pró-forma com e sem aceleração

Em R$	2014	2014 acelerado	Diferença	Natureza
Receita operacional líquida (ROL)	100.000	100.000		Caixa
Ebitda (40% do ROL)	40.000	40.000		Caixa
Depreciação	**- 200**	**- 400**	**- 200**	Competência
Lair	39.800	39.600	**- 200**	
IR&CS (34%)	**- 13.532**	**- 13.464**	**- 68**	Caixa
LL	26.268	26.136	**- 132**	

FONTE: ELABORADO PELO AUTOR.

Por causa do aumento na depreciação, a empresa pagou R$ 68 a menos de IR&CS (R$ 68 = R$ 200 × 34%), gerando um lucro menor em R$ 132. Apesar do lucro menor, no caixa, a empresa acumulou um saldo de disponibilidades de R$ 26.536 (lucro do período de R$ 26.136 + 400), exatamente R$ 68 a mais que no cenário anterior. Ao todo, a depreciação de R$ 400 gerou uma economia fiscal de R$ 136. Por conseguinte, para empresas lucrativas, é sempre interessante aumentar ao máximo as despesas com depreciação e amortização.

Vale observar que, para acelerar a depreciação e a amortização, a empresa precisa aumentar o número de turno de trabalho, como apresentado no quadro a seguir.

QUADRO 1.28 › Múltiplos da taxa de depreciação em função do número de turnos de trabalho

Quantidade de turnos de trabalho	Coeficiente
Um turno de 8 horas	1
Dois turnos de 8 horas	1,5
Três turnos de 8 horas	2

FONTE: MARTINS ET AL. (2013, P. 302).

13 O que é e como se mensura o CMV?

O **Custo das Mercadorias Vendidas** (CMV) representa os custos diretos e indiretos da venda da mercadoria associados às transações consagradas pelas notas fiscais emitidas no período de apuração do DRE. Há uma direta relação com o valor dos estoques, a saber:

$$CMV = E_t + C_{t/t+1} - E_{t+1}$$

Em que:

E_t = valor dos estoques na data de início do período de apuração do DRE;
E_{t+1} = valor dos estoques na data de encerramento do período de apuração do DRE; e
$C_{t/t+1}$ = valor das compras ao longo do período de apuração do DRE.

Para empresas comerciais, o cálculo do CMV limita-se a essa fórmula. Por outro lado, para as industriais, deve-se agregar todos os componentes diretamente utilizados na produção da mercadoria vendida, e não apenas a variação dos estoques de insumos e/ou bens semiacabados. Outros custos diretos e indiretos da produção devem ser agregados: da mão de obra direta e indireta; energia; manutenção; seguros; aluguel da fábrica; entre outros. A depreciação de máquinas e equipamentos e outros itens do Ativo Imobilizado utilizados na produção devem ser incluídos no CMV também.

Vale ressaltar que o valor das compras é somado ao CMV independentemente de essas terem sido pagas ou não, pois, pelo Princípio da Competência, as compras devem ser registradas quando do recebimento da mercadoria, que pode ou não coincidir com o prazo de pagamento.

14 O que é e como se mensura o Custo do Serviço Prestado (CSP)?

15 O que é e como se mensura o Custo do Produto Vendido (CPV)?

16 Pela análise do BP, é possível concluir se uma empresa está muito endividada ou não?

A princípio, o BP fornece indicações sobre o endividamento financeiro de uma empresa. A análise dessas indicações deve ser complementada com o potencial de geração de caixa da empresa. Ou seja, uma empresa pode ter muita dívida bancária e baixo patrimônio, mas estar crescendo rapidamente e ser muito lucrativa. Dependendo do perfil da dívida, isto é, do prazo que a empresa tem para pagar seus empréstimos, e da credibilidade dos acionistas, a situação financeira da empresa pode ser sustentável. Muitos analistas de crédito levam em conta a diferença entre os ativos e passivos circulantes (AC - PC). Se PC > AC, a empresa pode ter sua análise de crédito fragilizada, pois lê-se que, no curto prazo, a dívida da empresa é maior que seus bens ou direitos que podem ser transformados em dinheiro para saldar seus compromissos. Você concorda com tais considerações? Em caso negativo, explique os motivos.

17 No BP, onde está registrado o valor de uma marca?

18 O ativo total de uma empresa diminuiu de um ano para outro. Isto significa que a empresa diminuiu de tamanho e/ou perdeu valor?

Não necessariamente. Por exemplo, o ativo total de uma empresa pode ter diminuído em R$ 40 milhões, entre 31/4 e 1/5/2014, porque ela acumulava recursos financeiros que foram usados para amortizar dívidas. Houve uma redução dos ativos de R$ 40 milhões causada pela diminuição do saldo das disponibilidades, cuja contrapartida foi um decréscimo de igual montante na Dívida Exigível a Curto Prazo. A empresa não diminuiu, apenas pagou sua dívida. Seu PL permaneceu inalterado em R$ 60 milhões:

QUADRO 1.29 › Exemplo de redução de ativos com PL inalterado

Balanço Patrimonial em 31/4/2014				Balanço Patrimonial em 1/5/2014			
Disponibilidades	100	Dívida	100	Disponibilidades	60	Dívida	-
		PL	100			PL	60
Ativo (Total)	**100**	**Passivo (Total & PL)**	**100**	**Ativo (Total)**	**60**	**Passivo (Total & PL)**	**60**

FONTE: ELABORADO PELO AUTOR.

O fato de a empresa ter pago sua dívida não implica necessariamente que esteja "pobre", ou com sua liquidez limitada, pois pode haver bancos dispostos a financiar suas operações. Por outro lado, há situações em que uma redução no total de ativos representa uma diminuição no tamanho da empresa. Por exemplo: uma empresa gerou prejuízos em suas operações, que reduziram seu PL por meio da conta Prejuízos Acumulados. A contrapartida do prejuízo no lado do ativo pode ter sido uma redução nas disponibilidades, estoques e/ou ativos permanentes que não foi compensada pelo resultado da operação. A empresa consumiu ativos, provocando despesas superiores a sua geração de receitas. Neste caso, ela diminuiu de tamanho e perdeu valor patrimonial.

19 **Explique e compare o Regime Caixa com o Regime Competência.**

20 **Todas as contas do BP são registradas seguindo o Princípio do Custo Histórico de Aquisição?**

21 **Como são tratados contabilmente os pontos acumulados em programas de fidelidade no DRE e no BP de empresas aéreas?**

22 **Como é tratado contabilmente o valor de um jogador no BP de um time de futebol?**

23 **Qual é a diferença entre "custos" e "despesas"?**

24 **O que acontece quando uma empresa tem PL negativo? Isto implica que a empresa tenha valor negativo?**

Uma empresa pode ter um PL negativo por acumular prejuízos consecutivos. Esses prejuízos podem ser gerados por uma alta repentina nos juros, que aumentou muito suas despesas financeiras; pela alta inadimplência em sua carteira de Recebíveis; por um acirramento na concorrência, que estreitou suas margens comerciais abaixo dos custos fixos; ou uma combinação de todos esses fatores. Confira no quadro a seguir alguns exemplos que ilustram a relação íntima entre o BP e o DRE.

QUADRO 1.30 › Exemplos de choques externos e seus efeitos no BP e DRE

Choques Externos	Efeitos no BP	Efeitos no DRE
Aumento dos juros na dívida bancária contratada	Se não há aumento no valor do principal da dívida, não há aumento nos saldos das dívidas no PC e PELP.	Aumento das despesas financeiras (redução do IR/CS a recolher).
Aumento da inadimplência	Perdas no Contas a Receber.	Aumento das despesas com vendas.
Acirramento da concorrência	Aumento no prazo dos recebíveis, perdas nos estoques.	Redução das margens brutas e/ou redução no volume vendido.
Aumento de preços de insumos	Aumento do valor de fornecedores e estoques.	Se a empresa não consegue aumentar seus preços, suas margens serão reduzidas, podendo gerar prejuízos e/ou déficits de caixa que demandem captações de financiamentos onerosos.
Racionamento de energia elétrica	Aumento do prazo de recebíveis, acumulação involuntária de estoques.	Queda nas vendas e/ou margens.

FONTE: ELABORADO PELO AUTOR.

A questão é que uma empresa pode se encontrar com o PL negativo por várias razões, mas todas passam por perdas ativas e/ou de competitividade, ou, ainda, pelo fato de ser uma empresa em fase embrionária, com pouco capital próprio e muito capital de terceiros.

Em qualquer caso, o fato de o PL ser negativo não implica necessariamente que a empresa tenha de encerrar suas operações ou que seu valor seja negativo, pois, como mencionado, o que importa é sua capacidade de reverter a crise e gerar resultados positivos.

25 **Como classificar um contrato de aluguel no balanço patrimonial?**

26 **O que é leasing e como classificá-lo no BP de uma empresa?**

27 **Uma empresa que administra um terminal de contêineres no Porto de Paranaguá comprou, à vista, um guindaste alemão importado por US$ 1 milhão, quando a taxa de câmbio era US$ 1 = R$ 1. Após dois anos, a taxa de câmbio sofreu uma desvalorização, atingindo US$ 1 = R$ 2. Explique com detalhes como registrar esses eventos nos demonstrativos contábeis da empresa. Suponha uma taxa de depreciação de 10% ao ano.**

MÉTODO DO FLUXO DESCONTADO DE CAIXA

> Há dois extremos nas visões sobre o processo de avaliação. De um lado, há aqueles que acreditam que a avaliação, quando bem-feita, é uma ciência exata, com pouca margem para a opinião de analistas ou para o erro humano. De outro, estão aqueles que consideram a avaliação como uma forma de arte, em que analistas perspicazes podem manipular os números de modo a gerar o resultado desejado. A verdade está de fato no meio-termo [...].
>
> Damodaran (2007, p. 3).

ESSÊNCIA

Um empreendedor, quando contempla investir, por exemplo, R$ 50 milhões em uma nova fábrica, pergunta-se:

- **a** Se eu investir R$ 50 milhões na nova fábrica, quando recuperarei meu dinheiro?
- **b** Após recuperar meu investimento, quanto posso "lucrar" com a nova fábrica?
- **c** Qual é o risco que estou correndo ao investir na nova fábrica?

Estas três perguntas são os pilares da metodologia do Fluxo Descontado de Caixa (FDC), que é o principal método de avaliação de empresas e projetos de investimento, mas também é uma linguagem negocial.

Na essência, o que o empreendedor quer saber é se a nova fábrica "tem futuro". Percepção do futuro é, portanto, chave na determinação do valor da nova fábrica. Em uma frase, o conceito de valor no FDC pode ser assim resumido: o valor de uma empresa ou de um projeto de investimento) depende de sua capacidade de gerar "**caixa**"[29] no **futuro** a seus acionistas, **remunerando-os** pelo **risco** incorrido e rendimentos em **alternativas** de investimento.

"Futuro", "caixa" e "remuneração" se traduzem em conceitos fundamentais no FDC, apresentados no quadro a seguir.

QUADRO 1.31 › Principais ideias e conceitos do FDC

Ideias	Conceitos decorrentes
Futuro	Expectativas, valor presente líquido (VPL), períodos explícito e implícito de projeção

Ideias	Conceitos decorrentes
Caixa	Fluxo operacional de caixa (FOC) e fluxo livre de caixa (FLC)
Remuneração (incluindo risco e alternativas)	Custo médio ponderado do capital (WACC) e custo de oportunidade do acionista (R_c).

FONTE: ELABORADO PELO AUTOR.

Nesta seção, são apresentados e discutidos esses importantes conceitos e alguns outros complementares, como Taxa Interna de Retorno (TIR) e Taxa Mínima de Atratividade (TMA). A leitura de Brealey e Myers (1998, 2003), Damodaran (2007), Martin e Petty (2000) e Rappaport (1998) é um complemento valioso para quem busca mais detalhes sobre estes conceitos. Para ilustrar os conceitos do FDC, será utilizado o exemplo da concessionária Ganesha.

QUANTIFICANDO ESTRATÉGIAS: O FUTURO DA GERAÇÃO DE CAIXA

> Os números contábeis para o lucro são apenas tentativas de associar receitas a custos [...]
> Lembre-se, caixa é um fato e lucro uma opinião.
> Rappaport (1998, p. 14-15).

Como discutido na Introdução, ao considerar perspectivas futuras, a geração (ou destruição) de valor de uma empresa é resultado de ações de três naturezas distintas: (1) operacionais; (2) de financiamento; e (3) não operacionais. Essas formam as bases da capacidade (ou incapacidade) de a empresa de se sustentar financeiramente e agregar valor a seus acionistas no longo prazo.

Antes de prosseguir, convém lembrar que tais "ações", em particular as do tipo (1) e (2), podem acontecer de maneira reativa, sem uma reflexão estratégica por parte dos acionistas e gestores da empresa. Como também podem ser concebidas ativamente, após a devida concepção, planejamento e implementação estratégica. É difícil conceber que ações do tipo (3) possam ser estratégicas, pois, por não serem operacionais, simplesmente não deveriam acontecer dentro da empresa.

Sejam essas ações estratégias ou reações, não há garantias de que gerarão valor para a empresa e seus acionistas. No entanto, como acreditamos no mérito da concepção, planejamento e implementação estratégicas, daqui em diante, nos referiremos às "ações" dos tipos (1) e (2) como "estratégias".

Primeiro, o resultado da estratégia operacional é quantificada pelo FOC. Em seguida, a combinação das estratégias operacional e de financiamento com as ações não operacionais é quantificada pelo FLC. Ao combinar, portanto, o resultado desses três vetores, o FLC se torna a principal métrica de geração de valor de uma empresa ou de um projeto de investimento.

Se o FLC projetado for negativo, a empresa será deficitária e precisará recorrer aos fundos acumulados em sua tesouraria, e, na ausência destes, necessitará de um aporte de capital de seus acionistas para continuar operando. Por outro lado, se for positivo, a empresa será superavitária e poderá efetuar pagamentos a seus acionistas (dividendos, JSCP e/ou reduções no capital social), caso não precise desses recursos no futuro próximo.

A IDEIA FUNDAMENTAL do FDC é de que "caixa" é um dos ativos mais estratégicos de uma empresa, pois é com ele se pagam os empregados, fornecedores, tributos, financiadores e acionistas. Não à toa, as empresas que podem adiam investimentos e começam a acumular grandes montantes de caixa quando preveem que a economia entrará em recessão.

A figura a seguir ilustra as diferenças entre três importantes métricas de performance de uma empresa: LL (em regime de competência), FOC e FLC (ambos em regime caixa).

Lucro Líquido (LL)	Fluxo Operacional Caixa (FOC)	Fluxo Livre Caixa (FLC)
Receita Operacional Bruta	**(=) Lucro/Prejuízo do Exercício**	**(=) FOC**
(–) Impostos Diretos	(+) IR & CS Pós-Alavancagem (@ Lair)	(–) Desp. Financeiras
(=) Receita Operacional Líquida	(+/–) Desp./Rec. Não Operacionais	(+) Rec. Financeiras
(–) Custo Produto Vendido	(+/–) Desp./Rec. Financeiras	(–) Amortização de Dívidas
(=) Lucro Bruto	(+) Depreciação & Amortização (AIB, AI)	(+) Novas Dívidas
(–) Despesas G. A. & Vendas	**(=) Lajida (Ebitda)**	(–/+) Desp./Rec. Não Operacionais
(–) Depreciação & Amortização (AIB, AI)	(–/+) Variação no Capital de Giro:	(–/+) Δ Ativos & Passivos Não Operacionais
(=) Lucro Operacional (Ebit)	(–) Δ Contas a Receber	(+) IR & CS Pré-Alavancagem (@ Ebit)
(–/+) Desp./Rec. Financeira	(–) Δ Estoques	(–) IR & CS Pós-Alavancagem (@ Lair)
(–/+) Desp./Rec. Não Operacionais	(+) Δ Fornecedores	**(=) FLC**
(=) Lucro antes IR & CS (LAIR)	(–) Investimentos no Ativo Permanente	
(–) IR & CS Pós-Alavancagem (@ Lair)	(ARLP)	
(=) Lucro/Prejuízo do Exercício	(–) IR & CS Pré-Alavancagem (@ Ebit)	
	(=) FOC	

FONTE: ELABORADA PELO AUTOR.

FIGURA 1.6 › Comparação entre LL, FOC e FLC.

O FOC, entre as várias medidas de performance (Lucro Operacional, Ebitda, Lucro Líquido e outras), tem grande importância porque mensura o excesso ou déficit de caixa gerado nas operações da empresa; é uma medida de performance do "negócio" da empresa antes de considerar a estratégia de financiamento escolhida por seus acionistas para sustentá-la.

Por outro lado, o FLC é a medida final da geração de caixa, é o dinheiro que sobra, ou não, em determinado período.

NOTA TÉCNICA › Base para distribuição de dividendos

Embora o lucro líquido seja o parâmetro legal para a distribuição dos dividendos, não indica a disponibilidade de caixa da empresa, pois não considera investimentos em ativos realizáveis no longo prazo (*capex – capital expenditures*) e capital de giro (*working capital*), amortizações de dívidas, como o FLC o faz. O FLC é, portanto, uma medida mais segura e precisa que o LL e o FOC sobre o quanto poderia ser distribuído aos acionistas como dividendos.

NA PRÁTICA › Uma empreendedora, proprietária de uma empresa em rápido crescimento, pediu-me para fazer seu plano de negócios prevendo a abertura de escritórios em várias cidades. Quando apresentei os resultados, ela prontamente me questionou: "Por que suas projeções indicam que meu lucro líquido aumentará, mas meus dividendos diminuirão? Há algo de errado!" Não, não havia nenhum erro. Havia investimentos que reduziam o FLC, pelo menos nos primeiros anos, o que limitaria a distribuição de dividendos.

Se o FLC é a medida final da geração de caixa, por que é importante analisar o FOC e o FLC separadamente? O FOC é o montante de dinheiro que a empresa gerará e que estará à disposição para pagar os financiadores (bancos, debenturistas e outros agentes que possam emprestar dinheiro à empresa em troca de juros) e seus sócios. Dada uma projeção do FOC, os sócios podem decidir se vão ou não contrair empréstimos. Se a opção for contraí-los, a projeção do FOC indicará o montante e o custo dos empréstimos que a empresa poderá suportar.

NOTA TÉCNICA › Comparação entre os fluxos de caixa descritos no DFC e os conceitos de fluxos de caixa do FDC (FOC e FLC)

Primeiro, o valor do "aumento líquido nas disponibilidades"[30] descrito no DFC equivale ao conceito do FLC utilizado no FDC já abordado. Entretanto, há diferenças importantes entre o Caixa Gerado (Consumido) Operações e o FOC, como será apresentado a seguir.

Há três diferenças importantes entre o Caixa Gerado (Consumido) Operações do DFC e o FOC utilizado no FDC já mencionado. Observe que, no DFC, as receitas e despesas financeiras são classificadas como "atividades operacionais", pois se referem a dívidas contraídas para financiar investimentos. Para distinguir entre as estratégias operacional e de financiamento, não são consideradas receitas e despesas financeiras no cálculo do FOC. Além disso, no FOC também são levados em conta os investimentos no ARLP, o que no DFC é separado do Caixa Gerado (Consumido) Operações e descrito no Caixa Gerado (Consumido) Investimentos. A terceira diferença está no IR&CS; no FOC utiliza-se o conceito teórico do IR&CS desalavancado, enquanto no DFC empregam-se IR&CS efetivamente pagos pela empresa, incluindo os efeitos da alavancagem.

A decisão de recorrer ao endividamento oneroso tem três efeitos interessantes em relação aos sócios, como apresentado a seguir.

(i) Reduz o custo médio dos recursos financeiros aplicados na empresa, pois a remuneração esperada pelos sócios é (quase) sempre maior que a dos financiadores que têm prazo e remuneração predefinidos.
(ii) Gera despesas financeiras que são deduzidas da base do IR&CS (se a empresa optar pelo regime de lucro real).

(iii) Dependendo da estrutura de garantias dos empréstimos, pode possibilitar a divisão dos riscos da empresa entre sócios e financiadores.

Entretanto, a captação de financiamentos aumenta a percepção de risco sobre a empresa, que, além de estar exposta aos riscos operacionais,[31] estará vulnerável ao risco de inadimplência, que advém do fato de o serviço da dívida representar gastos não variáveis em relação às receitas da empresa. Como um ex-chefe dizia: "Dívida é custo fixo". Ou seja, se a empresa faturar menos porque o país entrou em recessão, o montante de juros e a amortização do principal continuam iguais.

Posto isso, para um acionista que tem acesso a empréstimos baratos e de longo prazo, a projeção do FOC é essencial na atratividade e viabilidade do investimento na empresa ou em um projeto de investimento. É com base na projeção e análise do FLC que o acionista poderá dimensionar a necessidade de financiamentos da empresa (ou projeto) e sua capacidade para remunerá-los. O fato de o FLC projetado ser negativo indica que a empresa precisará de recursos externos adicionais, sejam esses oriundos do acionista e/ou de financiadores. Se o FLC projetado for positivo, esse dinheiro pertencerá ao acionista, que poderá resgatá-lo, pela distribuição de dividendos, ou acumulá-lo na empresa como uma reserva para investimentos futuros ou possíveis perdas.

Imagine uma empresa que tenha um ótimo negócio (em termos operacionais), ou seja, uma boa perspectiva de geração de FOC, mas uma dívida cara e de curto prazo que esteja "sufocando" a empresa e o acionista (ver o caso Arbol). Neste caso, a perspectiva de geração de FLC é limitada, se não negativa. Um investidor que tenha boa reputação entre os bancos, capaz de contratar financiamentos com prazos mais longos e custos mais baixos, poderá comprar uma parte das ações da empresa e reestruturar sua dívida.

Para ilustrar o conceito de FLC e de FOC, a figura a seguir descreve a geração de caixa de uma empresa como peças de um quebra-cabeça. A área total das quatro peças do quebra-cabeça

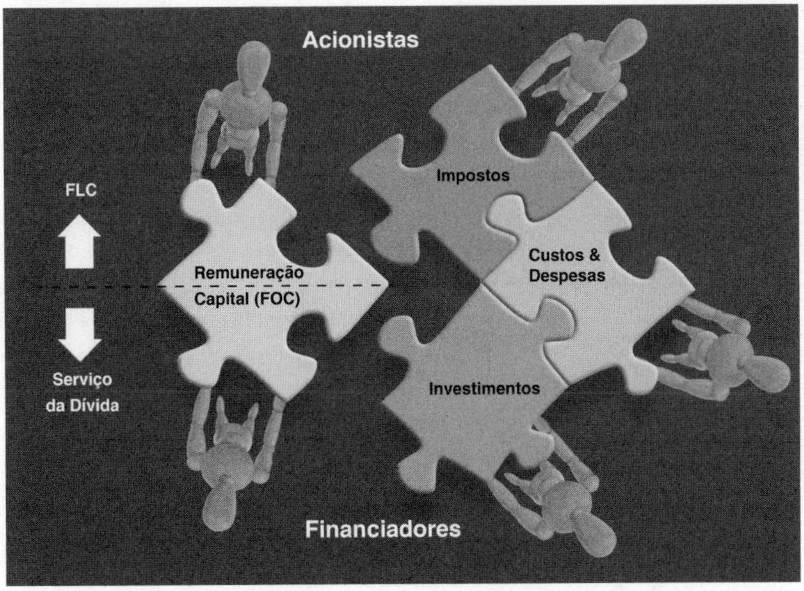

© MARCELO A.VENTURA

FIGURA 1.7 › Dinâmica de distribuição de valor de uma empresa entre os agentes econômicos.

ilustra a receita operacional bruta total gerada pela empresa em determinado ano. Cada grupo de agentes econômicos vai capturando um dos pedaços do todo: o primeiro, representado pelos governos federal, estadual e municipal, por meio de impostos e taxas; o segundo, os provedores de insumos (trabalho, energia, matéria-prima, serviços etc.), na forma de custos e despesas; o terceiro, capturado pelos provedores de capital e bens de capital (investimentos em capital de giro e ativos realizáveis a longo prazo); e o último pedaço representa o FOC que é dividido entre os financiadores (que recebem o serviço da dívida) e os acionistas (que podem capturar o FLC, se este for positivo, ou ter de fazer aportes de capital, se for negativo).

A figura também ilustra o fato de que, quando os acionistas decidem contratar financiamentos em um banco, ganham um novo sócio de *facto*, mas não de *jure*, pois o banco capturará um pedaço do FOC que de outra maneira iria integralmente para os acionistas.

NA PRÁTICA › A importância da coesão entre sócios[32]

A coesão entre os acionistas de uma empresa é elemento-chave para seu sucesso. O problema, na prática, é que os acionistas podem ser pessoas físicas e jurídicas com interesses distintos. Em abril de 2011, cinco artigos na mídia chamaram minha atenção, e todos abordavam, de maneira direta ou indireta, o poder e a coesão (ou falta de) entre os acionistas. Quatro deles discorriam sobre empresas de destaque (Natura, Coteminas, CAB Ambiental, Oi, Petrobras), e outro era mais abrangente, pertinente a todas as empresas de capital aberto no Brasil. Eram artigos que exemplificavam importantes diferenças entre acionistas majoritários e minoritários.

Desde que me entendo como executivo em finanças, utilizo o método do fluxo descontado de caixa (FDC) para analisar empresas e projetos e identificar possíveis transações. O FDC tem como premissa básica que, dentre os vários grupos de interesse que gravitam em torno de uma empresa, os acionistas são o mais comprometido com a sustentabilidade econômica da empresa. No entanto, eles não são um bloco monolítico, homogêneo.

Há acionistas majoritários e minoritários. Há os que participam da administração da empresa e outros que não. Ambos são fonte de um dos principais vetores de sustentabilidade de uma empresa: o capital de risco. Este capital é aquele que não tem prazo para ser repago, não tem garantias nem remuneração predefinida. Como donos desse capital, os acionistas, em teoria, querem que a empresa prospere da melhor maneira possível. Na prática, os acionistas, como grupo, não são necessariamente coesos. Podem ter visões muito diferentes da mesma empresa, e desencontros podem ser desastrosos. No relacionamento entre acionistas, como entre qualquer outro grupo de pessoas, a confiança é tão importante quanto frágil.

Esse pode ter sido o caso da **CAB Ambiental**.[33] A empresa de saneamento básico tentou fazer sua primeira emissão de ações na bolsa (IPO) no começo de 2014 e não conseguiu. Por quê? Nas palavras de seu presidente, os investidores não pagaram o preço porque: "Eles tinham dificuldades para entender como cumpriríamos nossa meta de crescimento dependendo de contratos de municípios. E também a gente não conseguiu explicar". Por que a CAB não conseguiu convencer os investidores em participações minoritárias a apostar em seu projeto de crescimento? Porque, para crescer, a CAB precisava adquirir concessões municipais, e em 2012 teríamos troca de prefeitos.

Outro caso que me chamou a atenção foi o da **Coteminas**, fundada pelo ex-vice-presidente José de Alencar. O foco do artigo[34] foi o fato de o presidente da empresa ter emprestado o jato para Lula ir aos Estados Unidos. Foi "ético" utilizar um bem da empresa para um fim de utilidade dúbia para a empresa e (todos) seus acionistas? O presidente da empresa explicou-se: "Sou o acionista controlador e achei que deveria emprestar o avião ao Lula. Não tinha o que avaliar. Quem tem de julgar isso são os acionistas". Pois é... O que considerei mais relevante foi uma informação que não teve o merecido destaque no artigo: no dia 8/4, as ações da Coteminas na bolsa equivaliam a um terço do valor patrimonial da empresa! Concorrência dos produtos chineses e alta do algodão? Quem tem de julgar isso são os acionistas... E julgam.

O terceiro artigo relatava a "coincidência" da mudança do presidente da **Oi** e a alta de 5,3% nas ações preferenciais da **Telemar**, a empresa operacional do grupo ("Mercado comemora mudança de gestão na Oi", jornal *Valor Econômico*, 15/abr./2011, p. D2). Segundo o artigo, na gestão do ex-presidente, a Oi tentou fazer reestruturações que prejudicariam os acionistas minoritários. Foi também citada a queda das ações da **Petrobras**, outra empresa em que os acionistas não estão coesos. Por um lado, o governo federal, como acionista majoritário, não quer que a empresa aumente o preço da gasolina para não alimentar a inflação, apesar da alta do preço do petróleo. Por outro, os minoritários defendem o que todos os acionistas de empresas petrolíferas buscam: aumentar os preços dos produtos cujos custos estão aumentando. Nesse desencontro, quem mais sofre é o valor da Petrobras, especialmente em um momento de altos investimentos no pré-sal.

O quarto artigo,[35] de um renomado consultor societário, refletia sobre a importância da qualidade da sociedade para a prosperidade de uma empresa. Segundo o autor, 70% dos empreendimentos não dão certo "em razão de conflitos societários não resolvidos". Qual é a saída? "A sociedade é tão saudável quanto a forma como administra as suas divergências." Divergências são um fato da vida. O desafio é como resolvê-las em prol de um objetivo comum. Subscrevo a tese de que o alinhamento entre sócios é crítico para a prosperidade e sustentabilidade de uma empresa.

Por fim, o quinto e último artigo[36] da seleção descrevia a assembleia da Natura que reuniu dezenas de acionistas. Convidados de forma "ostensiva" em comparação com as tradicionais publicações de pequenos editais de convocação, muitos acionistas viajaram de longe para comparecer ao encontro. Um "encontro marcado por boas provocações". Uma senhora de mais de 80 anos de idade pergunta: "Quero saber o que estão fazendo com o meu dinheiro." Acionista e ex-consultora, a senhora questionou acionistas majoritários e seus executivos sobre a estratégia da empresa, em particular sobre os planos para diminuir o longo prazo de entrega dos produtos aos clientes que os encomendaram. Questão muito pertinente, especialmente perante a concorrência que tem lojas próprias e seus clientes não têm que esperar por seus produtos (por exemplo, O Boticário). Ao fim, apesar da presença de dezenas de acionistas, 17 preencheram o cadastramento exigido e somente três votaram. Por que tão poucos votaram? Falta de interesse? Ou confiança construída?

Mais adiante, ao ser discutida a posição estratégica de mercado de uma empresa, será observado que o questionamento dessa senhora em relação à Natura foi muito pertinente. Infelizmente, a Natura está pagando por seus erros estratégicos.

Em suma: podemos entender o FLC como o dinheiro "livre" de compromissos em determinado período. O que significa que no período seguinte esse dinheiro não seja necessário.

COMO PROJETAR O FOC E O FLC

A seguir, são apresentados quadros que descrevem as premissas mais comuns para a projeção de cada uma das variáveis que compõem o FOC e o FLC.

QUADRO 1.32 › Exemplos de premissas de projeção para FOC e FLC

Variáveis	Exemplos de Premissas de Projeção
Receita operacional bruta (ROB)	Em geral, a receita com vendas de mercadorias é projetada como uma função de preços (constantes em termos reais) *versus* quantidades que podem ou não crescer, dependendo da capacidade ociosa da empresa (casos Aracruz, Quixote e Crazy Fish). Os preços de *commodities* cíclicas (papel [caso Aracruz] e celulose, aço, petroquímicos etc.) geralmente seguem curvas ascendentes de preços seguidas por curvas decrescentes. Pode-se projetar um mix de produtos e seus respectivos preços médios, com as quantidades variando a taxas diferentes, dependendo da estratégia de vendas (caso Crazy Fish). As receitas de empresas prestadoras de serviços podem crescer uma porcentagem por ano, com base na média histórica dos últimos anos. A receita de uma empresa que explora um recurso natural esgotável (minérios) normalmente tem uma curva de produção não linear (caso Ópera).
(–) Impostos diretos	Adota-se uma porcentagem média sobre o ROB que reflete o ICMS médio (varia com o estado em que se compra e se vende a mercadoria), PIS e Cofins. Observe que há empresas que optam pelo Regime de Lucro Real e outras pelo Regime de Lucro Presumido. As alíquotas de cada empresa devem ser estudadas caso a caso.
(=) Receita operacional líquida (ROL)	Resulta das premissas para a ROB e impostos diretos.
(–) Custos das mercadorias vendidas (CMV)	É possível adotar uma proporção, em porcentual fixo ou variável, dependendo do cenário, do CMV em relação à ROB, dependendo da intensidade da concorrência e/ou da estratégia de preços e venda. Podem-se projetar os custos unitários médios para cada quantidade de produto vendido (casos Aracruz e Crazy Fish). O grau de detalhes depende do nível de informações disponíveis. É importante notar aqui se o CMV inclui ou não custos com depreciação do Ativo Imobilizado Bruto e amortização do Ativo Intangível. Se incluir, esses custos devem ser excluídos para o cálculo do Ebitda. Algumas empresas identificam e separam esses custos explicitamente em notas explicativas. Deve-se ficar muito atento a esta questão.
(=) Lucro bruto	A margem bruta pode ser reduzida (ou seja, o CMV aumentado) em cenários mais agressivos de crescimento da produção e/ou concorrência acirrada.

(CONTINUA)

Lucro Bruto é a primeira medida de desempenho operacional de uma empresa. Seu valor expressa a capacidade de a empresa gerar receitas suficientes para pagar seus custos diretos de produção. Se esse valor é negativo, há um forte indício de a empresa estar com sérios problemas.

(CONTINUAÇÃO)

Variáveis	Exemplos de Premissas de Projeção
(–) Despesas com vendas	Por incluir comissões aos vendedores e gastos com propaganda e marketing, geralmente define-se uma proporção da ROB, em porcentual variável ou fixo, dependendo da premissa sobre a estratégia de vendas e o ambiente competitivo. Se há histórico de risco de inadimplência, a Provisão para Devedores Duvidosos (PDD) deve ser projetada à parte, como uma porcentagem, fixa ou variável, do saldo de Contas a Receber.
(–) Despesas administrativas	Em projeções em moeda constante, geralmente são projetadas as despesas administrativas como um valor fixo em reais por ano, mas, dependendo do cenário, esse valor pode crescer, por exemplo, junto com a expansão da empresa (caso Aracruz). Se as projeções de faturamento forem crescentes e as despesas administrativas se mantiverem constantes, haverá a geração de ganhos de escala (casos Quixote e Crazy Fish). Tal como o CMV, as despesas administrativas também podem incluir despesas referentes à depreciação do Ativo Imobilizado Bruto e à amortização do Ativo Intangível. No caso, essas devem ser expurgadas (veja a variável a seguir).

Variáveis	Exemplos de Premissas de Projeção
(+) Depreciação e amortização	Se o CMV ou as Despesas Administrativas incluírem custos com a depreciação do Ativo Imobilizado Bruto e amortização do Ativo Intangível, aqui é o momento de expurgá-los. Para projetar esses custos e despesas, devem-se projetar os saldos do Ativo Imobilizado Bruto e do Ativo Intangível que crescem com os investimentos projetados nessas contas. Sobre esses saldos, devem-se aplicar as taxas médias de depreciação e amortização. Aqui, o nível de detalhe pode ser gigantesco. Na ausência de investimentos futuros muito volumosos, sugere-se a aplicação de uma taxa média histórica.
(=) Ebitda	É importante checar como a margem Ebitda evolui. Margem crescente indica um cenário otimista que pode não ser factível, uma vez que altas rentabilidades tendem a atrair novos concorrentes e acirrar a concorrência daqueles já atuantes.

(CONTINUA)

O Ebitda é outra importante medida de desempenho operacional da empresa, pois, embora ainda contenha elementos "não caixa", é o primeiro indicativo da capacidade de a empresa gerar recursos suficientes para sustentar investimentos e honrar seus compromissos com credores. Se o Ebitda for negativo, essa capacidade está ameaçada.

(CONTINUAÇÃO)

Variável	Exemplos de Premissas de Projeção
(+/−) Investimento em capital de giro	As três contas devem ser projetadas tendo em mente que suportarão o crescimento projetado das vendas. As projeções, portanto, devem estar em linha com o cenário competitivo para o setor de atuação durante o período de projeção.
(−) Δ Contas a receber	É possível projetar os saldos em 31/12 (ou a data do balanço patrimonial de partida) como uma porcentagem da ROB, que pode variar com as estratégias de venda e o ambiente competitivo. Quanto mais competitivo o setor for, maior tende a ser o percentual, uma vez que o prazo ao consumidor pode ser um diferencial competitivo.
(−) Δ Estoques	Geralmente, projetam-se os saldos em 31/12 como uma porcentagem do CMV, que também varia com as premissas sobre estratégias de venda, dimensão da rede de distribuição e ambiente competitivo. Se for uma empresa com distribuição nacional e/ou internacional, os estoques costumam ser relativamente mais altos.
(+) Δ Fornecedores	Projetam-se os saldos em 31/12 como percentual do CMV, cuja magnitude depende do poder de barganha junto aos fornecedores. Se há poucos fornecedores disponíveis, esse percentual, normalmente, é pequeno.
(−) Investimentos em ativos fixos	Esta é uma variável crítica, que tem dois componentes: manutenção (valor fixo em reais por ano e novas expansões (valor fixo em reais que pode ser distribuído ao longo de mais um ano). Geralmente, as empresas não têm planos de investimento predefinidos para os próximos cinco a dez anos. É comum adotar-se um percentual da depreciação como premissa de investimento. Trata-se de um meio para estimar o custo de reposição das máquinas e equipamentos cuja vida útil está sendo consumida. Outra maneira é adotar uma média dos valores históricos de investimentos (caso Aracruz). **Atenção:** é raro encontrar empresas que planejem crescer sem investir em ativos, sejam estes tangíveis ou intangíveis. Qualquer projeção, portanto, deve incluir premissas de investimentos em ativos fixos.
(−) IR&CS desalavancado	Para o IR&CS desalavancado computam-se 34% sobre o Ebit[37] para empresas não financeiras, e 40% para bancos. Trata-se do IR&CS teórico que a empresa pagaria se não tivesse nenhuma forma de endividamento.
(=) Fluxo operacional de caixa (FOC)	Importante aqui é notar como o FOC evolui. Ele demonstra a capacidade de a operação gerar recursos para pagar seus financiadores, sejam eles somente seus sócios ou uma combinação do capital social com empréstimos financeiros. Períodos de déficit (FOC < zero) implicam maior risco de liquidez para a empresa, o que pode afetar seu custo do capital financeiro. A viabilidade da empresa pode ser comprometida se não houver planos para captação de financiamentos de longo prazo e/ou aumento do capital próprio.

(CONTINUA)

Vale enfatizar o que já foi mencionado: se as projeções da empresa apresentarem FOC negativos, é preciso refletir sobre o que está tornando a operação deficitária e o que a empresa planeja fazer para reverter tal tendência. Algumas vezes, em épocas de grandes investimentos (em ativos fixos e/ou capital de giro), é normal a empresa esperar FOCs futuros negativos, mas essa tendência deve ser revertida ao longo da projeção. Caso contrário, a empresa poderá estar insolvente, como será observado no caso Quixote.

(CONTINUAÇÃO)

Variável	Exemplos de Premissas de Projeção
(–) Despesas financeiras	Basicamente compõem-se de despesa de juros sobre o saldo médio dos empréstimos financeiros pagos a bancos ou detentores de títulos de renda fixa emitidos pela empresa. Projetam-se, portanto, como um percentual do saldo médio da dívida (dia 1/1 contra dia 31/12). Esse percentual deve ser uma média ponderada dos juros pagos nos principais empréstimos da empresa. **Atenção:** se as projeções são feitas em moeda constante, deve-se expurgar a expectativa de inflação (ou índice de preço) das taxas de juros do endividamento.[38]
(+) Receitas financeiras	Receita de juros sobre o saldo médio das disponibilidades. Deve-se deduzir o IR pago sobre aplicações financeiras, cuja alíquota varia com o prazo da aplicação. Convém não ser muito otimista com o percentual aplicado sobre o saldo médio, pois pode-se superestimar o excesso de caixa acumulado, que, na prática, em geral, é distribuído aos acionistas. **Atenção:** se as projeções são feitas em moeda constante, deve-se expurgar a expectativa de inflação (ou índice de preço) das taxas de juros das aplicações descritas nas disponibilidades.
(–) Amortização de dívidas	Depende dos prazos de pagamentos do valor do principal de empréstimos e/ou títulos de renda fixa emitidos ou a serem emitidos pela empresa durante o período de projeção.
(+) Captação de novos recursos financeiros	Aqui se devem incluir projeções de empréstimos contratados, fundos advindos da emissão de títulos de renda fixa e/ou variável e aumentos de capital. Se não há previsão para essas captações, a projeção do FLC indicará a necessidade, ou não, de a empresa elaborar uma estratégia de financiamento.
(–) Distribuição de dividendos	Percentual fixo ou variável sobre o Lucro Líquido. Observe que pode haver classes de ações preferenciais com direitos específicos de dividendos mínimos.
(+/–) Resultado não operacional	Por se tratar de receitas ou despesas circunstanciais, geralmente não se projetam resultados não operacionais. No entanto, pode haver exceções; por exemplo, pagamentos de indenizações ambientais.
Ajuste no IR&CS	É neste momento que é feito o ajuste entre a diferença que teoricamente seria paga antes da alavancagem financeira (IR&CS desalavancado, estimado com base no Ebit) e o IR&CS efetivamente pago pela empresa (estimado com base no Lair).[39]
(=) Fluxo livre de caixa	Tal como o FOC, é importante examinar sua evolução. Longos períodos de déficit (FLC < 0) implicam maior risco de liquidez para a empresa, o que pode afetar seu custo do capital financeiro e sua viabilidade.

FONTE: ELABORADO PELO AUTOR.

O FLC é a medida mais importante de desempenho de uma empresa e sua estratégia de financiamento. Se os FLCs projetados forem persistentemente negativos, a empresa terá seu futuro ameaçado caso não haja uma significativa reestruturação operacional e/ou financeira. No caso Quixote este cenário será estudado.

A projeção do FLC permite analisar a viabilidade de vários tipos de transações em Finanças Corporativas, entre elas a emissão de títulos de renda fixa ou variável no mercado de capital, fusões e aquisições, *project finance*, MBOs e LBOs. Nos casos Quixote, Crazy Fish e Ópera tais análises de viabilidade serão produzidas.

VALOR PRESENTE LÍQUIDO: QUANTIFICAR O FUTURO NO PRESENTE

Valor presente líquido é um dos conceitos mais importantes em finanças. A base do FDC são projeções futuras do FOC e do FLC. Entretanto, é sabido que o dinheiro tem valor no tempo: R$ 1 milhão daqui a dez anos não terão o mesmo valor que R$ 1 milhão hoje. Além disso, R$ 1 milhão investidos em um ativo com risco, hoje, valem menos que R$ 1 milhão investidos em um ativo sem risco.

Considere o exemplo hipotético da Ponte Ganesha (PG), que possibilita a ligação entre duas cidades separadas por um penhasco. Para os veículos que precisavam ir de uma cidade a outra, a inexistência da ponte implicava um desvio de 200 quilômetros, o que obviamente era muito ineficiente tanto para os usuários quanto para as economias das cidades.

Como o estado e as prefeituras das cidades não contavam com os recursos necessários para construir a ponte, resolveu-se licitar a concessão para a iniciativa privada. Os vencedores da licitação teriam de construir a ponte e as praças de pedágio e mantê-las em bom estado. Em troca, seus proprietários receberiam as receitas dos pedágios por 28 anos. Para evitar o risco de oscilações no tráfego, e, por conseguinte, na receita dos pedágios, o estado concordou em garantir uma receita fixa (mas ajustada pela inflação), que nas contas dos investidores renderia um FOC equivalente a R$ 20 milhões por ano, por 28 anos. Se a receita fosse superior a esse valor, a diferença seria repassada ao estado. Se inferior, o estado a complementaria.

Para construir a ponte, os sócios consideraram investir R$ 140 milhões ao longo de dois anos (R$ 70 milhões por ano). Para simplificar num primeiro momento, será suposto que não há endividamento na Ganesha. Ou seja, o FOC será igual ao FLC (R$ 20 milhões por ano). Quanto valerá a PG para seus sócios?

Sem considerar o valor do dinheiro no tempo e o efeito do IPCA, ou seja, construindo nossas projeções em moeda constante, podemos deduzir que a PG gerará o seguinte excedente:

$$\text{Soma das Entradas e Saídas (em moeda constante)} = -140 + (20 \times 28) = 420$$

Isso quer dizer que a PG vale R$ 420 milhões para seus sócios? Ou, ainda, que o retorno sobre o capital investido é de 200% (420/140)? Não. Deve-se considerar o valor do dinheiro no tempo, que será mensurado por uma taxa anual (α) que representa o custo de oportunidade dos sócios ("custo de oportunidade" será definido mais adiante). O valor da PG para seus sócios é o VPL do FLC dos trinta anos da concessão para explorar a ponte, ou seja:

$$VPL = \frac{-70}{(1+\alpha)^1} + \frac{-70}{(1+\alpha)^2} + \frac{20}{(1+\alpha)^3} + \dots + \frac{20}{(1+\alpha)^{30}}$$

Lembre-se de que a projeção está em moeda constante. Mais adiante, serão discutidas as diferenças entre projeções em moeda constante e moeda nominal.

Suponha que o custo de oportunidade dos sócios da PG seja de IPCA + 10% ao ano, e lembre-se de que os sócios não contrataram nenhum tipo de financiamento, ou seja, FOC = FLC. Neste contexto, o valor da PG será:

$$VPL = \frac{-70}{(1+0{,}1)^1} + \frac{-70}{(1+0{,}1)^2} + \frac{20}{(1+0{,}1)^3} + \dots + \frac{20}{(1+0{,}1)^{30}}$$

$$VPL = \frac{-70}{(1{,}10)} + \frac{-70}{(1{,}21)} + \frac{20}{(1{,}33)} + \ldots + \frac{20}{(17{,}45)} = -63{,}6 - 57{,}9 + 15{,}0 + \ldots + 1{,}1 = 32{,}3$$

Muitas constatações interessantes podem ser apreendidas desses números.

Primeiro, observe que se $\alpha > 1$, quanto mais distante no tempo, maior será o fator da remuneração exigida pelos sócios: $(1 + \alpha)^0 < (1 + \alpha)^1 < (1 + \alpha)^2$, e assim por diante. Ou seja, para uma sequência de fluxos iguais, o valor presente das primeiras parcelas é o maior, por estas estarem mais próximas do presente. Este é um modo de poder comparar o valor do dinheiro gerado no futuro a valores de hoje, pois R$ 20 milhões hoje não têm o mesmo valor que R$ 20 milhões daqui a 28 anos. Neste exemplo, para um custo de oportunidade de 10%, R$ 20 milhões daqui a 28 anos equivalem a R$ 1,1 milhão hoje.

Segundo, o resultado, R$ 32,3 milhões, é denominado Valor Econômico Agregado aos Sócios (VEA) da PG para seus sócios (com custo de oportunidade de IPCA + 10% ao ano) em moeda de hoje. O que significam esses R$ 32,3 milhões?

(a) Em algum momento no futuro, a Ganesha poderá devolver a seus sócios os R$ 140 milhões investidos, com a devida remuneração pelo risco incorrido (IPCA + 10%). Esse momento é possível de ser estimado pelo conceito de **payback composto**, ou seja, o ano em que o valor presente do FLC acumulado poderá reverter seu saldo negativo para positivo (17º ano), como apresentado na figura a seguir.

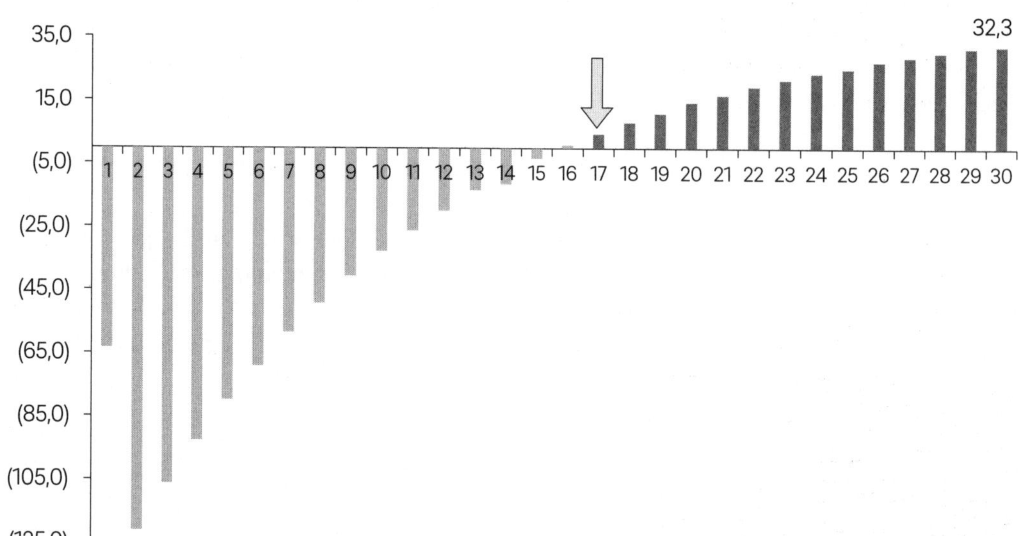

FONTE: ELABORADA PELO AUTOR.

FIGURA 1.8 › Valor presente do FLC acumulado da Ganesha e seu payback composto.

(b) Além de receber o valor investido de volta, os sócios poderão receber um ganho adicional, acima do custo de oportunidade do capital, entre o 17º e o 30º ano, quando a concessão da PG expirará. Esse ganho trazido a valor presente (por IPCA + 10%) pode somar, em moeda de hoje, R$ 32,3 milhões.

NOTA TÉCNICA › Observe que, se o VPL da Ganesha fosse nulo, somente (a) poderia acontecer, o que não é um resultado ruim, pois os sócios estariam recebendo seu dinheiro de volta remunerado de acordo com suas expectativas. Aliás, como dizem os economistas, se há concorrência perfeita, os VPLs dos projetos de investimento tendem a zero.

Em outro extremo, se o VPL da Ganesha fosse negativo, os sócios não teriam seus investimentos devidamente remunerados, e, por conseguinte, a Ganesha destruiria valor para eles. O que fazer num caso assim? Além de abandonar o projeto, o que não é desejável, há mais duas alternativas: tentar mudar o valor do numerador (ou seja, o FLC) ou o do denominador (custo de oportunidade do capital), como será discutido nos próximos parágrafos.

A terceira constatação interessante é que, pela metodologia do FDC, o valor da Ganesha para seus sócios é estimado, hoje, em R$ 32,3 milhões, sem ainda ter construído nada. Entretanto, a Ganesha só tem esse valor porque os sócios têm: a concessão para explorar a ponte; o contrato com o estado que garante um FLC R$ 20 milhões ao ano reajustáveis; o orçamento do investimento na ponte de R$ 140 milhões (nas especificações técnicas consistentes com o contrato de concessão); e as devidas licenças ambientais. Isto é, o valor de R$ 32,3 milhões reflete uma sequência futura de FLCs cuja implantação é factível. Se os sócios quiserem vender suas ações da Ganesha, o que outro investidor estará comprando é a viabilidade desse fluxo. Se os sócios ainda não tiverem a licença ambiental de instalação (LI), por exemplo, não será possível garantir ao comprador que o FLC projetado acontecerá da maneira aqui descrita, pois é comum haver atrasos significativos na concessão das licenças ambientais.

Será que o custo de oportunidade de IPCA + 10% se aplica a outros potenciais investidores também? Não necessariamente. No quadro a seguir é simulado o VPL para a Ganesha com outros custos de oportunidade.

QUADRO 1.33 › Análise de sensibilidade: VPL da Ganesha considerando diferentes custos de oportunidade

Custo de oportunidade	VPL	Diferença
5%	140,1	107,8
8%	64,7	32,4
10%	32,3	-
13%	-	- 32,3
15%	- 15	- 47,3
20%	- 37,9	- 70,2

FONTE: ELABORADO PELO AUTOR.

Para um potencial comprador com custo de oportunidade de 8%, as ações da Ganesha valem R$ 64,7 milhões. Se ele, portanto, conseguisse comprar a Ganesha por R$ 32,3 milhões, estaria capturando R$ 32,4 milhões a valor presente (64,7 - 32,3 = 32,4). O potencial comprador que tiver custo de oportunidade de 5%, pode capturar R$ 107,8 milhões se comprá-la por R$ 32,3 milhões.

A quarta constatação é que, como a Ganesha tem prazo determinado de vida (30 anos, referente à concessão), o valor presente de seu FLC, e, por conseguinte, de seu valor para outro investidor, depende do momento em que suas ações estariam sendo vendidas. Hoje, antes do início das obras, o valor estimado da Ganesha é de R$ 32,3 milhões. Se ela fosse vendida no segundo ano, ou seja, no meio de sua implantação, seu valor estimado (hoje) seria de R$ 87,3 milhões (pois os gastos do primeiro ano estariam incorporados no valor da Ganesha). Se o vendedor vendesse a ponte pronta, no início do terceiro ano, seu valor estimado (hoje) seria de R$ 139,8 milhões. Para maximizar, portanto, o valor de venda da Ganesha, o vendedor teria de construí-la e vendê-la em seguida. Daí em diante, como o prazo da autorização vai diminuindo, o número de anos com fluxos positivos de caixa decrescerão até convergir para zero no fim da autorização.

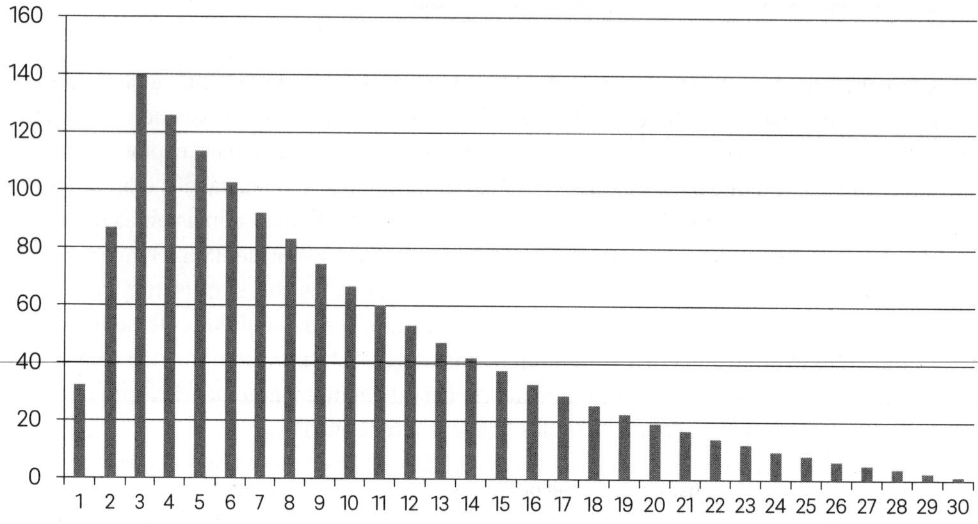

FONTE: ELABORADA PELO AUTOR.

FIGURA 1.9 › Evolução do VEA da Ganesha (R$ milhões) ao longo dos anos.

NOTA TÉCNICA › Projeções em moeda nominal ou moeda constante

Como devemos tratar os efeitos da inflação futura nas projeções do FOC e FLC? Projeções em moeda nominal consideram explicitamente os efeitos da inflação em suas receitas, custos, despesas e investimentos, gerando o FOC e o FLC inflacionados. Projeções em moeda constante consideram implicitamente os efeitos da inflação em suas receitas, custos, despesas e investimentos, gerando o FOC e o FLC em moeda atual. Se as projeções forem bem-feitas e a metodologia do FDC corretamente aplicada, seus resultados em valor presente (VPL) devem ser iguais. O ajuste se faz no denominador da fórmula do valor presente: na taxa de desconto, que será maior em moeda nominal (para incluir a inflação) que em moeda constante. Este assunto será aprofundado mais adiante, nas projeções da Aracruz.

O caso da Ganesha é relativamente simples, o que nos convém pedagogicamente. Suas receitas são reajustadas anualmente pelo IPCA. Suas despesas são todas variáveis com a receita, ou seja, as futuras variações nas despesas também seguirão o IPCA, o que manterá a margem Ebitda constante (como percentual da receita). Supondo que os investimentos também serão reajustados pelo IPCA e, por hipótese, o IPCA médio será de 5% ao ano, o valor presente do fluxo livre de caixa será o mesmo, R$ 32,3 milhões, tanto em moeda constante (com taxa de desconto de 10%) quanto em moeda nominal (com taxa de desconto de 15,5% = [(1 + 10%) × (1 + 5%) – 1]).

QUADRO 1.34 › Projeções do FLC da Ganesha em moedas nominal e constante

Período	1	2	3	4	29	30
FLC moeda constante	- 70	- 70	20	20	20	20
VP FLC	- 63,6	- 57,9	15	13,7	1,3	1,1
VP FLC acum. moeda constante	- 63,6	- 121,5	- 106,5	- 92,8	31,2	32,3
Indexador	1,050	1,103	1,158	1,216	4,116	4,322
FLC moeda nominal	- 73,5	- 77,2	23,2	24,3	82,3	86,4
VP FLC	- 63,6	- 57,9	15	13,7	1,3	1,1
VP FLC acum. moeda nominal	- 63,6	- 121,5	- 106,5	- 92,8	31,2	32,3

FONTE: ELABORADO PELO AUTOR.

RECOMENDAÇÃO › Dependendo da circunstância, é importante projetar o fluxo de caixa em moeda nominal. Por exemplo, quando as receitas da empresa não acompanham o crescimento da inflação, mas seus custos e despesas sim. Neste caso, a margem Ebitda projetada da empresa é decrescente.

Em outras situações, mesmo com receitas e despesas evoluindo *pari passu* com a inflação, pode ser interessante projetar o fluxo de caixa em moeda nominal. Por exemplo, se a empresa tem empréstimos amortizados pelo SAC (Sistema de Amortização Constante), convém projetar os fluxos em moeda nominal.

Fora essas duas circunstâncias, projeções em moeda constante ajudam a comparar valores futuros. Por exemplo, no quadro anterior, o fluxo no 29º ano em moeda constante é de R$ 20 milhões, que se comparam diretamente ao fluxo do 3º ano, também de R$ 20 milhões. Já em moeda nominal, o fluxo no 29º ano é de R$ 82,3 milhões *versus* R$ 23,2 milhões no 3º ano. Ou seja, em moeda nominal, tem-se a inflação acumulada do 3º ao 29º ano.

REMUNERAÇÃO DO CAPITAL: TAXAS DE DESCONTO

Após apresentar o conceito de VPL, serão discutidos os conceitos por trás da taxa de desconto que é aplicada à equação:

$$VPL = \frac{-70}{(1+\alpha)^1} + \frac{-70}{(1+\alpha)^2} + \frac{20}{(1+\alpha)^3} + \dots + \frac{20}{(1+\alpha)^{30}}$$

Há quatro conceitos importantes relacionados com a taxa de desconto: Custo Médio Ponderado do Capital (WACC), Custo de Oportunidade dos Acionistas (R_c), Taxa Interna de Retorno (TIR) e Taxa Mínima de Atratividade (TMA). Os dois primeiros conceitos, WACC e R_c, refletem o custo de oportunidade dos provedores de dinheiro (capital e financiamentos) da empresa.

É possível antecipar que, dependendo do conceito utilizado como taxa de desconto, o resultado do VPL terá significados diferentes. Ou seja, para cada um dos quatro conceitos de taxa de desconto, há quatro significados distintos para o VPL, como apresentado na figura a seguir.

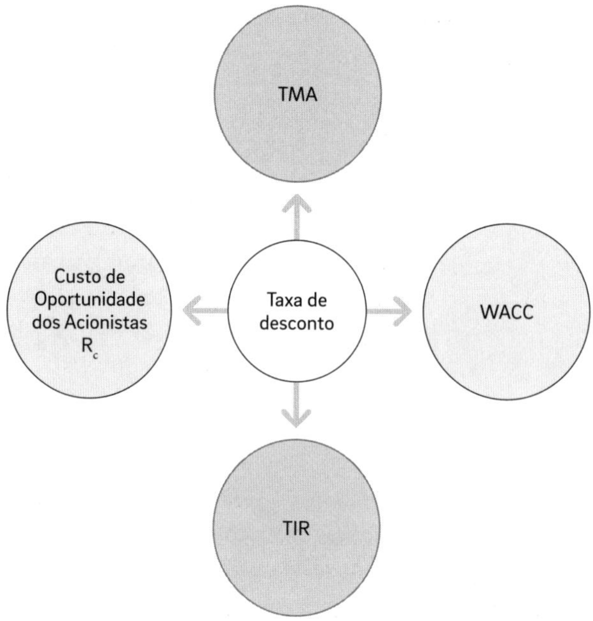

FONTE: ELABORADA PELO AUTOR.

FIGURA 1.10 › Quatro conceitos relacionados à taxa de desconto.

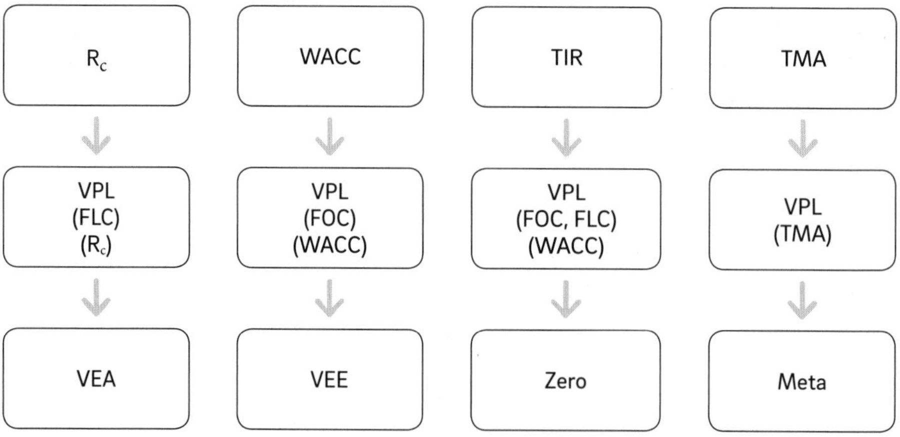

FONTE: ELABORADA PELO AUTOR.

FIGURA 1.11 › Quatro diferentes conceitos de taxa de desconto e o significado de seus resultados a valor presente.

As taxas e suas implicações serão discutidas a seguir.

CUSTO DE OPORTUNIDADE DOS ACIONISTAS (R_c)

Ao investir (ou adquirir) as ações de uma empresa, a expectativa de remuneração dos sócios investidores deve ser suficiente para recompensá-los por abrir mão de aplicar seu dinheiro em dois tipos de ativos:

- Em ativos de renda fixa "livre de risco"; por exemplo, poupança e/ou títulos do Tesouro Nacional. Essa expectativa de remuneração livre de risco (R_f) embute uma expectativa sobre a inflação futura:

R_f = expectativa de inflação futura + expectativa de remuneração "real" livre de risco

- Em uma cesta de ativos de renda variável; por exemplo, as cotas de fundos de ações diversificados. Fundo de ações é um investimento com risco, embora a variedade de ações, a princípio, permita aos investidores diversificar riscos e, portanto, diminuir o risco médio. A diferença entre a remuneração esperada por essa cesta diversificada de ativos com risco (R_m) e a taxa livre de risco (R_f) é denominada prêmio de mercado (R_m - R_f):

$R_m - R_f$ = expectativa de remuneração dos ativos com risco diversificável, já descontada a taxa livre de risco

Além de abrir mão de investir em ativos livres de risco e de ativos com risco diversificável, ambos representando suas não escolhas, os sócios investirão em um ativo com risco específico, ou seja, sua escolha, a Ganesha. A remuneração que deve compensar o investidor por esse risco específico e não diversificável é mensurada pelo conceito de β.

NOTA TÉCNICA › Significado estatístico do beta

Beta (β) é uma medida de quão sensível o preço de uma ação é em relação aos movimentos do mercado:

$$\beta_i = \frac{\sigma_{im}}{\sigma_m^2}$$

Em que: σ_{im} é a covariância do preço da ação de *i* com o índice de mercado e σ_m^2 é a variância do índice de mercado.

Ou, ainda, como: $\sigma_{im} = \rho_{im}\sigma_i\sigma_m$

Então, pode-se reescrever a fórmula do β da seguinte maneira:

$$\beta_i = \frac{\sigma_{im}}{\sigma_m^2} = \frac{\rho_{im}\sigma_i\sigma_m}{\sigma_m^2} = \rho_{im}\left(\frac{\sigma_i}{\sigma_m}\right)$$

Em que: σ_{im} é a covariância do preço da ação de *i* com o índice de mercado e ρ_{im} é a correlação entre *i* e *m*. Observe que o projeto tem β = 1, $R_c = R_m$, ou seja, se β = 0, $R_c = R_f$. Se β > 1, o preço da ação tende a ampliar os movimentos do mercado. Se 1 > β > 0, o preço acompanha os movimentos de mercado, mas com menor intensidade. Se a ação X tem β = 1,3, na média, caso o índice de mercado aumentasse 1%, o preço da ação X aumentaria 1,3%. Observe que não se trata de uma relação de causa e efeito, mas de correlação entre as variáveis (preço da ação e índice de mercado).

No caso da Ganesha, como esta não tinha ações na Bovespa, não tem um β. Neste caso, pode-se usar o β de concessionárias de rodovias com ações listadas como estimativa para o β da Ganesha.

Ou seja, o custo de oportunidade do acionista (R_c) pode ser escrito como:

R_c = expectativa de remuneração livre de risco + expectativa de remuneração pelo risco diversificado + expectativa de remuneração pelo risco específico (não diversificável)

Mais precisamente, o conceito de custo de oportunidade do capital (R_c) dos sócios não é apenas a expectativa de remuneração por abrir mão de investimentos alternativos (R_f e R_m) mas também a remuneração pelo risco que incorrem ao investir especificamente na Ganesha (β):

$$R_c = R_f + (R_m - R_f) \times \beta$$

Este modelo implica que, quanto maior a percepção de risco do investimento na Ganesha (quanto maior o β), maior a remuneração esperada ou requerida pelos sócios. O que não quer dizer que essa remuneração será obtida, mas sim que será demandada.

No contexto da Ganesha, ao se aplicar o R_c no FLC, obtém-se o VEA (*Shareholder Value* - SVA) para os atuais sócios, que, sem se considerar nenhuma dívida, é estimado em R$ 32,3 milhões:

$$VPL(R_c) = VEA = \frac{-70}{(1+0{,}1)^1} + \frac{-70}{(1+0{,}1)^2} + \frac{20}{(1+0{,}1)^3} + \ldots + \frac{20}{(1+0{,}1)^{30}} = 32{,}3$$

TAXA INTERNA DE RETORNO

A TIR é um caso específico do VPL. Encontra-se a TIR (ϕ na equação a seguir) ao se igualar o VPL a zero:

$$0 = \frac{-70}{(1+\phi)^1} + \frac{-70}{(1+\phi)^2} + \frac{20}{(1+\phi)^3} + \ldots + \frac{20}{(1+\phi)^{30}}$$

O resultado desta equação é 13%. A TIR fornece uma informação importante: é a taxa máxima que a Ganesha pode remunerar, em média, seus provedores de capital. Para custos de capital (R_c) superiores à TIR, o VPL do projeto é negativo. Ou seja, nesses casos, os investidores não poderiam remunerar o capital empregado pelo risco incorrido e as alternativas de investimentos que abriram mão de ter.

QUADRO 1.35 › Relação entre o custo de capital e a TIR

Situação	Relação do R_c e TIR	VPL	Implicações
A	R_c = TIR	0	Geração de valor econômico equivalente ao custo do capital (VEA = 0)
B	R_c < TIR	> 0	Geração de valor econômico em excesso ao custo do capital (VEA > 0)
C	R_c > TIR	< 0	Destruição de valor econômico (VEA < 0)

FONTE: ELABORADO PELO AUTOR.

A situação B é a melhor para os investidores, pois a Ganesha tem capacidade de remunerá-los, em média, acima de seus custos de oportunidade. A situação A também é favorável, uma vez que os investidores estão sendo remunerados pelo risco incorrido e pelas alternativas de investimento que abririam mão para alocar seus recursos ao projeto. A situação C é, obviamente, desastrosa para o investidores.

TAXA MÍNIMA DE ATRATIVIDADE

A TMA é uma taxa arbitrária que o investidor pode definir e que geralmente pode ser diferente do R_c. Por exemplo, um investidor, neófito no Brasil, pode exigir uma TMA com 1.000 pontos-base a mais que o R_c que utiliza em seu país de origem. A justificativa pode ser o "risco do desconhecido". A questão é que, se o investidor exagerar na TMA, pode deixar de ser competitivo no processo de M&A e perder uma oportunidade interessante pelo "risco do desconhecido".

No exemplo da Ganesha, se se adicionar 1.000 pontos-base ao custo de capital de 10% ao ano, obter-se-á uma TMA de 20%. Ao aplicarmos a taxa de desconto de 20% na equação do VPL, obtém-se um resultado negativo de R$ 37,9 milhões. O valor negativo é óbvio, uma vez que TMA > TIR:

$$VPL(TMA) = \frac{-70}{(1+0{,}2)^1} + \frac{-70}{(1+0{,}2)^2} + \frac{20}{(1+0{,}2)^3} + ... + \frac{20}{(1+0{,}2)^{30}} = -37{,}9$$

Neste contexto, no entanto, qual é o sentido do VPL? Este VPL não é o VEA. Trata-se do valor da Ganesha para o investidor que almeja uma TMA de 20%. Como TIR = 13%, a Ganesha não interessa para este investidor.

Considere-se, então, outro extremo: um potencial comprador para a Ganesha com uma TMA de 6%:

$$VPL(TMA) = \frac{-70}{(1+0{,}06)^1} + \frac{-70}{(1+0{,}06)^2} + \frac{20}{(1+0{,}06)^3} + ... + \frac{20}{(1+0{,}06)^{30}} = +110$$

O VPL é, agora, positivo em R$ 110 milhões. Ou seja, a Ganesha é muito valiosa para o potencial comprador. Os atuais sócios da Ganesha, com R_c de 10%, podem tentar vendê-la para esse potencial comprador por R$ 110 milhões e ganhar mais que três vezes o que poderiam ter ganhado se não a vendesse (cujo VEA é de R$ 32,3 milhões).

Por que esse potencial comprador teria uma TMA tão baixa? Inúmeras razões. Pode ser que, para ele, a aquisição da Ganesha signifique uma entrada estratégica no setor de infraestrutura brasileiro, ou, ainda, pode ser que ele queira garantir acesso rápido a sua fábrica que fica do outro lado da ponte. Ou simplesmente a percepção de risco do potencial comprador é mais favorável que a dos sócios.

CUSTO MÉDIO PONDERADO DO CAPITAL

Por fim, cabe apresentar o conceito do custo médio ponderado do capital (*Weighted Average Cost of Capital* - WACC) e suas implicações para o VPL. Para avaliar a maioria das empresas, utiliza-se o conceito de WACC, pois, geralmente, as empresas são financiadas com um mix de empréstimos e capital próprio dos sócios. O WACC combina o custo de oportunidade dos acionistas (R_c) com o custo dos financiamentos disponíveis à empresa (R_d).

No caso da Ganesha, o BNDES e seus bancos repassadores são tradicionais fornecedores de recursos para construção de obras de infraestrutura. Entretanto, a natureza da contratação de um financiamento a uma empresa é diferente da dos investidores em capital. Financiamentos cobram juros que são pagos em datas pré-acordadas, independentemente de a empresa gerar ou não lucro no período. Além disso, o banco pode pedir garantias reais ao empréstimo, como hipotecas de terrenos, penhor de máquinas, equipamentos, mercadorias em estoque e outros ativos reais. Se a empresa, portanto, por algum motivo não puder pagar juros e/ou o principal do empréstimo ao banco, este poderá executar as garantias. Em contraste, observe que os sócios não têm prazo nem garantias para realizar os ganhos de seu investimento. O banco sim. Logo, a perspectiva é diferente! Não é por acaso que o dinheiro dos sócios é denominado "capital de risco".

Como tal, o WACC é a média das expectativas de remuneração de bancos (R_d) e dos sócios (R_c) ponderada pelos montantes de cada uma dessas fontes de recursos disponíveis à empresa:

$$\text{WACC} = \left(\frac{C}{V}\right) \times R_c + \left(\frac{D}{V}\right) \times R_d \times (1 - \text{IR\&CS})$$

Em que:

R_d = expectativa de remuneração dos bancos e/ou investidores em títulos de renda fixa emitidos pela empresa.
R_c = custo de oportunidade dos sócios.
IR&CS = alíquota do Imposto de Renda e Contribuição Social.
(1 - IR&CS) = benefício fiscal, gerado pela dedutibilidade da despesa financeira com os juros de empréstimos bancários (ou, em inglês, *tax shield*).
D = montante médio de dívida (D) que será usado pela empresa durante o período de projeção.
C = montante médio de capital (C) que será usado pela empresa durante o período de projeção.
V = D + C, valor total dos recursos financeiros alocados na empresa.

Ou seja, o WACC é o custo de oportunidade dos provedores de capital, ajustado por sua participação relativa no capital total da empresa.

Duas perguntas emergem naturalmente:

- Qual é o nível de endividamento que maximiza o valor da empresa?
- Como incentivar acionistas a maximizar o valor para os credores?

A resposta é a estrutura ótima de capital. Estrutura de capital é a composição entre capital próprio (C) e dívida com terceiros (D), que compõe a totalidade de recursos à disposição da empresa (V). A estrutura ótima de capital é a combinação de C e D que minimiza o WACC e maximiza o VPL da empresa.

Retomando o caso da Ganesha, seu valor estimado, como o de qualquer empresa, é muito sensível à premissa da taxa de desconto.

No exemplo, supôs-se que o R_c seria de 10%. Na hipótese, então, de a Ganesha obter um financiamento por 15 anos (sendo 2 de carência e 13 de amortização em parcelas constantes) com juros reais de 8%, deduzido o benefício tributário, o custo efetivo da dívida seria de 5,3% [8% × (1 - 34%]). Qual o impacto desse financiamento para os acionistas?

Haverá três modificações importantes na estimativa do VEA com endividamento:

(i) O FLC, que já não é mais igual ao FOC, pois, por 15 anos, a Ganesha estará endividada. Logo, por 15 anos, o FLC será diferente do FOC. Para projetar o FLC, deve-se deduzir do FOC o serviço da dívida (juros e amortização de principal) e o benefício tributário da dedutibilidade das despesas financeiras. Por 13 anos, portanto, o FLC será menor que o FOC. Entretanto, nos dois primeiros anos de projeção, o FLC é maior que o FOC, pois há o impacto positivo dos desembolsos do financiamento. Antes, os acionistas teriam de aportar R$ 140 milhões; agora, com o financiamento, o aporte será de R$ 70 milhões.

QUADRO 1.36 › Diferenças entre o FOC e o FLC da Ganesha

Moeda nominal	1	2	3	4	15	16	30
FLC sem dívida (= FOC)	- 70	- 70	20	20	20	20	20
FLC com dívida	- 35	- 35	10,3	10,6	14	20	20
Diferença	- 35	- 35	9,7	9,4	6	-	-
Serviço da dívida			- 11,6	- 11,2	- 6,1	-	-
Benefício tributário			2	1,8	0,1	-	-

FONTE: ELABORADO PELO AUTOR.

(ii) É necessário modificar a taxa de desconto (R_c) utilizada e trazer a valor presente o FLC, pois, por 15 anos a Ganesha estará endividada e seus sócios expostos ao risco de inadimplência. A diferença entre o R_c com ou sem dívida é determinada pelo beta alavancado (β_a) e pelo beta desalavancado (β_d):

$$\beta_a = \beta_d \times \left[1 + (1 - \text{IR\&CS}) \times \left(\frac{D}{C}\right)\right]$$

Para simplificar, adotam-se um WACC e um R_c médio para todo o período de trinta anos: 8% de WACC e R_c de 11%. No entanto, mais adiante a questão: o WACC deve ser fixo ou variável? será aprofundada.

(iii) Trazendo o FOC pelo WACC obtém-se o Valor Econômico da Empresa (VEE, ou *Enterprise Value* (EV), ou, ainda, *Firm Value* (FV)):

$$\text{VPL (WACC)} = \text{VEE} = \frac{-70}{(1+0{,}08)^1} + \frac{-70}{(1+0{,}08)^2} + \frac{20}{(1+0{,}08)^3} + \ldots + \frac{20}{(1+0{,}08)^{30}} = +64{,}7$$

O VEE representa o valor da Ganesha, sem considerar seu endividamento. Para considerar o impacto da dívida sobre o VEA, traz-se a valor presente o FLC pelo R_c:

$$\text{VPL }(R_c) = \text{VEA} = \frac{-35}{(1+0{,}11)^1} + \frac{-35}{(1+0{,}11)^2} + \frac{10{,}3}{(1+0{,}11)^3} + \ldots + \frac{20}{(1+0{,}11)^{30}} = 34{,}4$$

Pode-se observar que, por essas premissas, o endividamento trouxe um pequeno ganho aos sócios da Ganesha, uma vez que o VEA sem dívida foi estimado em R$ 32,3 milhões e com dívida em R$ 34,4 milhões. Apesar do maior risco da alavancagem, o benefício tributário e o menor aporte compensaram o aumento no R_c. Outra maneira de vislumbrar este efeito é pela comparação entre a **TIR desalavancada**[40] (13%) e a **TIR alavancada**[41] (16,4%). A Ganesha, sem dívida, remunera seus capitalistas em 13%. No novo cenário, 50% do investimento será financiado a um custo menor (5,3%). O excedente entre o custo de 5,3% (por 15 anos) e a TIR de 13% será capturado pelos sócios, gerando uma TIR alavancada maior (16,4%).

Para obter mais detalhes dessas estimativas, a seção Detalhes das Projeções da Ganesha mais adiante.

Em suma, o VEE é a estimativa do valor da operação da empresa antes do pagamento de seu endividamento. O VEA, por sua vez, é a estimativa de valor das ações da empresa, isto é, o valor que pertence aos acionistas. Ou seja:

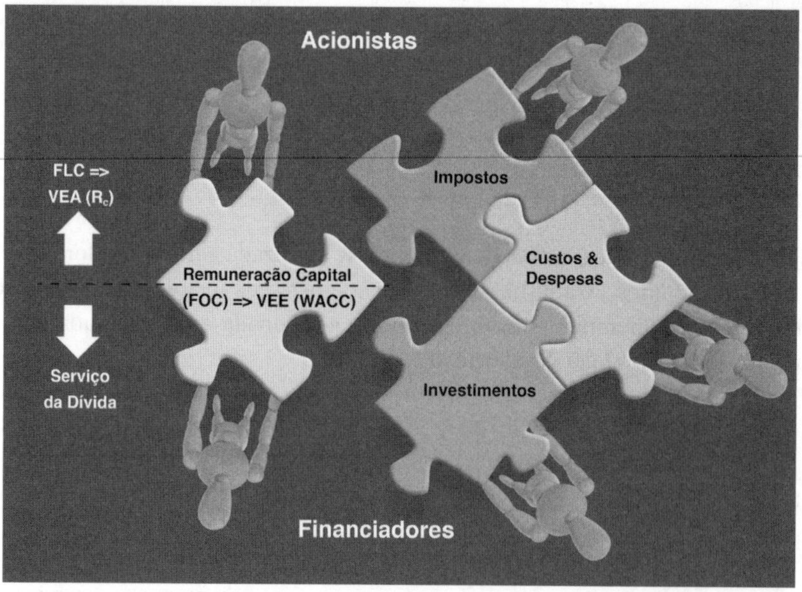

FIGURA 1.12 › Captura do valor gerado por uma empresa entre os agentes envolvidos.

WACC FIXO OU VARIÁVEL?

A questão que emerge ao se avaliar uma empresa com uma dívida que pode mudar muito durante o período de projeção explícita é: o WACC deve ser alterado ao longo dos anos de projeção? Esta é uma grande discussão acadêmica. Na teoria, o WACC deveria ser constante, pois se baseia na estrutura ótima de capital, e não na estrutura atual. Os valores utilizados para projetar as taxas de juros e o custo de oportunidade dos sócios, portanto, deveriam ser considerados usando-se medidas de equilíbrio, e não taxas atuais que são resultado de uma conjuntura que pode mudar rapidamente, em questão de dias.

É importante ter em mente que o WACC deve ser analisado em uma perspectiva de longo prazo, pois, quando se avalia uma empresa, projeta-se sua geração de caixa por inúmeros anos à frente. Por conseguinte, se algo acontece circunstancialmente, como uma variação na taxa de juros, isso não deveria alterar a visão de longo prazo. Em suma, ao avaliar uma empresa, sugere-se utilizar um WACC (de longo prazo) constante ao longo das projeções.

Apesar dessas considerações, há aqueles que as desafiam e insistem em usar um WACC variável que capture as mudanças na estrutura de capital (endividamento) da empresa. A figura a seguir analisa a evolução do risco da Ganesha em quatro fases diferentes.

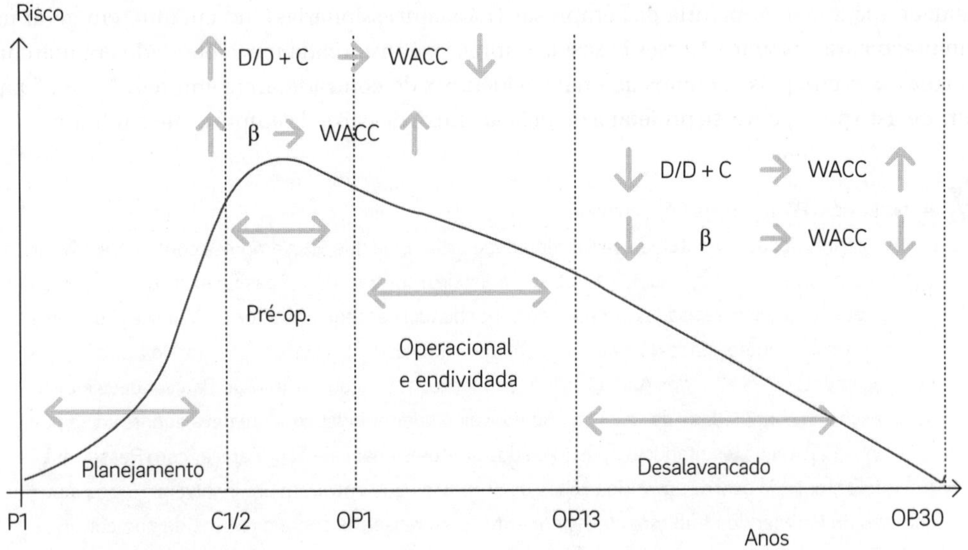

FONTE: ELABORADA PELO AUTOR.

FIGURA 1.13 › Diferentes fases de exposição a riscos do projeto.

- Fase 1: "Planejamento". Pode durar alguns anos e corresponde ao tempo que os sócios investidores demoram para se preparar para a licitação (fazer o projeto da ponte, sondagens de solo, estimar o custo da obra, simular a TIR etc.). É uma fase de relativo baixo investimento (R$ 3 a R$ 5 milhões, por exemplo), mas que, até ser concluída, não garante nenhum retorno aos sócios investidores.
- Fase 2: "Pré-Operacional". É a fase da construção da ponte, que deve demorar 2 anos (C1 e C2). Neste momento, a Ganesha se endivida e não possui nenhuma receita. Os riscos operacionais e financeiros dos sócios investidores estão no nível máximo.
- Fase 3: "Operacional & Endividada". Entre o 1º e o 13º anos de operação (OP1 a OP13), a ponte já está pronta, gerando receitas, FOC, e pagando suas dívidas. O risco financeiro começa a diminuir com a amortização da dívida, até terminar no OP13. Qualquer incerteza operacional sobre a viabilidade da Ganesha também estará resolvida.
- Fase 4: "Desalavancado". São os melhores anos, pois a Ganesha está gerando FOC e não há dívidas. Logo, FOC = FLC. Há ainda riscos operacionais; por exemplo, risco de um terremoto etc.

O WACC é o mesmo ao longo das quatro fases? Não, pois o endividamento (D/D + C) é alterado. Tudo o mais é constante; quanto menor a alavancagem, maior será o WACC, pois o dinheiro "barato" do financiamento vai diminuindo de importância. No entanto, o R_c é o mesmo ao longo dessas quatro fases? Também não. O R_c vai crescendo entre as fases 1 e 2, quando chega a seu pico. Daí em diante, vai diminuindo, até alcançar seu nível mínimo na fase 4. Por isso é tão difícil projetar o WACC variável anualmente por 30 anos.

DESAFIO DE ESTIMAR O VALOR RESIDUAL

Foram abordados os temas fluxo de caixa, taxas de desconto, mas é necessário examinar um tópico-chave: por quantos anos deve-se projetar os resultados de uma empresa? Este assunto não foi mencionado no caso da Ganesha porque a autorização tinha prazo determinado de validade (30 anos). A maioria das empresas (não concessionárias), no entanto, em geral não tem prazo para "expirar". Nesses casos, a empresa é considerada uma "entidade em marcha", ou *going concern*, pois, a menos que haja evidências do contrário, uma empresa "viverá" para sempre. Isto posto, deve-se projetar a geração de fluxo de caixa da empresa até o infinito.

NOTA TÉCNICA › Postulado da Continuidade

Na contabilidade, o Postulado da Continuidade pressupõe que uma empresa continuará "vivendo economicamente" *ad infinitum*, até que se evidencie o contrário. A Lei das SA exige que empresas de capital aberto sejam revisadas por auditores independentes registrados na CVM. Esses auditores devem revisar a contabilidade da empresa e atestar a qualidade de seus demonstrativos, publicando periodicamente o "Parecer dos Auditores Independentes". Entre outros itens, o Parecer deve indicar se há riscos na continuidade da empresa. Se houver, o auditor independente deve apontá-lo ao público em seu Parecer, resultando no pesadelo dos diretores financeiros: o "Parecer com Ressalvas".

Infelizmente, já ocorreram vários casos de empresas que entraram em insolvência após a publicação do Parecer dos Auditores Independentes sem ressalvas sobre os riscos de não continuidade. Tais ocorrências expõem os conflitos de interesses entre a função do auditor independente e sua relação com o contratante, pois quem paga o auditor é a própria empresa.

Infinito parece muito tempo, e, como discutido, sabe-se que as empresas não duram tanto assim. É sabido que as empresas, até mesmo as maiores do mundo, acabam. No exterior, são vários os exemplos: Lehman Brothers, Enron, Pan Am, Singer. No Brasil, também há exemplos: Mappin, Mesbla, Transbrasil, TV Tupi, Engesa, Banco Nacional, e tantos outros.

Apesar das inúmeras evidências e estatísticas sobre a finitude das empresas, geralmente adota-se a premissa do *going concern*, ou seja, que a empresa viverá indefinidamente. A projeção do futuro da empresa compreende duas partes: uma explícita, para os próximos cinco a dez anos, seguida por uma implícita, do 6º ou 11º ano, até o infinito.

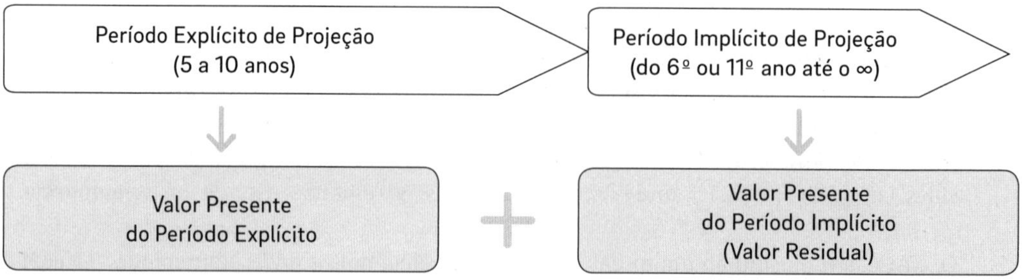

FONTE: ELABORADA PELO AUTOR.

FIGURA 1.14 › Períodos de Projeção e Valor Presente.

NA PRÁTICA › Por quantos anos deve-se projetar o fluxo de caixa?

Deve-se estender o período de projeção explícita até que o fluxo operacional de caixa alcance um nível de "equilíbrio" de longo prazo. Ou seja, como o último fluxo de caixa da projeção explícita será a base para o cálculo do valor residual, este pode sub ou superestimar a estimativa de valor da empresa. Em alguns casos, o valor terminal pode chegar a compor mais da metade do valor total da empresa. Quatro exemplos:

1 Empresas cíclicas, como de papel e celulose, aço, petroquímica, devem ser projetadas por cerca de dez anos para capturar toda a extensão de um ciclo de preços.
2 Empresas com importantes projetos de investimento que começaram a gerar resultados perto do fim do período de projeção explícita.
3 Concessões públicas com data para término. A concessão da Companhia de Gás de São Paulo (Comgás), por exemplo, é de trinta anos.
4 Empresas com futuro incerto, como as de alta tecnologia, têm um peso muito grande no valor terminal. Pode-se, portanto, usar uma combinação de FDC com múltiplos de ROB ou Ebitda de empresas comparáveis para estimar o valor terminal.

Acima de tudo, é fundamental estender o período de projeção explícita até o ano em que o fluxo operacional esteja no equilíbrio. Neste ponto, é válido considerar que o investimento será igual à depreciação.

O período explícito é o mais importante, por estar mais "próximo" do atual e é 100% de futurologia, para não dizer 100% de "chute". Aqui não há regras, apenas bom senso. Se o valor gerado no período implícito for muito alto, acima ou igual ao gerado no período explícito, a qualidade da avaliação pode ser muito frágil.

Para estimar o valor econômico agregado no período implícito, há metodologias que, se bem aplicadas, podem minimizar o caráter subjetivo da avaliação desse período. Ao se considerar os conceitos de valor presente e taxa de desconto, percebe-se que a importância do valor do "caixa" gerado em anos muito longínquos é menor, e em alguns casos insignificante.

As principais metodologias para se estimar o valor presente dos fluxos de caixa no período implícito de projeção, denominado valor residual da empresa, são apresentadas a seguir.

- **Múltiplos do mercado**. Analisando-se empresas similares com ações na bolsa de valores é possível encontrar as médias da razão entre preço da ação e Ebitda (P/Ebitda), entre preço e lucro líquido (P/LL), e entre preço e patrimônio líquido (P/PL). É um método frequentemente usado por FPEs que compram participações em empresas para vendê-las no futuro. A ideia é que, em algum ponto no futuro, os fornecedores de capital possam realizar seus investimentos por meio da venda de suas ações na bolsa de valores. Apesar de sua popularidade entre investidores em ações, o P/LL é um dos múltiplos mais polêmicos. O propósito é medir a relação entre o preço que os investidores estão dispostos a pagar pela ação de uma empresa em relação ao lucro desta por ação. Se o P/LL é 4, isto quer dizer que os investidores poderiam recuperar o dinheiro investido em quatro anos. A avaliação de empresas por múltiplos será discutida mais adiante em detalhes.

NOTA TÉCNICA › *Private equities*

Os fundos de *private equities* (FPEs) são um tipo de fundo de investimento com características muito específicas: (i) são de longo prazo (oito, dez anos, ou até períodos mais longos), ▶

nos quais o investidor compra cotas que somente podem ser resgatadas no fim do período de validade do fundo; (ii) têm objetivos predeterminados que, geralmente, incluem aquisições totais ou parciais de empresas consideradas "emergentes", ou seja, empresas de capital fechado com potencial para altas taxas de crescimento e rentabilidade; (iii) são administrados por executivos muito experientes em finanças e administração que têm capacidade para contribuir, direta ou indiretamente, para a gestão das empresas adquiridas pelo fundo; e (iv) são os que prometem alta rentabilidade, mas com riscos, uma vez que as empresas adquiridas podem não ter a performance esperada e/ou não possibilitar a realização, ou "saída", do investimento com ganhos. A "saída" dos investimentos, geralmente, ocorre com a abertura do capital da empresa emergente em bolsa de valores, os famosos *IPOs*, ou pela venda direta a investidores estratégicos.

Os FPEs desempenham um importante papel na economia. Pelo lado da demanda por este tipo de recurso, são um meio de fornecer capital de risco a empresas que ainda não têm acesso à bolsa de valores ou ao crédito financeiro. Pelo lado da oferta desse capital de risco, é um modo de aqueles com excesso de capital na poupança (milionários locais ou internacionais) terem uma remuneração diferenciada por seus recursos.

- **Valor de liquidação**. É o saldo dos valores de venda ao mercado de todos os ativos da empresa menos suas obrigações com terceiros. É um método simples, que pode ser pertinente se a empresa não for mais operacional após o período de projeção explícita. Uma mina de carvão, por exemplo, que tem uma estimativa de vida útil de 30 anos. Após o 30º ano, seu valor equivale ao de mercado dos equipamentos utilizados na mineração, menos as dívidas e obrigações. Entretanto, para empresas com marcas fortes e/ou pontos de venda bem localizados, o valor de liquidação é um método apropriado.
- **Custo de reposição**. Equivale ao montante de investimento necessário para construir "do zero" outra empresa semelhante à analisada, com toda sua infraestrutura de distribuição e administrativa. Além de ser um cálculo de difícil realização pelo grande número de ativos envolvidos, o custo de reposição deveria levar em conta o tempo que se demora para construir uma empresa e conquistar uma posição de mercado relevante. A reputação, a localização dos pontos de venda, o relacionamento com fornecedores, a contratação e o treinamento das equipes, sistemas e processos gerenciais são exemplos de "ativos intangíveis" que não se podem facilmente repor, tampouco precificá-los.
- **Perpetuidade simples (PS).** É um dos métodos mais populares entre os avaliadores de empresa por sua simplicidade e consistência teórica. Foi inspirado em título de renda fixa do governo britânico que não tem obrigação de pagamento do principal. O título paga uma quantia fixa por ano sem prazo para terminar. O retorno implícito de uma perpetuidade pode ser calculado da seguinte maneira:

$$\text{Retorno} = \frac{\text{Pagamento}}{\text{Valor presente}}$$

No contexto de avaliação de empresas, podemos reescrever esta equação como o valor presente de uma perpetuidade simples:

$$\text{VP (PS)} = \frac{\text{FOC}_t}{\text{WACC}}$$

Em que: VP (PS) pode ser uma estimativa do valor residual ao se considerarem o retorno igual ao WACC e o pagamento, de *t* até o infinito, como o valor do fluxo operacional de caixa normalizado (FOCt).[42] A perpetuidade simples tem um apelo teórico muito interessante: reflete um estado de equilíbrio da operação e do ambiente competitivo da empresa.[43]

- **Perpetuidade com crescimento (PC).** É uma derivação da simples, em que o fluxo de caixa cresceria indefinidamente a uma taxa *g* no período implícito da projeção. A fórmula do valor presente de uma perpetuidade em *t* (ano do fim da projeção explícita) é:

$$VP\ (PC) = \frac{FOC_t}{WACC - g}$$

No caso de uma projeção em moeda nominal, *g* pode ser interpretado como a expectativa para a taxa de inflação. Em uma projeção em moeda constante, utilizar uma perpetuidade com crescimento é equivalente a considerar dois WACCs diferentes: um maior para o período de projeção explícita, e outro menor para o período implícito de projeção. Isto implica assumir que, no futuro distante, o custo de oportunidade dos provedores de recursos para a empresa diminuirá. Isto é razoável? Depende. Para uma empresa que atua em mercado maduro talvez sim, mas, e para uma empresa de tecnologia? Pode haver casos em que o custo de oportunidade aumentará no longo prazo (por exemplo, empresas com patentes a expirar).

O fato é que a perpetuidade com crescimento tem a probabilidade de produzir valores residuais maiores que pela simples, o que tende a aumentar ainda mais a subjetividade da avaliação da empresa.

- **Anuidade (AN).** Similar à perpetuidade simples, anuidade é um título de renda fixa que faz pagamentos iguais por um número fixo de anos, *t*, cujo valor presente pode ser calculado da seguinte maneira:

$$VP\ (AN) = FOC_t \times \left[\frac{1}{WACC} - \frac{1}{WACC \times (1 + WACC)^t}\right]$$

Ao se aplicar a anuidade como método para estimar o valor terminal, deve-se ter em mente que não há restituição do valor do principal ao fim do ano *t*. Ou seja, o uso da anuidade implica uma série de pagamentos iguais por um número *t* de anos que, ao fim, se extingue, sem nenhum resíduo. No contexto da avaliação de uma empresa, seria como se esta desaparecesse, sem nenhum valor de liquidação. Pode-se, portanto, combinar anuidade com uma estimativa de valor de liquidação, ou simplesmente ser conservador e adotar somente a anuidade.

Exemplo de três métodos para estimar o valor residual

Por meio de um simples exemplo, é possível comparar o impacto no valor da empresa (VEE) do uso de três métodos para estimar o valor residual: perpetuidade simples (PS), perpetuidade com crescimento de 3% (PC3%) e anuidade de 30 anos (AN30). Ou seja, em vez de assumir que a empresa continuará operando "para sempre", com a anuidade seria assumido que ela continuaria por mais 30 anos após o fim do período explícito. Suponha uma empresa que gere um FOC constante de R$ 10 mil por ano. Para estimar seu valor, considere um WACC de 10%:

QUADRO 1.37 › Simulações do valor residual por três métodos diferentes (R$ mil) para um WACC de 10%

Período Explícito (anos)	VP Explícito	VP (PS)	VEE (1)	VP (PC3%)	VEE (2)	VP (AN30)	VEE (3)	AN/PS
5	37,9	62,1	100	88,7	126,6	58,5	96,4	- 3,6%
10	61,4	386	100	55,1	116,5	36,3	97,8	- 2,2%
20	85,1	14,9	100	21,2	106,4	14	99,1	- 0,9%
30	94,3	5,7	100	8,2	102,5	5,4	99,7	- 0,3%
40	97,8	2,2	100	3,2	100,9	2,1	99,9	- 0,1%
50	99,1	0,8	100	1,2	100,4	0,8	100	-
60	99,7	0,3	100	0,5	100,1	0,3	100	-
75	99,9	0,1	100	0,1	100	0,1	100	-

FONTE: ELABORADO PELO AUTOR.

Será analisada a primeira linha do quadro que descreve os valores gerados em uma projeção explícita de cinco anos, cujo valor presente seria de R$ 37,9 mil. O valor residual usando uma perpetuidade simples seria de R$ 62,1 mil, que, somado com o valor presente do período explícito, gera uma VEE de R$ 100 mil. Desse total, a perpetuidade simples responde por 62%. Se fosse utilizada uma perpetuidade com crescimento, o valor total da empresa seria de R$ 126,6 mil. Ou seja, o valor da empresa aumentaria em 26% somente porque se utilizou uma perpetuidade com crescimento, em vez de uma simples. Observe que a perpetuidade com crescimento responderia por 70% do valor total da empresa.

Nesse mesmo caso (com cinco anos de projeção explícita), se fosse usada uma anuidade (com 30 anos), o valor residual gerado seria de R$ 58,5 mil, próximo à estimativa da perpetuidade simples (R$ 62,1 mil). Com a anuidade, o VEE é o menor entre os três métodos: R$ 96,4 mil. Observe que, para períodos explícitos muito longos, acima de 30 anos, o valor presente do valor terminal, seja ele uma perpetuidade simples, com crescimento, ou uma anuidade, é praticamente desprezível. É o efeito da taxa de desconto: quanto mais distante um fluxo de caixa, menor seu valor presente hoje.

Essa simulação ilustra que, para períodos explícitos até de 20 anos, a perpetuidade com crescimento gera valores terminais maiores que os dos outros métodos. Os valores da perpetuidade simples e anuidade são próximos. Entretanto, ao se aumentar a taxa de desconto, por exemplo, para 20%, as diferenças diminuem entre os resultados com perpetuidade simples, com crescimento e anuidade.

QUADRO 1.38 › Simulações do valor residual por três métodos diferentes (R$ mil) para um WACC de 20%

Período Explícito (anos)	VP Explícito	VP (PS)	VEE (1)	VP (PC3%)	VEE (2)	VP (AN30)	VEE (3)	AN/PS
5	29,9	20,1	50	23,6	53,5	20	49,9	- 0,17%
10	41,9	8,1	50	9,5	51,4	8	50	- 0,07%
20	48,7	1,3	50	1,5	50,2	1,3	50	- 0,01%
30	49,8	0,2	50	0,2	50	0,2	50	-

Período Explícito (anos)	VP Explícito	VP (PS)	VEE (1)	VP (PC3%)	VEE (2)	VP (AN30)	VEE (3)	AN/PS
40	50	-	50	-	50	-	50	-
50	50	-	50	-	50	-	50	-
60	50	-	50	-	50	-	50	-
75	50	-	50	-	50	-	50	-

FONTE: ELABORADO PELO AUTOR.

É importante considerar que, na avaliação de algumas empresas, o valor residual pode ser responsável por mais de 100% do valor da empresa. É o caso de empresas de alta tecnologia e/ou pioneiras em novos mercados, como as de internet. De modo geral, o valor residual é significativo para qualquer empresa que, no período explícito de projeção, fará altos investimentos, acompanhados de baixas receitas e Ebitda. O mesmo raciocínio aplica-se a empresas em recuperação judicial (antiga concordata), que, em seus primeiros anos, apresentam baixos volumes de FOC em decorrência dos gastos e das estratégias de reestruturação e *turn around*.

NOTA TÉCNICA › Valor residual de Empresas Concessionárias

Há aqueles que acreditam que, ao fim do 30º ano da autorização da Ganesha, esta poderia ser renovada por mais 30 anos, e assim por diante. Afinal, há pontes que existem há décadas. Essas pessoas podem argumentar que, ao desconsiderar a possibilidade de renovação, está-se subestimando o valor da Ganesha. Acredito que não. Creio que um poder concedente que preze pela sociedade, ao renovar uma autorização (ou concessão), deve cobrar do empresário uma cessão onerosa igual ao valor presente do fluxo de caixa da Ganesha para o período de renovação. Neste caso, o valor presente líquido da renovação para os sócios, proprietários da Ganesha, é zero.

VALOR DA EMPRESA NO FDC

Após apresentados os conceitos de fluxo de caixa, VPL e taxa de desconto, é possível resumir o conceito de valor no FDC. O VEE é estimado pela soma do valor presente dos FOCs da empresa descontados pelo custo médio ponderado do capital (WACC) no período explícito (*t* anos) mais seu valor residual:

$$VEE = \left(\frac{FOC_1}{(1+WACC)^1}\right) + \left(\frac{FOC_2}{(1+WACC)^2}\right) + \ldots + \left(\frac{FOC_t}{(1+WACC)^t}\right) + \left(\frac{\text{Valor Residual}}{(1+WACC)^t}\right)$$

O VEE reflete o valor dos ativos da empresa, enquanto o VEA estima o valor das ações da empresa. O VEA é estimado pela soma do valor presente dos FLCs gerados pela empresa descontados pelo custo de oportunidade dos acionistas (R_c):

$$VEA = \left(\frac{FLC_1}{(1+R_c)^1}\right) + \left(\frac{FLC_2}{(1+R_c)^2}\right) + \ldots + \left(\frac{FLC_t}{(1+R_c)^t}\right) + \left(\frac{\text{Valor Residual}}{(1+R_c)^t}\right)$$

Ou, ainda, é possível escrever o VEA como a diferença entre o VEE e o valor presente do fluxo de pagamentos aos credores de dívidas onerosas somado ao valor presente das disponibilidades e o VPL de ativos e passivos não operacionais:

VEA = VEE - VP (Dívida) + VP (Disponibilidades) +/- VPL (ativos e passivos não operacionais)

Uma questão muito frequente é sobre a relação do patrimônio líquido (PL) com o VEA. O PL é uma conta que mensura a "riqueza contábil" de uma empresa. Riqueza é definida como a diferença, positiva ou negativa, entre os bens e direitos de uma empresa (seus ativos) e seus deveres e obrigações para com terceiros (passivos) em determinado dia do ano. Lembrando ainda que, em sua maioria, ativos e passivos são avaliados por seus custos históricos de aquisição que não necessariamente correspondem a seus valores de mercado. O PL, portanto, é uma medida estática e histórica de valor. Um saldo positivo no PL não implica ou garante que o futuro da empresa seja promissor, tampouco que seus provedores de recursos estejam sendo justamente remunerados pelos riscos a que estão expostos.

NOTA TÉCNICA › O que é o *goodwill* de uma empresa?

Em transações de M&A, é comum surgir uma diferença positiva entre o valor pago pelas ações e o valor do patrimônio líquido da empresa adquirida (alvo). Parte dessa "mais valia" pode ser identificada, mensurada e discriminada no ativo intangível do comprador, cuja amortização é dedutível do IR&CS a pagar (para empresas em regime de lucro real). Contudo, a parte dessa "mais valia", que não pode ser identificada, é denominada o *goodwill* do alvo.

Segundo Martins et al. (2013, p. 318), o *goodwill* é "um agregado de benefícios futuros, ou, sintetizando, um conjunto de intangíveis não identificáveis no processo de aquisição (inclusive as sinergias de ativos e a capacidade de gestão dos novos administradores) para os quais não é possível proceder-se a uma contabilização em separado)".

Como tal, o *goodwill* não tem vida útil definida, não pode ser amortizado para fins contábeis, mas, para fins fiscais, de acordo com a legislação em vigor (Decreto nº 3.000 de 26.3.1999, art. 386), pode ser amortizado à razão máxima de 1/60 e deduzido do IR&CS a pagar (para empresas em regime de lucro real).

O *goodwill*, portanto, é a diferença entre o valor pago pelo comprador das ações da empresa e seu PL. O valor pago pode ser maior, igual ou inferior ao VEA, uma vez que o que determinará o valor pago é a negociação entre o comprador e o vendedor. Para o bem do comprador, espera-se que o valor pago seja menor ou igual ao VEA, caso contrário (valor pago > VEA), a chance de o comprador destruir valor com a aquisição é alta.

NA PRÁTICA › O VEE pode ser menor que o valor da sua dívida? Ou seja, o VEA pode ser negativo?

Sim, é possível e até frequente. Ocorre quando a empresa está perdendo rentabilidade e capacidade de investir e/ou quando a dívida é muito mais alta que a capacidade de honrá-la.

Pode haver situações nas quais a empresa, operacionalmente, está indo bem, porém, um choque externo, como uma desvalorização cambial, um aumento na taxa de juros básica, pode "explodir" o valor do serviço de sua dívida. Entre 2001 e 2002, por exemplo, houve três choques externos que afetaram as empresas brasileiras de distribuição de energia elétrica: racionamento de energia para evitar o "apagão", desvalorização cambial e aumento da taxa de juros. Naquele momento, muitas empresas de distribuição de energia elétrica endividadas em dólar tiveram queda na receita (pois o consumo de energia caiu) e aumento no serviço da dívida, gerando fortes prejuízos. As ações dessas empresas na bolsa "derreteram".

NOTA TÉCNICA › Avaliação de bancos

Avaliar um banco é uma tarefa difícil, não somente pela complexidade da contabilidade bancária mas também pela natureza do valor de certos ativos e passivos (em particular, os derivativos). Entretanto, a metodologia do FDC também pode ser empregada para avaliar bancos. Neste caso, não é possível diferenciar o FOC do FLC, pois o negócio operacional do banco é financeiro. O conceito de investimento em capital de giro, por exemplo, é substituído pela diferença entre o total das variações ativa e passiva. Para avaliar as ações de um banco, projeta-se o FLC e traz-se a valor presente pelo R_c.

DETALHES DAS PROJEÇÕES DA GANESHA

O QUADRO A SEGUIR detalha os cálculos do FOC e FLC para a Ganesha, considerando:

- Projeções em moeda constante.
- Financiamento de 15 anos, sendo 2 de carência de juros e principal, e 13 de amortizações anuais constantes, com juros reais de 8%.
- Alíquota de IR&CS de 34%.
- Despesas financeiras estimadas do saldo médio da dívida em 1/1 e 31/12.

QUADRO 1.39 › Resumo da projeção do FOC e FLC da Ganesha: TIR desalavancada e TIR alavancada

Com dívida	1	2	3	4	14	15	16	30
Ebit			30,3	30,3	30,3	30,3	30,3	30,3
Despesas financeiras			- 5,8	- 5,4	- 0,7	- 0,2	-	-
Lair			24,5	24,9	29,6	30,1	30,3	30,3
IR&CS alavancado			- 8,3	- 8,5	- 10,1	- 10,2	- 10,3	- 10,3
IR&CS desalavancado			- 10,3	- 10,3	- 10,3	- 10,3	- 10,3	- 10,3
Benefícios tributário			2	1,8	0,2	0,1	-	-
FOC moeda nominal	- 70	- 70	20	20	20	20	20	20
TIR desalavancada	13%							
Desembolso (50%)	35	35						
Saldo antes capital.	35	71,4						
Juros capitalizados	1,4	4,3						
Saldo da divida após capital	36,4	75,7	69,9	64,1	5,8	-	-	-
Amortizações (SAC)			- 5,8	- 5,8	- 5,8	- 5,8		
Saldo pós-amortização			69,9	64,1	5,8	-		
Despesas financeiras			- 5,8	- 5,4	- 0,7	- 0,2	-	-
Serviço da dívida			- 11,6	- 11,2	- 6,5	- 6,1	-	-

Com dívida	1	2	3	4	14	15	16	30
FLC nominal	- 35	- 35	10,3	10,6	13,7	14	20	20
TIR alavancada	16,4%							

FONTE: ELABORADO PELO AUTOR.

Exercícios

28 **Quais são os principais agentes econômicos envolvidos na geração (ou destruição) de valor em uma empresa? Explique e exemplifique os principais conflitos de interesse estratégicos em uma empresa. Qual é o papel dos acionistas na articulação desses conflitos?**

29 **É possível afirmar que os acionistas são os agentes econômicos sempre mais interessados no crescimento, com rentabilidade, e continuidade da empresa?**

Infelizmente, como se diz popularmente: na prática, a teoria é outra. Nem sempre há coesão entre os acionistas de uma empresa. Já me deparei com várias empresas cujos sócios tinham interesses distintos. E conflitos de interesse estratégicos entre sócios como esses não são privilégios de empresas familiares. Testemunhei vários casos de empresas transacionais cuja estrutura societária continha multinacionais japonesas, europeias e brasileiras com interesses e momentos empresariais distintos e que não conseguiam chegar a um acordo quanto a planos de investimento.

Depois da falência da empresa norte-americana de energia Enron, iniciou-se uma discussão nos Estados Unidos sobre conflitos de interesse entre os métodos de remuneração variável dos executivos norte-americanos e os acionistas das empresas para quais trabalham. Muitos alegavam que métodos de bonificação com base no Lucro Líquido e/ou no preço das ações na bolsa de valores incentivavam os executivos a adiar importantes ajustes contábeis e econômicos que afetariam seus parâmetros de remuneração. Esta discussão ainda dá "muito pano para manga": o conflito de interesse entre acionistas e seus executivos.

Há ainda uma última consideração a ser feita sobre o alinhamento do interesse dos acionistas e o futuro da empresa. Em situações de severa crise de liquidez, é comum o Ebitda da empresa ser suficiente apenas para pagar o serviço da dívida. Ou seja, os acionistas estão basicamente trabalhando para pagar seus credores. Se, perante a dimensão, o custo da dívida e a competitividade da empresa, os acionistas perceberem que não há perspectiva de no médio prazo reverter esta situação, podem se desmotivar a continuar se esforçando para pagar a dívida. Nestas circunstâncias, se os credores não tiverem a sensibilidade de renegociar seus haveres, a empresa pode ir à falência, situação em que todos, credores e acionistas, perdem.

RELATO PESSOAL

Há alguns anos, presenciei uma situação inusitada: uma empresa familiar centenária tinha uma estrutura acionária pulverizada entre três gerações de acionistas. Havia, então, um grupo de jovens empreendedores e outro de idosos conservadores. A empresa vinha mantendo um papel de destaque em seu setor nos últimos anos, e os jovens queriam vê-la crescer ainda mais, investindo e, eventualmente, até adquirindo concorrentes. Já os idosos estavam satisfeitos com a posição da empresa e não queriam apoiar nenhuma iniciativa que viesse a diminuir o fluxo de dividendos. Nas reuniões do Conselho de Administração, havia sempre um impasse quando se tratava de investir, quer fosse com capital próprio (consumindo caixa que, caso contrário, seria passível de distribuição) ou com endividamento (cuja despesa financeira diminuiria o lucro e, por conseguinte, a base para os dividendos). O que poderia ter sido feito?

Infelizmente, a solução veio do mercado. Um dos mais agressivos concorrentes da empresa aproveitou a situação para adquirir um percentual importante de ações de vários pequenos acionistas. A participação acumulada lhe dava o direito de participar, votar e vetar no Conselho de Administração. O impasse entre gerações se transformou em pesadelo. O concorrente/acionista estava sentado na mesma mesa em que decisões estratégicas estavam sendo discutidas. Criou-se uma situação muito constrangedora, na qual quem saiu perdendo, mais uma vez, foi a empresa.

---

30 **Explique, com suas palavras, os principais conceitos da metodologia do Fluxo Descontado de Caixa.**

31 **Quais são as implicações para os sócios de uma empresa que gera FOC < 0?**

32 **Quais são as implicações para os sócios de uma empresa que gera FLC < 0?**

33 **É possível que, em determinado ano, uma empresa tenha FOC < 0 e FLC > 0? Complemente sua explicação com, pelo menos, um exemplo.**

34 **É possível que, em determinado ano, uma empresa tenha FOC > 0 e FLC < 0? Complemente sua explicação com, pelo menos, um exemplo.**

35 **É possível que, em determinado ano, uma empresa tenha FOC > Ebitda? Complemente sua explicação com, pelo menos, dois exemplos.**

36 **Suponha o fluxo de caixa de um projeto:**

QUADRO 1.40 › Fluxo de caixa do projeto e seu valor presente a uma taxa de desconto de 10%

Anos	Fluxo nominal	VPL (10%)
1	- 10	- 10
2	10	9,1
3	10	8,3
Total	**10**	**7,3**

FONTE: ELABORADO PELO AUTOR.

É possível afirmar que o retorno sobre o capital investido é 73%?

O total de R$ 7,3 é o valor presente líquido do fluxo de caixa. É o lucro econômico gerado após a remuneração requerida pelos fornecedores de recursos financeiros (bancos e sócios), que é medida pela taxa de desconto, de 10% ao ano. Ou seja, além dos 10% do retorno médio exigido pelos fornecedores de recursos financeiros, o investimento gerou R$ 7,3 de ganho aos donos do projeto (bancos e sócios). É o valor econômico do projeto. Esse valor, descontado da dívida bancária, fornecerá o valor econômico do projeto para os seus sócios.

37 **Explique as diferenças entre FOC e FLC em relação aos seguintes conceitos:**

(i) Estimativa do valor da empresa e o valor das ações.

Na metodologia do FDC, ao se trazer a valor presente o FOC projetado, chega-se ao VEE. Para obter o VEA, deve-se, então, subtrair as dívidas e adicionar o caixa e outros ativos não operacionais a valor de mercado. Outra maneira de deduzir o VEA é trazer a valor presente o FLC projetado pelo custo de oportunidade do capital (R_c), pois, no cálculo do FLC, já se descontou o pagamento da dívida, incluindo juros e os ativos não operacionais (em particular, o saldo das disponibilidades).

(ii) Alavancagem financeira e liquidez da empresa.

O FOC mede a capacidade de a operação gerar caixa, independentemente da estrutura financeira que os sócios adotarão. Se o FOC for um número negativo, isto indica que há necessidade de se captar recursos em bancos ou com os sócios para cumprir as projeções de investimentos, por exemplo. O cálculo do FOC e sua projeção, portanto, não dependem da estrutura de capital da empresa, ou seja, de quanto esta tem de dívida (alavancagem financeira) ou de caixa em excesso (liquidez).

Já o FLC é afetado diretamente pela estrutura de capital da empresa, pois seu cálculo abrange pagamento da dívida, despesas com juros e receitas com ativos não operacionais, incluindo receitas financeiras geradas pelo caixa em excesso. Um FLC positivo representa o excesso de caixa gerado pela empresa, que pode ser acumulado para aprimorar a liquidez da empresa, ou ser distribuído aos sócios na forma de dividendos ou reduções no capital social. Neste sentido, o FLC é uma base mais segura e precisa que o LL e o FOC quanto à capacidade de a empresa distribuir dividendos. Quando é negativo, o FOC indica que a empresa precisa de recursos externos adicionais, sejam eles oriundos dos sócios e/ou financiadores. Se essas fontes de recursos não estiverem disponíveis, a empresa pode entrar em crise de liquidez.

38 Por que não se incluem despesas e/ou receitas não operacionais no cálculo do FOC?

Porque o FOC diz respeito somente a transações operacionais, sejam elas entradas ou saídas de caixa.[44] Isto não quer dizer que ignoraremos os resultados não operacionais, pois dinheiro é dinheiro; eles são considerados no cálculo do FLC.

39 Por que não se incluem despesas e/ou receitas financeiras no cálculo do FOC?

O objetivo do cálculo do FOC é mensurar quanto a operação de uma empresa gera de caixa, independentemente da decisão dos sócios de como financiá-la. Observe que o FOC pode ser positivo ou negativo. Se negativo, indica que a operação da empresa naquele ano consumiu mais recursos que gerou. É possível cobrir o déficit no FOC de três maneiras que podem ocorrer individualmente ou combinadas entre si: o saldo de recursos acumulados nas disponibilidades; recursos dos sócios (via aumento de capital); e/ou recursos de terceiros (empréstimos bancários e/ou instrumentos de captação de recursos onerosos no mercado de capitais, como debêntures, securitização de recebíveis, *bonds*, *commercial papers* e outros).

40 Uma empresa pode dar lucro e não ter dinheiro? E o contrário, é possível?

41 Qual é a diferença entre o IR&CS desalavancado e o descrito no DRE?

Ambos têm a mesma alíquota (34%), mas as bases de incidência são diferentes. O IR&CS desalavancado é calculado sobre o Ebit, enquanto o do DRE o é sobre o Lair. O primeiro resulta no valor do IR&CS sobre o lucro operacional antes de resultados não operacionais e financeiros, ou seja, antes dos efeitos da decisão de financiamento dos acionistas. O IR&CS desalavancado simula o valor do IR&CS que a empresa pagaria se não tivesse nenhuma forma de endividamento oneroso e nenhum caixa em excesso acumulado em sua tesouraria. Já o IR&CS do DRE reflete os efeitos da estrutura de financiamento da empresa e os não operacionais.

42 **Monte uma planilha para recompor os resultados apresentados no boxe "Na prática" (p. 71) com o cálculo da Aneel para o WACC para o setor elétrico brasileiro, seguindo as premissas descritas.**

43 **Suponha os seguintes dados: beta de 2; taxa livre de risco nos Estados Unidos de 4%; retorno médio do mercado acionário de 8%; *spread* médio do *C-bond* sobre o *bond* do tesouro norte-americano de 8%; alíquota de imposto de renda de 30%; taxa de captação de empréstimos bancários de 12%; participação da dívida bancária no total de fundos utilizados pela empresa: 60%.**

(i) Calcule o custo de oportunidade para os acionistas:

$$R_c = R_f + (R_m - R_f) \times \beta + <\text{RISCO PAÍS}> = 4\% + (8\% - 4\%) \times 2 + 8\% = 20\%$$

(ii) Custo ponderado do capital (WACC)

$$\text{WACC} = R_d\,(1 - \text{IR\&CS}) \times (D/V) + R_c \times (C/V) = 12\% \times (1 - 30\%) \times (60\%) + 20\% \times 40\%$$

$$\text{WACC} = 12\% \times (1 - 30\%) \times (60\%) + 20\% \times 40\% = 13\%$$

(iii) O que acontece com o WACC se a empresa distribuir 100% do lucro líquido como dividendos?

A princípio, a distribuição de dividendos não afetaria o WACC, pois é meramente um meio de distribuir o dinheiro do acionista, que pode ficar na empresa ou em sua conta-corrente. Se essa distribuição, porém, comprometer a capacidade de a empresa crescer e/ou manter sua posição de mercado, isso pode aumentar a volatilidade de seus resultados, comprometendo a expectativa dos fornecedores de recursos (capital e crédito). Neste caso, o WACC pode aumentar com o aumento do retorno esperado pelos acionistas e/ou pelo aumento dos juros cobrados pelos bancos.

(iv) O que acontece com o WACC se a empresa acumular um saldo significativo de prejuízos dedutíveis do IR?

Prejuízos acumulados em exercícios passados podem ser deduzidos do IR&CS a pagar em até 30% do imposto devido, e, ao contrário dos Estados Unidos, no Brasil não há prazo para a utilização desse benefício fiscal. Como se trata de um "saldo significativo", deve-se ajustar o *tax shield* da fórmula do WACC da seguinte maneira:

$$\text{Antes: WACC} = R_d\,(1 - \text{IR\&CS}) \times (D/V) + R_c \times (C/V)$$
$$\text{Depois: WACC} = R_d\,(1 - (\text{IR\&CS} \times 70\%)) \times (D/V) + R_c \times (C/V)$$

Esse ajuste implica que o custo efetivo de crédito bancário aumentou para a empresa, pois esta já pagará menos imposto devido ao uso dos prejuízos acumulados. Na legislação atual, a alíquota de IR&CS é de 34% do Lair, que, no caso, pode ser ajustada para 23,8% (34% × 70%).

44 **Suponha os seguintes dados para o cálculo de uma empresa brasileira de capital fechado (sem ações na bolsa de valores): beta de empresas similares de 1,2; taxa livre de risco nos Estados Unidos de 4%; retorno médio do mercado acionário de 12%; *spread***

médio do *C-bond* sobre o *bond* do tesouro norte-americano de 15%; alíquota de imposto de renda de 30%; taxa de captação de empréstimos bancários de curto prazo 25%; participação da dívida bancária de curto prazo no total de fundos utilizados pela empresa: 60%.

Calcule o valor das seguintes variáveis, mostrando os cálculos com detalhes do custo ponderado do capital (WACC). Em seguida, discorra sobre os possíveis impactos dos seguintes eventos na estimativa do WACC:

(i) Se a taxa livre de risco nos Estados Unidos aumentar em 50% por um ano e depois voltar aos níveis históricos?

(ii) Se a empresa abrir seu capital na bolsa de valores?

(iii) Se a empresa emitir instrumentos de renda fixa com liquidez no mercado secundário?

(iv) Se os acionistas mudarem sua política de endividamento buscando apenas empréstimos de longo prazo indexados ao IGPM, em vez de linhas de curto prazo?

» **Resposta (i a iv):** É importante ter em mente que o WACC deve ser analisado sob uma perspectiva de longo prazo, pois, ao se avaliar uma empresa, projeta-se sua geração de caixa por inúmeros anos à frente. Se, portanto, algo acontece circunstancialmente, como uma variação na taxa de juros, isto não deverá alterar a visão de longo prazo.

Se for analisado um evento significativo, como alto estoque de base negativa de IR, isto pode afetar o WACC por alguns anos. Por um lado, a empresa pagará menos imposto caso gere lucro, e, portanto, a dedução do imposto de renda (*tax shield*), em vez de 30%, será de 23% enquanto o estoque durar. Por outro, se a empresa deu muito prejuízo e a expectativa é de que continue assim, isto deve aumentar, sim, seu risco (aumenta o beta e, por conseguinte, o retorno esperado pelo acionista).

Em relação à distribuição de dividendos, se a empresa sempre distribuir 100% dos lucros como dividendos, pode não ter caixa para investir e ter de sempre recorrer a empréstimos, o que aumenta seu risco. Ou seja, novamente a visão de curto e longo prazos. Essa ponderação é essencial.

45 **Duas empresas (A e B), atuantes no mesmo setor industrial, desenvolverão o mesmo projeto de expansão de uma nova unidade industrial com características operacionais e financeiras iguais. A empresa A somente utiliza recursos próprios e não tem qualquer endividamento. A B é alavancada, com uma relação capital próprio e de terceiros de 35%/65%. Considerando que todos os demais parâmetros são idênticos, quais dos dois projetos apresentará custo médio ponderado de capital menor? Explique.**

O custo médio ponderado de B é menor que de A, pois recursos próprios são mais caros, uma vez que não geram economias fiscais (*tax shiled*), não têm garantia, remuneração preestabelecida (juros) e prazo para saída. Além disso, o risco e a remuneração esperados pelos acionistas de A e B são idênticos, pois: (i) as duas empresas atuam no mesmo setor industrial, logo, estão sujeitas ao mesmo risco de mercado; (ii) o risco do projeto é o mesmo, pois ambos têm "as mesmas características operacionais e financeiras"; e (iii) "todos os demais parâmetros são idênticos".

46 **A empresa A é do tipo *going concern*, ou seja, já atua em determinado setor de infraestrutura e apresenta resultado operacional positivo, detendo monopólio da operação. Será realizado um leilão para a venda dos direitos de exploração das atividades dessa**

empresa A, com a criação da empresa B. Você foi contratado para avaliar a empresa A e para determinar qual o valor mínimo a ser exigido para a B. Como determinar a taxa de desconto em cada um dos casos? Comente as diferenças e quais os fatores relevantes na diferenciação das taxas de desconto para cada uma das empresas?

Após o leilão, as duas empresas serão concorrentes, ou seja, não haverá mais um cenário de monopólio. Como a empresa B será criada, pelo fato de haver um período de aprendizado, sua eficiência no início estará exposta a maior volatilidade, o que poderá ser percebido como um incremento no risco do negócio, consequentemente aumentando o risco do capital acionário em relação ao da empresa A. Temos de levar em conta o custo do crédito da B, que pode ser diferente da A. O efeito no WACC é incerto.

47 **Como a decisão de uma empresa em recomprar suas próprias ações no mercado aberto pode afetar seus VEE e VEA?**

48 **Deve-se mudar o WACC ao longo dos anos de projeção? Cite e explique, pelo menos, três exemplos em que os horizontes de projeção do fluxo são diferentes dada a natureza do objeto avaliado.**

Esta é uma grande discussão acadêmica. Na teoria, o WACC deveria ser constante, pois se baseia na estrutura ótima de capital, e não na estrutura atual. Portanto, os valores utilizados para projetar as taxas de juros e o custo de oportunidade dos sócios deveriam ser considerados usando-se medidas de equilíbrio, e não taxas atuais, que são resultado de uma conjuntura que pode mudar rapidamente, em dias. Em suma, ao avaliar uma empresa, sugere-se utilizar um WACC constante ao longo das projeções. Há três exceções que devem ser consideradas:

i. No caso de um projeto que tem começo e fim determinados, o WACC pode mudar ano a ano. Imagine a exploração de uma jazida de bauxita que está dimensionada para durar dez anos. É possível projetar o fluxo de caixa desse projeto e alterá-lo ano a ano, seguindo o cronograma do endividamento. O WACC muda em decorrência da estrutura de capital, mas não pelo custo de oportunidade dos fornecedores de recursos financeiros, que deve permanecer constante.

ii. No caso de uma empresa com fases de investimento muito distintas e previsíveis. Por exemplo, as projeções de investimento de uma distribuidora de gás residencial podem prever uma primeira fase de dez anos com altos investimentos para a construção da rede de distribuição em sua área de concessão. Após esse período de investimento, a empresa prevê anos de baixo investimento e receitas pouco voláteis. O WACC desses dois períodos é diferente. No primeiro, a empresa estará mais endividada e exposta a um risco operacional maior (será que os consumidores trocarão seus aparelhos elétricos por outros a gás?). No segundo período, o endividamento e o risco devem diminuir.

iii. Empresas de alta tecnologia, se avaliadas pelo FDC, devem ter um WACC maior para os anos mais distantes da projeção em razão do risco de obsolescência.

49 **O β pode ser um número negativo?**

Sim, pode. Quando o β é negativo, isso indica que a volatilidade do preço do ativo se comporta na direção oposta à dos preços da cesta de ativos. Por exemplo, é o tipo de ação que, quando a bolsa cai, o preço da ação sobe. São ações conhecidas como "defensivas". No entanto, o fato de essa ação ter este comportamento não quer dizer que não seja arriscada.

50 **O que é a estrutura ótima de capital de uma empresa?**

Estrutura de capital é a composição entre capital próprio e dívida com terceiros que compõem a totalidade de recursos à disposição da empresa (ou do projeto). O que é a estrutura ótima de capital da empresa? Se $R_d < R_c$, então, se D/V aumenta, o WACC diminui, até um ponto em que o resultado da empresa fica tão volátil, que seu risco para os credores e acionistas se eleva, aumentando o R_d e o β, respectivamente, e, portanto,o WACC:

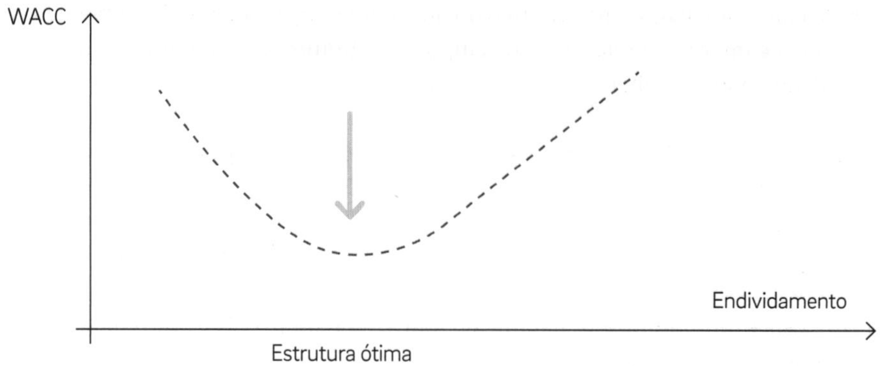

FONTE: ELABORADA PELO AUTOR.

FIGURA 1.15 › *Trade-off* de endividamento *versus* risco.

De acordo com a Proposição de Modigliani e Miller sobre certas hipóteses, o nível ótimo de endividamento é de 100%. Isto é, assumindo que haja imposto de renda, um mercado de capitais perfeito e que não haja custo de insolvência financeira[45] nem custo de agência.[46] Estas hipóteses, porém, são irreais, a saber:

- Inexistência de custos de insolvência financeira (que não quer dizer falência ou incapacidade de pagar). O valor da dívida não pode passar determinado patamar, que pode colocar o contrato do empréstimo sob o risco de não ser honrado. A situação limite da insolvência financeira é a falência. Quando se aumenta o endividamento, eleva-se a probabilidade de insolvência financeira. Os fornecedores de recurso percebem esse aumento de risco e sobem sua remuneração exigida;
- Inexistência de custos de agência: o bem-estar do usuário de uma rodovia depende das decisões tomadas pelo agente regulador das concessões de estradas. A ligação entre o fornecedor de crédito e o proprietário do crédito é uma **relação de principal e agente**, como é conhecida na teoria econômica. O devedor (a empresa ou o projeto, denominado "agente") pode tomar decisões que afetam o bem-estar do "principal" (o financiador). Quando os agentes tomam decisões que afetam negativamente o bem-estar do principal, há um **comportamento oportunista** (***moral hazard***). Quando a empresa com zero de dívida contrata seu primeiro empréstimo, este custo é pequeno, pois a empresa não está alavancada. Quando, no entanto, a empresa começa a captar novos empréstimos ou vender bons ativos, o primeiro banco estará exposto a um risco crescente de insolvência. Não há como monitorar esse comportamento oportunista por meio de contratos que anulem o risco, pois há **assimetria de informação**, ou, mesmo se houver a informação, é difícil provar o comportamento oportunista. Uma vez que o credor (principal) concedeu o crédito, o empresário

(agente) tem oportunidade de aumentar o risco de seu projeto, pois, se tudo der certo, ganhará mais, e se der errado, dividirá as perdas com seus credores.

51 **Uma multinacional de papel e celulose instalada no Brasil quer adquirir uma empresa local que produz embalagens especiais para alimentos. No que se refere à ROB, o faturamento do alvo representa cerca de 30% do faturamento da operação brasileira. O custo de oportunidade do capital (R_c) da multinacional, em dólares estadunidenses, é de 13%, que é o parâmetro utilizado pela filial brasileira para compor sua taxa de desconto, além do custo de captação no BNDES, que equivale, em dólares estadunidenses, a cerca de 8%. Se você fosse o gerente da filial brasileira responsável por analisar a atratividade da aquisição, que taxa de desconto usaria?**

Em sala de aula, a maioria dos alunos sugeriu usar como taxa de desconto uma média ponderada entre 13% e o custo do BNDES. No entanto, nenhuma dessas duas referências deve ser usada. O BNDES, normalmente, não empresta recursos para financiar aquisições; portanto, seu custo não deve ser considerado. O custo de oportunidade do capital da matriz reflete o risco desta como um todo que não opera com embalagens, que é um setor exposto a outro nível de risco. O procedimento mais apropriado seria recalcular o R_c com o β da empresa (ou do setor) de embalagens e uma *proxy* para o risco Brasil.

52 **Explique as diferenças entre o LL e o FOC em relação aos conceitos a seguir.**

(i) **Regimes de caixa e de competência.**
Para começar, vamos lembrar as fórmulas do LL e do FOC.

QUADRO 1.41 › Comparação entre o LL e o FOC

LL	FOC
Receita operacional líquida	(=) Lucro operacional (Ebit)
(–) Custo mercadorias vendidas	(+) Depreciação
(=) Lucro bruto	(=) Ebitda
(–) Desp. gerais, adm., vendas	(–/+) Variações no capital de giro
(–) Depreciação	(–) Investimentos
(=) Lucro operacional (Ebit)	(–) IR&CS Desalavancado
(–/+) Desp./rec. financeiras	(=) FOC
(–/+) Desp./rec. não operacionais	
(=) Lucro antes do IR&CS (Lair)	
(–) IR&CS (Alavancado)	
(=) LL	

FONTE: ELABORADO PELO AUTOR.

O cálculo do LL considera despesas de natureza não caixa, registradas por regime de competência, sendo as mais importantes: depreciação do ativo imobilizado e amortização de ativos diferidos. O cálculo do FOC, por sua vez, leva em conta apenas receitas e despesas em regime de caixa. São adicionadas, portanto, as despesas com depreciação e amortização no cálculo do Ebitda para calcular o FOC. Por essa diferença metodológica, uma empresa com alta despesa de depreciação pode apresentar LL negativo (ou seja, prejuízo) em um período, e, ao mesmo tempo, gerar um FOC positivo. Por outro lado, uma empresa que investiu muito em capital de giro e/ou ativos imobilizados em um período, pode gerar LL positivo e ter um FOC negativo.

(ii) **Distribuição de dividendos, sócios majoritários e minoritários.**

O cálculo e o valor gerado como LL por uma empresa em um período são descritos no DRE e servem de base para distribuição dos dividendos aos sócios majoritários (que têm o controle societário e operacional da empresa) e aos minoritários (geralmente não participam da gestão da empresa, atuando como investidores financeiros). A princípio, uma empresa pode distribuir até 100% do LL gerado no ano como dividendos, o que pode ser muito interessante para os acionistas minoritários. A projeção do FOC no futuro próximo, porém, pode indicar a necessidade de investir em capital de giro e/ou ativos imobilizados, além de motivar os sócios majoritários a reter parte do seu LL para evitar a necessidade de tomar recursos adicionais de bancos ou dos próprios sócios. Os sócios majoritários, portanto, podem decidir reter parte dos dividendos que seriam distribuídos a todos, majoritários e minoritários, em favor do crescimento da empresa. Ou seja, o FOC (presente e futuro) é um indicador melhor que o LL para os sócios majoritários decidirem o quanto distribuir como dividendos. O FLC (presente e futuro) é ainda melhor que o LL e o FOC como indicador da capacidade de distribuir dividendos.

(iii) **Aumento na provisão para devedores duvidosos.**

Se a PDD representar perdas efetivas, ou seja, uma despesa de natureza caixa, não há diferenças no LL e no FOC. Um aumento da PDD afeta ambos, LL e FOC, pois aumenta a despesa com vendas, reduzindo-se o Ebitda. Há uma perda nas contas a receber que compõem o capital de giro. A empresa "investiu" parte do seu caixa para financiar as compras de um cliente que não as pagou. É uma perda de um ativo que reduz o PL da empresa via um LL menor.

Entretanto, se a PDD não representar perdas efetivas, é uma despesa de competência e não caixa. Neste caso, a PDD afeta o LL (e, em consequência, o PL), mas não o FOC. Dificilmente o público externo tem informações sobre a composição da PDD entre perdas efetivas e reservas. Na falta desses dados, sugere-se, em prol do conservadorismo, assumir sempre que 100% da PDD referem-se às perdas efetivas.

(iv) **Endividamento.**

O cálculo do LL é afetado pelo nível de endividamento ou liquidez da empresa, já o FOC não. Se uma empresa está endividada, gera despesas financeiras que reduzem o LL. Do mesmo modo, se a empresa tem aplicações financeiras em bancos, a receita financeira gerada aumenta o LL. Em nenhum dos casos o FOC é afetado, pois representa uma medida da capacidade de a operação da empresa gerar caixa, independentemente da decisão dos sócios de endividá-la ou não. Ou seja, o FOC não é afetado pela estrutura de capital da empresa.

(v) **Estimativa do valor da empresa.**

O LL é utilizado como base para o cálculo do valor da empresa por vários analistas que acreditam na chamada "análise de múltiplos" (a ser discutida mais adiante em detalhes). Esses analistas relacionam o valor de mercado de empresas com ações em bolsa com os lucros gerados por elas, obtendo múltiplos médios para setores da economia. Essas médias são aplicadas aos lucros gerados por empresas sem ações na bolsa para estimar seu valor. A vantagem deste método são a rapidez e a simplicidade de uso. Contudo, utilizar o LL como estimativa da capacidade da empresa em gerar caixa no futuro é muito questionável, pois esse índice de performance não diz nada sobre investimentos e, por conseguinte, sobre a capacidade de a empresa continuar crescendo com rentabilidade. A projeção do FOC já aborda essas questões.

(vi) **Patrimônio líquido contábil, patrimônio líquido a valor de mercado e VEE pelo FDC.** São três conceitos diferentes. O PL contábil de uma empresa aumenta, ou diminui, com a geração de LL, ou prejuízo, do exercício que é acumulado nominalmente (não a valor presente) na conta patrimonial Resultados Acumulados. Esta conta, mais o capital social e as contas de reserva formam os principais componentes do PL contábil da empresa. Para os contadores, a medida de riqueza de uma empresa é o PL, que expressa o volume de recursos dos sócios disponíveis para a empresa.

O PL a **valor de mercado** (***market capitalization***) é uma extrapolação do valor do PL utilizando as cotações das ações da empresa na bolsa de valores. Por exemplo, suponha uma empresa com 1 milhão de ações, das quais 25% pertencem a acionistas minoritários que as transacionam na bolsa de valores. Se o preço destas for R$ 30 por ação, então o PL a valor de mercado é de R$ 30 milhões. Ou seja, com base em uma média de preços de 25% das ações da empresa, **extrapola-se** o valor de 100% das ações, o que é perigoso por duas razões básicas. A primeira é que as ações da empresa podem ter "baixa liquidez" na bolsa de valores, o que distorce seu preço - caso de várias empresas brasileiras de capital aberto. No exemplo, se na média houvesse compra e venda de dez ações por dia, isso indicaria que as ações têm baixa liquidez. A segunda razão para a fragilidade da extrapolação do PL a valor de mercado é que o preço de ações de acionistas minoritários não reflete o "**prêmio de controle**". Ou seja, os acionistas minoritários não têm o controle acionário e administrativo da empresa, o que é levado em conta no preço das ações. A diferença entre o valor das ações de acionistas majoritários e minoritários é o prêmio de controle. A dimensão deste prêmio e sua relação com o valor das ações dos minoritários é um assunto complexo, e as pesquisas acadêmicas não são conclusivas, até agora, dada a falta de dados disponíveis ao público no Brasil.

Finalmente, pelo FDC, ao descontar o valor presente do FOC projetado para infinitos anos, estima-se o valor da empresa. Por sua vez, ao subtrair deste o valor presente das dívidas e somando-se o valor de mercado dos ativos de longo prazo, estima-se o valor da empresa para os sócios (valor do sócio), que pode ser superior ou inferior ao PL contábil. As diferenças se devem ao fato de: (a) o LL não refletir a geração total de caixa da empresa; e (b) o LL acumulado no PL não ser descontado pelo custo de oportunidade dos fornecedores de recursos para a empresa.

53 **Você estimará o WACC nominal e real de uma empresa de capital aberto. Para tanto, terá de:**

(i) Escolher uma empresa brasileira de capital aberto de sua preferência.
(ii) Com base no mais recente balanço patrimonial e notas explicativas publicados, identificar a estrutura de capital (D, C) e o custo médio da dívida.
(iii) Pesquisar parâmetros de longo prazo do mercado de capitais nos Estados Unidos (R_f, R_m, inflação média) e do risco específico de empresas similares (beta alavancado e desalavancado). Para consulta, sugere-se o site: www.damodaran.com.
(iv) Pesquisar um parâmetro para o risco Brasil (pode ser o Embi, CDS ou risco país, consulte o mesmo site acima)
(v) Mostrar seus cálculos e premissas com detalhes.

■ ANÁLISE DE MÚLTIPLOS DE MERCADO

Que raio de comédia estás representando?
Fiódor Dostoeiévski[47]

OUTRA METODOLOGIA DE AVALIAÇÃO de empresas muito popular é a análise de múltiplos, cuja popularidade tem mais a ver com a facilidade de aplicação que com sua efetividade no Brasil. Análise de múltiplos nada mais é que extrapolações produzidas por algumas regras de três aplicadas sobre números contábeis (que geralmente incluem ROB, Ebitda, Ebit, LL e PL), dados do mercado acionário (valor das ações de uma empresa na bolsa de valores (*market cap* - MC)[48] e valor da empresa na bolsa de valores (*enterprise value* - EV)[49].

O múltiplo é uma razão entre um numerador (MC ou EV) e um denominador (que geralmente incluem ROB, Ebitda, Ebit, LL e PL). Por exemplo:

QUADRO 1.42 › Exemplos de múltiplos de bolsa

Múltiplo	Denominação
P/PL	Múltiplo de patrimônio (*price-to-book-value*)
P/LL	Múltiplo de lucro (*price-to-earnings*)
P/Ebitda	Múltiplo de Ebitda
P/Ebit	Múltiplo de Ebit

FONTE: ELABORADO PELO AUTOR.

Antes de mais detalhes metodológicos, cabe ilustrar o uso dos múltiplos com um simples exemplo.

- Uma empresa finlandesa, de papel e celulose, tem 20% de suas ações em bolsa, cuja cotação na bolsa de Helsinki, ontem, foi de € 10 por ação.
- O capital social da empresa é constituído por 100 milhões de ações.
- O MC da empresa é de € 1 bilhão (100 milhões de ações × € 10 por ação).
- O Ebitda da empresa em 2012 foi de € 200 milhões.
- O múltiplo MC/Ebitda (2012) é de 5 × (€ 1 bilhão/€ 200 milhões).

Aplica-se ao múltiplo da empresa finlandesa cinco vezes o Ebitda de uma empresa brasileira de papel e celulose de capital fechado, cujo Ebitda em 2012 foi de R$ 100 milhões, e deduz-se o valor estimado para suas ações de R$ 500 milhões. Ou seja, para estimar o valor de uma empresa nacional, empregam-se os parâmetros (MC e Ebitda) de uma empresa finlandesa bem maiores que os da brasileira.

Observe que na análise a regra de três foi usada três vezes. Primeiro, do MC de 20% das ações deduziu-se o MC de 100% das ações. Segundo, dividiu-se o MC pelo Ebitda da empresa finlandesa e aplicou-se o resultado (5 ×) ao Ebitda da empresa brasileira para deduzir o valor de suas ações.

É uma conta simples, fácil de fazer; porém, há quatro problemas: preços das ações, prêmio de controle, denominador e comparação com empresas "similares".

PREÇO DAS AÇÕES

Para empresas com ações nas bolsas de valores, o valor se manifesta, parcial ou totalmente, no preço de suas ações. No entanto, o preço da ação é um parâmetro, uma manifestação do valor, que pode ou não refletir a capacidade de a empresa gerar valor a seus acionistas. Todo preço em um mercado livre é determinado pelo "ponto de encontro" (ou "ponto de acordo") entre as percepções sobre o valor das ações do lado de quem as oferece (oferta) e do de quem as quer comprar (demanda). Essas expectativas são alteradas a todo momento devido a inúmeros fatores que podem variar, desde a situação macroeconômica internacional até decisões particulares de alocação de portfólio dos grandes fundos de ações.

O preço das ações em bolsa de uma empresa que tem uma estratégia consistente de crescimento e geração de valor a seus acionistas pode "despencar" porque grandes fundos de pensão precisam realocar recursos da renda variável para a renda fixa, ou, simplesmente, para ter dinheiro em tesouraria a fim de saldar resgates de seus cotistas. Esse movimento não afeta, necessariamente, a capacidade de a empresa gerar valor seus acionistas, mas interfere no preço das ações na bolsa. Ou, ainda, o preço das ações em bolsa de uma empresa pode "despencar" por haver grandes quantidades de ações concentradas em poucos investidores. Assim, quando um desses investidores decide vender, pode não haver interessado em comprar. Esse fenômeno também é conhecido como "falta de liquidez". Ou seja, diz-se que uma ação em bolsa tem liquidez quando um vendedor consegue rapidamente (em um dia) encontrar mais de um comprador interessado.

Na Bovespa há poucas ações com liquidez. No ano de 2009, por exemplo, 50% do volume negociado concentraram-se em oito empresas: Petrobras (16,5%), Vale (15,6%), Itaú (3,8%), BMF-Bovespa (3,4%), Bradesco (3,2%), Gerdau (2,8%), Usiminas (2,7%) e OGX (2,4%).[50] Em 2012, oito empresas concentraram 43% do volume negociado: Vale (13,7%), Petrobras (10,7%), Itaú (4,6%), OGX (4%), Bradesco (3,2%), Banco do Brasil (2,5%), BMF-Bovespa (2,2%) e PDG Realty (2%).

PRÊMIO DE CONTROLE

A questão deste prêmio é um grande desafio. O valor de uma ação minoritária na bolsa de valores é o mesmo de uma ação do bloco de controle da empresa? Não. De quanto é essa diferença? Eis a questão. No Brasil, há estudos que buscam mensurar a diferença entre ações ordinárias (com direito a voto) e preferenciais (sem direito a voto), mas seus resultados esbarram na questão da liquidez. As ações ordinárias, por estarem nas mãos dos acionistas controladores, que em geral têm visão de longo prazo, têm muito menos liquidez que as preferenciais, que pertencem a acionistas com visão de curto prazo. Por isso, não é raro encontrar na bolsa ações ordinárias valendo menos que as preferenciais.

É sabido que o prêmio de controle existe, mas não se conhece um parâmetro médio histórico brasileiro que possa ser útil.

DENOMINADOR DO MÚLTIPLO

O denominador do múltiplo, geralmente de natureza contábil (competência), seja ROB, Ebitda, Ebit, LL, representa *proxies* limitadas para a geração de caixa de uma empresa. Uma empresa pode, por exemplo, ter um Ebitda alto em determinado ano e estar quebrada. Ebitda é uma medida de performance operacional da empresa que não considera investimentos, pagamentos de dívida e capital de giro, portanto, não mensura a capacidade de a empresa continuar crescendo com rentabilidade.

NA PRÁTICA › Uma empresa pode dar lucro e não ter dinheiro? E o contrário, é possível?

Sim, ambos os casos são possíveis. Por exemplo, uma empresa que tenha gerado lucro, mas tenha dívidas a amortizar, invista em ativos fixos, distribua dividendos em excesso e/ou invista ▶

em capital de giro pode não ter dinheiro no caixa. Um exemplo oposto: uma empresa pode ter registrado prejuízo no exercício, mas ter dinheiro em caixa, pois contraiu um empréstimo, ou teve um aumento do capital social, ou, ainda, pode ter uma grande despesa com depreciação, por ter investido muito em ativos imobilizados.

COMPARAÇÃO COM EMPRESAS "SIMILARES"

Quantas empresas em determinado setor são realmente similares? Uma empresa de papel e celulose na Finlândia é similar a uma empresa de papel e celulose no Brasil? Um exemplo mais simples: a tabela de preços de carros usados publicada pela Fipe. Nela, pode-se observar o preço médio de um Honda Civic 2004, mas será que para vender o carro em questão será esse o preço obtido? Depende das condições do carro, da cor, dos acessórios, do comprador (concessionárias tendem a pagar bem menos que particulares) etc. Isto também ocorre com imóveis: dois apartamentos em um mesmo prédio podem ter preços diferentes, dependendo do andar, da posição e do número de garagens, e de quando foi reformado pela última vez.

VANTAGENS DO USO DE MÚLTIPLOS

Além de sua simplicidade metodológica, os múltiplos de mercado estão facilmente disponíveis em serviços especializados como a Bloomberg, Value Line etc. Se a empresa brasileira a ser avaliada tem "similar" na Bovespa (com liquidez) ou nas bolsas de valores norte-americanas, o uso de múltiplos pode fornecer indicações complementares interessantes sobre o potencial valor da empresa em estudo.

RECOMENDAÇÃO › O uso de múltiplos deve ser secundário. O método principal de avaliação de uma empresa deve ser o FDC.

O site do professor Aswath Damodaran, da New York University (www.damodaran.com), fornece gratuitamente os principais múltiplos de mercado de 96 setores com base nas 6.046 empresas com ações nas bolsas dos Estados Unidos.

QUADRO 1.43 › Exemplo de múltiplos de mercado nos Estados Unidos

	Indústria	Número de empresas	EV/Ebitda	EV/Ebit	MC/LL	MC/PL	MC/ROB	EV/ROB
1	Aço	33	5,63	8,89	24,13	0,88	0,51	0,73
2	Aeroespacial/defesa	66	7,42	9,15	20,26	3,11	0,84	0,94
3	Água e esgotos	11	11,2	16,62	23,11	2	2,53	4,36
4	Alimentos processados	119	10,1	12,53	20,52	2,93	1,03	1,22
5	Autopeças	54	6,4	8,92	14,02	2,27	0,55	0,6
6	Automotivo	12	7,46	13,95	16,03	1,26	0,48	0,81
7	Bancos	416	4,87	4,87	19,74	0,98		
8	Bebidas	35	12,74	15,58	21,39	4,54	2,76	3,23
9	Biotecnologia	214	22,46	30,77	32,89	4,56	6,01	5,7
10	Calçados	17	14,09	16,98	14,78	3,66	1,53	1,42
11	Carvão	20	5,99	9,34	10,17	1,33	0,85	1,32

	Indústria	Número de empresas	EV/Ebitda	EV/Ebit	MC/LL	MC/PL	MC/ROB	EV/ROB
12	Computadores/periféricos	81	6,92	8,14	31,48	3,57	1,39	1,38
13	Construção residencial	22	21,15	23,16	87,95	2,54	1,72	2,19
14	Corretoras de ações	27	8,79	9,85	15,1	0,93	1,57	3,23
15	E-commerce	64	32,19	61,51	61,67	5,15	5,23	5,07
16	Editoras	29	8,76	13,14	14,23	3,37	1,02	1,32
17	Eletrônicos	123	6,63	9,28	18,47	1,9	0,56	0,59
18	Embalagens e contêineres	27	7,57	11,2	16,46	2,49	0,73	1,08
19	Empresas de investimento	31	15,67	18,19	25,04	1,31	4,67	4,89
20	Empresas diversificadas	113	10,09	12,87	42,56	2,38	1,25	1,92
21	Energia	101	8,92	21,7	16,94	0,82	0,62	1,51
22	Energia elétrica (Centro)	20	7,98	12,94	17,45	1,49	1,24	2,27
23	Energia elétrica (Leste)	17	8,96	13,54	17,64	1,79	1,68	2,78
24	Energia elétrica (Oeste)	15	7,87	13,74	17,3	1,44	1,27	2,26
25	Engenharia e construção	30	7,98	10,42	19,36	1,89	0,53	0,5
26	Entretenimento	76	9,53	12,22	22,21	2,38	1,85	2,34
27	Entretenimento (Tecnologia)	42	7,97	10,37	49,73	1,97	2,12	1,79
28	Equip. pesados e caminhões	23	7,96	10,05	31,42	3,23	0,84	1,12
29	Equipamentos elétricos	64	8,57	10,8	25,89	2,34	1,49	1,49
30	Fabricação de metais	25	6,9	8,75	15,56	1,9	1,18	1,28
31	Empresas farmacêuticas	223	8,93	12,1	24,56	3,04	2,9	3,05
32	Ferrovias	12	9,13	11,81	41,86	2,99	2,73	3,32
33	Fundos de capital públicos/privados	12	10,3	10,45	7,88	1,12	3,67	4
34	Fundos imobiliários	127	7,25	8,11	14,1	1,29	10,27	13,11
35	Gás natural (diversificado)	31	5,41	10,26	19,59	1,35	2,14	2,89
36	Gás natural (infraestrutura)	27	9,89	14,2	25,06	1,99	0,64	1,03
37	Higiene e beleza	14	10,1	12,39	20,49	6,04	1,22	1,37
38	Hotel/cassinos	57	10,68	15,66	69,04	3,07	1,8	2,43
39	Imóveis (administração)	31	15,96	22,79	50,66	1,66	1,6	3,12
40	Instrumentos de precisão	82	14,89	26,86	36,66	2,57	1,75	1,89
41	Insumos médicos invasivos	87	10,16	12,81	51,41	2,82	2,51	2,71
42	Insumos médicos não invasivos	143	9,78	12,07	41,57	3,11	0,79	0,78
43	Insumos/equip. escritórios	22	4,76	6,94	14,67	1,11	0,31	0,46
44	Internet	194	23,16	31,64	150,13	5,25	4,61	4,15
45	Jornais	14	8,72	12,77	12,75	2,7	1,2	1,57
46	Lojas de departamento	38	8,39	11,67	20,02	2,9	0,51	0,61
47	Máquinas	94	9,93	12,94	22,24	2,76	1,4	1,55
48	Marítimo	51	10,36	21,66	14,26	0,85	1	2,64
49	Material de construção	43	14,45	35,82	81,34	1,67	0,99	1,54
50	Meio ambiente	84	8,44	12,78	21	2,29	1,34	1,87

	Indústria	Número de empresas	EV/Ebitda	EV/Ebit	MC/LL	MC/PL	MC/ROB	EV/ROB
51	Metais e minérios (diversificados)	77	5,27	6,24	27,04	2,35	2,04	2,18
52	Metais preciosos	83	7,17	9,3	23	1,61	3,48	3,64
53	Móveis residenciais	32	8,34	11,22	22,2	2,18	0,83	0,95
54	Óleo e gás (distribuição)	12	12,02	17,73	45,99	3,56	2,26	3,42
55	Papel e produtos florestais	32	7,22	11,38	40,55	1,92	0,89	1,18
56	Petróleo (integrado)	26	4,39	5,81	11,24	1,49	0,62	0,7
57	Petróleo (produção)	176	4,06	5,77	37,4	1,47	1,02	1,26
58	Petróleo (serviços/equipamentos)	81	7,98	12,13	18,62	1,79	1,67	2
59	Produtos para casa	27	11,12	13,5	17,87	3,75	1,94	2,24
60	Propaganda/publicidade	32	7,77	10,4	38,04	2,04	1	1,22
61	Poupança	170	4,08	4,08	43,27	0,99		
62	Química (básica)	18	7,44	9,69	13,18	2,77	1,25	1,44
63	Química (diversificada)	33	8,53	11,11	14,58	3,18	1,54	1,67
64	Química (especialidades)	70	10,86	15,23	19,81	3,6	1,48	1,7
65	Recreação	51	9,89	14,69	39,31	2,01	1,31	1,7
66	Recursos humanos	25	8,69	11,06	35,95	2,21	0,35	0,34
67	Redes sem fio	58	10,48	16,83	50,04	3,51	2,27	2,68
68	Resseguros	11	28,62	28,62	45,24	0,82		
69	Restaurantes	65	11,5	14,65	21,23	6,65	2,25	2,46
70	Saúde (informação)	20	14,37	21,77	46,49	3,89	3,59	3,6
71	Seguros (propriedade/acidentes)	62	291,86	295,89	48,98	1,11		
72	Seguros de vida	32	1,37	1,37	23,72	0,72		
73	Semicondutores	142	6,98	10,58	25,85	2,72	2,29	2,16
74	Semicondutores (equipamentos)	10	8,07	12,22	17,25	1,64	1,58	1,44
75	Serviços de informação	28	10,89	15,55	73,89	3,9	2,55	3,16
76	Serviços educacionais	33	2,41	2,91	12,42	1,67	0,62	0,54
77	Serviços farmacêuticos	18	9,57	11,98	24,12	2,58	0,58	0,66
78	Serviços financeiros (diversificados)	256	12,56	13,19	22,63	1,98	3,06	8,15
79	Serviços funerários	6	9,73	12,8	18,77	2,09	1,27	1,84
80	Serviços industriais	136	8,87	12,52	29,38	2,29	0,8	0,99
81	Serviços médicos	118	6,02	7,32	19,18	2,03	0,55	0,74
82	Serviços de TI	63	12,22	16,02	50,48	4,36	1,89	1,79
83	Software	191	9,7	11,11	53,18	3,94	3,75	3,33
84	Tabaco	11	9,48	10,3	17,97	11,46	2	2,3
85	Telecomunicação (equipamentos)	105	6,74	8,51	19,63	2,08	1,6	1,27
86	Telecomunicação (infraestrutura)	23	5,08	12,05	28,83	1,77	0,88	1,77
87	Telecomunicação (serviços)	76	5,39	9,47	27,22	2,02	1,59	1,91
88	Transporte (caminhões)	34	6,19	10,96	32,32	3,07	0,61	0,82
89	Transporte aéreo	36	6	9,32	18,91	3,68	0,57	0,78
90	TV a cabo	20	7,08	12,35	76,63	4,09	1,48	2,37

	Indústria	Número de empresas	EV/Ebitda	EV/Ebit	MC/LL	MC/PL	MC/ROB	EV/ROB
91	Varejo (linha dura)	79	7,65	10,61	26,15	2,76	0,77	0,87
92	Varejo (linha mole)	42	9,02	12,12	20,91	4,94	1,18	1,14
93	Varejo automotivo	19	11,03	13,74	15,48	3,46	0,66	0,93
94	Varejo mat. construção	10	12,23	15,74	46,16	4,32	1,2	1,31
95	Varejo/atacado alimentos	30	8,27	12,98	17,64	3,18	0,34	0,43
96	Vestimentas	54	11,73	14,68	18,95	3,38	1,41	1,52
	Mercado total	6.046	12,6	16,5	30,2	2,6	1,7	2,1

FONTE: DISPONÍVEL EM: < HTTP://PAGES.STERN.NYU.EDU/-ADAMODAR/ >.[51] ACESSO EM: 16 ABR. 2013.

Vale observar como os múltiplos diferem de setor para setor da economia norte-americana. Por exemplo, os maiores múltiplos de EV/Ebit são de seguradoras de propriedades e acidentes (296 vezes)[52] e e-commerce (62 vezes), enquanto os menores são de seguradoras de vida (1,4 vez) e poupança (*thrift*, como 4,1 vezes). O que esses números significam? É possível empregar um múltiplo de 296 vezes para avaliar uma empresa brasileira de seguros de propriedades e acidentes? E se a seguradora tiver produtos para propriedades, acidentes e vida (isto é comum a várias), que múltiplos devem ser usados: 296 vezes ou 1,4 vez?

RECOMENDAÇÃO › Se se utilizar múltiplos, é indicado o EV, e não o MC, pois este último sofre o efeito da alavancagem financeira (o montante de dívidas e de disponibilidades) que pode diferir muito entre os Estados Unidos e o Brasil. Recomenda-se também não se empregar múltiplos de empresas brasileiras na Bovespa, pois a maioria das ações no Brasil não tem liquidez. Também é sugerido usar o EV/Ebit em vez do EV/Ebitda, pois as despesas com depreciação e amortização podem servir como *proxy* para os investimentos em ativos fixos.

Em suma, no Brasil, sou muito cético em relação à eficácia da análise de múltiplos para estimar o valor de uma empresa. Nos Estados, e nos demais países com mercados de capitais desenvolvidos, essa eficácia aumenta.

ANÁLISE DE MÚLTIPLOS EM TRANSAÇÕES DE M&A

A análise de múltiplos em transações de M&A de empresas similares é muito parecida com a análise de múltiplos de bolsa. Em vez de usar o MC deduzido do preço das ações em bolsa, emprega-se o valor pago em transações de M&A. Esse método pode produzir estimativas melhores para o valor das ações, porque, em geral, as transações de M&A envolvem ações de controle da empresa. A questão do prêmio de controle pode, portanto, ser solucionada.

A mecânica de aplicação da análise de múltiplos de transações é a mesma da análise de múltiplos de bolsa. Por exemplo: se as últimas cinco aquisições de supermercado pagaram uma média de R$ 3 milhões por PDV, uma rede com dez lojas poderia valer R$ 30 milhões.

Assim como os múltiplos de bolsa, esse método também tem suas limitações. A primeira dificuldade é para sua obtenção, dado o caráter confidencial do valor das transações de M&A, especialmente quando envolvem empresas de capital fechado. Quando se consegue acesso aos valores de transações, na maioria das vezes essas são em número limitado, duas ou três. Ou seja, quando disponíveis, os múltiplos de M&A se baseiam em amostras muito limitadas.

A segunda limitação, também encontrada nos múltiplos de bolsa, é a similaridade. As motivações dos compradores para a aquisição da empresa podem produzir valores bem diferentes. Uma grande rede de supermercados pode pagar muito por uma rede menor que esteja em um mercado complementar ao seu, mas pagar menos por outra mais distante, cujo mercado consumidor não tem o mesmo poder de compra. Por conseguinte, a média não representa o valor de "boas" redes, nem das "piores". Ainda neste exemplo dos supermercados, o múltiplo de R$ 3 milhões por PDV não diz nada sobre o tipo de PDV que produziu a média. O valor de um supermercado de 800 m^2 de área de vendas é diferente de outro com 2.000 m^2. Se houver vagas para estacionamento, isto também fará diferença em seus valores.

A terceira limitação da análise por múltiplos de M&A é o custo da informação, quando presente. Há empresas especializadas em vender este tipo de informação, que pode custar bem caro.

A questão é que tanto a análise de múltiplos de mercado quanto a de múltiplos de transações recentes são métodos complementares de avaliação da empresa, geralmente com o FDC como método principal. Uma evidência que pode ilustrar esta afirmação é o histórico de aquisições da Anhanguera Educacional,[53] cujo múltiplo por aluno variou de R$ 4.950 (Faculdade de Tecnologia Prof. Luiz Rosa) a R$ 9.283 (Uniban):

QUADRO 1.44 › Histórico de aquisições da Anhanguera e os múltiplos das transações

Período	Empresa-alvo	Escala (alunos) (mil)	% Capital adquirido	Valor da transação (R$ milhões)	Valor por aluno (R$/aluno)
Jan./2013	Instituto Excelência	3,1 mil	100%	18	5.806
Set./2011	Uniban	55 mil	100%	510,5	9.283
Jul./2011	Fac. de Tecnologia Prof. Luiz Rosa	1 mil	100%	4,95	4.950
Jul./2011	Universidade do grande ABC	9 mil	100%	55,9	6.211
Maio/2011	Fac. Metrop. de BH e Praetorium	6,7 mil	100%	40,3	6.000
Abr./2011	Grupo Anchieta	12,2 mil	100%	74,8	6.131
Abr./2011	Ensino Superior Elite	6,5 mil	100%	39	6.018

FONTE: FUSÕES & AQUISIÇÕES (2014).

NOTAS

1 Parte desta seção se baseia em Luzio, 2015.

2 As definições do dicionário *Houaiss* (2001, p. 2.677 e 1.262) ilustram bem a relação entre tática e estratégia: Tática é a "arte de dispor e manobrar as tropas no campo de batalha para conseguir o máximo de eficácia durante um combate" [...], do grego *taktikós*, "relativo a arranjo, organização, alinhamento hábil em manobras". Estratégia é a "arte de aplicar com eficácia os recursos de que se dispõe ou de explorar as condições favoráveis de que porventura se desfrute, visando ao alcance de determinados objetivos". Ou seja, estratégia é um plano para atravessar um obstáculo, atingir um objetivo; e tática é a execução do plano. Uma estratégia sem tática é ineficaz, e vice-versa.

3 "Expectativas sociais" aqui são entendidas em sentido amplo, referindo-se aos impactos da empresa, dos acionistas na sociedade.

4 Para obter mais detalhes sobre os últimos cinco tipos, consulte OSTERWALDER e PIGNEUR (2011).

5 Post publicado no blog do autor. Disponível em: <http://eduardoluzio.wordpress.com/2014/04/11/selecao-de-licoes-de-lideres-inspiradores/>. Acesso em: 11 abr. 2014.

6 Em inglês, *multi-sided plataforms*.

7 Post publicado no blog do autor. Disponível em: <http://eduardoluzio.wordpress.com/2014/05/30/estrategia-de-reposicionamento-o-caso-da-industria-dinamarquesa-de-casacos-de-pele/>. Acesso em: 16 set. 2014.

8 Em português, traduz-se como "custos de comutação". Trata-se dos custos que o consumidor enfrentará para trocar de um produto ou prestador de serviço para outros. Por exemplo, empresas que usam caldeiras a diesel que podem ser substituídas por gás natural.

9 Em inglês, *Strengths, Weaknesses, Opportunities, and Threats*.

10 Para aprofundamento no tema, recomenda-se a leitura do famoso e influente texto de Porter (1980).

11 Post publicado no blog do autor. Disponível em: <http://eduardoluzio.wordpress.com/2014/03/11/natura-cosmeticos-a-empresa-perfeita/>. Acesso em: 11 set. 2014.

12 Este é o momento em que se deve rever o importante conceito econômico de **elasticidade**. Este termo relaciona as variações relativas em duas variáveis, por exemplo, PIB e vendas de certo produto (elasticidade renda), ou preço de um produto e a quantidade vendida (elasticidade preço). É possível classificar a demanda do preço por um bem em três categorias: demanda elástica (redução no preço eleva as vendas); unitária (redução no preço não afeta as vendas); inelástica (redução no preço reduz as vendas). Observe que a maioria dos produtos tem elasticidades diferentes dependendo do ponto da curva da demanda em que o mercado está operando (ou seja, o ponto de intersecção com a curva de oferta). Em outras palavras, para preços muito altos, a demanda por um bem pode ser inelástica. Muitas vezes, a demanda preço por um insumo é pouco elástica porque a participação no custo total do produto é pequena.

13 Há estados e municípios brasileiros que oferecem reduções no ICMS, ISS, IPTU e outros impostos para atrair empresas e gerar empregos. Esses incentivos devem ser considerados por serem um importante componente de valor para as empresas beneficiadas. Esses benefícios, porém, talvez não possam ser incluídos no cálculo do valor implícito.

14 Diferente de gastos com manutenção.

15 Em 1994, a internet não era tão difundida no país como atualmente. Hoje, é essencial visitar o site da empresa objeto e de seus concorrentes. A internet é uma importante fonte de informações e oferece uma noção de como a empresa se comunica com seus clientes.

16 Observe que o custo do capital financeiro possui fatores exógenos (R_m, R_f, risco Brasil) e endógenos (parte do β, parte do R_d). A percepção de risco da empresa pelos provedores de capital afeta os fatores endógenos do custo de capital.

17 TV a cabo, telecomunicações, eletricidade, água e esgotos, infraestrutura de transporte.

18 Disponível em: <http://www.bmfbovespa.com.br/pt-br/mercados/acoes/ofertas-publicas/ofertas-publicas.aspx?Idioma=pt-br>. Acesso em: Acesso em: 16 set. 2014.

19 Alguns tipos de empresas, mesmo com receitas inferiores a R$ 78 milhões, são obrigadas a seguir o regime de lucro real. Como este assunto é complexo, para começar, recomenda-se aos interessados a leitura de material disponível em: <http://www.receita.fazenda.gov.br/publico/perguntao/dipj2014/Capitulo_XIII_IRPJ_LucroPresumido2014.pdf>. Acesso em: 16 set. 2014.

20 CPC 46, MARTINS ET AL., 2013, p. 165.

21 Recomenda-se, pelo menos, uma vez por ano.

22 O valor líquido de venda de um ativo pode ser estimado de três maneiras, em ordem decrescente de prioridade: (i) preço de um contrato de venda firme entre partes conhecedoras e interessadas, deduzido das despesas com a venda (por exemplo, comissões, frete etc.); (ii) preço de mercado do ativo no caso de existência de mercado ativo, deduzido das despesas com a venda; e (iii) valor líquido de venda com base na melhor informação disponível (CPC 01(R1)).

23 Valor em uso de um ativo é o valor presente dos fluxos de caixa futuros estimados decorrentes de seu uso na empresa (CPC 01(R1)). A metodologia é essencialmente a mesma do FDC, apresentada a seguir.

24 O diferente tratamento das depreciações e amortizações entre a legislação societária e fiscal, por exemplo, pode causar diferenças nesses impostos. Consulte MARTINS ET AL. (2013, p. 301-2).

25 Lei n. 11.638/2007.

26 Observe que o recebimento de clientes não é igual ao ROB total, mas, sim, à parcela deste paga à vista.

27 As aplicações financeiras, aqui, referem-se àquelas não consideradas "equivalentes-caixa", que são títulos mobiliários de altíssima liquidez e insignificante risco de mudança de valor, como depósitos bancários e certas aplicações financeiras. Esta definição de "equivalentes-caixa" exclui investimentos especulativos.

28 O Princípio do Custo Histórico de Aquisição diz que o valor de aquisição dos ativos (por exemplo, o valor da nota fiscal) deve ser a base para o registro contábil, que pode diferir do seu valor de mercado ou de reposição.

29 Ao longo do texto, a palavra "caixa" é usada como sinônimo de dinheiro. No *Dicionário Houaiss da língua portuguesa*, o verbete "caixa" tem várias acepções, e as que mais se aproximam deste contexto são "provisão de dinheiro; fundos".

30 Disponibilidades podem incluir investimentos em "equivalentes-caixa".

31 Exemplos de riscos operacionais: demanda e concorrência (por vezes denominado risco de mercado), infraestrutura disponível, societário, macroeconomia (PIB, inflação, inadimplência do consumidor, taxa de câmbio etc.) e outros. No caso de projetos de investimento, Finnerty (1999) identifica 16 diferentes tipos de risco.

32 Post publicado no blog do autor. Disponível em: <http://eduardoluzio.wordpress.com/2011/04/30/o--poder-e-a-falta-de-coesao-dos-acionistas/>. Acesso em: 16 set. 2014.

33 "Não sei se erramos. Mas só erra quem faz", *O Estado de S. Paulo*, 11 abr. 2011, p. 2 Caderno Negócios.

34 Executivo da Coteminas diz que foi "uma honra" emprestar o avião a Lula, *Valor Econômico*, 11 abr. 2011, p. D4.

35 "Como criar, manter e sair de uma sociedade sem brigar", *Valor Econômico*, de 15 abr. 2011, p. D12.

36 "Questionada por acionistas, Natura revela estratégias", *Valor Econômico*, 11 abr. 2011, p. D5.

37 Para se calcular o Ebit, devem-se somar ao Ebitda as projeções da despesa de depreciação do Ativo Imobilizado Bruto (AIB), que, por sua vez, é projetado como a soma de seu saldo no início do período e os investimentos programados para o período. Multiplica-se o saldo do AIB no fim do período pela taxa média de depreciação para deduzir a despesa de depreciação do período.

38 Por exemplo, se a taxa de juros for IGPM mais 5% ao ano, devem-se considerar apenas os 5%. Se a taxa for fixa em 10% ao ano, sem indexador de preços, deve-se expurgar essa taxa pela expectativa de inflação (π): $(1 + 10\%)/(1 + \pi)$.

39 Para se calcular o Lair (Lucro antes de Imposto de Renda), devem-se somar ao Ebit as receitas financeiras e as não operacionais, e subtrair as despesas financeiras e as não operacionais.

40 Também conhecida como "TIR do Projeto".

41 Também conhecida como "TIR do Acionista".

42 O último fluxo de caixa do período de projeção explícita deve ser "normalizado", ou seja, deve ter as seguintes características: margem operacional de equilíbrio; taxa de investimento "normal" (por exemplo, 100% da depreciação); e alíquota total de impostos (ou seja, não presumir que nenhum benefício tributário será perpetuado).

43 Do ponto de vista econômico, é equivalente a supor que o retorno (TIR) é igual ao WACC. Ou seja, a empresa, após o período de projeção explícita, investirá em projetos com VPL = 0. Caso contrário, se VPL > 0, na ausência de barreiras, seria razoável supor que novos competidores entrariam no mercado até o VPL se tornar nulo.

44 Além do mais, normalmente, os resultados não operacionais são circunstanciais. Se esses resultados forem recorrentes, vale uma reflexão: por que resultados recorrentes estão sendo considerados não operacionais? Há duas operações com diferentes naturezas ocorrendo no mesmo CNPJ? Ou o critério de classificação para o "não operacional" precisa ser revisto?

45 Não é necessariamente falência. Custos de insolvência: venda de ativos para obter caixa; deterioração da situação operacional; custos de demissões; advogados e custos jurídicos.

46 Custo de agência: o bem-estar de um agente depende do bem-estar de outro. O problema é o oportunismo. Fornecedores de crédito *versus* gestor da empresa. O oportunismo surge quando o gestor capta novos empréstimos a juros maiores, prejudicando o risco dos primeiros empréstimos. O gestor quer mais dívida, pois diminui seu custo médio de capital. Entretanto, quanto maior o endividamento, menor o esforço do gestor na busca por resultados, pois sua expectativa de lucro é decrescente (trabalhará para pagar os credores). As curvas de *trade-off* WACC e de dívida variam de empresa para empresa. Companhias aéreas têm pouca tolerância a endividamento, pois o custo de insolvência é muito alto – passageiros com medo de voar, pois temem que a manutenção não esteja sendo feita. A Apple também tem baixa tolerância, pois os consumidores querem ter certeza de que haverá software e peças disponíveis no futuro.

47 *Crime e castigo*, p. 127, 4. ed., São Paulo: Editora 34, 2004.

48 O MC pode ser estimado com base no preço de suas ações em bolsa da seguinte maneira: multiplica-se o preço da ação pela quantidade total de ações que a empresa tem (geralmente, esta informação está disponível em nota explicativa do demonstrativo contábil da empresa, que é obrigatoriamente publicado pelo menos uma vez ao ano).

49 O EV pode ser estimado com base no preço de suas ações em bolsa da seguinte maneira: soma-se ao MC o valor da dívida onerosa da empresa e subtraem-se suas disponibilidades (ambas as informações também são encontradas nos demonstrativos contábeis), o que resulta no valor da empresa a preços de mercado.

50 Fonte: BMF-Bovespa.

51 No lado direito deste site há uma opção "*updated data*" que dá acesso a várias planilhas.

52 O alto múltiplo de EV/Ebit de seguradoras deve-se ao fato de estas não terem resultados operacionais significativos. Uma seguradora ganha com as receitas financeiras das aplicações dos prêmios das apólices.

53 A Anhanguera Educacional (www.anhanguera.com), recentemente se fundiu com a Kroton. Quando entramos na aba "investidores", ela nos leva ao site da Kroton, onde há informações sobre a Anhanguera desde 2001: http://www.mzweb.com.br/kroton2010/web/conteudo_pt.asp?idioma=0&tipo=51667&conta=28&id=193301

CAPÍTULO 2

Estudos de caso preparatórios

O OBJETIVO DESTE CAPÍTULO é ilustrar algumas das inúmeras aplicações da metodologia do FDC e seus conceitos, incluindo a construção de cenários, para entender situações empresariais desafiadoras e propor possíveis soluções a seus acionistas. Como os casos aqui apresentados são relativamente menos complexos que os Aracruz, Quixote, Crazy Fish e Ópera, suas análises devem auxiliar os leitores a aproveitar ao máximo os próximos capítulos.

A análise é feita minuciosamente. As projeções são descritas linha por linha, possibilitando ao leitor, se desejar, reconstruir as planilhas de Excel sozinho. Ao fim de cada caso, sugerem-se exercícios complementares que o leitor, com sua própria planilha, poderá resolver.

▪ CASO COLLINS & SONS

TEMAS › (1) no cenário-base, a empresa estava solvente e na zona de conforto, mas a entrada de um concorrente mudou o quadro totalmente; (2) como avaliar estratégias diferentes (múltiplas dimensões: TACC ROB, MB, MEbitda, CG, capex, WACC); e (3) valor da marca.

A COLLINS & SONS é uma empresa de varejo especializada em sapatos importados masculinos de alto luxo, que sempre investiu muito em estoques e na abertura de novas lojas, mas vendia suas mercadorias à vista.

QUADRO 2.1 › Seletas informações financeiras e operacionais da Collins em 2013

2013 (Ano histórico)	R$ milhões
Número de lojas próprias	40
ROL	200
CMV (não considera depreciação)	70% da ROL
Despesas gerais e administrativas (não considera depreciação)	10
Despesas com vendas	7,5% da ROL
Depreciação anual (% do ativo imobilizado bruto em 31/12/2013)	5%
Lucro líquido	11,3
Contas a receber (31/12/2013)	-
Estoques (31/12/2013)	70
Fornecedores (31/12/2013)	-
Saldo da dívida (31/12/2013) que vencerá em 2017 e deverá ser amortizado em quatro parcelas constantes de R$ 17,5 milhões. *Covenants*: ICSD $\geq$ 1,2 e IA $\leq$ 3,5.	70
Disponibilidades em 31/12/2013	10
Juros sobre o saldo médio da dívida	10% ao ano
Ativo imobilizado bruto (31/12/2013)	200
Ativo imobilizado líquido (31/12/2013)	100
Patrimônio líquido (31/12/2013)	110
IR&CS	34%, se a base for positiva
Investimento médio anual no AIB	5

FONTE: ELABORADO PELO AUTOR.

Nos últimos cinco anos, sua receita líquida cresceu, em média, 20% ao ano, com uma margem bruta de 30%. Entretanto, com a crise econômica, a empresa viu suas vendas caírem muito, pois a concorrência começou a vender sapatos similares, mais baratos e com prazos para pagamento de até seis meses.

Para enfrentar a situação, esta diretoria desenhou dois cenários para os próximos cinco anos (de 2014 a 2018). O primeiro (A) mantém a estratégia atual. O segundo (B) tenta adaptar a empresa à concorrência, incluindo o desenvolvimento de uma rede de fornecedores brasileiros, da produção local e de centros de distribuição no Brasil para substituir as importações.

QUADRO 2.2 › Alternativas estratégicas

Vetores críticos de valor	Estratégia A	Estratégia B
Abertura de lojas	–	–
Taxa de crescimento anual da ROL	2% de 2014 em diante	5% em 2014 e 8% de 2015 em diante
Margem bruta (desconsiderando depreciações de 2014 em diante)	20%	25%
Despesas com vendas (% ROL de 2014 em diante)	4%	10%
DGA (fixas em R$ milhões por ano, desconsiderando depreciações)	8 de 2014 em diante	12 em 2014 e 15 de 2015 em diante
Depreciação anual (% do AIB em 31/12, a partir de 2014)	5%	8%
CAR (% ROL em 31/12)	0% de 2014 em diante	20% em 2014 e 40% de 2015 em diante
Estoques (% CMV em 31/12)	40% em 2014 e 35% em 2015	30% em 2014 e 15% de 2015 em diante
Fornecedores (% CMV em 31/12)	0% de 2014 em diante	25% em 2014, 45% de 2015 e 60% de 2016 em diante
Investimentos no AIB (em R$ milhões por ano)	5 por ano	10 por ano de 2014 a 2017 e 5 ao ano de 2018 em diante
Beta	1,5	1,8

FONTE: ELABORADO PELO AUTOR.

Apenas com essas informações, você é capaz de dizer qual estratégia é melhor?

Para avaliar o valor gerado (ou destruído) em cada opção estratégica, serão projetados o FOC e o FLC até 2018, e estimados o VEE e o VEA.

ESTRATÉGIA A

Para analisar esta estratégia, primeiro projeta-se seu Ebitda considerando as informações disponíveis:

QUADRO 2.3 › Estratégia A: projeção do Ebitda

	2013	2014	2015	2016	2017	2018
ROL	200	204	208,1	212,2	216,5	220,8
Var. ROL		2%	2%	2%	2%	2%

	2013	2014	2015	2016	2017	2018
CMV	- 140	- 163,2	- 166,5	- 169,8	- 173,2	- 176,7
% CMV	70%	80%	80%	80%	80%	80%
Lucro bruto	60	40,8	41,6	42,4	43,3	44,2
Margem bruta	30%	20%	20%	20%	20%	20%
DGA	- 10	- 8	- 8	- 8	- 8	- 8
DV	7,5%	4%	4%	4%	4%	4%
DV	- 15	- 8,2	- 8,3	- 8,5	- 8,7	- 8,8
Ebitda	**35**	**24,6**	**25,3**	**26**	**26,6**	**27,3**
Margem Ebitda	17,5%	12,1%	12,2%	12,2%	12,3%	12,4%

FONTE: ELABORADO PELO AUTOR.

Observe que a queda esperada na margem bruta é significativa (1.000 pontos-base), refletindo a opção estratégica de não baixar preços tampouco de financiar as compras dos clientes. O crescimento da ROL é muito baixo (2% ao ano) em relação à média histórica (20% ao ano). A projeção da margem Ebitda mostra uma queda significativa em 2014, uma vez que a redução nas despesas com vendas (350 pontos-base) e na DGA (de R$ 10 para R$ 8 milhões) não compensou a queda na margem bruta. A evolução da margem Ebitda até 2018 indica uma modesta expectativa em relação a ganhos de escala.

Para projetar o IR&CS desalavancado, é necessário, antes, projetar a evolução do AIB para obter a despesa com depreciação, que, em seguida, deve ser deduzida do Ebitda:

QUADRO 2.4 › Estratégia A: projeção da depreciação

	2013	2014	2015	2016	2017	2018
Investimentos	5	5	5	5	5	5
	31/12/2013	**31/12/2014**	**31/12/2015**	**31/12/2016**	**31/12/2017**	**31/12/2018**
AIB	200	205	210	215	220	225
Deprec. anual	- 10	- 10,3	- 10,5	- 10,8	- 11	- 11,3
Deprec. acum.	- 100	- 110,3	- 120,8	- 131,5	- 142,5	- 153,8
AIL	100	94,8	89,3	83,5	77,5	71,3

FONTE: ELABORADO PELO AUTOR.

QUADRO 2.5 › Estratégia A: projeção do Ebit e do IR&CS desalavancado

	2014	2015	2016	2017	2018
Ebitda	24,6	25,3	26	26,6	27,3
Depreciação	- 10,3	- 10,5	- 10,8	- 11	- 11,3
Ebit	**14,4**	**14,8**	**15,2**	**15,6**	**16,1**
IR&CS desalavancado	**- 4,9**	**- 5**	**- 5,2**	**- 5,3**	**- 5,5**

FONTE: ELABORADO PELO AUTOR.

O próximo passo é projetar o investimento em capital de giro. As relações do CAR, estoques e fornecedores em 31/12/2013 com a ROL e o CMV, respectivamente, serão mantidas.

QUADRO 2.6 › Estratégia A: projeção do investimento em capital de giro

Capital de giro	31/12/2013	31/12/2014	31/12/2015	30/12/2016	31/12/2017	31/12/2018
CAR	–	–	–	–	–	–
% CAR	–	–	–	–	–	–%
Var. CAR		–	–	–	–	–
Estoques	70	65,3	58,3	59,4	60,6	61,8
% CMV	50%	40%	35%	35%	35%	35%
Var. estoques		- 4,7	- 7	1,2	1,2	1,2
Fornecedores	–	–	–	–	–	–
%CMV		–	–	–	–	–
Var. forn.		–	–	–	–	–
Inv. cap. giro		**4,7**	**7**	**- 1,2**	**- 1,2**	**- 1,2**

FONTE: ELABORADO PELO AUTOR.

Vale observar que o investimento em capital de giro é mínimo, e somente em estoques. Isso é pouco comum no varejo. A Collins, no entanto, é diferente: como importa 100% de sua mercadoria, seu fornecedor não lhe concede nenhum prazo para pagar suas compras. E, sendo assim, a Collins também só vende à vista para seus clientes. Em 2014 e 2015, com uma suposta melhora na logística de compras e distribuição, espera-se uma redução nos estoques (de 50% para 35% do CVM), que pode liberar um total de R$ 11,7 milhões no FOC da Collins ao longo desses dois anos.

Têm-se, então, todos os dados necessários para projetar o FOC.

QUADRO 2.7 › Estratégia A: projeção do FOC (R$ milhões)

	2014	2015	2016	2017	2018
Ebitda	24,6	25,3	26	26,6	27,3
IR&CS desalavancado	- 4,9	- 5	- 5,2	- 5,3	- 5,5
Investimento no capital de giro	4,7	7	- 1,2	- 1,2	- 1,2
Investimento AIB	- 5	- 5	- 5	- 5	- 5
FOC	**19,5**	**22,3**	**14,6**	**15,1**	**15,7**
FOC/ROL	9,5%	10,7%	6,9%	7%	7,1%

FONTE: ELABORADO PELO AUTOR.

Aparentemente, o FOC projetado na estratégia A é superavitário, mas será suficiente para saldar o serviço da dívida da Collins? A princípio, o serviço da dívida será o mesmo para ambas as estratégias.

QUADRO 2.8 › Projeção do serviço da dívida da Collins (R$ milhões)

	2013	2014	2015	2016	2017
Saldo da dívida em 31/12	70	52,5	35	17,5	-
Amortização	- 17,5	- 17,5	- 17,5	- 17,5	- 17,5
Desp. fin.	- 7,9	- 6,1	- 4,4	- 2,6	- 0,9
Serviço da dívida	**- 25,4**	**- 23,6**	**- 21,9**	**- 20,1**	**- 18,4**

FONTE: ELABORADO PELO AUTOR.

O serviço da dívida é maior que o FOC projetado! Para checar se a Collins poderá honrar seus compromissos, é necessário considerar o benefício tributário do endividamento da empresa sobre seu IR&CS a pagar. Ou seja, é preciso projetar seu IR&CS alavancado.

QUADRO 2.9 › Projeção do IR&CS alavancado

	2013	2014	2015	2016	2017	2018
Ebit	25	14,4	14,8	15,2	15,6	16,1
Desp. fin.	- 7,9	- 6,1	- 4,38	- 2,63	- 0,88	-
EBT (Lair)	17,1	8,3	10,4	12,6	14,8	16,1
IR&CS alavancado	**- 5,8**	**- 2,8**	**- 3,5**	**- 4,3**	**- 5**	**- 5,5**
Lucro líquido	11,3	5,5	6,9	8,3	9,7	10,6
Margem líquida	5,7%	2,7%	3,3%	3,9%	4,5%	4,8%

FONTE: ELABORADO PELO AUTOR.

Têm-se, então, informações para projetar o FLC, lembrando-se de somar o saldo de R$ 10 milhões em disponibilidades em 31/12/2013. O FLC projetado em acumulado seria o apresentado a seguir.

QUADRO 2.10 › Estratégia A: projeção do FLC

FLC		2014	2015	2016	2017	2018
FOC		19,5	22,3	14,6	15,1	15,7
Serviço da dívida		- 23,6	- 21,9	- 20,1	- 18,4	-
IR&CS desalavancado		4,9	5	5,2	5,3	5,5
IR&CS alavancado		- 2,8	- 3,5	- 4,3	- 5	- 5,5
FLC		**- 2,1**	**1,9**	**- 4,6**	**- 2,9**	**15,7**
	31/12/2013	**31/12/2014**	**31/12/2015**	**30/12/2016**	**31/12/2017**	**31/12/2018**
Disponibilidades	**10**	**7,9**	**9,8**	**5,2**	**2,3**	**17,9**

FONTE: ELABORADO PELO AUTOR.

A projeção do FLC da estratégia A não sugere conforto aos acionistas da Collins. Nos próximos quatro anos, apenas um será superavitário, e, assim mesmo, quase igual a zero. O ano de 2017, em particular, pode ser muito perigoso, uma vez que as disponibilidades podem chegar próximas de zero.

ESTRATÉGIA B

A estratégia B será analisada para verificar se é a melhor. Para lembrar as principais diferenças em relação às premissas, verifique o quadro a seguir. Nele, a princípio, parece que o Ebitda provavelmente não será melhor que o da Estratégia A, e o capital de giro requererá muito investimento no CAR.

QUADRO 2.11 › Alternativas estratégicas

Vetores críticos de valor	Estratégia A	Estratégia B
Abertura de lojas	–	–
Taxa de crescimento anual da ROL	2% de 2014 em diante	5% em 2014 e 8% de 2015 em diante
Margem bruta (desconsiderando depreciações de 2014 em diante)	20%	25%
Despesas com vendas (% ROL de 2014 em diante)	4%	10%
DGA (fixas em R$ milhões por ano, desconsiderando depreciações)	8 de 2014 em diante	12 em 2014 e 15 de 2015 em diante
Depreciação anual (% do AIB em 31/12, a partir de 2014)	5%	8%
CAR (% ROL em 31/12)	0% de 2014 em diante	20% em 2014 e 40% de 2015 em diante
Estoques (% CMV em 31/12)	40% em 2014 e 35% em 2015	30% em 2014 e 15% de 2015 em diante
Fornecedores (% CMV em 31/12)	0% de 2014 em diante	25% em 2014, 45% em 2015 e 60% de 2016 em diante
Investimentos no AIB (em R$ milhões por ano)	5 por ano	10 por ano de 2014 a 2017 e 5 ao ano de 2018 em diante
Beta	1,5	1,8

FONTE: ELABORADO PELO AUTOR.

Em seguida, são realizadas as contas, começando pelo cálculo do Ebitda até 2018.

QUADRO 2.12 › Estratégia B: projeção do Ebitda

	2013	2014	2015	2016	2017	2018
ROL	200	210	226,8	244,9	264,5	285,7
Var. ROL		5%	8%	8%	8%	8%
CMV	- 140	- 157,5	- 170,1	- 183,7	- 198,4	- 214,3
% CMV	70%	75%	75%	75%	75%	75%
Lucro bruto	60	52,5	56,7	61,2	66,1	71,4
Margem bruta	30%	25%	25%	25%	25%	25%
DGA	- 10	- 12	- 15	- 15	- 15	- 15
DV/ROL	7,5%	10%	10%	10%	10%	10%
DV	- 15	- 21	- 22,7	- 24,5	- 26,5	- 28,6
Ebitda	**35**	**19,5**	**19**	**21,7**	**24,7**	**27,9**
Margem Ebitda	17,5%	9,3%	8,4%	8,9%	9,3%	9,7%
Ebitda da estratégia A	**35**	**24,6**	**25,3**	**26**	**26,6**	**27,3**
Margem Ebitda da est. A	17,5%	12,1%	12,2%	12,2%	12,3%	12,4%

FONTE: ELABORADO PELO AUTOR.

Comparando somente o Ebitda das duas estratégias, parece que o da A é superior ao da B em todos os anos, mas, no último (2018), a diferença pode ficar pequena (R$ 600 mil). Ou seja, analisando-se apenas o Ebitda não se pode concluir nada a respeito da superioridade de uma estratégia em relação à outra.

Projeta-se, então, o investimento no capital de giro da Collins até 2018 na estratégia B para compará-lo com o da A:

QUADRO 2.13 › Estratégia B: Projeção do investimento em capital de giro

Capital de giro	31/12/2013	31/12/2014	31/12/2015	30/12/2016	31/12/2017	31/12/2018
CAR	-	42	90,7	98	105,8	114,3
% CAR	-	20%	40%	40%	40%	40%
Var. CAR		42	48,7	7,3	7,8	8,5
Estoques	70	47,3	25,5	27,6	29,8	32,1
% CMV	50%	30%	15%	15%	15%	15%
Var. est.		- 22,8	- 21,7	2	2,2	2,4
Fornecedores	-	39,4	76,5	110,2	119	128,6
% CMV	-	25%	45%	60%	60%	60%
Var. forn.		39,4	37,2	33,7	8,8	9,5
Inv. cap. giro estrat. B		**20,1**	**10,2**	**24,4**	**- 1,2**	**- 1,3**
Inv. cap. giro estrat. A		4,7	7	- 1,2	- 1,2	- 1,2
Diferença B–A		15,4	3,2	25,5	-	- 0,1

FONTE: ELABORADO PELO AUTOR.

A principal diferença, do ponto de vista numérico, entre as duas estratégias está nos três primeiros anos (até 2016), quando B pode ter significativas injeções de caixa advindas das reduções dos estoques (R$ 42 milhões entre 2014 e 2016) e aumento do prazo de compra dos fornecedores (R$ 110 milhões), que mais que compensam os investimentos necessários no Contas a Receber (R$ 98 milhões). Essas possíveis mudanças nos estoques e fornecedores seriam os ganhos advindos do desenvolvimento de uma rede de fornecedores brasileiros, da produção local e dos centros de distribuição no Brasil para substituir as importações.

NA PRÁTICA › Capital de giro: remédio ou veneno?[1]

Não tenho estatísticas oficiais, mas, com base em minha experiência, acredito que capital de giro seja uma das principais causas de morte de empresas. No entanto, afinal, o que é "capital de giro"?

Para a maioria das pessoas, é o dinheiro que falta no final do mês e que leva a pessoa (ou empresa) a recorrer ao "cheque especial" (conta garantida). O "dinheiro que falta no final do mês", no entanto, não é o capital de giro, e sim uma consequência dele.

Em inglês, capital de giro é conhecido como *working capital* ou **capital de trabalho**. Apesar de esquisita, esta tradução reflete melhor a essência do que se trata: da evolução de três contas estratégicas de suma importância para as empresas: Contas a Receber (CAR), Estoques e Contas a Pagar (ou "Fornecedores"). Esta "tríade" é crucial para a vitalidade das empresas (e das pessoas).

Para traçar um paralelo entre empresas e pessoas, considere que o "CAR" é seu salário recebido todo fim do mês (caso você não fique desempregado). Os "Estoques" são formados por suas compras (alimentos, material escolar, roupas etc.) no mês. Os "Contas a Pagar" ou "Fornecedores" são valores que você tem de pagar a prazo àqueles que vendem itens de seu estoque e lhe prestam serviços (supermercados, lojas, locador do seu imóvel, escolas etc.). Se você recebe todo fim do mês, mas tem de manter um alto estoque e seus fornecedores não lhe dão muitos dias para pagá-los, possivelmente terá um capital de giro negativo, que, se você não cuidar, virará "veneno". Do mesmo modo, se você é muito econômico, almoça na casa dos seus pais e tem um bom salário, seu capital de giro será positivo e você poderá até poupar uma parte, tornando-o "remédio".

Capital de giro como remédio nas empresas

CAR. Para empresas, este reflete a estratégia de venda, ou seja, quanto e como a empresa financia as compras de seus clientes. O CAR é uma carteira de cheques pré-datados, duplicatas a receber, recebíveis de cartão de crédito e débito. Quanto mais a empresa "ajudar" seu cliente a comprar, mais faturará (remédio).

Estoques. Estes são compostos por matérias-primas e/ou produtos acabados que a empresa precisa ter em seu depósito e/ou em seus pontos de venda. Estoques adequados ajudam a empresa a responder prontamente à demanda de seus clientes por rapidez na entrega e diversidade de escolhas (remédio).

Contas a Pagar ou Fornecedores. O terceiro componente da tríade é o Contas a Pagar, ou Fornecedores, que reflete o prazo que os fornecedores da empresa lhe concedem para pagar suas compras de matérias-primas e/ou produtos acabados. O Contas a Pagar dá a "folga" necessária para a empresa vender os produtos e acumular dinheiro para pagar seus fornecedores e gerar lucro aos acionistas (remédio).

Esta descrição da tríade do capital de giro ilustra a essência do termo "capital de trabalho". Observe também que ela resulta da dinâmica concorrencial do mercado em que a empresa atua.

O Magazine Luiza, por exemplo, tem de parcelar a venda de geladeiras em dez prestações mensais, caso contrário o cliente vai comprá-la no Ponto Frio. Além do parcelamento, também precisa ter em suas lojas ampla variedade de geladeiras para o cliente escolher, caso contrário ele vai ao Ponto Frio. Ao vender geladeiras em dez prestações mensais para ser competitivo, o Magazine Luiza usará seu **poder de barganha** para negociar com os fornecedores prazos iguais ou superiores a dez meses para pagar suas compras. Se, no entanto, o Magazine Luiza vende em dez prestações e a Electrolux lhe concede apenas dois meses de prazo na compra, seu capital de giro será negativo!

Por outro lado, se a Electrolux conceder 15 meses para o Magazine Luiza pagar suas compras, o capital de giro será positivo, o que pode dar uma falsa impressão de que há dinheiro sobrando. Neste caso, os efeitos do capital de giro são contraintuitivos para muitos empresários que não conseguem percebê-lo, pois a empresa cresce (no que se refere a faturamento e lucro), mas há menos dinheiro disponível para pagar dividendos e para investir.

Capital de giro como veneno nas empresas

O empresário tem de saber gerir o capital de giro para que o remédio não se torne veneno.

Um tipo de "envenenamento" muito comum em empresas varejistas (supermercados, magazines, lojas de roupa e até restaurantes) é o empresário expandir sua rede de lojas, faturar mais, gerar mais lucro, ter a sensação de que está enriquecendo e distribuir mais dividendos (pois, por questões contábeis, o capital de giro pode não afetar diretamente o lucro líquido). Neste caso, o capital de giro começa como "remédio", pois, para expandir a rede e aumentar o faturamento, a empresa tem de investir no CAR e em Estoques, e os fornecedores poderão apoiá-lo (total ou parcialmente) nesta evolução. No entanto, o remédio pode se tornar veneno numa crise econômica (leia-se desemprego). Os clientes que compraram a prazo atrasam seus pagamentos (inadimplência) ou compram menos (estoques "encalham"). A empresa pode ficar sem dinheiro para pagar os fornecedores, o remédio vira veneno e a mata.

Capital de giro, ou "capital de trabalho", é um aspecto inerente dos negócios que requer muita atenção do empresário, pois pode ser a *causa mortis* da empresa, especialmente quando o consumidor compra em excesso e se endivida.

Após o Plano Real, o varejo de eletrodomésticos brasileiro viveu "anos dourados", com consumo em alta e fornecedores apoiando com prazos generosos para pagamento das compras. Entretanto, poucos anos depois, no fim da década de 1990, veio uma sequência de crises – Tigres Asiáticos (1997), Rússia (1998) e Brasil (1999) – e a inadimplência explodiu. Muitos varejistas não tinham como pagar seus fornecedores e acabaram "quebrando" (Casas Centro, Arapuã, G. Aronson, Brasimac, Mappin, Mesbla etc.). Os fornecedores ficaram tão assustados com o calote, que começaram a vender somente à vista. Com o país em crise, entretanto, os consumidores não tinham dinheiro e disposição para comprar, muito menos para pagar à vista. Pronto, o tumor, alimentado pela inadimplência e pela economia em recessão, espalhou-se pelo setor, dizimando muitas empresas.

Como evitar que o capital de giro vire veneno?

Primeiro, se for vender a prazo, seja muito criterioso em sua análise de crédito. Vendas não é apenas quantidade mas também qualidade. Não dê prêmios a seus vendedores por vendas, mas sim por margem de rentabilidade considerando a inadimplência. Se não tiver um bom sistema de análise de crédito, use os cartões, pois, apesar de suas taxas, podem protegê-lo da inadimplência (lembre-se, não existe "almoço grátis").

Segundo, planeje bem suas compras e mantenha uma logística eficiente para minimizar os estoques. O ideal é minimizá-los, sem comprometer o suprimento ao cliente. Desenvolva fornecedores alternativos para aumentar a frequência de pedidos (diminuindo o tamanho das compras e evitando acúmulos de excedentes). Produtos com baixo giro de estoque devem ser identificados e eliminados (não adianta comprar um produto "micado" de um fornecedor que dá muito prazo para pagamento).

Terceiro, negocie bem o prazo de pagamento com seus fornecedores, tendo o cuidado para que este não reflita preços maiores (e consequente perda de competitividade). Desenvolva fornecedores alternativos para aumentar seu poder de barganha na negociação. Evite importações que possam gerar perdas cambiais e problemas logísticos.

Quarto, e mais importante: nunca distribua dividendos considerando apenas o lucro líquido (ou, ainda pior, o faturamento). A decisão de quanto distribuir de dividendos deve se concentrar na geração de fluxo (livre) de caixa não apenas no período em questão mas também na sua projeção para o futuro próximo (de um a dois anos). Se seu capital de giro for positivo, use o dinheiro "em excesso" para acumular reservas, pois dinheiro é o ativo estratégico mais importante de qualquer empresa.

O quadro a seguir resume o que foi apresentado.

QUADRO 2.14 › Virtudes, riscos e recomendações para as contas de capital de giro

Capital de giro	Remédio	Veneno	Recomendação
Contas a Receber (CAR)	Amplia a clientela	Inadimplência	Foco na qualidade da venda, e não somente na quantidade
Estoques	Atende com quantidade e variedade	É dinheiro em forma de mercadoria que pode "encalhar"	Minimize-os. Explore fornecedores alternativos. Evite produtos de baixo giro e importados
Contas a Pagar (Fornecedores)	É uma fonte alternativa aos bancos para financiar as compras da empresa	É uma dívida de **curto prazo** que deverá ser paga. Se sua credibilidade for abalada, as próximas compras serão à vista, ou antecipadas	Explore fornecedores alternativos e use seu poder de barganha. Mantenha reservas. Evite descasamentos com o CAR. Investimentos (de longo prazo) e dividendos (gastos improdutivos) apenas com base no fluxo de caixa, e não no lucro líquido

FONTE: ELABORADO PELO AUTOR.

Compara-se, então, o efeito da depreciação sobre o IR&CS desalavancado.

QUADRO 2.15 › Estratégia B: projeção da depreciação

	2013	2014	2015	2016	2017	2018
Investimentos	5	10	10	10	10	5
	31/12/2013	**31/12/2014**	**31/12/2015**	**31/12/2016**	**31/12/2017**	**31/12/2018**
AIB	200	210	220	230	240	245
Deprec. anual	– 10	– 16,8	– 17,6	– 18,4	– 19,2	– 19,6
Deprec. acumulada	– 100	– 116,8	– 134,4	– 152,8	– 172	– 191,6
AIL	100	93,2	85,6	77,2	68	53,4

FONTE: ELABORADO PELO AUTOR.

QUADRO 2.16 › Estratégia B: projeção do Ebit e do IR&CS desalavancado

	2014	2015	2016	2017	2018
Ebitda	19,5	19	21,7	24,7	27,9
Depreciação	– 16,8	– 17,6	– 18,4	– 19,2	– 19,6
Ebit	**2,7**	**1,4**	**3,3**	**5,5**	**8,3**
IR&CS desalavancado B	**– 0,5**	**– 1,1**	**– 1,9**	**– 2,8**	**– 0,5**
IR&CS desalavancado A	– 4,9	– 5	– 5,2	– 5,3	– 5,5
B–A	4	4,5	4	3,5	2,7

FONTE: ELABORADO PELO AUTOR.

Este é um resultado inesperado: por causa dos investimentos e decorrente aumento na taxa de depreciação (de 5% para 8% do saldo do AIB), na estratégia B a Collins pode vir a pagar menos IR&CS que na A.

Em seguida, projeta-se o FOC da estratégia B para compará-lo com o da A.

QUADRO 2.17 › Estratégia B: projeção do FOC

R$ milhões	2014	2015	2016	2017	2018	Total
Ebitda	19,5	19	21,7	24,7	27,9	
IR&CS desalavancado	- 0,9	- 0,5	- 1,1	- 1,9	- 2,8	
Inv. cap. giro	20,1	10,2	24,4	- 1,2	- 1,3	
Inv. AIB	- 10	- 10	- 10	- 10	- 5	
FOC da estrat. B	**28,7**	**18,7**	**35**	**11,6**	**18,7**	**112,7**
FOC/ROL	13,7%	8,3%	14,3%	4,4%	6,6%	
FOC da estrat. A	**19,5**	**22,3**	**14,6**	**15,1**	**15,7**	**87,2**
B–A	**9,2**	**- 3,6**	**20,4**	**- 3,5**	**3,1**	**25,6**

FONTE: ELABORADO PELO AUTOR.

Agora complicou! Há anos o FOC da estratégia B é maior que o da A, e vice-versa. No total, B parece gerar mais FOC em cinco anos (R$ 112,7 milhões) que A (R$ 87,2 milhões).

Projeta-se, então, o FLC da estratégia B para comparar seus resultados com os da A:

QUADRO 2.18 › Estratégia B: projeção do FLC

FLC	2014	2015	2016	2017	2018	Total
FOC	28,7	18,7	35	11,6	18,7	
Serviço da dívida	- 23,6	- 21,9	- 20,1	- 18,4	-	
IR&CS desalavancado	0,9	0,5	1,1	1,9	2,8	
IR&CS alavancado	-	-	- 0,2	- 1,6	- 2,8	
FLC da estrat. B	**6**	**- 2,7**	**15,8**	**- 6,5**	**18,7**	**31,3**
FLC da estrat. A	**- 2,1**	**1,9**	**- 4,6**	**- 2,9**	**15,7**	**7,9**
B–A	**8,1**	**- 4,6**	**20,4**	**- 3,5**	**3,1**	**23,4**

FONTE: ELABORADO PELO AUTOR.

Observe que a maior geração de FLC da estratégia B segue a tendência observada no FOC, uma vez que o serviço da dívida é igual, mas não o IR&CS alavancado. Outro resultado importante das projeções do FLC é o saldo das disponibilidades.

QUADRO 2.19 › Estratégia B: projeção do saldo das disponibilidades

	31/12/2013	31/12/2014	31/12/2015	30/12/2016	31/12/2017	31/12/2018
Disponibilidades B	10	16	13,3	29,1	22,6	41,3
Disponibilidades A	10	7,9	9,8	5,2	2,3	17,9
B–A	**-**	**8,1**	**3,5**	**23,9**	**20,3**	**23,4**

FONTE: ELABORADO PELO AUTOR.

A "folga" financeira de B é consideravelmente superior à de A, especialmente no ano crítico de 2017, quando as disponibilidades de A podem chegar a valores muito baixos. Será que já se pode concluir que a estratégia B é superior à de A? Não. É sabido que a valor presente, ou seja, quando esses fluxos ocorrem, é tão importante quanto seus montantes. Além do aspecto temporal dos fluxos, há também o risco de cada estratégia, que é capturado pelos diferentes betas associados a cada uma.

Considera-se, então, os seguintes parâmetros para o custo de capital (R_c) da Collins: beta do Cenário; taxa livre de risco de 4%, prêmio de retorno do mercado de 5%, estrutura de capital em 31/12/2013 e juros na dívida de 10%. Estimando o R_c e o WACC, são obtidos os resultados apresentados no quadro a seguir.

QUADRO 2.20 › R_c e WACC das estratégias A e B

	A	B
Beta	1,5	1,8
R_f	4%	4%
$R_m - R_f$	5%	5%
R_c	**11,5%**	**13%**
R_d	10%	10%
$R_d \times (1 - IR\&CS)$	6,6%	6,6%
D/(D + C)	39%	39%
C/(D + C)	61%	61%
WACC	**9,6%**	**10,5%**

FONTE: ELABORADO PELO AUTOR.

Em seguida, serão estimados o VEE e o VEA para as duas estratégias, adotando-se uma perpetuidade simples para estimar o valor implícito da Collins.

QUADRO 2.21 › VEE e VEA das estratégias A e B (R$ milhões)

Estratégia	A	%	B	%	B-A
WACC	9,6%		10,5%		
VP FOC explícito	67,8	40%	86,4	44%	18,6
FOC perpetuidade (2018)	15,7		18,7		3,1
Perpetuidade	163,1		178,2		15
VP perpetuidade	103,2	60%	108,1	56%	4,9
VEE	171	100%	194,4	100%	23,5
Dívida	- 70	- 41%	- 70	- 36%	-
Disponibilidade	10	6%	10	5%	-
VEA indireto	**111**	65%	**134,4**	69%	23,5

FONTE: ELABORADO PELO AUTOR.

Apesar de mais arriscada (portanto, com um WACC maior), a valor presente a estratégia B agrega R$ 23,5 a mais de valor aos acionistas da Collins. Vale ressaltar que boa parte desse valor agregado ocorre entre 2014 e 2018 (R$ 18,6 milhões), o que endossa ainda mais a qualidade da estratégia B.

CONSIDERAÇÕES ESTRATÉGICAS

Alguém pode questionar, com razão, que a implantação da estratégia B é bem mais desafiadora e arriscada. Sim, por isso a taxa de desconto é maior. Além disso, a A é simplesmente manter a estratégia atual com alguns poucos ajustes, mas o mercado muda com os novos concorrentes. Será que a estratégia A é realmente sustentável?

Ainda há, no entanto, outras estratégias possíveis que não foram avaliadas. Por exemplo, usar a marca, a rede de lojas, a fábrica e os centros de distribuição da Collins para vender outros tipos de produtos complementares, como calçados femininos, por exemplo. E, por falar em marca, eis aqui um bom contexto para ilustrar a questão com um caso prático.

NA PRÁTICA › Valor da marca? Caso Sulfabril[2]

Em 27/5/2014, a marca de roupas Sulfabril foi a leilão como parte do procedimento de monetização da massa falida da empresa, que pediu concordata em 1999. O valor pedido no leilão, R$ 40 milhões, não atraiu nenhum interessado. O fracasso do leilão ilustra a complexidade do valor da marca.

Defendo que a marca tem valor se estiver "viva". "Viva" no sentido de ser capaz de convencer o consumidor a pagar mais pelo produto com a marca que o do concorrente. Caso contrário, o poder da marca está em nos lembrar quão velhos estamos. (Afinal, quem se lembra da marca Sulfabril?)

O valor da marca, entendido como sua capacidade de gerar um prêmio de preço nos produtos e serviços perante a concorrência, não é eterno. Uma interessante pesquisa mostrou que "o número de marcas líderes no Brasil caiu drasticamente nos últimos dez anos. Em 2003, eram 69 as marcas de bebidas, alimentos industrializados e artigos de higiene e limpeza que lideravam vendas em suas categorias por dez anos consecutivos. No ano passado, as líderes por uma década foram apenas 28 marcas" (CHIARA, 2013).

Uma explicação para este fenômeno é que "marca que não inova não se sustenta", deve-se "aliar a tradição da marca com inovação". Ou seja, para a marca manter seu destaque é preciso que nela se invista. É o exemplo do saponáceo Sapólio Radium da Bombril e do detergente em pó Omo da Unilever. Em 2012, as vendas do saponáceo foram de R$ 104 milhões (8% do faturamento total da Bombril), e os gastos com inovação da marca Radium somaram R$ 10,5 milhões, ou seja, 10% de seu faturamento bruto. O Omo ganhou duas novas versões: líquido para roupas delicadas e para roupas escuras.

Fiz um cálculo simples, de trás para a frente, para entender as possíveis implicações para um empresário pagar R$ 40 milhões pela marca Sulfabril. Fiz esse exercício comparando alguns parâmetros com os da Hering (2013), que considero ser um potencial concorrente "de igual para igual" da Sulfabril.

Suponha que:

1. A peça de roupa da Sulfabril, na média, tem um preço médio de R$ 50 (na Hering, o preço médio é R$ 52/peça).
2. O prêmio da marca Sulfabril sobre outros concorrentes seria de 25%, ou seja, a peça desta marca que custa R$ 50 é vendida por seus concorrentes com marcas inferiores por R$ 40. É um belo prêmio.

3 A margem caixa (ou seja, o ganho em dinheiro na tesouraria da empresa, após pagar todos os impostos, custos, despesas, investimentos em capital de giro e ativos fixos) de cada peça seria de 6% (na Hering, em 2013, essa margem foi de 6,1%).
4 O investidor teria como meta reaver os R$ 40 milhões investidos na marca em cinco anos (*payback* composto), assumindo que seu dinheiro (custo de oportunidade do capital) custe 12% ao ano (em moeda constante).
5 O volume de peças vendidas cresceria 20% ao ano ao longo desses cinco anos do horizonte de investimento definido como meta pelo investidor. Esta premissa refletiria a reconquista dos "fãs" da Sulfabril, que ficariam contentes em reencontrar a marca.

Dadas essas premissas, deduzimos que o investidor teria de vender, logo no primeiro ano, 12,7 milhões de peças. No quinto ano, 26,4 milhões. O que significam esses números? São metas factíveis? Somente para se ter uma ideia, a Hering, que tem 760 lojas, no Brasil e no exterior, vendeu em 2013 30,2 milhões de peças, com uma receita bruta de R$ 1,57 bilhão! Ou seja, o comprador da marca Sulfabril que aceitasse pagar R$ 40 milhões por ela teria de vender o equivalente a 42% do que a Hering vende (em volume de peças) logo no primeiro ano. Em cinco anos, esse investidor teria de vender o equivalente a 87% da Hering!

Não é por acaso que não houve interessados no leilão!

Outra opção estratégica é vender a empresa a um varejista estrangeiro de calçados que queira entrar no Brasil, ou até mesmo a um concorrente brasileiro. Lembre-se, o valor de uma empresa é o valor de sua estratégia no futuro. Ou seja, vender uma empresa é vender uma expectativa de fluxo futuro. A Figura 2.1 a seguir ilustra o valor destas estratégias.

Em que:

D = FOC da Collins no passado, quando a ROL crescia em média 20% ao ano, com margem bruta de 30%.
A = FOC da estratégia A. Observe que, em 2013, há uma queda abrupta no FLC em razão da concorrência intensa. A inclinação da linha A reflete a menor taxa de crescimento da ROL (2% ao ano) e a menor margem bruta (20%).
B = FOC da estratégia B. A inclinação da linha B é maior que a de A, pois reflete maior taxa de crescimento da ROL (8% ao ano) e a melhor margem bruta (25%).
C = FOC da estratégia de um possível comprador da Collins, que poderia agregá-la a sua cadeia de lojas e estrutura logística, e explorar sinergias operacionais.

Em Luzio (2015), é apresentado o desdobramento do caso Collins no contexto de M&A.

Exercícios – Caso Collins

1 **Supondo que uma nova loja custe R$ 2 milhões para ser montada (sem estoques e o valor das luvas que seria pago pelo acionista e alugada para a Collins por 3% do ROBL). Por meio de qual das estratégias (A e B) a Collins poderia retomar a abertura de novas lojas? Justifique sua resposta dando detalhes.**
2 **Construa uma projeção com os dados descritos na análise do caso da marca Sulfabril e tente chegar aos mesmos resultados.**
3 **Os acionistas da Collins receberam duas propostas:**

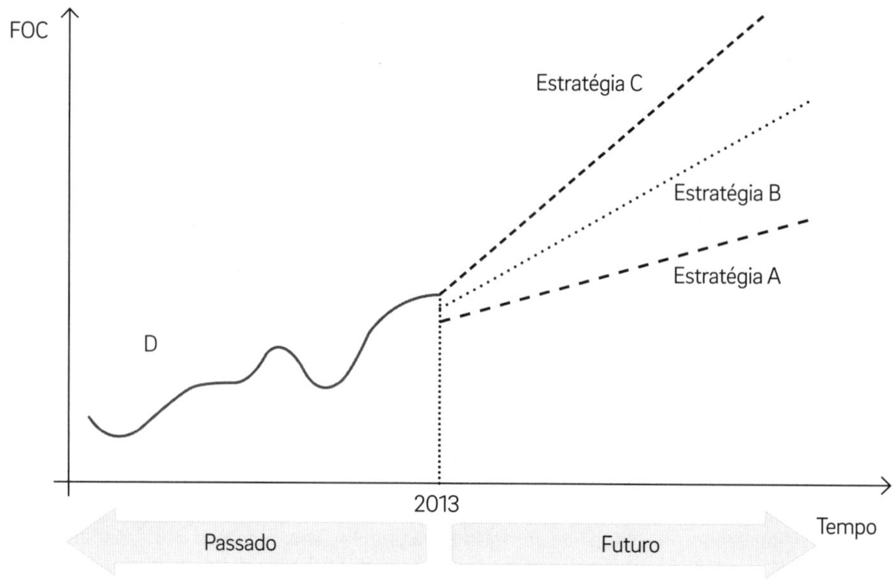

FONTE: ELABORADA PELO AUTOR.

FIGURA 2.1 › Ilustração do FOC no passado e nas estratégias futuras.

- Um fundo de *private equity* se dispôs a comprar 50% das suas ações por R$ 60 milhões, mas exige ter uma opção de venda dessas ações pelo equivalente ao valor pago corrigido por 15% ao ano (taxa real). A opção venceria em cinco anos.
- Uma empresa de gestão de marcas se dispôs a comprar os direitos autorais da marca Collins por R$ 60 milhões, mas em troca exige pagamentos de *royalties* do equivalente a 4% da ROB da Collins em um contrato de licenciamento de 20 anos, com renovações automáticas.

Qual dessas propostas é a mais interessante para os acionistas da Collins? Justifique sua resposta, dando detalhes.

CASO ARBOL: CAPITAL DE GIRO DESEQUILIBRADO

TEMAS › (1) crise de liquidez causada pela inadimplência de um cliente significativo; (2) índices de alavancagem; (3) construção de cenários; e (4) identificação de termos sustentáveis para renegociação da dívida.

Arbol é uma empresa que produz equipamentos de controle e segurança. Seu maior cliente é o governo. Em 2013, a empresa vendeu um grande lote de equipamentos de controle de ponto para uma estatal. Os equipamentos causaram muito desconforto aos funcionários, até então acostumados a não ter seus horários de entrada e saída registrados. Como retaliação, um desses funcionários, que trabalhava na controladoria do órgão, resolveu atrasar o pagamento da fatura da Arbol.

Veja nos quadros a seguir algumas informações contábeis da Arbol SA.

QUADRO 2.22 › Informações seletas do DRE, do DFC e das Notas Explicativas da Arbol SA em 2013 (R$ milhões)

ROL	200
CMV (não considerada a depreciação)	30% da ROL
Despesas gerais e administrativas (não considerada a depreciação)	80
Despesas com vendas (não considerada a depreciação)	15% da ROL
Prejuízo	- 22,5
Taxa média de depreciação anual	9% do AIB
Investimentos (R$ milhões ao ano)	15
Alíquota de IR&CS	34%
Dívida de curto prazo (juros de 30% ao ano e vencimento em 2014)	120
Dívida de longo prazo (juros de 15% ao ano e vencimento *"bullet"* em 2015)	

FONTE: ELABORADO PELO AUTOR.

QUADRO 2.23 › Balanço patrimonial da Arbol SA, de 31/12/2013 (R$ milhões)

Caixa e aplicações	-	Fornecedores	10
Contas a receber	140	Bancos CP	120
Estoques	60		
Ativo circulante	200	Passivo circulante	130
Imobilizado bruto	150	Debêntures LP	20
Depreciação acumulada	- 130		
Imobilizado líquido	20	PL	70
Total (Ativos)	**220**	**Total (Passivos e PL)**	**220**

FONTE: ELABORADO PELO AUTOR.

Exercício – Caso Arbol

4 Você foi contratado pelos acionistas da Arbol para ajudá-la a enfrentar a crise causada pelo atraso de um grande cliente. Como tal, deverá elaborar recomendações de natureza operacional e de financiamento. Para tanto deverá realizar as tarefas a seguir.

(a) Primeiro, considere que, no "cenário-base", a ROL da Arbol crescerá 5% ao ano nos próximos cinco anos, mantendo sua margem bruta e constante. Projete o FOC da Arbol.
(b) Projete o FLC para os próximos cinco anos.
(c) Considere que: a taxa livre de risco (deflacionada) nos Estados Unidos é de 2%; o prêmio de mercado é de 5%; o beta de empresas similares à Arbol é de 1,5; e o risco Brasil é de 3%. Estime o WACC que achar mais apropriado. Explique suas premissas.
(d) Estime o valor terminal, aplicando uma perpetuidade simples, o VEE e o VEA.
(e) Sugira ações operacionais e de refinanciamento para o presidente da Arbol, explicando seus possíveis impactos no "cenário de reestruturação".

Possível resolução: Antes da resposta ao exercício, é necessário tecer algumas considerações sobre os efeitos da inflação. O FOC da Arbol será projetado em moeda constante, ou seja, supondo que a inflação não terá efeitos econômicos líquidos sobre a empresa. Isto implica que as variações monetárias causadas pela inflação sobre os custos e despesas da Arbol serão compensadas por essas mesmas variações sobre as receitas. Ou seja, todo eventual aumento de custos causado pela inflação será repassado aos preços da empresa de maneira a não haver nenhuma perda ou ganho devido à inflação. A base teórica para esta hipótese é a teoria da Paridade do Poder de Compra (PPC).

CONSTRUINDO O CENÁRIO-BASE PARA A ARBOL

O *primeiro passo* para projetar o FOC é projetar o Ebitda. Para fazê-lo, deve-se assumir que:

- a ROL da Arbol crescerá 5% ao ano;
- a margem bruta, a 70% da ROL (decorrente da premissa de manter o CMV fixo em 30% da ROL);
- as despesas administrativas constantes ao nível de R$ 80 milhões;
- as despesas com vendas a 15% da ROL.

QUADRO 2.24 › Cenário-base: projeção do Ebitda da Arbol (R$ milhões)

	2013	2014	2015	2016	2017	2018
ROL	200	210	220,5	231,5	243,1	255,3
Variação ROL		5%	5%	5%	5%	5%
CMV/ROL	30%	30%	30%	30%	30%	30%
CMV	- 60	- 63	- 66,2	- 69,5	- 72,9	- 76,6
Lucro bruto	140	147	154,4	162,1	170,2	178,7
Margem bruta	70%	70%	70%	70%	70%	70%
DGA	- 80	- 80	- 80	- 80	- 80	- 80
DV/ROL	15%	15%	15%	15%	15%	15%
DV	- 30	- 31,5	- 33,1	- 34,7	- 36,5	- 38,3
Ebitda	30	35,5	41,3	47,3	53,7	60,4
MEbitda	15%	16,9%	18,7%	20,4%	22,1%	23,7%

FONTE: ELABORADO PELO AUTOR.

Observe que a hipótese de manter o DGA constante, ao nível de R$ 80 milhões, resulta em um aumento do Ebitda em relação à ROL (margem Ebitda) de 15% para 23,7%.

O *segundo passo* é estimar o IR&CS desalavancado pela alíquota de 34%. Para tanto, é necessário projetar o Lucro antes de Juros e do Imposto de Renda (Lajir ou, em inglês, Ebit), o que requer a projeção das Despesas com Depreciação a 9% do AIB. O ponto de partida é projetar o AIB, que, por hipótese, cresce R$ 15 milhões ao ano com os investimentos:

QUADRO 2.25 › Cenário-base: projeção da depreciação do AIB (R$ milhões)

	2013	2014	2015	2016	2017	2018
Investimentos AIB		15	15	15	15	15

	2013	2014	2015	2016	2017	2018
	31/12/2013	31/12/2014	31/12/2015	31/12/2016	31/12/2017	31/12/2018
AIB	150	165	180	195	210	225
Depreciação anual	- 13,5	- 14,9	- 16,2	- 17,6	- 18,9	- 20,3
Depreciação acumulada	- 130	- 144,9	- 161,1	- 178,6	- 197,5	- 217,8
AIL	20	20,2	19	16,4	12,5	7,3

FONTE: ELABORADO PELO AUTOR.

Vale observar que o AIL da Arbol, ao fim da projeção, estaria próximo a zero. Isso reflete a premissa de que seu investimento anual seria inferior à depreciação anual a partir de 2015, o que pode indicar que o parque fabril da Arbol estaria gradualmente sendo desatualizado.

Somando as despesas com a depreciação projetadas ao Ebitda, deduz-se o Ebit, que será a base do cálculo do IR&CS desalavancado:

QUADRO 2.26 › Cenário-base: projeção da depreciação do IR&CS desalavancado da Arbol (R$ milhões)

	2013	2014	2015	2016	2017	2018
Ebitda	30	35,5	41,3	47,3	53,7	60,4
Depreciação	- 13,5	- 14,9	- 16,2	- 17,6	- 18,9	- 20,3
Ebit	16,5	20,7	25,1	29,8	34,8	40,1
IR&CS desalavancado		- 7	- 8,5	- 10,1	- 11,8	- 13,6

FONTE: ELABORADO PELO AUTOR.

O *terceiro passo* é projetar os investimentos no capital de giro. São necessárias hipóteses sobre a evolução de Contas a Receber, Estoques e Fornecedores. Assume-se que a relação entre o saldo das Contas a Receber em 31/12/2013, de R$ 140 milhões, e a ROL de 2013, de R$ 200 milhões, será mantida. Ou seja, sob esta premissa, projeta-se a evolução do saldo das Contas a Receber como 70% da ROL. Se se adotar o mesmo procedimento com os saldos dos Estoques e dos Fornecedores em relação ao CMV, é possível concluir que estes representaram 100% e 17% do CMV de 2013, respectivamente. Usando estas proporções, projetam-se as três contas e suas variações, resultando no investimento no capital de giro.

QUADRO 2.27 › Cenário-base: projeção do investimento em capital de giro (R$ milhões)

	31/12/2013	31/12/2014	31/12/2015	31/12/2016	31/12/2017	31/12/2018
CAR	140	147	154,4	162,1	170,2	178,7
% ROL	70%	70%	70%	70%	70%	70%
Var. CAR		7	7,3	7,7	8,1	8,5
Estoques	60	63	66,2	69,5	72,9	76,6
% CMV	100%	100%	100%	100%	100%	100%
Var. estoques		3	3,1	3,3	3,5	3,6
Fornecedores	10	10,5	11	11,6	12,2	12,8
%CMV	17%	17%	17%	17%	17%	17%

	31/12/2013	31/12/2014	31/12/2015	31/12/2016	31/12/2017	31/12/2018
Var. fornecedores		0,5	0,5	0,6	0,6	0,6
Inv. cap. giro		**- 9,5**	**- 10**	**- 10,5**	**- 11**	**- 11,5**

FONTE: ELABORADO PELO AUTOR.

Isso significa que a empresa investiria (saída de caixa) cerca de R$ 10 a 12 milhões ao ano nas suas Contas a Receber e em seus Estoques. Por outro lado, seus Fornecedores financiariam cerca de R$ 0,5 milhão ao ano das compras da Arbol. O investimento líquido em capital de giro é, portanto, de R$ 10 a 12 milhões por ano.

Finalmente, com o Ebitda, o IR&CS desalavancado, o investimento no AIB e no capital de giro, é possível projetar o FOC da Arbol.

QUADRO 2.28 › Cenário-base: projeção do FOC da Arbol (R$ milhões)

	2014	2015	2016	2017	2018
Ebitda	35,5	41,3	47,3	53,7	60,4
IR&CS desalavancado	- 7	- 8,5	- 10,1	- 11,8	- 13,6
Investimentos	- 15	- 15	- 15	- 15	- 15
Inv. cap. giro	- 9,5	- 10	- 10,5	- 11	- 11,5
FOC	**4**	**7,8**	**11,7**	**15,9**	**20,2**

FONTE: ELABORADO PELO AUTOR.

Pode-se concluir que, no cenário-base, a Arbol geraria um FOC superavitário de R$ 4 milhões em 2014 e de R$ 20 milhões em 2018. Parece pouco para uma empresa que faturou R$ 200 milhões em 2013. E é, como se verá mais adiante, quando o FLC da Arbol for calculado.

NA PRÁTICA › Vale ressaltar que o exercício da Arbol ilustra que o grau de subjetividade que apontamos quando discutimos a contabilidade se estende às projeções do FOC, a base da metodologia do FDC. Deixando a matemática de lado e olhando para esses números, imaginando uma empresa real, pergunto: neste mundo do capitalismo dinâmico, quantas empresas conhecemos que conseguem manter sua margem bruta constante por cinco anos enquanto o faturamento cresce 5% ao ano (descontando os efeitos da inflação)? Para fundamentar esta premissa, temos apenas a informação histórica da margem bruta observada em 2013. Admitir que esta se manterá constante é uma indução tão vulnerável quanto prever que na próxima terça-feira choverá às 16h porque na terça-feira passada choveu às 16h!

É possível também questionar a aderência da hipótese da PPC à realidade. Quantas empresas conseguem hoje repassar aumentos de custos para seus preços e ainda aumentar suas vendas em 5% ao ano? Talvez nem a Petrobras. A hipótese do PPC é particularmente frágil para setores muito competitivos.

Após a projeção do FOC, o *quarto passo* será projetar o FLC para 2014 e 2018. Inicia-se o cálculo do serviço da dívida de curto e longo prazos, lembrando que a dívida de curto prazo deveria ser paga ao longo de 2014 (R$ 120 milhões, com juros de 30% ao ano), e a de longo prazo (R$ 20 milhões, com juros de 15% ao ano) em 2015.

QUADRO 2.29 › Cenário-base: projeção do serviço da dívida (R$ milhões)

	2013	2014	2015	2016
Saldo da dívida CP (31/12)	120	-	-	-
Amortização CP		- 120		
Juros CP/saldo médio da dívida	30%	30%	30%	30%
Despesas financeiras CP	- 36	- 18*	-	-
Saldo debênture (31/12)	20	20	-	-
Amortização LP		-	- 20	
Juros LP/saldo médio da dívida	15%	15%	15%	15%
Despesas financeiras LP	- 3	- 3	- 1,5	-
Amortização (CP + LP)		**- 120**	**- 20**	-
Despesas financeiras (CP + LP)	**- 39**	**- 21**	**- 1,5**	-
Serviço da dívida		**- 141**	**- 21,5**	-

* A premissa para calcular os juros de CP é que a dívida seria amortizada no meio do ano ((30%/2) × 120). Caso contrário, se a premissa fosse pagar a dívida em 31/12/2014, os juros seriam de R$ 36 milhões (30% × 120).

FONTE: ELABORADO PELO AUTOR.

Observe que o serviço da dívida em 2014 será avassalador para a Arbol, dada a projeção do FOC para esse ano (R$ 4 milhões) no cenário-base. Antes de projetar o FLC, é necessário projetar o IR&CS alavancado, que agora será fácil de fazer, uma vez que já se tem a projeção do Ebit e das despesas financeiras.

QUADRO 2.30 › Cenário-base: projeção do IR&CS alavancado da Arbol (R$ milhões)

	2013	2014	2015	2016	2017	2018
Ebit	16,5	20,7	25,1	29,8	34,8	40,1
Desp. financeira	- 39	- 21	- 1,5	-	-	-
Lair	- 22,5	- 0,4	23,6	29,8	34,8	40,1
IR&CS alavancado	-	-	- 8	- 10,1	- 11,8	- 13,6
Lucro Líquido	**- 22,5**	**- 0,4**	**15,6**	**19,7**	**23**	**26,5**

FONTE: ELABORADO PELO AUTOR.

Vale observar que os prejuízos de 2013 e 2014 (que somariam R$ 23,9 milhões) poderiam ser abatidos do IR&CS a pagar nos anos seguintes, até o limite de 30% do IR&CS a pagar. Para simplificar, não serão considerados os efeitos desta base negativa.

Somando a projeção do FOC ao serviço da dívida e ao IR&CS alavancado, podemos deduzir o FLC:

QUADRO 2.31 › Cenário-base: projeção do FLC da Arbol

FLC	2014	2015	2016	2017	2018
FOC	4	7,8	11,7	15,9	20,2

▶

FLC	2014	2015	2016	2017	2018
Amort. CP + LP	- 120	- 20	-	-	-
Juros CP + LP	- 21	- 1,5	-	-	-
IR&CS desalavancado	7	8,5	10,1	11,8	13,6
IR&CS alavancado	-	- 8	- 10,1	- 11,8	- 13,6
FLC	**- 130**	**- 13,2**	**11,7**	**15,9**	**20,2**

FONTE: ELABORADO PELO AUTOR.

Ou seja, o cenário-base indica que o futuro da Arbol está severamente comprometido por seu endividamento de curto prazo. Para estimar o VEE e o VEA, é necessário, antes, estimar o WACC. Relembrando as premissas dadas no problema:

- a taxa livre de risco (R_f deflacionada) nos Estados Unidos é de 2%;
- o prêmio risco de mercado ($R_m - R_f$) é de 5%; e
- o beta de empresas similares à Arbol é de 1,5, e o risco Brasil de 3%.

Essas premissas geram um R_c de 13,5%.[3] Para estimar o WACC, consideram-se as seguintes premissas:

- como estrutura de capital, utilizam-se os saldos de 31/12/2013, ou seja, uma dívida total de R$ 140 milhões para um capital (por premissa estimado pelo patrimônio líquido) de R$ 70 milhões; e
- a remuneração da dívida (R_d) será a média ponderada do custo da dívida em 31/12/2013: 27,9%.[4]

A combinação dessas premissas resulta em um WACC de 16,8%.[5] Adotando uma perpetuidade simples para estimar o valor terminal, deduzem-se o VEE e o VEA.

QUADRO 2.32 › Cenário-base: estimativa do VEE e de VEA

R$ milhões			2014	2015	2016	2017	2018
Períodos			1	2	3	4	5
FOC			**4**	**7,8**	**11,7**	**15,9**	**20,2**
WACC	16,76%						
VP FOC explícito			3,4	5,7	7,4	8,5	9,3
Total VP explícito (2014/2018)	34,3	38%					
FOC perpetuidade (2018)	20,2						
Perpetuidade simples	120,5						
VP perpetuidade simples	55,5	62%					
VEE	**89,9**	100%					
(-) Dívida	- 140	- 156%					
VEA	**- 50,1**	- 56%					

FONTE: ELABORADO PELO AUTOR.

Ao estimar o VEE e o VEA no cenário-base, constata-se que, embora a empresa tenha valor (VEE = 89,9 milhões), o VEA é negativo em R$ 50,1 milhões. Observe que, apesar de o VEE ser positivo, 62% do seu valor vêm da perpetuidade, o que também não é um bom sinal sobre a qualidade das operações da empresa.

O que fazer? Este é o seu desafio: recomendar ações de natureza operacional e de financiamento para "salvar" a Arbol.

A seguir, apresentaremos uma possível solução, que não é a única possível. Elaboraremos o cenário de reestruturação. As ações operacionais recomendadas são:

QUADRO 2.33 › Cenário de reestruturação: ações operacionais recomendadas

Variável	2013	2014	2015	2016/2018
CAR (% ROL)	70%	60%	50%	40%
Margem bruta (% ROL)	70%	65%	65%	65%
Estoques (% CMV)	100%	70%	40%	40%
Fornecedores (% CMV)	25%	50%	50%	50%
Desp. gerais e adm. (R$ milhões)	80	60	50	50
Desp. vendas (% ROL)	15%	10%	10%	10%

FONTE: ELABORADO PELO AUTOR.

A redução recomendada em Contas a Receber deve-se a seu alto valor em relação à ROL. Esse valor é resultado do atraso no pagamento do cliente e da política comercial da empresa. Ambos deverão ser reestruturados para se reduzir o valor investido nesta conta, nem que se tenha de dar descontos (por isso a redução da margem bruta para 65%).

O saldo em Estoques também está muito alto: em 31/12/2014, a empresa acumulava o equivalente a um ano de vendas, a preço de custo, em seus estoques. Isto é muito alto. Os Fornecedores, por outro lado, dão pouco prazo para a empresa pagar suas contas. Um alongamento nesses prazos de compras também deve ser almejado.

Quanto às despesas operacionais, a empresa deverá reduzir o DGA (por exemplo, demissões de funcionários com produtividade abaixo da média, renegociação de aluguéis, ações para economizar despesas em geral) e as despesas com vendas (renegociação de comissões com vendedores e otimização das ações de marketing). Observe que não é recomendado qualquer corte nos investimentos, pois o AIL projetado está muito baixo em 2018.

Com essas medidas, o FOC projetado já teria um aumento significativo, especialmente no Ebitda e nos investimentos em capital de giro (especialmente entre 2014 e 2016):

QUADRO 2.34 › Cenário de reestruturação: projeção do FOC

FOC	2014	2015	2016	2017	2018
Ebitda	55,5	71,3	77,3	83,7	90,4
IR&CS desalavancado	- 13,8	- 18,7	- 20,3	- 22	- 23,8
Investimentos	- 15	- 15	- 15	- 15	- 15
Inv. cap. giro	30,9	56,5	18	- 4,2	- 4,4
FOC reestruturação	**57,6**	**94,1**	**60**	**42,4**	**47,1**

FOC	2014	2015	2016	2017	2018
FOC cenário-base	4	7,8	11,7	15,9	20,2
Diferença	**53,6**	**86,3**	**48,3**	**26,6**	**26,9**

FONTE: ELABORADO PELO AUTOR.

Apesar do enorme esforço que as ações exigiriam, a Arbol, ainda assim, não seria capaz de honrar o pagamento da dívida de curto prazo. Seria então necessário renegociá-la também. Aqui, podem-se imaginar várias possíveis propostas de renegociação com os credores. É possível propor um alongamento do prazo de amortização, com ou sem deságio no principal, com ou sem redução na taxa de juros. Para começar, simula-se o alongamento da dívida de CP em quatro anos, com amortizações constantes de R$ 30 milhões por ano e uma taxa de juros anual de 20%. O serviço da dívida e o FLC ficariam como apresentado a seguir.

QUADRO 2.35 › Cenário de reestruturação: primeira simulação da renegociação da dívida

Endividamento	2014	2015	2016	2017	2018
Saldo da dív. CP (31/12)	90	60	30	–	–
Amort. CP	- 30	- 30	- 30	- 30	–
Juros CP/saldo médio da dívida	20%	20%	20%	20%	20%
Despesas financeiras CP	- 21	- 15	- 9	- 3	–
Saldo debênture (31/12)	20	–	–	–	–
Amort. LP	–	- 20	–		
Juros LP/saldo médio da dívida	15%	15%	15%	15%	15%
Despesas financeiras LP	- 3	- 1,5	–	–	–
Amort. CP + LP	**- 30**	**- 50**	**- 30**	**- 30**	–
Juros CP + LP	**- 24**	**- 16,5**	**- 9**	**- 3**	–
Serviço da dívida	**- 54**	**- 66,5**	**- 39**	**- 33**	–

FONTE: ELABORADO PELO AUTOR.

Essa proposta de reestruturação reduziria muito o serviço da dívida em 2014: de R$ 141 para 54 milhões. Combinando o novo serviço da dívida com o FLC, ter-se-ia a projeção apresentada no Quadro 2.36.

QUADRO 2.36 › Cenário de reestruturação: projeção do FLC com a primeira simulação da renegociação da dívida (R$ milhões)

	2014	2015	2016	2017	2018
FOC reestruturação	57,6	94,1	60	42,4	47,1
Amort. CP + LP	- 30	- 50	- 30	- 30	–
Juros CP + LP	- 24	- 16,5	- 9	- 3	–
IR&CS desalavancado	13,8	18,7	20,3	22	23,8
IR&CS alavancado	- 5,7	- 13,1	- 17,3	- 21	- 23,8
FLC	**11,8**	**33,2**	**24,1**	**10,5**	**47,1**
FLC acumulado	**11,8**	**45**	**69,1**	**79,5**	**126,6**

	2014	2015	2016	2017	2018
90% do FLC acumulado	10,6	40,5	62,2	71,6	114
Índice de alavancagem	2	0,8	0,4	-	-
ICSD	0,92	0,87	1,54	1,90	-

FONTE: ELABORADO PELO AUTOR.

Observe que a projeção do FLC indica a recuperação da liquidez da Arbol. Entretanto, note que a projeção do ICSD indica níveis abaixo de 1,2 vez, o que pode ser inaceitável para o banco credor. Isto pode ser um problema. São factíveis, aqui, três possibilidades:

1 Avisar ao banco que a empresa não poderia manter um ICSD mínimo de 1,2 vez entre 2014 e 2015, e pedir um *waiver* (perdão) excepcional para esses anos.

2 Além de pedir o *waiver* descrito em (1), oferecer como "garantia" que 90% de todo o excesso de caixa acumulado entre 2014 e 2015 fossem depositados em uma conta caução no banco (os outros 10% seriam mantidos na tesouraria da empresa para pagamentos ordinários). Ao fim de 2015, as projeções indicam que a conta caução poderia acumular um saldo de R$ 40,5 milhões para uma dívida restante de R$ 60 milhões.

3 Se as possibilidades (1) e (2) não fossem aceitáveis, seria necessário outro plano de reestruturação da dívida, agora envolvendo, inclusive, os debenturistas. Esse segundo plano poderia almejar, por exemplo, os seguintes termos:

- debêntures: adiamento da amortização de 2015 para 2016, com um aumento dos juros de 15% para 20% ao ano (mesma taxa oferecida ao credor de curto prazo); e
- dívida de CP: amortizações crescentes, com R$ 15 milhões ao ano entre 2014 e 2016, R$ 35 milhões em 2017, e R$ 40 milhões em 2018.

QUADRO 2.37 › Cenário de reestruturação: segunda simulação da renegociação da dívida

Endividamento	2014	2015	2016	2017	2018
Saldo dívida CP (31/12)	105	90	75	40	-
Amort. CP	- 15	- 15	- 15	- 35	- 40
Juros CP/saldo médio da dívida	20%	20%	20%	20%	20%
Despesas financeiras CP	- 22,5	- 19,5	- 16,5	- 11,5	- 4
Saldo debênt (31/12)	20	20	-	-	-
Amort. LP	-	-	- 20		
Juros LP/saldo médio da dívida	20%	20%	20%	20%	20%
Despesas financeiras LP	- 4	- 4	- 2	-	-
Amort. CP + LP	**- 15**	**- 15**	**- 35**	**- 35**	**- 40**
Juros CP + LP	**- 26,5**	**- 23,5**	**- 18,5**	**- 11,5**	**- 4**
Serviço da dívida	**- 41,5**	**- 38,5**	**- 53,5**	**- 46,5**	**- 44**

FONTE: ELABORADO PELO AUTOR.

QUADRO 2.38 › Cenário de reestruturação: projeção do FLC com a segunda simulação da renegociação da dívida

R$ milhões	**2014**	**2015**	**2016**	**2017**	**2018**
FOC reestruturação	57,6	94,1	60	42,4	47,1
Amortização CP + LP	- 15	- 15	- 35	- 35	- 40
Juros CP + LP	- 26,5	- 23,5	- 18,5	- 11,5	- 4
IR&CS desal.	13,8	18,7	20,3	22	23,8
IR&CS alav.	- 4,8	- 10,7	- 14	- 18,1	- 22,5
FLC	**25,1**	**63,6**	**12,8**	**- 0,1**	**4,5**
FLC acumulado	**25,1**	**88,7**	**101,5**	**101,4**	**105,8**
Índice de alavancagem	2,3	1,5	1	0,5	-
ICSD	1,22	1,57	1,18	1,41	1,54

FONTE: ELABORADO PELO AUTOR.

Observe que, nesta segunda simulação, a Arbol acumularia muito dinheiro na tesouraria. Esse poderia ser utilizado para pagar o credor mais rapidamente se o apego ao ICSD fosse menor.

Para terminar, será simulado o impacto no VEE e no VEA das ações recomendadas no cenário de reestruturação (com a segunda estratégia de renegociação da dívida). Para começar, será recalculado o WACC, pois o custo da dívida mudou (os juros foram reduzidos de 27,9% para 20%) e o risco da empresa, mensurado pelo beta, também (de 1,5 para 1,05).[6]

QUADRO 2.39 › Cenário de reestruturação: nova estimativa para o WACC

	Base	**Reestruturação**
C	70	70
D	140	140
C/D + C	33,33%	33,33%
D/D + C	66,67%	66,67%
$\mathbf{R_d}$	**27,86%**	**20%**
$R_d \times (1 - \text{IR\&CS})$	18,4%	13,2%
Beta	1,5	1,05
R_f	3%	3%
R_m	8%	8%
Risco Brasil	3%	3%
$R_m - R_f$	5%	5%
$\mathbf{R_c}$	**13,5%**	**11,25%**
WACC	**16,76%**	**12,55%**

FONTE: ELABORADO PELO AUTOR.

Observe que, agora, é necessário trazer a valor presente o FOC pelo WACC e a dívida por sua taxa de juros média original (27,9% ao ano) para capturar o ganho da estratégia de renegociação.

QUADRO 2.40 › Cenário de reestruturação: estimativa do VEE e do VEA (R$ milhões)

			2014	2015	2016	2017	2018
Períodos			1	2	3	4	5
FOC			**57,6**	**94,1**	**60**	**42,4**	**47,1**
WACC	12,55%						
VP FOC explícito			51,2	74,3	42,1	26,5	26,1
Total VP explícito (2014/2018)	220,1	51%					
FOC perpetuidade (2018)	47,1						
Perpetuidade simples	375,4						
VP perpetuidade simples	207,8	49%					
VEE	**427,9**	**100%**					
Serviço da dívida			- 41,5	- 38,5	- 53,5	- 46,5	- 44
VP serviço da dívida (27,9%)			- 32,5	- 23,6	- 25,6	- 17,4	- 12,9
(–) VP dívida	- 111,9	-26%					
VEA	**316,1**	**74%**					

FONTE: ELABORADO PELO AUTOR.

São notáveis as diferenças nas estimativas do VEE e do VEA entre o cenário-base e o cenário de reestruturação. Podemos resumir os possíveis ganhos da estratégia operacional e de financiamento:

QUADRO 2.41 › Comparação entre o VEE e o VEA dos cenários-base e de reestruturação (R$ milhões)

	Base	Reestruturação	Diferença
WACC	**16,76%**	**12,55%**	
VEE	**89,9**	**427,9**	338,1
(–) VP dívida	- 140	- 111,9	28,1
VEA	**- 50,1**	**316,1**	366,2

FONTE: ELABORADO PELO AUTOR.

Observe que os ganhos com a renegociação da dívida não se refletem apenas na redução do valor presente da dívida (R$ 28,1 milhões) mas também na redução do WACC (de 16,8% para 12,6%). Para isolar o ganho obtido somente com as ações operacionais, seria necessário descontar o FOC do cenário de reestruturação pelo mesmo WACC do cenário-base. Nesse caso, o VEE do cenário de reestruturação seria de R$ 330,2 milhões, representando um ganho de R$ 240 milhões, e não de R$ 338,1 milhões. Resumindo, o ganho com a reestruturação operacional foi de R$ 240 milhões e o ganho com a renegociação da dívida foi de R$ 126,2 milhões (338,1 – 240 + 28,1), totalizando R$ 366,2 milhões.

É importante ressaltar que a mudança significativa nas perspectivas da Arbol do cenário-base para o de reestruturação não é importante apenas para renegociar a dívida e animar os acionistas. Importa também aos seus funcionários, que terão de se empenhar muito para cortar custos e despesas sem perder receitas. Os acionistas podem até se comprometer a conceder um bônus aos seus funcionários na forma de ações ou um percentual do FLC após os piores anos terem passado (notadamente, 2014 a 2017)!

Exercícios

5 **Responda aos itens a seguir com base em suas próprias planilhas de projeção para os cenários-base e os de reestruturação:**

(a) Sugira outros termos (prazos e montantes de amortização e/ou taxa de juros) para a renegociação da dívida, respeitando os limites do ICSD e do IA, e calcule seus impactos no VEE e VEA.
(b) Uma vez realizada a contraproposta, faça um teste de estresse em seu modelo. Ou seja, simule os limites de cada vetor crítico de valor, mantendo todos os outros constantes até que o excesso de caixa acumulado durante o período de amortização se anule. Simule os seguintes vetores críticos:

- Margem bruta
- Margem Ebitda
- Capital de giro
- FOC

(c) Retome o caso Collins. Calcule o ICSD e o IA nas estratégias A e B. Se os *covenants* romperem os limites acordados com os bancos, proponha duas reestruturações da dívida, uma para cada estratégia.

6 **Caso Arcanjo. Empresa brasileira de autopeças de alta tecnologia, líder de mercado e com poucos e pequenos concorrentes locais, a Arcanjo vivia uma situação relativamente confortável havia muitos anos. Considere as informações contábeis da empresa apresentadas no quadro a seguir.**

QUADRO 2.42 › Informações seletas do demonstrativo de lucros e perdas e DFC de 2013

2013 (ano histórico)	R$ milhões
ROL	50
CMV (consideradas despesas com depreciação)	40% da ROL
Despesas gerais e administrativas (fixas em R$ considerando despesas com depreciação)	15
Despesas com vendas	10% da ROL
Despesas com depreciação anual	10% do saldo do AIB no fim do ano
Alíquota do IR&CS	30%

FONTE: ELABORADO PELO AUTOR.

QUADRO 2.43 › Balanço patrimonial (31/12/2013, em R$ milhões)

Ativos	**105**	**Passivos**	**105**
Caixa e aplicações	5	Fornecedores	10
Contas a receber	30		
Estoques	20	BNDES	15
Imobilizado bruto	130		
Imobilizado líquido	50	PL	80

FONTE: ELABORADO PELO AUTOR.

A capacidade instalada da Arcanjo era de 20 mil peças por ano, da qual ocupava 50% em 2013. Ou seja, a empresa vendeu 10 mil peças a um preço médio de R$ 5 mil por peça.

Em seu cenário-base, a empresa projeta que seu faturamento líquido crescerá 10% ao ano até 2018, mantendo sua margem bruta constante e sua fatia no mercado. Os juros pagos pela Arcanjo em sua linha de crédito com o BNDES são de 10% sobre o saldo médio, e a cada ano são amortizados R$ 5 milhões. A empresa não tem receitas financeiras.

(a) Elabore o cenário-base de análise para a Arcanjo projetando seu fluxo operacional de caixa até 2018. Pressuponha que a empresa:

- investirá o mínimo de R$ 5 milhões ao ano para sua infraestrutura em bom funcionamento, mas sem aumentar sua capacidade instalada, tampouco reduzir custos e despesas. O investimento também permitirá que as vendas da empresa cresçam, sem aumentar suas despesas gerais e administrativas; e
- manterá constantes as relações das contas de capital de giro com suas respectivas contas de referência aos níveis observados em 31/12/2013; e
- Sugestão: projete o volume de vendas, do preço médio unitário e do CMV médio unitário para estimar a ROL e o CMV, respectivamente.

(b) Calcule e projete o fluxo livre de caixa da Arcanjo e seu balanço patrimonial. Analise a situação econômico-financeira da empresa.
(c) Estime o VEA, pelo método direto, no cenário-base, utilizando uma perpetuidade simples e os seguintes parâmetros para o custo do capital do acionista: taxa livre de risco de 4%; beta de empresas similares de 1,5; retorno histórico do índice do mercado de renda variável de 10%; e risco país de 4%. Se necessário, utilize a estrutura de capital de 31/12/2013.

Em sua reunião de planejamento estratégico no fim do ano, a empresa identificou a ameaça da entrada de um novo concorrente estrangeiro já em 2014. Havia indícios de que este entraria com uma política comercial agressiva, que poderia dobrar os prazos médios atuais de financiamento aos clientes, além de reduzir preços em 30% (para R$ 3.500 por peça) com produtos importados. O cenário-base precisava ser reavaliado, assim como suas implicações.

(d) Projete o FLC e estime o VEA no "cenário com novo concorrente", pressupondo uma queda de preços em 30% já no início de 2014, mas mantendo o crescimento do volume de vendas em 10% ao ano. Suponha também que a relação das contas a receber com a ROL deverá crescer 50% para a Arcanjo não perder competitividade já no início de 2014. Mantenha as mesmas premissas de custos, despesas e custo de capital do cenário-base. Analise as implicações do novo concorrente para a Arcanjo e seus acionistas.

Preocupados com o novo concorrente, os acionistas consideram vender a Arcanjo ao concorrente ou investir na atualização da empresa.

(e) No "cenário de atualização", a Arcanjo precisaria investir R$ 20 milhões em 2014 para modernizar sua estrutura fabril. Esse investimento dobraria sua capacidade instalada para 40 mil peças por ano e permitiria que suas vendas crescessem 20% ao ano a partir de 2015, e reduziria seu CMV médio em 50% a partir de 2015. Esse investimento não excluiria a necessidade de se manter o investimento mínimo anual, mas o reduziria de R$ 5 milhões para de R$ 2 milhões por ano entre 2015 e 2018; e permitiria aumentar a eficiência nos estoques da Arcanjo, que poderia reduzir seus investimentos nessa conta em 50%, a partir de 2015. Até 80% desse investimento (ou R$ 16 milhões, já incluindo os juros capitalizados na carência de 2014) poderiam ser financiados pelo BNDES por dez anos e um novo empréstimo, também a juros de 10% com amortizações constantes a partir de 2015.

(f) Projete o FOC e o FLC desse "cenário de atualização" e estime o VEA dessa opção estratégica usando o mesmo custo de capital do cenário-base. Analise as implicações estratégicas do cenário de atualização para a empresa e faça suas recomendações aos acionistas.

7 **Caso Caminho do Sol. Suponha uma empresa concessionária de certa estrada de rodagem que tenha receitas e custos relativamente estáveis. Sua média histórica: Ebitda, R$ 30 milhões ao ano; LL, R$ 10 milhões ao ano; e FOC, R$ 20 milhões ao ano (note que todas estas médias estão em moeda constante). Como resultado do crescimento do tráfego na estrada e das otimizações de processos, o FOC da Caminhos do Sol tem crescido a uma média de 2% ao ano (acima da inflação).**

As receitas, as despesas e os investimentos tanto da empresa quanto da nova estrada variam com o IGPM, cuja variação é projetada em 5% ao ano.

A empresa não tem dívidas, tampouco aplicações financeiras significativas, porque o excesso de caixa é distribuído aos acionistas como dividendos. O custo de oportunidade do capital dos acionistas é de 15% ao ano (acima do IGPM). A empresa concessionária contempla investir em uma nova estrada, a Caminho do Sol, que requererá investimentos de R$ 100 milhões no primeiro ano de construção. Do segundo ano em diante, a estrada deve gerar um FOC de R$ 10 milhões ao ano ao longo dos próximos 29 anos.

A TIR desalavancada da nova estrada, ao longo dos trinta anos de concessão, é estimada em 12% (acima do IGPM), portanto, abaixo do custo de oportunidade do capital dos acionistas. A única maneira de os acionistas investirem na nova estrada é fazer uma captação de dívida.

Como banqueiro da empresa, você vai propor uma captação à empresa para viabilizar o projeto. Que volume de captação, custo, indexador e cronograma de amortização do principal você sugeriria ao cliente? Explique por quê.

■ CONCLUSÕES

> Aperfeiçoar modelos e ter acesso a informações superiores reduzirão a incerteza na estimativa, mas pouco farão para reduzir a exposição ao risco específico da empresa e ao risco macroeconômico.
> Damodaran (2007, p. 4).

AO CONTRÁRIO DA ANÁLISE de múltiplos de mercado, avaliar uma empresa pelo FDC não é uma tarefa trivial. As projeções sobre a geração do FOC no futuro requerem conjecturas sobre a vida econômica útil da empresa, a remuneração esperada pelos provedores de recursos financeiros (R_c e WACC), o ambiente competitivo em que a empresa opera, a capacidade e o talento da administração da empresa, a motivação de seus funcionários e acionistas, a disponibilidade de recursos onerosos de terceiros etc. Assim, o futuro de uma empresa não depende só de seus sócios e administradores, mas de seus concorrentes, consumidores, empregados, fornecedores, das tecnologias, do ambiente macroeconômico, do governo, do meio ambiente, enfim, de um conjunto de agentes econômicos e variáveis endógenas e exógenas ao objeto avaliado.

Em essência, o FDC se baseia em uma "história" sobre o futuro da empresa sintetizada em uma sequência de FOCs e FLCs. A implicação imediata é que, quanto mais elaborada e fundamentada a análise da posição de mercado e da estratégia de negócio e quanto mais precisas forem as fontes de informações contábeis, melhor será a qualidade da estimativa de valor produzida pelo FDC. Ninguém tem bola de cristal, mas isso não é desculpa para simulações grosseiras. Já deparamos com projeções de FOC apontando que em um ano a empresa passaria de um déficit equivalente a 10% do ROB para um superávit equivalente a 40% do ROB! A explicação para essa "revolução" operacional era pouco convincente.

Uma das críticas mais comuns ao FDC diz respeito a seu caráter estático: quando projetamos o FOC e o FLC definimos um (ou alguns) cenário(s) sobre o futuro, mas certamente o futuro será diferente. Os avanços em computação viabilizaram as "simulações de Monte Carlo", que trazem mais dinamismo e realismo às projeções.

SIMULAÇÕES DE MONTE CARLO

O objetivo das simulações de Monte Carlo é estimar o impacto de inúmeros possíveis cenários futuros, e não somente um. Primeiro: é preciso identificar as principais variáveis exógenas que afetam o FOC e o FLC. Denominamos essas variáveis de *inputs*. No exemplo da Ganesha, essas variáveis seriam o volume de automóveis a cruzar a ponte, que, por sua vez, estão relacionadas à atividade econômica da região. A relação dessa variável com a receita bruta da Ganesha (e portanto o FOC) se define como:

$$\text{Preço do Pedágio}_t \times \text{Volume de Automóveis}_t = \text{ROB}_t$$

Essa relação vai gerar variáveis endógenas (*outputs*) que no caso podem ser o VEE ou a TIR.

Em segundo lugar, é necessário obter séries históricas longas sobre o volume de automóveis que trafegam na região. Quanto mais longa a série, melhor a qualidade da análise. Terceiro: por meio de procedimentos estatísticos (análise do histograma[7]), identifica-se o tipo de distribuição de probabilidade que pode explicar o comportamento passado dessas variáveis (como função distribuição de probabilidade normal, Weibull, Rayleigh, exponencial, Poison etc.).

O computador, por sua vez, com base nos parâmetros-base que descrevem o comportamento dos *inputs*, gerará milhares de cenários possíveis produzindo uma "nuvem" de *outputs*. Por fim, com base em um histograma de *outputs*, é possível estimar qual a probabilidade de o VEE da Ganesha ser negativo, zero ou positivo.

As simulações de Monte Carlo têm uma implicação interessante: como ela nos permitem simular milhares de cenários possíveis, a taxa de desconto não precisa incluir nenhum fator de risco. Todo risco será considerado no numerador da fórmula de valor presente e não mais no numerador. Ou seja, $R_c = R_f$.

O desafio de usar simulações de Monte Carlo seria como obter séries históricas longas e confiáveis sobre as principais variáveis exógenas que afetam o FOC e o FLC de uma empresa? Em 1998, por exemplo, com menos 4 anos de Plano Real, não havia histórico de inadimplência no Brasil, variável crítica para avaliar uma empresa de varejo de eletrodomésticos, por exemplo. Agora, 20 anos depois do Plano Real, temos uma série melhor.

Para mais detalhes sobre as simulações de Monte Carlo, recomendo a leitura de Brealey e Myers (2003) e Savage (2009).

OPÇÕES REAIS

OUTRA INTERESSANTE METODOLOGIA QUE pode agregar flexibilidade à analise do FDC são as opções reais, que complementam a análise do FDC de duas maneiras ao possibilitar a precificação:

1 **da flexibilidade da gestão.** Por exemplo, quando uma empresa decide fazer uma expansão de sua capacidade instalada. Na análise tradicional do FDC, elaboramos um cenário de projeção de fluxo de caixa da expansão, calculamos uma taxa de desconto apropriada que contemple seu risco e, se o VPL for positivo, decide-se então investir na expansão. Mas, na prática, existe algum grau de flexibilidade gerencial quanto ao *timing* de implementação e à operação da expansão.

2 **dos Ativos Intangíveis**, com potencial de gerar FOC no futuro, mas que nada produzem no momento. Dentre esses ativos, destacamos: patentes, marcas, direitos sobre reservas minerais, projetos de novos produtos e/ou serviços, projetos de novas expansões etc.

EXEMPLO 1: INVESTIR EM NOVO PRODUTO

Uma empresa decide investir R$ 50 milhões em um novo produto cuja demanda, no momento, é incerta. A empresa pode investir e, se a demanda for alta, o VPL do novo produto é estimado em R$ 80 milhões. No entanto, se a demanda for baixa, a empresa pode perder R$ 30 milhões. Assim, a empresa está diante de dois possíveis eventos, conforme mostra a Figura 2.2.

A questão é: qual a probabilidade de a demanda ser baixa (e a empresa incorrer numa perda de R$ 30 milhões)? O diretor de marketing recomendou uma extensa pesquisa de 12 meses com consumidores em potencial em todo o Brasil. A pesquisa custaria R$ 1 milhão, mas praticamente eliminaria a incerteza sobre a demanda potencial, ou seja, a probabilidade de cenário de baixa demanda seria zero. Portanto, podemos reescrever os eventos mencionados como uma árvore de decisão, veja a Figura 2.3.

Ao criar uma opção real, o diretor de marketing reduziu a potencial perda da empresa de R$ 30 para R$ 1 milhão, caso a demanda se mostrasse limitada. A opção também reduziu o risco do investimento de R$ 50 milhões, que só aconteceria se o resultado da pesquisa fosse favorável (mas isso a empresa só descobriria após 12 meses e depois de um gasto de R$ 1 milhão).

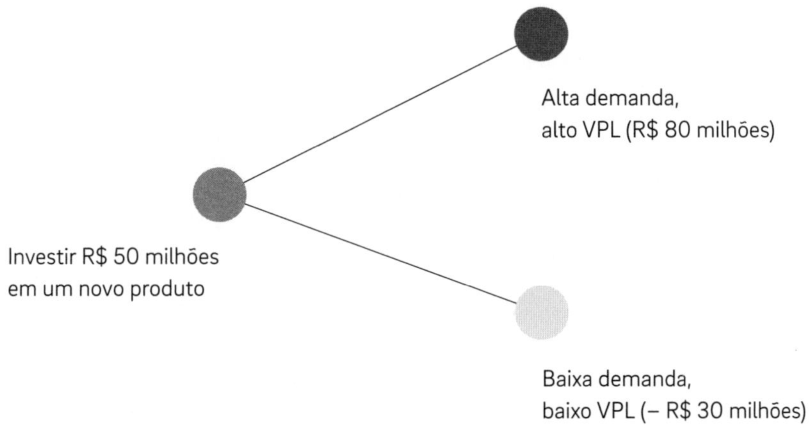

FONTE: ELABORADA PELO AUTOR.

FIGURA 2.2 › Dois possíveis resultados do investimento em novo produto.

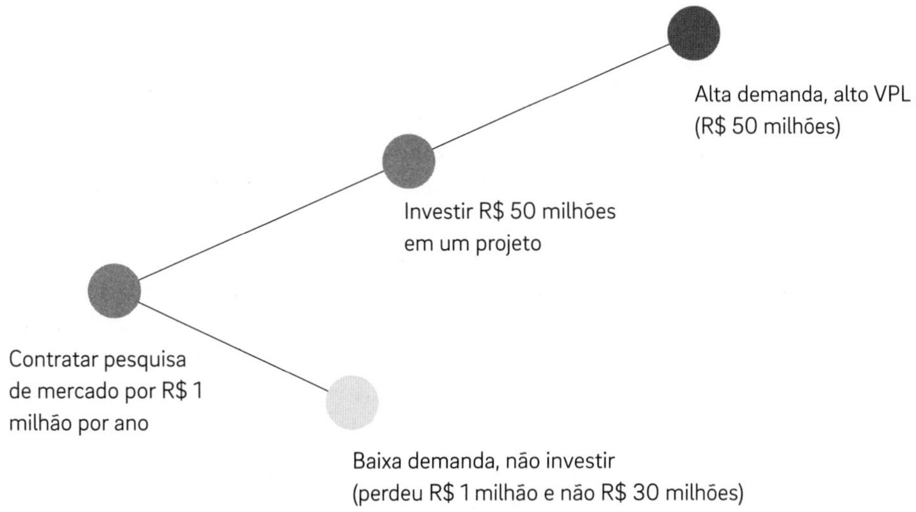

FONTE: ELABORADA PELO AUTOR.

FIGURA 2.3 › Árvore de decisão do investimento em novo produto.

Conclui-se, assim, que essa opção tem risco. Podemos interpretar essa opção real como uma opção de compra (*call*) de uma ação com um custo de R$ 1 milhão (C_0) e o preço de exercício (x) de R$ 50 milhões e validade de 12 meses, conforme mostra a Figura 2.4.

Se a empresa decidir exercer a opção quando a demanda for confirmada dentro das expectativas, o lucro com a opção será de R$ 49 milhões (R$ 50 milhões do VPL do novo produto menos R$ 1 milhão do custo da pesquisa). Mas a demanda pode ser ainda maior do que o previsto e o VPL do novo produto pode ser superior a R$ 50 milhões.

O importante é que uma opção de compra não é um compromisso irrevogável, mas o direito de comprar ou não (investir ou não) em uma ação (no caso, um novo produto).

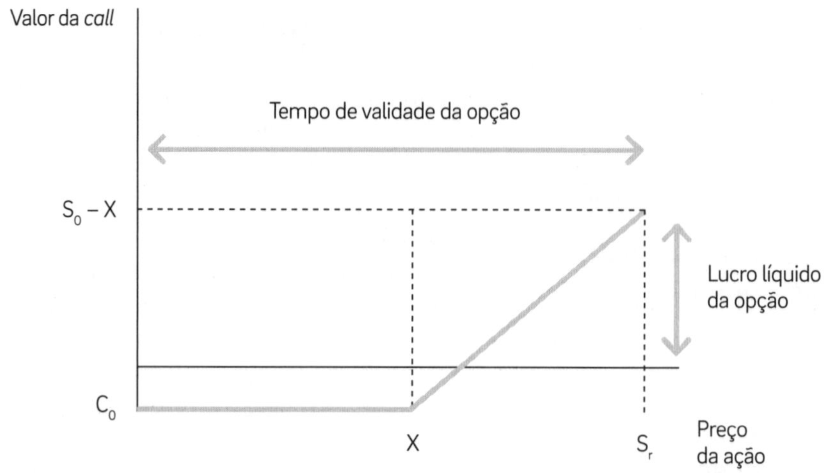

FONTE: ELABORADA PELO AUTOR.

FIGURA 2.4 › Representação do valor de uma opção de compra com custo C_0 e preço de exercício de x.

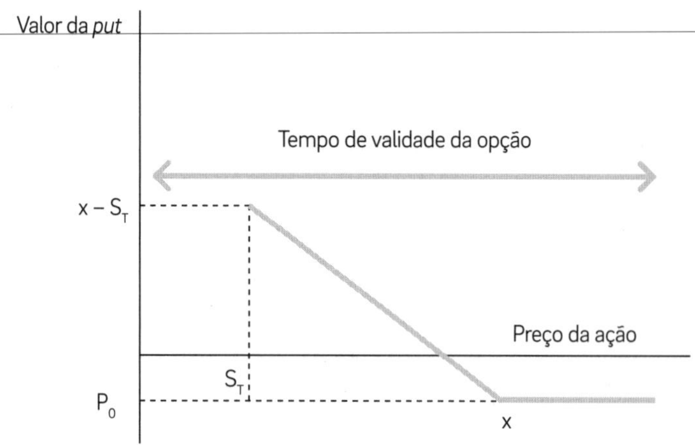

FONTE: ELABORADA PELO AUTOR.

FIGURA 2.5 › Representação do valor de uma opção de venda com custo P_0 e preço de exercício de x.

EXEMPLO 2: CLÁUSULA DE CANCELAMENTO DE UM CONTRATO DE FORNECIMENTO

Uma termoelétrica assinará um contrato de compra de gás do tipo *take-or-pay* de cinco anos. Assim, pelos próximos cinco anos, diariamente, a termoelétrica receberá um determinado volume de gás, quer ela precise dele, quer não, por um preço predefinido de, digamos, US$ 100 por BTU[8]. Se o preço do gás no mercado spot aumentar acima de US$ 100 por BTU, a termoelétrica vai lucrar por ter assegurado um gás mais barato. No entanto, se o preço do gás no mercado spot diminuir e for inferior a US$ 100 por BTU, a termoelétrica vai perder a oportunidade de lucrar mais com o gás barato. Nesse caso, se a termoelétrica conseguir negociar uma cláusula de desistência no contrato *take-or-pay*, ela vai criar valor. Mas será que o fornecedor de gás concordará com essa cláusula? Se concordar, não cobrará nenhuma multa da termoelétrica?

A clausula de *take-or-pay* é, na essência, uma opção de venda cujo valor depende do "ativo adjacente", no caso, o gás. O preço de exercício seria de US$ 100 por BTU e o custo da *put* (P_0) seria a multa que o fornecedor poderia cobrar no contrato. Veja a Figura 2.5.

EXEMPLO 3: EXPANSÃO DA FÁBRICA

Similar ao exemplo 1, suponha que uma empresa pretenda duplicar sua fábrica e faça um investimento de R$ 100 milhões, assumindo que o crescimento da economia seja incerto. Se a economia entrar em recessão, as vendas e a rentabilidade da empresa seriam afetadas significativamente, pois a fábrica estaria ociosa e com um custo fixo maior. Nesse caso, a perda gerada pela duplicação desnecessária seria de R$ 150 milhões. No entanto, se a economia continuar a crescer, a duplicação poderia agregar R$ 120 milhões à empresa, já descontando o investimento.

Diante da incerteza quanto ao nível de atividade econômica e para criar flexibilidade, a empresa decide comprar o terreno ao lado de sua fábrica atual por R$ 2 milhões. Com a aquisição do terreno vizinho, a empresa criou uma opção real (*call*). Seu custo será de R$ 2 milhões e não de R$ 100 milhões, mas há risco, pois a economia pode entrar em recessão e o valor do terreno pode cair, bem como a demanda pelo seu produto.

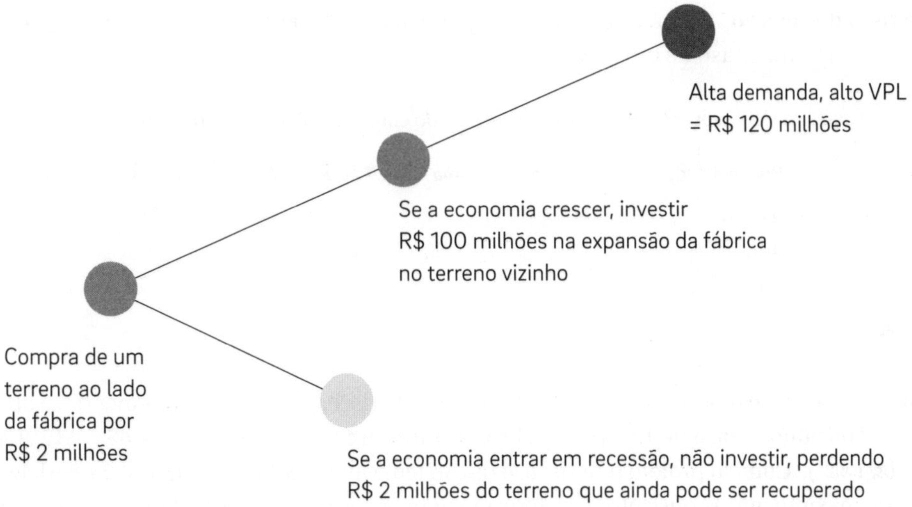

FONTE: ELABORADA PELO AUTOR.

FIGURA 2.6 › Árvore de decisão do investimento na duplicação da fábrica

COMO QUANTIFICAR UMA OPÇÃO REAL?

Como podemos constatar com os exemplos dados, as opções reais podem estar em muitos lugares, mas é preciso identificá-las e quantificá-las. Há três possibilidades: (a) abordagem qualitativa; (b) árvore de decisão; e (c) modelo padrão para opção financeira (Black & Scholes).

a Exemplo de abordagem qualitativa

Suponha que uma empresa de construção civil pretenda construir uma torre comercial em um terreno. O projeto tem custo inicial de R$ 60 milhões, custo de capital (Rc) de 12%, taxa livre de risco (Rf) de 5% e três possíveis cenários para o fluxo de caixa dos próximos três anos após a construção.

QUADRO 2.44 › VPL dos três cenários e VPL esperado

Cenários	Probabilidade	0	1	2	3	VPL
Alto	30%	- 60	42	42	42	40,9
Médio	40%	- 60	27	27	27	4,8
Baixo	30%	- 60	13	13	13	- 28,8
VPL esperado						5,6

Na abordagem qualitativa, presumem-se probabilidades de cada um dos três cenários acontecerem e estima-se a média ponderada dos VPLs, ou seja, o VPL esperado. No exemplo, o VPL esperado é de R$ 5,6 milhões (30% 3 40,9 + 40% × 4,8 + 30% × - 28,8). Aqui, não há flexibilidade, não há opção real. O investimento será feito, só não se sabe seu valor agregado ao investidor.

b Exemplo de árvore de decisão

Na abordagem da árvore de decisão, a empresa cria uma opção real ao negociar com o dono do terreno uma cláusula de exclusividade para comprar com validade de um ano. Que valor essa opção pode ter para o construtor?

Poder esperar um ano para pesquisar a demanda e decidir investir ou não na torre pode anular o risco do cenário "baixo". Se a empresa esperar, o investimento e os fluxos de caixa serão os mesmos, mas com atraso de um ano.

QUADRO 2.45 › VPL dos três cenários e VPL esperado com a opção de compra do terreno

Cenários	Probabilidade	Ano 0	Ano 1	Ano 2	Ano 3	Ano 4	VPL
Alto	30%	–	- 60	42	42	42	32,9
Médio	40%	–	- 60	27	27	27	0,8
Baixo	30%	–	–	–	–	–	–
VPL esperado							10,2

Note que a taxa de desconto do ano 1 é a taxa livre de risco, pois não haveria incerteza após um ano. Só aplicamos a taxa de 12% para os fluxos entre 2 e 4 ($32,9 = - 60 / 1,05 + 42 / 1,12^2 + 42 / 1,12^3 + 42/1,12^4$). Como o projeto tem risco, a opção tem valor: R$ 4,6 milhões (10,2 - 5,6). Este seria o valor máximo que a construtora poderia pagar pela opção de exclusividade para comprar o terreno com validade de um ano.

c Exemplo de modelo padrão para opção financeira[9]

Vale ilustrar a avaliação de uma opção real com um exemplo que envolve um ativo intangível: a patente sobre um novo produto.

Uma farmacêutica, a Biogen, tem uma nova droga (o Avonex®), que foi aprovada pelo FDA (Food and Drug Administration). A Biogen tem 17 anos para explorar comercialmente o Avonex® com exclusividade. Depois desse período, com a patente expirada, os concorrentes da Biogen poderiam copiar o produto. Nesse caso, por causa da concorrência, a Biogen não conseguiria mais gerar uma VPL positiva com o Avonex®. Quanto vale para Biogen a opção de usar a patente do Avonex® nos próximos 17 anos?

Considere que para tornar o Avonex® um produto e lançá-lo no mercado, a Biogen teria de investir US$ 2.875 milhões. Mas, em 17 anos, a Biogen conseguiria gerar fluxos de caixa cuja soma a valor presente seria de US$ 3.422 milhões. Ou seja, a cada ano que a Biogen deixasse de exercer sua patente, ela perderia 1/17 (5,89%) do VPL do Avonex®, que é, no máximo, US$ 547 milhões (US$ 3.422 - US$ 2.875). Como a cada ano que passa o valor da patente diminui, para estimar seu valor utilizaremos a fórmula de Black & Scholes adaptada para dividendos:

$$\text{ValorCall} = Se^{-yt}N(d_1) - Xe^{-rt}N(d_2) \quad (*)$$

Onde:

- S = valor do ativo subjacente, no caso valor presente dos fluxos de caixa do Avonex® (US$ 3.422 milhões);
- X = preço de exercício da opção, no caso, valor dos investimentos no produto (US$ 2.875 milhões);
- *t* = tempo de vida até a expiração da opção (17 anos);
- *r* = taxa livre de risco, que no caso seria de 6,7%;
- σ^2= variância do valor do ativo subjacente, que no caso seria a variância dos preços da ação de empresas de biotecnologia (0,224). Note que a variância do ativo adjacente poderia ser estimada através de um modelo de FDC da Biogen utilizando simulações de Monte Carlo para seus vetores críticos de sucesso;
- *y* = *dividend yield* que, no caso, seria o custo da demora em exercer a patente, ou seja, 1/17 ou 5,89%;
- $N(d_1)$, $N(d_2)$ = probabilidades estimadas de uma distribuição normal padronizada cumulativa.

Ainda temos que

$$d_1 = \frac{\ln\left(\frac{S}{X}\right) + \left(r - y + \frac{\sigma^2}{2}\right)t}{\sigma\sqrt{t}}$$

e

$$d_2 = d_1 - \sigma\sqrt{t}$$

Aplicando essas premissas na equação (*), obtemos o valor da patente, que é US$ 907 milhões. Como o VPL da patente é US$ 547 milhões (US$ 3.422 - US$ 2.875), deduzimos que o prêmio da opção é US$ 360 milhões (US$ 907 - US$ 547). Calculando o valor da opção ano a ano ao longo dos 17 anos, o prêmio se anula no nono ano. Portanto, a Biogen deveria aguardar nove anos para lançar o Avonex®.[10]

NOTAS

1 Resumo do post "Reflexões sobre Valor: Teoria & Prática na Geração (e Destruição) de Valor" publicado no blog do autor. Disponível em: <http://eduardoluzio.wordpress.com/2014/03/21/capital-de-giro--remedio-ou-veneno/>. Acesso em: 21 mar. 2014.

2 Post originalmente publicado no blog do autor. Disponível em: <http://eduardoluzio.wordpress.com/2014/05/28/valor-da-marca-caso-sulfabril/>. Acesso em: 28 maio 2014.

3 $R_c = R_f + (R_m - R_f) \times \beta$ + risco Brasil = 2% + ((5%) × 1,5) + 3% = 13,5%

4 R_d = (20/140) × 15% + (120/140) × 30% = 27,9%

5 $$WACC = \left(\frac{C}{V}\right) \times R_c + \left(\frac{D}{V}\right) R_d \times (1 - IR\&CS) = (70/210) \times 13{,}5\% + (140/210) \times 27{,}9\% \times (1 - 34\%) = 16{,}8\%$$

6 Beta do setor de máquinas nos Estados Unidos. Disponível em <www.damodaran.com>. Acesso em: 19 ago. 2014.

7 Definição de histograma de frequência: o histograma é um gráfico de barras que descreve os valores históricos de uma variável que se pretende analisar. No eixo horizontal, são definidos intervalos de valores, de igual dimensão, que a variável pode assumir. No eixo vertical, mensura-se a frequência de observações da variável em cada intervalo. Por exemplo, suponha que a velocidade do vento em certa região pode variar entre 0 m/s até 10 m/s. Pode-se construir, no eixo horizontal, intervalos de 2 m/s, ou seja: 0 a 2, >2 a 4, >4 a 6, >6 a 8 e >8 a 10. O eixo vertical vai mostrar o número de horas em um dia (ou um mês) onde se observaram essas velocidades.

8 Do inglês, *British Thermal Unit.*

9 Este exemplo foi apresentado em Damodaran (2007, p. 294-5).

10 Para mais detalhes sobre as opções reais, sugiro: DAMODARAN (2007) e COPELAND e ANTIKAROV (2003). Para um apaixonante relato sobre a história das opções e da fórmula de Black & Scholes, recomendo SZIPRO (2011).

CAPÍTULO 3

Oito passos da avaliação de uma empresa pelo FDC

COMO JÁ CARACTERIZADO, avaliar uma empresa requer entender seu percurso operacional, financeiro e estratégico no passado e no presente, e, com esta base, elaborar uma perspectiva sobre seu futuro. Um projeto de investimento não tem passado, mas há quase sempre outras referências de empresas semelhantes no Brasil e/ou no exterior que fornecem parâmetros econômicos, financeiros e estratégicos para servir de base para a elaboração de uma perspectiva futura.

O processo de avaliação pode demorar meses ou alguns dias, dependendo do nível de detalhes e do grau de importância atribuído ao esforço. Uma projeção detalhada tem outro mérito além de produzir boa estimativa de valor à empresa, pode servir como **plano de negócio** (*business plan*) de curto, médio e longo prazos, como: um guia para os acionistas e seus executivos rumo aos objetivos, e gerar métricas para avaliação de produtos, mercados, pessoas, processos e, acima de tudo, estratégias empresariais. Um bom plano de negócios, articulado com um mapa estratégico, é uma poderosa ferramenta de gestão administrativa e estratégica.

NA PRÁTICA › O que é um *business plan* (plano de negócios)? Para que serve? O valor de um bom *business plan*[1]

Há alguns anos, inseri o termo *business plan* (plano de negócios) em uma campanha no Google Adwords. Elaborar *business plans* é um dos serviços que prestamos na Gero Consultoria. Para minha surpresa, obtive várias consultas de interessados no serviço e logo constatei que o termo *business plan*, tão utilizado no mercado de capitais, tem entendimentos díspares em outros mercados.

Afinal, o que é um business plan (BP)? BP é uma visão quantitativa do futuro de uma empresa, seja uma já existente ou um novo empreendimento. Ele reflete implicitamente uma estratégia de mercado, operacional e financeira. Seu objetivo é estimar a capacidade de a empresa gerar dinheiro aos acionistas no futuro (geralmente cinco anos). Para tanto, projetam-se vendas (preços e quantidades), custos, despesas (operacionais, não operacionais e financeiras) e investimentos (capital de giro e ativos fixos). Há uma metodologia, um procedimento para calcular o dinheiro que estaria disponível aos acionistas. Do mesmo modo, o BP pode indicar os déficits de dinheiro que a empresa pode gerar e que precisarão ser financiados pelos acionistas e/ou seus bancos. Como tal, o BP é um instrumento de múltiplas utilidades.

Apesar de ninguém ter "bola de cristal", projetar o futuro é muito útil na condução de uma empresa. É muito provável que os resultados projetados para o próximo ano sejam diferentes daqueles que se realizarão. Entender o porquê dessas prováveis diferenças é uma importante fonte de aprendizado. E está demonstrado que as empresas que prosperam são as que têm capacidade de aprender com os sinais do mercado em suas várias dimensões (consumidores, fornecedores, concorrentes, funcionários, processos, tecnologias, tributos, estrutura financeira etc.).

O BP também permite identificar variáveis críticas para o sucesso da geração de valor econômico aos acionistas; identificar e mensurar os principais riscos aos quais a empresa e seus acionistas estão expostos; detectar as necessidades de recursos financeiros adicionais para sustentar o crescimento e/ou plano estratégico da empresa; estimar sua rentabilidade e seu possível valor de venda; criar parâmetros para a remuneração variável dos colaboradores; e realizar teste de *impairment*.

O BP pode facilmente se transformar de um instrumento de planejamento estratégico para outro gerencial, de implementação da estratégia.

Tive a satisfação de participar de um workshop de um cliente que há 18 meses me contratou para elaborar o BP de um novo negócio. Nesses 18 meses, o projeto saiu do papel, 95% do investimento previsto foi executado e a aquisição de uma empresa realizada. As próximas semanas seriam importantes para meu cliente, que estava negociando os primeiros contratos de venda. Nesse contexto, nos reunimos para atualizar o BP e discutir a estratégia da empresa. Ter investido tempo e dinheiro em elaborar um BP se maximiza numa ocasião como esta.

Com o BP que montamos a seis mãos (Gero, a equipe de consultores do cliente e o *top management* da empresa), há 18 meses, pudemos avaliar a que preços de venda o valor da empresa se destrói. Foi possível mensurar quais seriam as quantidades mínimas que a empresa precisaria produzir para não apenas se manter lucrativa mas também gerando valor a seus acionistas acima dos riscos por eles incorridos. Identificamos uma série de índices de performance operacional e financeira (KPIs – *key performance indicators*) que deveriam compor relatórios periódicos de gestão da empresa, critérios de avaliação de desempenho de seus funcionários e política de remuneração variável da equipe de gestão de vendas. Também foi possível simular o impacto financeiro da desativação de uma linha de produto enquanto seus novos produtos ganhavam mercado. Até o impacto financeiro da introdução de uma nova marca pôde ser simulado. Pudemos identificar a oportunidade de transformar uma unidade de apoio em uma nova unidade de negócio. Um dos próximos passos poderá ser atualizar o sistema operacional da Datasul para alimentar o BP periodicamente.

Enfim, o BP nos ajudou a rever e a expandir a estratégia delineada há 18 meses. Além disso, mostrou-se ser uma poderosa ferramenta de gestão operacional e estratégica.

Há várias maneiras de se conduzir o processo de avaliação. Será apresentado aqui um roteiro que pretende ser útil para várias situações, mas que deve ser adaptado ao contexto da empresa ou do projeto de investimento. Os oito passos a seguir são sugeridos para a avaliação de uma empresa pelo FDC.

1 Verificar sua posição estratégica de mercado.
2 Investigar o passado quanto a seu desempenho econômico-financeiro.
3 Identificar os fatores críticos de sucesso.
4 Projetar os fluxos de caixa da estratégia competitiva.
5 Estimar o custo médio ponderado do capital (WACC).
6 Definir o método de estimativa para o valor residual.
7 Avaliar o VEE e o VEA.
8 Analisar sensibilidade.

Os passos 1, 2 e 3 podem ser realizados simultaneamente e se complementam. Em avaliações mais superficiais, começa-se direto pelo 4. Não é recomendável não se proceder aos três primeiros passos, pois isto significa correr o risco de a projeção se tornar meramente um exercício matemático e não a modelagem de uma empresa. Os passos 4 e 5 também podem ser conduzidos simultaneamente.

Para um projeto de investimento, o passo 1 não acontece, pois a empresa ainda não existe. Entretanto, um projeto requer a elaboração de todas as premissas para a construção do plano de negócios que, no futuro próximo, pode gerar os primeiros demonstrativos contábeis da nova empresa.

Muitas vezes, tanto para empresas quanto para projetos de investimento, novos fatores críticos de sucesso são identificados ao fim da avaliação do VEE e do VEA. Isto ocorre porque certas nuances da estratégia e da dinâmica de geração (ou destruição) de valor econômico se revelam ao longo da construção do modelo de avaliação.

A aplicação dos "oito passos" foi ilustrada com a Aracruz Celulose SA, atualmente Fibria Celulose SA. Por que esta escolha? Pelos cinco motivos didáticos a seguir.

1 A empresa produz, basicamente, um só produto, celulose de fibra curta.
2 A Aracruz foi um dos grandes empreendimentos brasileiros que se tornou referência mundial. Como tal, demonstrava as vantagens competitivas de nosso país.
3 Por ter suas ações nas bolsas de São Paulo, Nova York[2] e Madri, seus relatórios financeiros eram um dos mais bem elaborados entre as empresas brasileiras de capital aberto da época.[3] A preocupação com **governança corporativa** levou a empresa a ingressar no Índice Dow Jones de Sustentabilidade da NYSE (DJSI World). O DJSI World reunia um grupo seleto de empresas do mundo todo, que se diferenciavam pela qualidade da gestão, transparência e governança corporativa.
4 A preocupação com o planejamento estratégico da empresa também era uma metodologia/disciplina de destaque na gestão da empresa.
5 O período de 2003 a 2008 foi escolhido propositalmente, porque foi marcado por uma contínua e significativa valorização do real perante o dólar estadunidense e dos preços das *commodities*. Entretanto, esses dois efeitos contrários tiveram importante impacto na Aracruz, ou melhor, em toda a indústria brasileira. Além disso, a crise de 2008 teve consequências devastadoras na Aracruz. A qualidade da sua gestão e das suas relações com investidores nos convoca todos a refletir sobre os limites do planejamento estratégico, da governança corporativa, da contabilidade e do FDC. Isto logo será descoberto.

Há uma sexta razão, mas de caráter pessoal. A Aracruz foi a primeira empresa que avaliamos. Desde então, entre virtudes e tropeços, mantemos uma relação de admiração por ela. Inclusive, desde outubro de 2009, possuo uma pequena quantidade de suas ações (450 para ser preciso).

Antes de iniciar a construção do nosso exemplo de avaliação pelo FDC usando a Aracruz, vale ressaltar que este é um exercício com fins puramente didáticos e com base em informações limitadas e premissas simplificadas. Não se pretende aqui elaborar uma avaliação de especialistas em celulose, que deveria ser mais profunda e detalhista.

Deve-se também ter em mente o fato de que a análise descrita a seguir foi realizada da posição de um observador externo à empresa. Ou seja, trabalhou-se com as informações públicas disponíveis.

▪ PRIMEIRO PASSO: ANALISAR A POSIÇÃO ESTRATÉGICA DE MERCADO DA EMPRESA

FUNDADA EM 1967, A Aracruz era uma das melhores empresas do mundo no mercado em que atuava, com relações sólidas com o mercado de capitais local e internacional. Os principais aspectos da posição de mercado da Aracruz em 2007 eram os apresentados a seguir.[4]

- **Sozinha, respondia por 30% da oferta global de celulose de fibra curta extraída do eucalipto**, que serve de matéria-prima para papéis higiênicos (*tissue*), para impressão e escrita e especiais.
- **Exportava quase toda sua produção** (média de 96% entre 2003/07).
- **Capacidade instalada fabril e florestal**: fábricas no Espírito Santo, Bahia (Veracel)[5] e no Rio Grande do Sul (Riocell)[6] tinham capacidade para produzir 3,2 milhões de toneladas (t) de celulose ao ano, abastecidas por 281 mil hectares de plantios próprios, além de 157 mil hectares de áreas de preservação natural.

- **Custos I**: seus eucaliptos demoravam cerca de seis anos para crescer até a idade de corte, enquanto os dos seus rivais do norte da Europa, que produziam celulose à base de coníferas (pinheiros), demoravam cerca de 20 anos para o corte.
- **Custos II**: o CPT (Centro de Pesquisa e Tecnologia) concentrava os estudos em melhoramento genético, manejo florestal (incluindo o controle biológico de pragas), processos e produtos. Nos últimos 40 anos, com investimentos constantes em P&D (cerca de US$ 10 milhões por ano): a produtividade média de madeira dobrou de 20 m^3/ha/ano para mais de 40 m^3/ha/ano; a idade média de corte das árvores foi reduzida de 7,5 anos para 6 anos; a produção da fibra de eucalipto cresce cerca de 6% ao ano (o dobro da média dos seus concorrentes). Com uma equipe de 80 profissionais, a empresa já desenvolveu algumas dezenas de patentes no Brasil e no exterior.
- **Custos III**: complexo fabril totalmente integrado, da floresta ao seu porto privado (Portocel).
- **Logística**: como exportador de *commodities*, a logística é crucial para a rentabilidade da Aracruz. A Portocel, que pertencia à Aracruz (51%) e à Cenibra da CVRD (49%), era um porto marítimo especializado na exportação de celulose branqueada. Com infraestrutura completa, a celulose chegava ao porto por diferentes modais de transporte: rodoviário, ferroviário e marítimo. Na época, a Portocel chegou a responder por cerca de 70% dos embarques de celulose do país.
- **Sólida base acionária**: suas ações ordinárias (44% do capital) pertenciam aos grupos Safra, Lorentzen e Votorantim (28% do capital votante cada), ao BNDES (12,5%) e outros (3,5%). Suas ações preferenciais (56% do capital) eram negociadas na Bovespa, em Madri (Latibex) e Nova York (NYSE).
- **Custo de captação**: em 2006, a empresa obteve o grau de investimento por duas agências internacionais, a Moody's e a Fitch.
- **Clima organizacional**: por 4 anos, a Aracruz apareceu na lista da melhores empresas para se trabalhar no Brasil.
- **Relação com a comunidade local**: a Aracruz era muito importante para a economia municipal (empregava, direta e indiretamente, 80% da mão de obra de Aracruz, ES) e estadual (respondia por 15% do PIB industrial do ES em 2003).
- **Relação com o meio ambiente**: em 2007, "a empresa chegou a ter 1 bilhão de árvores de eucalipto e mata nativas plantadas. Um terço da área total das florestas equivalentes à mata preservada e dois terços a eucaliptos para corte.

Desses aspectos da posição de mercado da Aracruz, deduz-se que sua estratégia competitiva era se concentrar em custos operacionais (escala, madeira, logística) e financeiros. O foco no mercado asiático também era interessante: celulose era a única *commodity* que a China não produzia. A combinação de todos esses fatores manteve a empresa em posição competitiva diferenciada no mercado mundial. Porém, será que essa posição seria sustentável? A matriz SWOT indicava concorrência crescente no exterior e no Brasil:

QUADRO 3.1 › Matriz SWOT

Oportunidades	Ameaças
Mercado chinês, europeu e dos Estados Unidos Plantas obsoletas (de baixa escala) na Europa Ciclo de alta nos preços da celulose (quando termina?)	Concorrência de novas plantas no sudeste asiático Concorrência de outros produtores brasileiros de eucalipto Valorização do real (desvalorização do dólar estadunidense) Pragas, condições climáticas que possam afetar as florestas

▸

Forças competitivas	Fraquezas competitivas
Escala de produção Custo e produtividade do eucalipto Florestas próprias e terras disponíveis Logística (Portocel) Produção integrada Acesso ao mercado de capitais internacionais e grau de investimento Estrutura societária forte	Distância dos mercados consumidores (frete) Não produz papel (?)

FONTE: ELABORADO PELO AUTOR.

Além do eucalipto, um aspecto da estratégia da Aracruz a distingue de seus concorrentes europeus, americanos e brasileiros (por exemplo, Suzano, Klabin, Bahia Sul): ela não produzia papel. Era 100% focada na produção da celulose de fibra curta. Por que a empresa não verticalizava sua produção "para a frente"? Isto permitiria que internalizasse a margem de seus clientes. Por outro lado, estaria competindo com seus clientes!

Agora, será verificado o que os números contam sobre a posição de mercado da Aracruz.

SEGUNDO PASSO: ANALISAR O PASSADO DO DESEMPENHO ECONÔMICO-FINANCEIRO DA EMPRESA

> The accountant's earnings figure results from attempts to match costs against revenues [...] Remember, cash is a fact, profit is an opinion.
>
> Alfred Rappaport[7]

Este segundo passo é o que requer mais conhecimento prévio de contabilidade. Aqui, o propósito não é ser um livro de contabilidade. Para isso há excelentes fontes, como o clássico Martins et al. (2013), que está sempre sendo atualizado em novas edições, principalmente em virtude das novas mudanças nas regras contábeis. Esse comentário, no entanto, não deve de forma alguma esmorecer o leitor. A contabilidade é fascinante e essencial na análise de empresas.

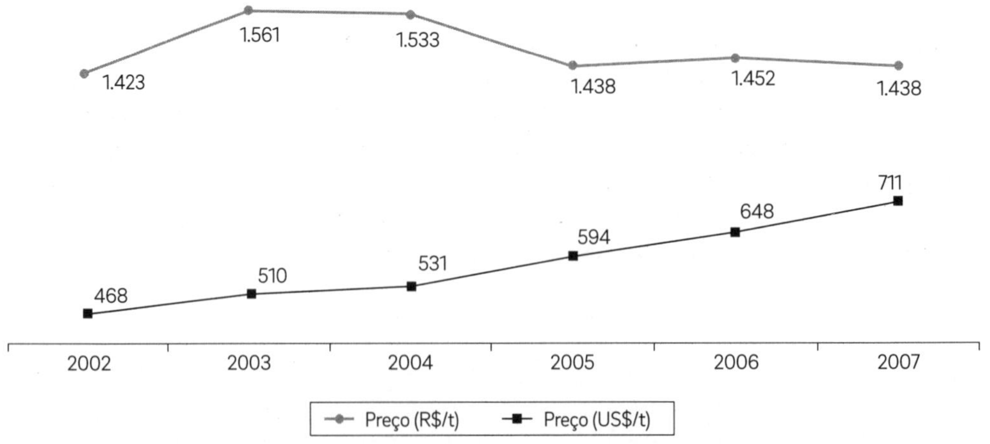

FONTE: ELABORADA PELO AUTOR, COM BASE NAS INFORMAÇÕES DOS RELATÓRIOS ANUAIS DA EMPRESA.

FIGURA 3.1 › Evolução dos preços da celulose da Aracruz em reais e dólares estadunidenses entre 2002 e 2007.

A **análise vertical e horizontal** do DRE da Aracruz demonstra que a evolução de suas receitas e margens refletiam duas características importantes da empresa: a maior parte de suas vendas era exportada, portanto, sua rentabilidade era muito afetada pela taxa de câmbio; a celulose é uma *commodity* cíclica, com seus preços definidos no mercado internacional.

Por cinco anos, entre 2003 e 2007, os preços da celulose vendida pela Aracruz seguiram uma trajetória de alta contínua, de U$S 510/t para US$ 711/t:[8] um aumento de 39%. Entretanto, a valorização cambial desse período reduziu a geração de receita da empresa, uma vez que o preço bruto de venda médio[9] em 2003 era de R$ 1.561 por tonelada, contra R$ 1.404 em 2007:[10] uma queda de 8%!

Nesse período, a receita bruta aumentou 30%, enquanto o volume vendido, 44% (de 2.149 mil/ano para 3.104 mil/ano). A apreciação do câmbio brasileiro foi reduzindo sua margem bruta.

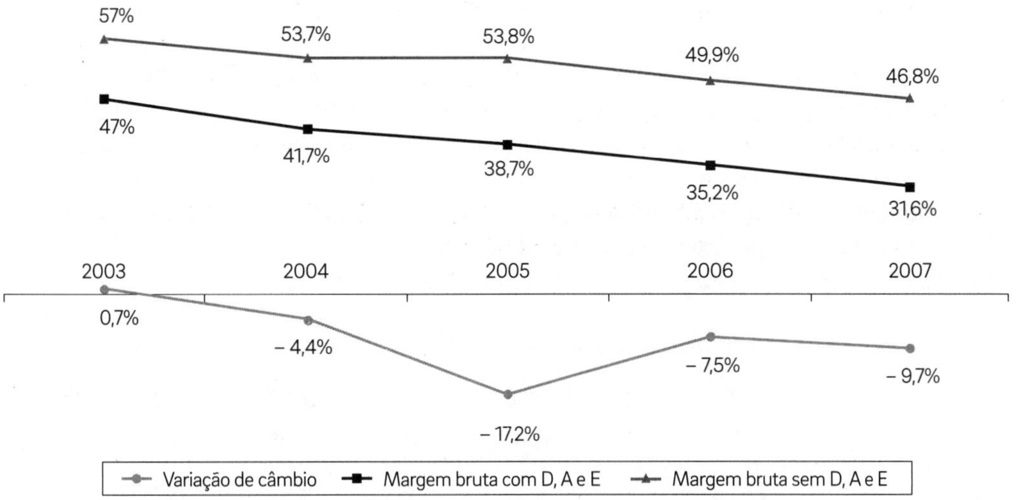

FONTE: ELABORADO PELO AUTOR, COM BASE NAS INFORMAÇÕES DOS RELATÓRIOS ANUAIS DA EMPRESA.

FIGURA 3.2 › Evolução da margem bruta (% ROB) e da variação cambial entre 2003 e 2007.

Analisando a evolução dos preços médios brutos de venda e o CMV médio por tonelada,[11] com e sem despesas de depreciação, amortização e exaustão (D, A, E), percebe-se o impacto da variação cambial. Enquanto os preços em reais caíram 8% do valor de 2003 em relação ao de 2007, o CMV médio, em reais, aumentou de 9% (desconsiderando D, A, E) a 15% (considerando D, A, E). A inflação do período, medida pelo IPCA, foi de 23%. Ou seja, enquanto o câmbio se valorizava em 34%, a inflação no Brasil era de 23%. A Aracruz deve ter feito um grande esforço para manter seus custos (medidos pelo CMV), crescendo abaixo da inflação!

QUADRO 3.2 › Evolução do câmbio, preços e custos médios: de 2003 a 2007

	2003	2004	2005	2006	2007	2007/2003
Câmbio (R$/US$)*	3,06	2,92	2,42	2,24	2,02	-34%
Variação	0,7%	-4,4%	-17,2%	-7,5%	-9,7%	
Preço (R$/t)	1.561	1.553	1.438	1.452	1.438	-8%
Variação	9,7%	-0,5%	-7,4%	1%	-0,9%	

	2003	2004	2005	2006	2007	2007/2003
Preço (US$/t)	510	531	594	648	711	39%
Variação	9%	4,1%	11,9%	9,1%	9,7%	
CMV (R$/t)	693	734	717	766	796	15%
Variação	3,6%	6%	–2,4%	6,9%	3,9%	
CMV excluindo D, A, E (R$/t)	537	545	497	552	583	9%
Variação	7,2%	1,5%	–8,7%	11,1%	5,5%	

* Deduzido da divisão entre o preço médio em US$/t divulgado pela empresa e o preço médio em R$/t, que, por sua vez, foi deduzido da divisão do ROB da empresa pelo volume vendido.

FONTE: ELABORADO PELO AUTOR, COM BASE NAS INFORMAÇÕES DOS RELATÓRIOS ANUAIS DA EMPRESA.

Vale observar que a evolução do lucro bruto sem D, A, E foi melhor (TACC de +1,6%) que o lucro bruto total (TACC de –3,3%). Essa diferença é importante, pois apenas D, A, E são despesas não caixa, mas também afetadas pelos montantes de investimento de longo prazo no AIB, que não necessariamente refletem aumentos de custos de produção. A capacidade instalada de produção aumentou 65% (de 1.940 mil/ano para 3.210 mil/ano), incluindo a aquisição da Riocell (2003/2004). Em 2003, por exemplo, as despesas com D, A, E correspondiam a 10,0% (57,0% – 47,0%) da ROB. Em 2007, essa relação era de 15,2% (46,8% – 31,6%).

QUADRO 3.3 › Resumo da margem bruta da Aracruz Celulose entre 2003 e 2007 (R$ milhões)

	2003	2004	2005	2006	2007	TACC*
ROB	**3.357**	**3.866**	**3.784**	**4.385**	**4.352**	**6,7%**
% ROB ME	96%	95%	96%	96%	94%	
ROL	3.066	3.411	3.332	3.858	3.847	5,8%
Lucro bruto	**1.577**	**1.612**	**1.466**	**1.543**	**1.376**	**- 3,3%**
Margem bruta	47%	41,7%	38,7%	35,2%	31,6%	
Lucro bruto sem D, A, E	**1.913**	**2.077**	**2.037**	**2.190**	**2.038**	**- 1,6%**
Margem bruta sem D, A, E	57%	53,7%	53,8%	49,9%	46,8%	

* $TACC = \sqrt[4]{\frac{Valor\ em\ 2007}{Valor\ em\ 2003}} - 1$

FONTE: ELABORADO PELO AUTOR, COM BASE NAS INFORMAÇÕES DOS RELATÓRIOS ANUAIS DA EMPRESA.

A análise do restante do DRE, incluindo o Ebitda divulgado pela empresa,[12] mostra que a margem Ebitda decresceu no período um pouco menos que a margem bruta, não incluindo D, A, E. Em valores absolutos, o lucro bruto não incluindo D, A, E decresceu em média 3,3%, enquanto a TACC do Ebitda cresceu 0,3% ao ano, veja Quadro 3.4.

A evolução do DRE da Aracruz mostra que suas despesas administrativas quase dobraram no período de 2003 a 2007, com um crescimento médio de 12% ao ano. Os honorários dos administradores foi a despesa operacional que mais cresceu (TACC de 19%). Ao todo, as despesas operacionais cresceram mais que proporcionalmente ao lucro bruto (desconsiderando D, A, E, com TACC de 1,6%), gerando uma margem Ebitda de 50% da ROB em 2003 para 39% em 2007.

QUADRO 3.4 › Resumo do DRE da Aracruz Celulose entre 2003 e 2007 (R$ milhões)

	2003	2004	2005	2006	2007	TACC
ROB	3.357	3.866	3.784	4.385	4.352	6,7%
Lucro bruto	**1.577**	**1.612**	**1.466**	**1.543**	**1.376**	**–3,3%**
Margem bruta	47%	42%	39%	35%	32%	
Comerciais	153	175	164	177	170	2,6%
Comerciais/ROB	4,6%	4,5%	4,3%	4%	3,9%	
Administrativas	71	94	94	124	112	11,9%
Administrativas/ROB	2,1%	2,4%	2,5%	2,8%	2,6%	
Honorários administradores	8	11	11	15	17	19,2%
Honorários/ROB	0,2%	0,3%	0,3%	0,3%	0,4%	
Honorários/Lucro líquido	0,9%	1,1%	1%	1,3%	1,6%	
Ebitda	**1.669**	**1.752**	**1.626**	**1.755**	**1.689**	**0,3%**
Margem Ebitda	49,7%	45,3%	43%	40%	38,8%	
D, A, E	336	465	572	647	662	
Ebit	**1.221**	**1.268**	**1.147**	**1.187**	**1.124**	
Despesas financeiras	- 161	343	285	484	186	
% Ebitda	9,6%	- 19,6%	- 17,5%	- 27,6%	- 11%	
Receitas financeiras	- 22	- 147	- 236	- 350	- 215	
Resultado financeiro	**182**	**- 196**	**- 49**	**- 134**	**- 169**	
% Ebitda	10,9%	- 11,2%	- 3%	- 7,7%	- 10%	
IR&CS	- 106	- 133	- 211	- 504	94	
Lucro líquido	**878**	**1.068**	**1.163**	**1.150**	**1.042**	**4,4%**
% margem líquida	26%	28%	31%	26%	24%	
Dividendos e JSCP*	- 592	- 344	- 544	- 461	- 461	- 6,1%
% Lucro líquido	67%	32%	47%	40%	44%	

* DFC

FONTE: ELABORADO PELO AUTOR, COM BASE NAS INFORMAÇÕES DOS RELATÓRIOS ANUAIS DA EMPRESA.

Em relação aos resultados financeiros, em 2003, a desvalorização cambial gerou um resultado positivo (R$ 182 milhões). Desde então, e até 2007, suas receitas financeiras absorveram parte significativa dos impactos das despesas financeiras. Como consequência, a Aracruz tinha gerado resultados financeiros aparentemente confortáveis em relação ao seu Ebitda. Esse histórico pode indicar uma gestão eficiente das finanças da empresa, que tinha acesso a captações em dólares a custos relativamente mais baixos que as aplicações que o mercado financeiro brasileiro oferecia. Em suas Notas Explicativas de 2003 a 2007, a administração repetia o comentário sobre a gestão do risco de sua estratégia financeira dizendo que, por exportar quase toda sua produção, a empresa se considerava protegida do impacto de flutuações cambiais sobre suas dívidas em moeda estrangeira.

Em geral, pode-se dizer que, entre 2003 e 2007, o Ebitda da Aracruz tinha se mantido ao redor de R$ 1,7 bilhão, e seu lucro líquido ao redor de R$ 1 bilhão. No que diz respeito a crescimento, o lucro líquido teve um TACC de 4,4%, enquanto o Ebitda ficou quase estagnado (TACC de 0,3%).

Outro indicador que chama atenção é o *payout*, ou seja, a relação entre dividendos e JSCP pagos aos acionistas. Apesar de esses valores terem decrescido (TACC de – 6,1%), enquanto o lucro líquido cresceu (TACC de 4,4%) e os honorários dos administradores também (TACC de 19%), a relação com o lucro líquido era relativamente alta: média de 46% do lucro líquido do período.

A seguir, será analisado o BP. Com base na análise de seus ativos e passivos, é possível identificar algumas das características operacionais e financeiras dessa empresa ao longo de 2003 a 2007. Por exemplo, do ponto de vista operacional:

- Em 2007, a empresa tinha cerca de R$ 1,4 bilhão alocado em Contas a Receber, Estoques e Adiantamento a Fornecedores (no AC e ANC), contra R$ 1 bilhão em 2003. Em contrapartida, a conta Fornecedores do passivo circulante (R$ 214 milhões em 31/12/2007 e R$ 242 milhões em 31/12/2003) não acompanhou esse crescimento, demonstrando que a empresa investia muito em seu capital de giro.
- Cerca de 76% dos ativos totais da empresa estavam alocados em ativos não circulantes, o que ilustra a alta intensidade de capital e a imobilização característica da indústria de celulose.
- A empresa mantinha um volume significativo de seus ativos na forma de disponibilidades (pelo menos em 31/12). Em 31/12/2005, a Aracruz chegou a ter 15% de seus ativos (R$ 1,3 bilhão) em disponibilidades. Em 31/12/2007, seu saldo em disponibilidades era o menor em cinco anos: R$ 874 milhões (9% dos ativos totais).

QUADRO 3.5 › Evolução dos ativos da Aracruz Celulose SA entre 2003 e 2007 (R$ milhões)

	31/12/2003	31/12/2004	31/12/2005	31/12/2006	31/12/2007
Ativo circulante	**2.172**	**2.294**	**2.659**	**2.690**	**2.352**
Disponibilidades e aplicações	1.075	1.269	1.301	1.240	874
Contas a receber	582	509	569	591	605
Estoques	333	314	439	498	485
Adiantamento fornecedores*	16	9	14	4	5
Outros ativos CP	167	192	336	357	383
Ativo não circulante	**162**	**243**	**303**	**396**	**573**
Contas a receber	13	18	29	33	69
Adiantamento a fornecedores	89	139	184	227	265
Outros ANC	60	86	90	136	239
Investimentos	849	28	24	23	22
Imobilizado líquido	4.724	5.723	5.927	6.129	6.769
Diferido**	95	587	465	340	216
Total (Ativos)	**8.002**	**8.874**	**9.379**	**9.577**	**9.931**

* Refere-se às parcerias com produtores rurais do Espírito Santo, Minas Gerais, Rio Grande do Sul, Rio de Janeiro para plantio de eucaliptos em terras de terceiros.

** Refere-se a gastos pré-operacionais e principalmente ao ágio na aquisição da Riocell (R$ 563 milhões em 31/12/2007).

FONTE: ELABORADO PELO AUTOR, COM BASE NAS INFORMAÇÕES DOS RELATÓRIOS ANUAIS DA EMPRESA.

Entre financiamentos e capital proprietário (leia-se PL), a composição das fontes de recursos da empresa mudou: em 2003, financiamentos representavam 60% desses recursos, enquanto em 2007 representavam 37%. Da dívida total, em 2003, 29% eram de curto prazo, enquanto, em 2007, somente 9%.

QUADRO 3.6 › Evolução dos passivos da Aracruz Celulose SA entre 2003 e 2007 (R$ milhões)

	31/12/2003	31/12/2004	31/12/2005	31/12/2006	31/12/2007
Passivo circulante	**1.893**	**990**	**1.336**	**932**	**906**
Fornecedores	242	216	196	205	214
Empréstimos e financiamentos	1.164	434	728	333	285
Dividendos e JSCP	361	178	304	245	281
Outros	125	163	107	149	126
Passivo não circulante	**3.370**	**4.444**	**3.891**	**3.828**	**3.660**
Empréstimos e financiamentos	2.918	3.895	3.252	3.225	2.805
Provisão contingências	273	353	511	450	502
Outros	179	196	128	153	353
Minoritários	1	1	1	2	4
Patrimônio líquido	**2.738**	**3.440**	**4.151**	**4.816**	**5.361**
Total (Passivos e PL)	**8.002**	**8.874**	**9.379**	**9.577**	**9.931**

FONTE: ELABORADO PELO AUTOR, COM BASE NAS INFORMAÇÕES DOS RELATÓRIOS ANUAIS DA EMPRESA.

Aparentemente, entre 2003 e 2007, a Aracruz desalavancou: a relação dívida líquida sobre PL chegou a seu ponto máximo em 31/12/2003 (110%) e encerrou 2007 em seu ponto mínimo (41%); a maior parte da dívida estava alocada no longo prazo (81% em 31/12/2007); a relação dívida líquida total com o Ebitda era relativamente baixa (1,3 em 31/12/2007); e a relação do saldo do ativo circulante com o passivo circulante era de 2,6 vezes em 31/12/2007. De acordo com as notas explicativas (nº 13), em 31/12/2007, a maior parte da dívida referia-se a pré-pagamentos de exportação e empréstimos do BNDES. Cerca de dois terços da dívida teriam vencimentos entre 2012 e 2016. Enfim, a estrutura de capital da Aracruz em 31/12/2007 era muito sólida: para cada R$ 1 do patrimônio líquido, havia R$ 0,58 em dívidas brutas (antes de descontar os R$ 874 milhões em disponibilidades).

QUADRO 3.7 › Evolução dos índices de endividamento da Aracruz entre 2002 e 2007

	31/12/2002	31/12/2003	31/12/2004	31/12/2005	31/12/2006	31/12/2007
Dívida bruta/Ebitda		2,4	2,5	2,4	2	1,8
Dívida líquida/Ebitda		1,8	1,7	1,6	1,3	1,3
Dívida bruta/PL		1,5	1,3	1	0,7	0,6
Dívida líquida/PL		1,1	0,9	0,6	0,5	0,4

FONTE: ELABORADO PELO AUTOR, COM BASE NAS INFORMAÇÕES DOS RELATÓRIOS ANUAIS DA EMPRESA.

Serão buscados outros indicadores contábeis de desempenho combinando-se números do DRE e do BP. A partir do lucro líquido é possível observar, com certos limites, a performance da gestão comparando-se os resultados obtidos no período com o montante de recursos aplicado no ativo (o Retorno sobre Ativos, ou ROA),[13] ou com o capital dos sócios, o PL (o Retorno sobre o Patrimônio, Retorno sobre o Capital, ou, ainda, ROE),[14] ambos apurados no BP:

$$ROA = \frac{LL}{Ativos} \qquad ROE = \frac{LL}{PL}$$

O ROE da Aracruz em 2003 foi de 32% contra 19% em 2007. Entretanto, o ROE de 2007 está muito abaixo do melhor índice obtido em 2003 (32%). O ROA se manteve relativamente estável: de 11% em 2003 para 10% em 2007.

QUADRO 3.8 › Evolução do ROE e do ROA da Aracruz Celulose SA entre 2003 e 2007

	2003	2004	2005	2006	2007
ROE	32%	31%	28%	24%	19%
ROA	11%	12%	12%	12%	10%

FONTE: ELABORADO PELO AUTOR, COM BASE NAS INFORMAÇÕES DOS RELATÓRIOS ANUAIS DA EMPRESA.

O que todos esses indicadores dizem sobre o risco que os acionistas estão correndo? Imagine que a empresa enfrente um repentino decréscimo de demanda que reduz substancialmente suas receitas. Os juros a serem pagos sobre os empréstimos contraídos são os mesmos, independentemente do volume de vendas da empresa. O prejuízo pode ser inevitável, e o ROE, de um instante para o outro, tornar-se nulo ou negativo, como ocorreu em 2002, quando a empresa teve lucro líquido de R$ 61 milhões, ROE de 3% e a relação dívida bruta/PL chegou a 2,8.

Para examinar a capacidade de a empresa gerar caixa, é preciso analisar o DFC. A análise da sua evolução entre 2003 e 2007 descreve que, dos R$ 5,3 bilhões de lucro líquido, R$ 6,1 bilhões converteram-se em "caixa gerado pelas operações". O impacto positivo de D, A, E (R$ 2,7 bilhões) foi parcialmente absorvido por variações cambiais (que custaram à empresa R$ 1,4 bilhão no período) e investimentos no contas a receber e estoques (R$ 760 milhões).

O que a empresa fez com os R$ 6,1 bilhões em caixa gerado pelas operações? Quase tudo foi para investimentos (R$ 6 bilhões) no ANC. Nesse período, R$ 15,1 bilhões foram captados em empréstimos e financiamentos, e R$ 13,3 bilhões pagos aos credores (amortizações). Por se tratar de investimentos de longo prazo, parte desses empréstimos financiou o investimento. A redução no valor da dívida de curto prazo entre 2003 e 2007 indica que essas captações alongaram o prazo de amortização do endividamento da Aracruz.

QUADRO 3.9 › Resumo do DFC da Aracruz entre 2003 e 2007 (R$ milhões)[15]

DFC	2003	2004	2005	2006	2007	Total
Atividades operacionais						
Lucro líquido	**870**	**1.068**	**1.163**	**1.150**	**1.042**	**5.294**
Depreciação, amortização e exaustão	**336**	**465**	**572**	**647**	**662**	**2.681**
IR&CS diferidos – longo prazo	80	48	– 61	38	205	309
Variações monetárias e cambiais*	– 342	– 248	– 309	– 178	– 347	– 1.366
Provisão contingências**	172	105	163	64	133	637

DFC	2003	2004	2005	2006	2007	Total
Decréscimo (acréscimo) em ativos						
Títulos e valores mobiliários	- 21	- 117	- 108	- 43	- 18	- 359
Contas a receber	- 79	16	- 194	- 99	- 184	- 539
Estoques	- 58	8	- 125	- 59	13	- 221
Créditos tributários	128	- 134	- 58	- 140	9	- 194
Acréscimo (decréscimo) em passivos						
Fornecedores	- 103	- 49	- 29	- 2	12	- 171
Provisões, litígios e contingências	- 131	- 25	- 4	- 125	- 82	- 367
Caixa gerado operação	**1.139**	**1.268**	**916**	**1.389**	**1.343**	**6.054**
Atividades de investimento						
Investimentos em títulos mobiliários	73	- 155	- 20	128	373	398
Ativo imobilizado	- 2.274	- 1.150	- 657	- 725	- 1.194	- 6.000
Ativo diferido***	- 12	- 1	- 1	-	-	- 15
Valores recebidos pela venda de AP	2	52	2	2	3	62
Caixa usado em investimento	**- 2.199**	**- 1.255**	**- 681**	**- 595**	**- 818**	**- 5.548**
Empréstimos e financiamentos						
Adições	5.083	3.158	1.809	2.668	2.418	15.136
Pagamentos	- 3.520	- 2.662	- 1.779	- 2.887	- 2.476	- 13.323
Dividendos e JSCP pagos	- 315	- 592	- 344	- 544	- 461	- 2.257
Caixa gerado (usado) financiamento	**1.248**	**- 96**	**- 314**	**- 763**	**- 519**	**- 445**
Variação cambial em disponibilidades	- 42	10	- 16	- 7	- 14	60
Acréscimo líq. em disponibilidades	**146**	**- 73**	**- 95**	**24**	**- 9**	**- 7**
Disponibilidades no início do exercício	102	248	175	80	104	
Disponibilidades no final do exercício	**248**	**175**	**80**	**104**	**95**	

* A Aracruz, como exportadora e atuante no mercado de capitais internacional, tinha aplicações financeiras e dívidas em moeda estrangeira. A apreciação do real deduzia o valor dos ativos financeiros em moeda estrangeira (impacto negativo), mas reduzia também o valor das dívidas (impacto positivo).

** Provisões são "reservas" constituídas para proteger a empresa contra perdas, como processos trabalhistas, tributárias, entre outros, que juntos formam "contingências".

*** Até o relatório anual de 2008, a Aracruz não relatava investimentos no Ativo Intangível. Em 2008, surge pela primeira vez no Balanço Patrimonial e no DFC o Ativo Intangível. Não se sabe se a empresa não diferenciava a conta Ativo Diferido daquela do Ativo Intangível, ou se simplesmente não investia no Ativo Intangível.

FONTE: ELABORADO PELO AUTOR, COM BASE NAS INFORMAÇÕES DOS RELATÓRIOS ANUAIS DA EMPRESA.

Aparentemente, a diferença entre novas captações de dívidas e amortizações, cerca de R$ 1,8 bilhão, pode ter ajudado a pagar os R$ 2,3 bilhões em dividendos e o JSCP aos acionistas no período. Os acionistas pareciam estar satisfeitos com seus investimentos na Aracruz: o preço das ações subiu de R$ 6,80 em 2002 para R$ 12,90 em 2007.[16]

Em suma, a análise dos demonstrativos entre 2003 e 2007 indicava que:

1 Apesar do aumento do preço internacional da celulose, a variação cambial limitou a capacidade de a Aracruz capturar os benefícios desse ciclo de alta.

2 A empresa fez investimentos importantes, aumentou sua capacidade instalada e, aparentemente, conseguiu alongar o perfil e reduzir seu endividamento.
3 Os acionistas receberam um montante considerável de dividendos e JSCP.

▪ TERCEIRO PASSO: IDENTIFICAR OS FATORES CRÍTICOS DE SUCESSO

DA ANÁLISE DA POSIÇÃO de mercado e da evolução dos demonstrativos contábeis, é possível deduzir alguns fatores críticos de sucesso. Do lado operacional, pode-se citar:

- o preço da celulose no mercado internacional;
- a taxa de câmbio;
- o custo da celulose;
- a capacidade instalada (escala);
- logística (que se reflete nas despesas comerciais);
- capital de giro (contas a receber, estoques, adiantamento a fornecedores).

Do lado financeiro, a estrutura de capital é crítica. A empresa precisa de financiamentos de longo prazo a custos adequados. Não é por acaso que a Aracruz foi a primeira empresa brasileira a emitir ADRs nível 3 na bolsa de Nova York. A administração dos recursos financeiros, tanto nas captações quanto nas aplicações do excesso de caixa, é essencial para manter os níveis de solvência e de alavancagem financeira dentro de patamares aceitáveis para seus financiadores e acionistas.

▪ QUARTO PASSO: PROJETAR OS FLUXOS DE CAIXA DA ESTRATÉGIA COMPETITIVA

NO CASO ESPECÍFICO DA ARACRUZ, a premissa sobre a estratégia operacional é de manter-se competitiva no que se refere a custos no seu único produto perante um mercado cujos preços são definidos pela demanda e oferta mundial de celulose. Não será considerado qualquer valor adicional agregado ao produto, por exemplo, via fabricação de papel e escrever. Mas, para manter sua competitividade, será assumida como a expansão da fábrica de Guaíba 1,8 milhão de toneladas com um investimento previsto de US$ 2 bilhões (ou R$ 4.045 milhões ao câmbio médio de 2007) e início das operações em 2010. Não será suposta qualquer expansão adicional na Veracruz por falta de informações.

Será admitida uma alteração na estratégia de financiamento. Até 2007, aparentemente, a estratégia de financiamento da Aracruz concentrava-se em aumentar o prazo de amortização da dívida que tem sustentado uma robusta distribuição de dividendos. Nas nossas projeções, não será considerada a distribuição de dividendos e JSCP, pois, pelo FDC, os dividendos não afetam o valor da empresa diretamente. Essa premissa é conveniente pois, caso contrário, seria necessário projetar novos financiamentos e seus termos para financiar eventuais déficits no fluxo livre de caixa.

Antes de elaborar as premissas e projetar o fluxo de caixa propriamente dito, é preciso refletir e decidir sobre dois aspectos fundamentais:

- Em que moeda de projeção o fluxo de caixa deve ser projetado? Como serão considerados os impactos da inflação e a variação cambial futura no fluxo de caixa?
- Por quantos anos será projetado o fluxo de caixa?

É necessário refletir sobre as implicações de cada um desses aspectos antes de construir as premissas e projetar o fluxo de caixa.

Com que tipo de moeda deve-se projetar o fluxo de caixa da Aracruz? Dólares estadunidenses ou reais? Moeda nominal (inflacionada) ou constante (deflacionada)? Estas não são decisões triviais.

A opção, aqui, foi por projeções em reais constantes, não por ignorar os possíveis efeitos dos "descasamentos" entre índices de preços, mas para analisar os impactos de outros fatores críticos de sucesso que parecem mais prementes: a curva de preços de celulose e o investimento em expansão da capacidade instalada. A Aracruz possuía receitas em dólares estadunidenses, custos em reais e dívidas em ambas as moedas; os descasamentos podem ter efeitos significativos. Entretanto, como prevê-los? O gráfico da figura a seguir descreve as curvas de três índices de preços no Brasil entre 2001 e 2006: câmbio, IGPM e IPCA. Como seria possível projetar tais índices sem cair em arbitrariedades?

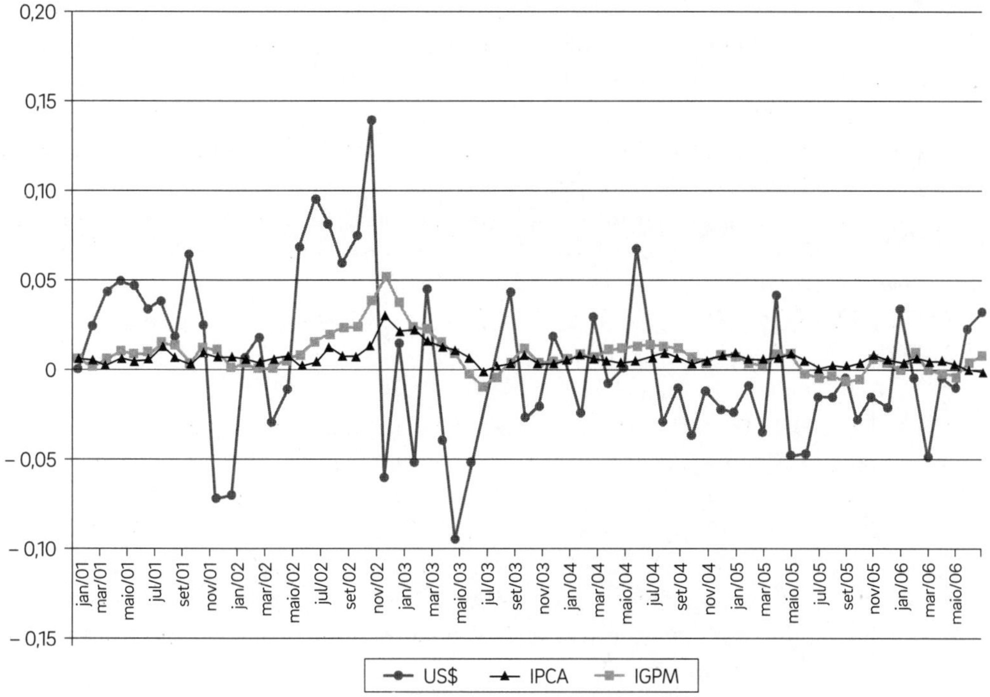

FONTE: ELABORADA PELO AUTOR.

FIGURA 3.3 › Evolução da taxa de câmbio, IGPM e IPCA entre 2001 e 2006.

Observe que, uma vez que se isola a tendência de perda real nas margens, a decisão de projetar o fluxo de caixa em moeda nominal ou constante pode ser neutra. Veja um exemplo numérico para ilustrar esta neutralidade. Suponha que, nos próximos cinco anos, a receita da empresa não aumentará acima da inflação, projetada em 5% ao ano. E assuma que seus custos vão aumentar 7% ao ano, ou seja, 2 pontos percentuais (200 pontos-base) acima da inflação. O WACC nominal (com inflação) assumido é de 15%, o que equivale a um WACC de real de 9,52% ao ano.[17] No início da projeção, o valor base da receita é de R$ 10 milhões e o do custo de R$ 6 milhões, o que gera um "fluxo" de R$ 4 milhões e uma margem de 40% (R$ 4 milhões dividido por R$ 10 milhões). O valor presente líquido dos fluxos dos próximos cinco anos é igual tanto em moeda constante quanto em moeda nominal: R$ 14,1 milhões.

QUADRO 3.10 › Exemplo da neutralidade das projeções em moedas nominal e constante

Real	Receitas	Custos	Fluxo	Margem	VP Fluxo
0	10	- 6			
1	10	- 6,1	3,9	38,9%	3,5
2	10	- 6,2	3,8	37,7%	3,1
3	10	- 6,3	3,7	36,5%	2,8
4	10	- 6,5	3,5	35,3%	2,5
5	10	- 6,6	3,4	34,1%	2,2
Total					**14,1**

Nominal	Receitas	Custos	Fluxo	Margem	VP Fluxo
0	10	- 6			
1	10,5	- 6,4	4,1	38,9%	3,5
2	11	- 6,9	4,2	37,7%	3,1
3	11,6	- 7,4	4,2	36,5%	2,8
4	12,2	- 7,9	4,3	35,3%	2,5
5	12,8	- 8,4	4,3	34,1%	2,2
Total					**14,1**

FONTE: ELABORADO PELO AUTOR.

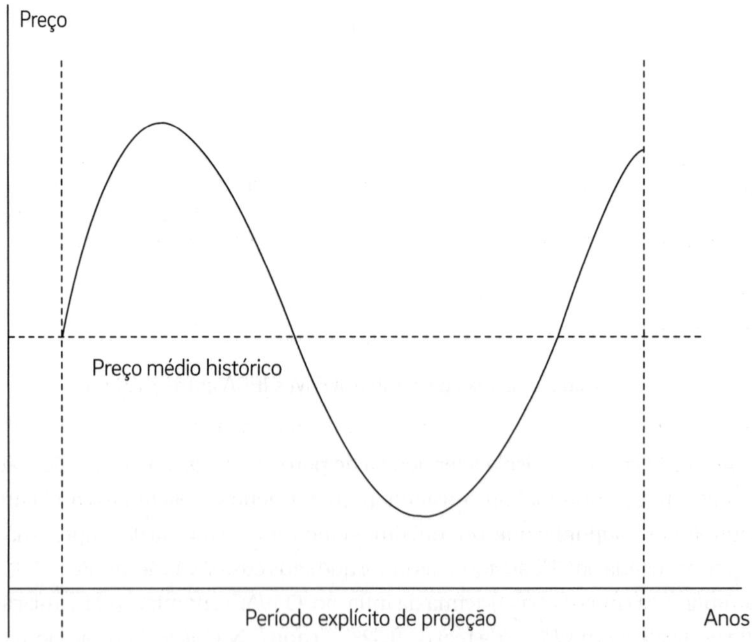

FONTE: ELABORADA PELO AUTOR.

FIGURA 3.4 › Ilustração da evolução do preço de uma *commodity* cíclica.

Apresentadas essas considerações e dado o caráter didático desta exposição, serão projetados os fluxos de caixa da Aracruz em reais constantes. Mas por quanto tempo deverão ser projetados os fluxos?

Os preços das *commodities* no mercado internacional, como é o caso da celulose, geralmente seguem ciclos que alternam picos e vales de preços, conforme ilustrado na Figura 3.4.

Para a projeção de preços, serão criados dois cenários: preços constantes na média ponderada pelo volume de vendas observados entre 2003 e 2007 (cenário de preço constante ou PC) de R$ 1.481 por tonelada; e preços flutuantes (cenário com volatilidade). Entre 1997 e 2007, os preços em dólares estadunidenses seguem uma curva com dois momentos de vale (US$ 474 em 1998 e US$ 468 em 2002) e dois picos (US$ 664 em 2000 e US$ 711 em 2007):

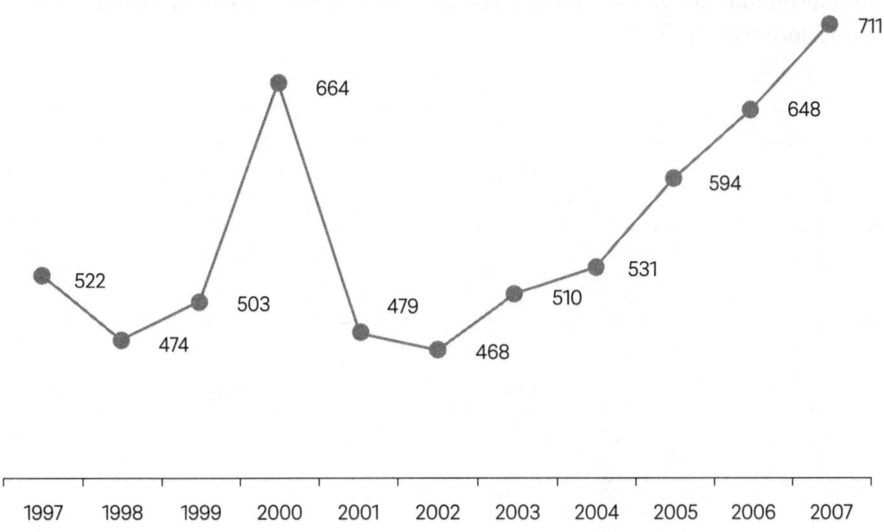

FONTE: ELABORADA PELO AUTOR, COM BASE NAS INFORMAÇÕES DOS RELATÓRIOS ANUAIS DA EMPRESA.

FIGURA 3.5 › Evolução dos preços de venda da celulose da Aracruz em dólares norte-americanas entre 1997 e 2007.

Ao se analisar essa curva constata-se que:

- os preços de vale tiveram valores médios muito próximos (cerca de US$ 470), assim como os de pico (US$ 680). Na média, os preços de pico foram aproximadamente 45% superiores à média dos de vale; e
- entre 2002 e 2007, os preços da celulose seguiram uma curva ascendente. Trata-se de uma longa trajetória de alta de seis anos.

Com base nessas constatações, criou-se a curva de preços de dez anos para o cenário com volatilidade com dois vales e dois picos:

- **Vale 1:** entre 2008 e 2009, haveria uma queda de preços (em US$ e R$, uma vez que foi mantida a taxa de câmbio constante) até atingir um novo vale. Em 2009, o preço médio seria de

US$ 471 por tonelada (ou R$ 953). Em relação à média de 2007, o preço do novo vale em 2009 seria 32% menor.

- **Pico 1:** entre 2010 e 2012, haveria um aumento de preços até atingir um novo pico. Em 2012, o preço médio seria de US$ 693 por tonelada (ou R$ 1.402, igual à média observada em 2007).
- **Vale 2:** entre 2013 e 2015, haveria uma nova queda de preços que culminaria em um novo vale, US$ 471 por tonelada (ou R$ 953).
- **Pico 2:** entre 2016 e 2017, haveria um novo aumento de preços, até atingir um novo pico. Em 2017, o preço médio seria de US$ 643 por tonelada (ou R$ 1.300, 7% inferior à média observada em 2007). Optou-se, por conservadorismo, por adotar um preço para 2017 ligeiramente inferior ao de 2007.

Como resultados dessas premissas, a curva de preços, em reais, para o cenário com volatilidade, tem a forma de "W":

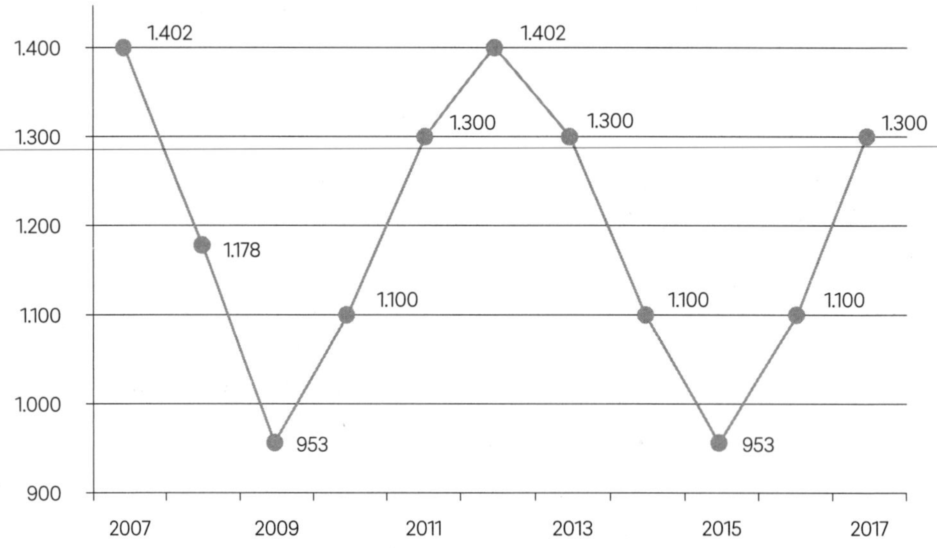

FONTE: ELABORADA PELO AUTOR.

FIGURA 3.6 › Cenário com volatilidade: curva de preços, em reais.

A forma da curva de preços afeta significativamente a estimativa do VEE, especialmente quando combinada com outra curva: a de investimentos. Projetar a curva de investimentos de uma empresa produtora de celulose como a Aracruz é outro grande desafio. Neste tipo de empresa, os investimentos são vultosos e se concentram ao longo de poucos anos. Uma vez tomada a decisão de quanto e quando investir, há pouca flexibilidade para adiar (ou antecipar) tais investimentos se a curva de preços demonstrar uma tendência decrescente (ou crescente).

A curva de investimentos será igual nos dois cenários, prevendo expansões na capacidade. Em seu Relatório de Administração de 2007, a Aracruz informou que ao fim de 2007 a capacidade instalada de Guaíba já havia aumentado em 200 mil toneladas, perfazendo um total de 630 mil toneladas, que, nas nossas projeções, consideramos efetivas apenas em 2008. No mesmo relatório, a administração revelou que pretendia aumentar a capacidade instalada da planta do Rio Grande do Sul de 630 mil para 1,8 milhão de toneladas/ano em 2010. Ou seja, a expansão em Guaíba seria de 1,2 milhão de toneladas, somando 4,7 milhões de toneladas/ano de capacidade instalada total para a Aracruz. O relatório não especifica quando essa capacidade adicional entraria em operação. Por conservadorismo, assumimos que estaria operativa a partir de 1/1/2011. A expansão em Guaíba requereria um investimento previsto de US$ 2 bilhões (ou R$ 4 bilhões ao câmbio médio de 2007), que projetamos serem desembolsados em três parcelas iguais ao longo de 2008 a 2010.

Note que no Cenário com Volatilidade, a expansão de Guaíba se tornaria operacional durante um momento de alta nos preços da celulose, próximo ao pico em 2012. De 2012 em diante, os preços se reduziriam, começando um novo ciclo de baixa. Portanto, as nossas premissas para o ciclo de preços e o cronograma de investimentos em Guaíba combinam o otimismo de quatro anos com preços acima da média (2011 a 2014) com dois anos abaixo da média (2015 a 2016). Seria um encontro relativamente feliz para o retorno no investimento em Guaíba.

Depois de 2010, assumiu-se que não haveria adições à capacidade instalada. Entretanto, seriam necessários investimentos mínimos na manutenção dos ativos. De quanto seriam esses investimentos? Nos últimos cinco anos (2003/2007), a Aracruz investiu R$ 6 bilhões. Se forem excluídos os investimentos na Veracel (R$ 3,9 bilhões) e na Riocell (R$ 1,6 bilhão), sobra R$ 0,5 bilhão, ou seja, R$ 100 milhões por ano para manutenção dos ativos. Essa média representa cerca de 20% da despesa com D, A, E média do período, que foi de R$ 536 milhões. Como em 2007 a despesa com D, A, E representou 6,8% do ativo imobilizado diferido, excluindo terras (R$ 9,8 bilhões),[18] assume-se que os investimentos mínimos na manutenção dos ativos seriam de 1,4% (20% × 6,8%) do saldo dos ativos fixos do ano anterior.

Somando aos investimentos em manutenção (20% da depreciação, da amortização e da exaustão) com a expansão em Guaíba, projetamos um investimento de R$ 4,5 bilhões que ocorreriam ao longo de três anos: de 2008 a 2010. Isso representaria um investimento médio de R$ 1,5 bilhão por ano.

Com essas premissas, é possível projetar a capacidade instalada, os investimentos e as despesas com D, A, E que serão utilizados em ambos os cenários.

QUADRO 3.11 › Projeção da capacidade instalada e dos investimentos (R$ milhões)

	2008	2009	2010	2011	2012	2013	2014	2017
Capacidade nominal (mil t/ano)	3.410	3.410	3.410	4.710	4.710	4.710	4.710	4.710
Investimentos expansão	1.348	1.348	1.348	–	–	–	–	–
Investimentos manutenção	132	152	173	193	196	199	201	210
Total Investimentos	**1.481**	**1.501**	**1.521**	**193**	**196**	**199**	**201**	**210**
Ativos fixos brutos 31/12*	11.254	12.755	14.276	14.469	14.665	14.864	15.065	15.685
D, A, E (anual)	**– 762**	**– 864**	**– 967**	**– 980**	**– 993**	**– 1.006**	**– 1.020**	**– 1.062**
D, A, E acumuladas 31/12	– 3.551	– 4.414	– 5.381	– 6.361	– 7.354	– 8.360	– 9.380	– 12.524
Ativos fixos líquidos 31/12	7.703	8.340	8.895	8.108	7.311	6.503	5.685	3.161

* Ativo imobilizado, diferido, excluindo terras.

FONTE: ELABORADO PELO AUTOR.

Assume-se que a Aracruz utilizaria, na média, 99% de sua capacidade instalada (média observada entre 2003 e 2007). Em seu histórico, a produção da Aracruz já chegou a ultrapassar sua capacidade, mas será adotada uma postura conservadora para incluir os efeitos das adaptações nas novas expansões e paradas de rotina. Com esta premissa, será possível projetar o volume de vendas para ambos os cenários.

QUADRO 3.12 › Projeção do volume de vendas (mil t/ano)

	2008	2009	2010	2011	2012	2013	2014	2017
Capacidade nominal (mil t/ano)	3.410	3.410	3.410	4.710	4.710	4.710	4.710	4.710
Volume vendas (mil t/ano)	3.372	3.372	3.372	4.658	4.658	4.658	4.658	4.658

FONTE: ELABORADO PELO AUTOR.

As outras premissas operacionais adotadas para ambos os cenários são:

- **Impostos diretos e devoluções**: o equivalente a 11,8% da ROB (média 2004/2007).
- **CMV:** foi mantido constante o CMV médio por tonelada de R$ 583,00 em 2007, sem considerar as despesas com D, A, E. Por consequência, a margem bruta no cenário de preço constante, no qual o preço de venda é constante (R$ 1.481), será sempre constante em 48,8% da ROB ao longo de toda a projeção. No cenário com volatilidade, a margem bruta variará significativamente, como será visto mais adiante.
- **Despesas comerciais**: o equivalente a 4,3% da ROB (média 2003/2007).
- **Despesas administrativas**: o equivalente a 2,5% da ROB (média 2003/2007).
- **Honorários dos administradores**: o equivalente a 0,3% da ROB (média 2003/2007).[19]
- **Outras despesas (receitas) operacionais:** essas são contas com valores relativamente pequenos e erráticos. Como tal, optou-se por não projetá-las.
- **Provisão para perdas em créditos tributários:** embora esta seja uma despesa "não caixa" com volume significativo, por não haver informações suficientes sobre sua origem e evolução, optou-se por não projetá-la.
- **IR&CS:** 34% do Ebit para o IR&CS desalavancado, e 34% do Lair para o IR&CS alavancado.

Essas premissas permitem projetar o Ebitda e o IR&CS desalavancado da Aracruz nos dois cenários.

QUADRO 3.13 › Cenário de preço constante: projeção do Ebitda e do IR&CS desalavancado (R$ milhões)

	2008	2009	2010	2011	2012	2013	2014	2017
ROB	**4.996**	**4.996**	**4.996**	**6.900**	**6.900**	**6.900**	**6.900**	**6.900**
Impostos diretos	- 591	- 591	- 591	- 817	- 817	- 817	- 817	- 817
CMV (–) D, A, E	- 1.965	- 1.965	- 1.965	- 2.714	- 2.714	- 2.714	- 2.714	- 2.714
D,A,E	- 762	- 864	- 967	- 980	- 993	- 1.006	- 1.020	- 1.062
Lucro bruto	**1.677**	**1.575**	**1.472**	**2.389**	**2.376**	**2.362**	**2.349**	**2.307**
Margem bruta	**38%**	**36%**	**33%**	**39%**	**39%**	**39%**	**39%**	**38%**
Comerciais	- 215	- 215	- 215	- 296	- 296	- 296	- 296	- 296
Administrativas	- 126	- 126	- 126	- 174	- 174	- 174	- 174	- 174
Honorários administrativos	- 17	- 17	- 17	- 24	- 24	- 24	- 24	- 24

	2008	2009	2010	2011	2012	2013	2014	2017
Amortização do ágio Riocell	- 113	- 57						
Ebit	**1.206**	**1.160**	**1.114**	**1.895**	**1.881**	**1.868**	**1.854**	**1.812**
Margem Ebit	24%	23%	22%	27%	27%	27%	27%	26%
D, A, E	762	864	967	980	993	1.006	1.020	1.062
Amortização do ágio Riocell	113	57						
Ebitda	**2.081**	**2.081**	**2.081**	**2.874**	**2.874**	**2.874**	**2.874**	**2.874**
Margem Ebitda	42%	42%	42%	42%	42%	42%	42%	42%
IR&CS desalavancado	**- 410**	**- 395**	**- 379**	**- 644**	**- 640**	**- 635**	**- 630**	**- 616**

FONTE: ELABORADO PELO AUTOR.

Observe como, no cenário de preço constante, a margem Ebitda se mantém estável em 42% da ROB. Em 2007, esta margem foi de 39%. Ou seja, o cenário de preço constante já parece ser otimista. No cenário com volatilidade, por sua vez, a queda de preços prevista para 2008 e 2009 gera reduções significativas na margem bruta e margem Ebitda, que pode chegar a 20% em 2009, e o Ebit pode ser negativo em 2009.

QUADRO 3.14 › Cenário com volatilidade: projeção do Ebitda e do IR&CS desalavancado (R$ milhões)

	2008	2009	2010	2011	2012	2013	2014	2017
ROB	**3.972**	**3.215**	**3.709**	**6.055**	**6.531**	**6.055**	**5.124**	**6.055**
Impostos diretos	- 470	- 381	- 439	- 717	- 773	- 717	- 606	- 717
CMV (-) D,A,E	- 1.965	- 1.965	- 1.965	- 2.714	- 2.714	- 2.714	- 2.714	- 2.714
D, A, E	- 762	- 864	- 967	- 980	- 993	- 1.006	- 1.020	- 1.062
Lucro Bruto	**774**	**6**	**338**	**1.644**	**2.050**	**1.617**	**783**	**1.562**
Margem Bruta	–	–	–	–	–	–	–	–
Comerciais	- 171	- 138	- 159	- 260	- 281	- 260	- 220	- 260
Administrativas	- 100	- 81	- 94	- 153	- 165	- 153	- 129	- 153
Honorários administrativos	- 14	- 11	- 13	- 21	- 23	- 21	- 18	- 21
Amortização do ágio Riocell	- 113	- 57						
Ebit	**377**	**- 282**	**73**	**1.210**	**1.582**	**1.184**	**415**	**1.128**
Margem Ebit	762	864	967	980	993	1.006	1.020	1.062
D, A, E	113	57						
Amortização do ágio Riocell	1.252	639	1.039	2.190	2.575	2.190	1.435	2.190
Ebitda	**32%**	**20%**	**28%**	**36%**	**39%**	**36%**	**28%**	**36%**
Margem Ebitda	- 128	–	- 25	- 411	- 538	- 402	- 141	- 383
IR&CS desalavancado	**3.972**	**3.215**	**3.709**	**6.055**	**6.531**	**6.055**	**5.124**	**6.055**

FONTE: ELABORADO PELO AUTOR.

Para projetar o fluxo operacional de caixa, é necessário projetar os investimentos em capital de giro. As premissas se baseiam nas médias observadas entre 2003 e 2007. Para cada conta, foram escolhidas as médias dos anos que apresentavam mais significância para uma tendência futura:

- **Contas a receber (CAR):** o equivalente a 15,2% (2005/2007) da ROB.
- **Adiantamento a fornecedores:** o equivalente a 14,7% (2005/2007) do CMV desconsiderando D, A, E.
- **Estoques:** o equivalente a 30,2% (2005/2007) do CMV desconsiderando D, A, E.
- **Fornecedores:** o equivalente a 12,1% (2006/2007) do CMV desconsiderando D, A, E.

Com essas premissas, é possível projetar o FOC da Aracruz nos dois cenários. No de preços constantes, observa-se que, apesar de a margem Ebitda variar pouco, o FOC projetado é alterado por consequência dos investimentos no capital de giro (2008 e 2010, quando as novas expansões começariam a operar) e nos ativos fixos (2008/2010).

QUADRO 3.15 › Cenário de preços constantes: projeção do FOC (R$ milhões)

	2008	2009	2010	2011	2012	2013	2014	2017
Ebitda	**2.081**	**2.081**	**2.081**	**2.874**	**2.874**	**2.874**	**2.874**	**2.874**
Investimentos	1.481	1.501	1.521	193	196	199	201	210
Contas a receber	758	758	758	1.046	1.046	1.046	1.046	1.046
Variação do CAR	222	–	–	289	–	–	–	–
Adiantamento fornecedores	289	289	289	399	399	399	399	399
Variação do AF	19	–	–	110	–	–	–	–
Estoques	593	593	593	820	820	820	820	820
Variação de estoques	108	–	–	226	–	–	–	–
Fornecedores	237	237	237	327	327	327	327	327
Variação de fornecedor	23	–	–	90	–	–	–	–
Investimento capital de giro	**– 326**	**–**	**–**	**– 535**	**–**	**–**	**–**	**–**
IR&CS desalavancado	– 410	– 395	– 379	– 644	– 640	– 635	– 630	– 616
Fluxo operacional de caixa	**– 135**	**186**	**181**	**1.502**	**2.039**	**2.041**	**2.043**	**2.049**
FOC/ROB	**– 3%**	**4%**	**4%**	**22%**	**30%**	**30%**	**30%**	**30%**
FOC/Ebitda	**– 7%**	**9%**	**9%**	**52%**	**71%**	**71%**	**71%**	**71%**

FONTE: ELABORADO PELO AUTOR.

Observe que, em 2008, o FOC projetado seria deficitário, mas, após esse período de altos investimentos em ativos fixos, recuperar-se-ia para uma média de R$ 2 bilhões por ano, equivalente a 71% do Ebitda e 30% da ROB. Seria uma excelente geração de caixa operacional.

No cenário com volatilidade, por sua vez, o ciclo dos preços e dos investimentos implica volatilidade do Ebitda, investimentos em capital de giro e do FOC. Nos primeiros três anos de investimentos, a geração do FOC seria deficitária em R$ 1,9 bilhão, o que possivelmente requereria novos financiamentos de longo prazo. Após 2010, quando os investimentos em expansão teriam terminado, a geração do FOC seria superavitária, mas inferior àquela do cenário de preço constante (média de R$ 1,3 bilhão).

QUADRO 3.16 › Cenário com volatilidade: projeção do FOC (R$ milhões)

	2008	2009	2010	2011	2012	2013	2014	2017
Preço (R$/t)	1.178	953	1.100	1.300	1.402	1.300	1.100	1.300
Variação de preço	**- 26%**	**- 24%**	**13%**	**15%**	**7%**	**- 8%**	**- 18%**	**15%**
Ebitda	**1.252**	**639**	**1.039**	**2.190**	**2.575**	**2.190**	**1.435**	**2.190**
Investimentos	1.481	1.501	1.521	193	196	199	201	210
Contas a receber	602	488	563	918	990	918	777	918
Variação do CAR	66	- 115	75	356	72	- 72	- 141	141
Adiantamento fornecedores	289	289	289	399	399	399	399	399
Variação do AF	19	-	-	110	-	-	-	-
Estoques	593	593	593	820	820	820	820	820
Variação de estoques	108	-	-	226	-	-	-	-
Fornecedores	237	237	237	327	327	327	327	327
Variação de fornecedor	23	-	-	90	-	-	-	-
Investimento capital de giro	**- 170**	**115**	**- 75**	**- 602**	**- 72**	**72**	**141**	**- 141**
IR&CS desalavancado	- 128	-	- 25	- 411	- 538	- 402	- 141	- 383
Fluxo operacional de caixa	**- 527**	**- 747**	**- 581**	**983**	**1.769**	**1.661**	**1.234**	**1.456**
FOC/ROB	**- 13%**	**- 23%**	**- 16%**	**16%**	**27%**	**27%**	**24%**	**24%**
FOC/Ebitda	**- 42%**	**- 117%**	**- 56%**	**45%**	**69%**	**76%**	**86%**	**66%**

FONTE: ELABORADO PELO AUTOR.

Apesar dos déficits entre 2008 e 2010, a TIR desalavancada com base no FOC (incluindo as expansões) é de 44% (no cenário de preço constante é de 234%!). Ou seja, com ou sem volatilidade, a análise da TIR desalavancada indica que os investimentos em expansão poderiam agregar valor aos acionistas.

Para projetar o FLC, assumiu-se a premissa de que é necessário projetar o custo e a amortização do endividamento oneroso no Relatório Anual da Empresa. A nota explicativa nº 13 descreve o custo e o cronograma de amortização do endividamento consolidado da Aracruz, de R$ 3,1 bilhões (31/12/2007), com algum detalhe. Com base em sua leitura, constata-se que, da dívida total, R$ 1,6 bilhão (53% do total) refere-se a adiantamentos de contratos de câmbio (ACCs) e pré-pagamentos de exportação, com um custo que varia entre 5,73% e 6,35% ao ano, mais variação cambial. Do restante da dívida, R$ 1,1 bilhão refere-se a dívidas junto ao BNDES, indexadas em TJLP mais 8,8%, em média. Se se adotar o fato de a variação cambial, a TJLP e a taxa de inflação serem, no longo prazo, iguais, o custo real ponderado da dívida da Aracruz pode ser estimado em 6,3% ao ano. A despesa financeira foi projetada com base no saldo médio da dívida no início e no fim de cada ano.

Em relação ao cronograma de amortização, a referida nota explicativa descreve os montantes a serem pagos ano a ano até 2011. Entre 2012 e 2016, a nota somente informa que o restante da dívida (R$ 2,278 bilhões) será amortizado. Para simplificar, assume-se que este saldo será amortizado de maneira linear ao longo desses cinco anos (20% ao ano).

Nas outras premissas financeiras, assume-se que o saldo das disponibilidades seria sempre aplicado a uma taxa real (já líquida de IR&CS) de 5% ao ano. Não se prevê nenhuma distribuição de dividendos nem pagamento de juros sobre capital próprio.

Com base nessas premissas, projeta-se a geração do FLC no cenário de preço constante.

QUADRO 3.17 › Cenário de preço constante: geração do FLC, disponibilidades e alavancagem (R$ milhões)

	2008	2009	2010	2011	2012	2013	2014	2017
FOC	- 135	186	181	1.502	2.039	2.041	2.043	2.049
Saldo da dívida	2.805	2.595	2.441	2.278	1.822	1.367	911	-
Amortização da dívida	- 285	- 210	- 154	- 163	- 456	- 456	- 456	-
Despesa financeira	- 186	- 170	- 159	- 149	- 129	- 100	- 72	-
IR&CS desalavancado	410	395	379	644	640	635	630	616
IR&CS alavancado	- 347	- 337	- 325	- 594	- 596	- 601	- 606	- 616
Ajuste no IR&CS	63	58	54	51	44	34	24	-
Receita financeira	17	11	7	70	148	231	320	642
Fluxo livre de caixa	**- 527**	**- 126**	**- 71**	**1.311**	**1.646**	**1.750**	**1.860**	**2.690**
FLC/ROB	- 11%	- 3%	- 1%	19%	24%	25%	27%	39%
FLC/Ebitda	- 25%	- 6%	- 3%	46%	57%	61%	65%	94%
Disponibilidades em 31/12	348	222	151	1.462	3.108	4.859	6.718	13.479
ICSD (31/12)	3,7	4,6	5,6	7,3	3,9	4,1	4,3	
IA (31/12)	1,3	1,2	1,2	0,8	0,6	0,5	0,3	

FONTE: ELABORADO PELO AUTOR.

O FLC entre 2008 e 2010 poderia ser deficitário em R$ 723 milhões, e o caixa acumulado em 31/12/2007 (R$ 874 milhões) seria suficiente para absorvê-lo, se não houvesse distribuição de dividendos e JSCP.

No cenário com volatilidade, a combinação da geração operacional de caixa com a amortização da dívida e seu custo financeiro indica uma geração de FLC muito mais apertada nos três primeiros anos, com a necessidade de significativas novas captações, que poderiam chegar a R$ 2,9 bilhões em 2010.

QUADRO 3.18 › Cenário com volatilidade: geração do FLC, disponibilidades e alavancagem (R$ milhões)

	2008	2009	2010	2011	2012	2013	2014	2017
FOC	**- 527**	**- 747**	**- 581**	**983**	**1.769**	**1.661**	**1.234**	**1.456**
Saldo da dívida	2.805	2.595	2.441	2.278	1.822	1.367	911	-
Amortização da dívida	- 285	- 210	- 154	- 163	- 456	- 456	- 456	-
Despesa financeira	- 186	- 170	- 159	- 149	- 129	- 100	- 72	-
IR&CS desalavancado	128	-	25	411	538	402	141	383
IR&CS alavancado	- 65	-	-	- 361	- 494	- 368	- 117	- 383
Ajuste no IR&CS	63	-	25	51	44	34	24	-
Receita financeira	-	-	-	36	61	57	37	73
Fluxo livre de caixa	**- 935**	**- 1.127**	**- 870**	**759**	**1.290**	**1.196**	**768**	**1.528**
FLC/ROB	- 24%	- 35%	- 23%	13%	20%	20%	15%	25%

	2008	2009	2010	2011	2012	2013	2014	2017
FLC/Ebitda	- 75%	- 176%	- 84%	35%	50%	55%	53%	70%
Disponibilidades em 31/12	- 61	- 1.188	- 2.058	- 1.299	- 9	1.187	1.955	4.336
ICSD (31/12)	2,5	1,7	3,3	5,9	3,6	3,3	2,5	
IA (31/12	2,2	4,1	2,3	1	0,7	0,6	0,6	

FONTE: ELABORADO PELO AUTOR.

Observe que, em 2009, o índice de alavancagem romperia o limite de 3,5 vezes, o que pode indicar que os acionistas teriam de fazer um aporte de capital ou uma oferta secundária de ações nas bolsas de valores. Note também que, até 2013, sem novas captações, a Aracruz não poderia distribuir dividendos ou JSCP.

Ainda é cedo para fazer mais qualificações sobre os dois cenários. É necessário avançar na aplicação do FDC.

QUINTO PASSO: ESTIMAR O CUSTO MÉDIO PONDERADO DO CAPITAL (WACC)

NESTE PONTO, RETOMAM-SE O conceito de remuneração dos recursos financeiros disponíveis à empresa e o risco ao qual os fornecedores desses recursos estão expostos. Agora, basta de teoria sobre o WACC. Como aplicá-la na prática?

Estimativas para o R_d geralmente vêm das últimas taxas cobradas pelas dívidas onerosas da empresa. Entretanto, por se tratar de uma projeção do futuro, o R_d ideal seria aquele que refletisse o custo de futuras captações de dívidas onerosas da empresa. Devem-se usar taxas de juros em dívidas de longo prazo. No caso da Aracruz, será empregada a média ponderada dos juros real de 6,3% já descrita.

A história de estabilidade econômica no Brasil é muito recente para produzir estimativas significativas para o WACC da maioria das empresas nacionais. Para estimar o R_c, geralmente buscam-se dados do mercado de capitais norte-americano para a taxa de retorno de risco zero (R_f), a taxa esperada de retorno do mercado (R_m), a estrutura ótima de capital e o beta. Para estimar estas duas últimas variáveis, em geral define-se uma amostra de empresas norte-americanas, com ações em bolsa de valores, do mesmo setor econômico de atuação da empresa em análise. Para adaptar esses números à realidade brasileira, acrescenta-se uma estimativa para o **risco Brasil**. A estimativa mais frequentemente utilizada para o risco Brasil é a diferença entre o *yield* dos *bonds* da República brasileira e dos *bonds* do governo norte-americano. Pode-se, portanto, reescrever a fórmula do retorno esperado pelos acionistas da seguinte forma:

$$R_c = R_f + (R_m - R_f) \times \beta + \text{Risco Brasil}$$

Se a projeção for em moeda constante, os parâmetros de R_f e R_d devem expurgar os efeitos da expectativa de inflação (π). Por exemplo, para estimar a taxa real livre de risco (R^*_f), aplicar-se-ia o seguinte procedimento:

$$(1 + R^*_f) = \frac{(1 + R_f)}{(1 + \pi)}$$

Apesar da forma aparentemente lógica, estimar o WACC é uma tarefa subjetiva. No quadro a seguir é descrito, como exemplo, o prêmio de mercado (R_m – R_f) nos Estados Unidos em três períodos históricos diferentes, estimado por dois modos diferentes, média aritmética e média geométrica, pelo professor Damodaran (1994), referência em Finanças Corporativas.

QUADRO 3.19 › Prêmio de mercado nos Estados Unidos (base *T bonds*)

Período histórico	Média aritmética	Média geométrica
1926-1990	7,24%	5,5%
1962-1990	3,92%	3,25%
1981-1990	0,13%	0,19%

FONTE: DAMODARAN, 1994, P. 22.

Os prêmios variam de 7,25% (média aritmética entre 1926 e 1990) a 0,13% (média aritmética entre 1981 e 1990). Todos os seis prêmios médios são defensáveis. No caso desses extremos, poder-se-ia argumentar que o período de 1926 a 1990 é longo o suficiente para abranger vários tipos de eventos históricos: quebras de bolsas de valores, guerras, choques do petróleo, assassinatos de presidentes etc. Em contraposição, alguém poderia defender o período histórico mais recente, entre 1981 e 1990, como o mais razoável, pois reflete o desenvolvimento tecnológico, econômico, político e institucional dos Estados Unidos. Brealey e Myers (2003), outras grandes referências em Finanças Corporativas, sugeriram entre 6% e 8,5% para os Estados Unidos, embora fossem uma economia que tinha crescido consistentemente e com pouca volatilidade em relação a outros países.

A mesma variedade de estimativas está disponível para as outras variáveis que compõem o WACC. Há, portanto, muita margem para distorções propositais ou acidentais no seu cálculo. Este é um problema na aplicação prática de uma teoria sem solução aparente. Na sua prática profissional, esteja sempre atento às premissas de cálculo do WACC.

Em 1995, quando da privatização da empresa de distribuição de energia elétrica da cidade do Rio de Janeiro, Light, a consultoria que fez a avaliação que estimou o preço mínimo da empresa, adotou premissas diferentes para a estimativa do WACC: comparou a volatilidade do PIB norte-americano com a volatilidade do PIB brasileiro e chegou à conclusão de que o último era duas vezes maior que o primeiro. Com base nesta constatação, multiplicou o β (beta), na fórmula do WACC, por dois, como estimativa do risco Brasil. Subjetivo? Claro, assim como outras estimativas do risco Brasil. O fato é que a empresa foi vendida na primeira privatização de grande porte do governo Fernando Henrique Cardoso.

Para estimar o WACC da Aracruz, aqui se começa pelo mais difícil: a estimativa do beta.[20] Há poucas empresas no mundo como a Aracruz, que somente produzia celulose em larga escala. Geralmente, as empresas deste setor produzem outros produtos de maior valor agregado, como papel e papelão. Por isso, é difícil encontrar empresas somente produtoras de celulose com capital aberto em bolsa de valores. Conseguiu-se uma amostra de 12 empresas norte-americanas, que incluem empresas produtoras de papel para impressão e escrita, papel-jornal, papelão, papel tissue (como o que a Aracruz produz) e madeira. Os betas dessas empresas vêm "contaminados" por seu grau de endividamento (D/C) e pelos benefícios tributários do país de origem (IR EUA). Por isso, os betas observados são denominados betas alavancados (β_a), que, na média das empresas norte-americanas, era de 1,0 para uma alavancagem de 84% (D/C).

QUADRO 3.20 › Amostra de empresas norte-americanas de madeira, papel e celulose

Empresas	β_aEUA	D/C EUA
Abitibi	1,15	50%
Boise Cascade	1,15	156%
Bowater	1,1	40%
Champion	1,05	98%
Chesapeake	0,8	62%
Consolidated Papers	0,65	115%
Domtar	1,05	89%
International Paper	1,05	113%
Louisiana Pacific	1,1	56%
Macmillan Bloedel	0,9	90%
Meade	1	69%
Westvaco	0,95	70%
Média	**1**	**84%**

FONTE: WWW.DAMODARAN.COM.

Para se poder estimar o beta da Aracruz, deve-se antes desalavancar os betas alavancados de cada uma das empresas e realavancá-los para a estrutura ótima da Aracruz (D/PL = 58%). Esse procedimento também deve incluir o ajuste entre o benefício tributário dos Estados Unidos e o do Brasil:

$$\beta_d^{EUA} = \left[\frac{\beta_\alpha^{EUA}}{1 + (1 - IR_{EUA}) \times \left(\dfrac{D_{EUA}}{C_{EUA}} \right)} \right]$$

Em que: IR_{EUA} = taxa de imposto de renda nos EUA (45%).
Observe também que:

$$\frac{D}{C} = \frac{\dfrac{D}{V}}{\left(1 - \dfrac{D}{V}\right)}$$

Aplicando este procedimento, deduz-se o beta desalavancado médio da amostra norte-americana em 0,69 (β_d^{EUA}). Em seguida, realavanca-se esse beta para a estrutura de capital em 31/12/2007 (D/C = 58%), como uma estimativa da estrutura ótima de capital para a empresa, considerando o benefício fiscal do endividamento no Brasil (34%) e utilizando a fórmula anterior:

$$\beta_\alpha^{ARC} = \beta_d^{ARC} \times \left[1 + (1 - IR_{BR}) \times \left(\frac{D_{ARC}}{C_{ARC}} \right) \right]$$

Deduz-se que o beta alavancado da Aracruz seria 0,96, pouco abaixo daquele da média da amostra norte-americana (1,0). Esta diferença, em parte, deve-se ao fato de o grau de alavancagem da Aracruz (58%) e o IR&CS do Brasil serem inferiores aos da amostra (84%).

QUADRO 3.21 › Amostra de empresas norte-americanas de madeira, papel e celulose

Empresas	β_aEUA	D/C EUA	β_dEUA	D/C ARC	β_aARC
Abitibi	1,15	50%	0,9	58%	1,24
Boise Cascade	1,15	156%	0,62	58%	0,86
Bowater	1,1	40%	0,9	58%	1,24
Champion	1,05	98%	0,68	58%	0,94
Chesapeake	0,8	62%	0,6	58%	0,82
Consolidated Papers	0,65	115%	0,4	58%	0,55
Domtar	1,05	89%	0,7	58%	0,97
International Paper	1,05	113%	0,65	58%	0,9
Louisiana Pacific	1,1	56%	0,84	58%	1,16
Macmillan Bloedel	0,9	90%	0,6	58%	0,83
Meade	1	69%	0,73	58%	1
Westvaco	0,95	70%	0,68	58%	0,95
Média	**1**	**84%**	**0,69**	**58%**	**0,96**

FONTE: ELABORADO PELO AUTOR, COM BASE NOS BETAS E D/C DISPONIBILIZADOS POR WWW.DAMODARAN.COM.

Com esta estimativa para o beta da Aracruz, pode-se construir o R_c, assumindo uma taxa de retorno de risco zero (R_f) de 5,02%,[21] uma taxa esperada de retorno do mercado (R_m) de 9,85%,[22] e o adicional para o risco Brasil de 4,00%:[23]

$$R_c = R_f + (R_m - R_f) \times \beta + \text{Risco Brasil}$$

$$R_c = 5{,}02\% + (9{,}85\% - 5{,}02\%) \times 0{,}96 + 4{,}00\% = 13{,}63\%$$

A remuneração média esperada pelos acionistas foi estimada, em termos nominais, em 13,63%. Se for adotada uma inflação média para os Estados Unidos de 2,40%, a remuneração média esperada pelos acionistas, em moeda constante, foi estimada em 11,17%.

Para estimar o WACC, adota-se a remuneração média do endividamento em 6,30%, em termos reais, conforme discutido na projeção do FLC, quarto passo. Se se adotar a estrutura média de capital de 2007, com 37% de dívida e 63% de capital, deduz-se o WACC em 8,61% em moeda constante:

$$WACC = \left(\frac{C}{V}\right) \times R_c + \left(\frac{D}{V}\right) \times R_d \times (1 - IR\&CS)$$

$$\text{WACC real} = 63\% \times 11{,}17\% + 37\% \times 6{,}30\% \times (1 - 34\%) = 8{,}61\%$$

NA PRÁTICA › Estimativa do R_c para o setor elétrico brasileiro

Em 2009, a Aneel publicou uma Nota Técnica[24] descrevendo as premissas que utilizou para estimar o R_c e o WACC das concessionárias de transmissão de energia no Brasil. O método utilizado não teve nenhuma novidade, e seguiu a prática utilizada por bancos de investimento e consultorias. A Aneel buscou parâmetros no mercado de capitais dos Estados Unidos para o R_c e a ele somou um prêmio de risco Brasil, medido pelo Embi+ (*Emerging Markets Bonds Index Plus*).

As estimativas do R_c e do WACC foram utilizadas pela Aneel para definir o reajuste nas tarifas de 13 concessionárias brasileiras para os próximos quatro anos.

Os parâmetros utilizados são descritos no quadro a seguir.

Deve-se voltar a atenção para a premissa do prêmio de risco Brasil, um dos principais componentes do R_c e, portanto, do WACC. A Aneel utilizou o conceito de mediana, e não de média aritmética usado em todos os outros parâmetros. Por quê? O conceito de mediana[25] permite excluir da amostra de dados os pontos fora da curva, *outliers*. Ao se considerar o histórico do Embi, percebe-se por que a Aneel adotou esta premissa. Em 2002, por exemplo, o Embi chegou ao recorde de 1.446 pontos-base.

A questão que fica é o caráter subjetivo da escolha dessas premissas. Por que não escolher a mediana do Embi entre 1994 e 2008, por exemplo? Se esse intervalo fosse considerado, o prêmio de risco Brasil seria de 6,36%, e não 5,23%. Este 1 ponto percentual teria impacto significativo para as concessionárias!

QUADRO 3.22 › Premissas para os parâmetros de cálculo do WACC das concessionárias de transmissão de energia no Brasil

Parâmetros	Descrição	Nominal	Real
R_f	Bônus do governo dos EUA (USTB10) com prazo de dez anos até o vencimento tem uma duração de aproximadamente oito anos no período de 01/1995–12/2008	5,09%	2,32%
Inflação EUA	Média anual no período de 1995/2008	2,71%	
$R_m - R_f$	Base: séries históricas de 1928 a 2008 do retorno do mercado acionário (S&P500) e a taxa do bônus do tesouro norte-americano do mesmo período.	5,45%	5,45%
β_aEUA	Média de 13 empresas para as quais se obteve o beta médio das ações, calculado para o período de cinco anos	0,772	0,772
IR EUA	Alíquota do imposto de renda corporativo nos EUA	40%	40%
β_dEUA	Beta desalavancado médio da amostra de empresas norte-americanas.	0,291	0,291
IR Brasil	Alíquota de IR&CS corporativo no Brasil	34%	34%
Estrutura de Capital Br (D/V)	Média da estrutura de capital de 17 empresas transmissoras licitadas no Brasil (3º ano de operação)	63,55%	63,55%
β_aBr	Beta alavancado médio estimado para as empresas brasileiras	0,627	0,627
Risco Brasil	Valor mediano do *Emerging Markets Bonds Index Plus* relativo ao Brasil (EMBI+Brazil), de jan/00 a dez/08	5,23%	5,23%
R_c	**Custo de oportunidade do capital do investidor em transmissão de energia no Brasil**	**13,74%**	**10,96%**
R_d	Custo do capital de terceiros (financiadores) que inclui R_f (5,09%)+ prêmio de risco de crédito (1,93%) + prêmio de risco Brasil (5,23%)	12,25%	9,29%
WACC	Custo médio ponderado do capital estimado para as empresas de transmissão de energia no Brasil	9,81%	7,15%

FONTE: NOTA TÉCNICA 395/2009-SRE/ANEEL.

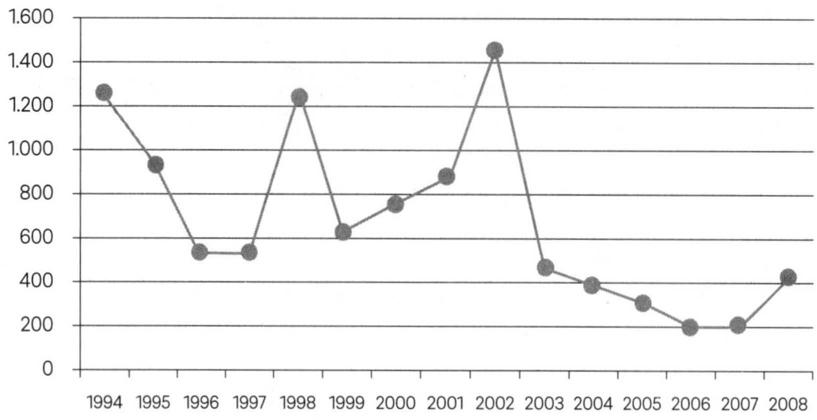

FONTE: WWW.IPEADATA.GOV.BR.

FIGURA 3.7 › Evolução do Embi-Brasil de 1994 a 2008.

▪ SEXTO PASSO: DEFINIR O MÉTODO DE ESTIMATIVA PARA O VALOR RESIDUAL

POR CONSERVADORISMO, EM AMBOS os cenários, é válido adotar uma perpetuidade simples para estimar o valor residual da Aracruz. Entretanto, no cenário com volatilidade cabe uma consideração importante.

Como discutido, na avaliação de empresas cíclicas, como é o caso da Aracruz, os preços seguem curvas senoidais, que alternam momentos de pico e de vale ao longo de extensos períodos. Dependendo da forma da curva no período explícito, pode-se superestimar (ou subestimar) o valor presente dos fluxos de caixa no caso de uma curva em forma de "W" invertido. Dependendo do momento do ciclo de preços em que se aplica o cálculo do valor residual com uma perpetuidade, o efeito pode ser o contrário do observado no período explícito de projeção. Se a curva de preços tem forma de "W", o valor residual pode ser superestimado. No cenário com volatilidade da Aracruz há mais um agravante, pois o fim da curva de preços, além de ser um período de alta de preços, também é no qual o volume de vendas é maior, dados os investimentos na capacidade instalada (ver Figura 3.6, p. 148).

A fim de minimizar o impacto no valor residual da Aracruz, para estimar a perpetuidade será utilizado o último preço em R$ 1.300, e não R$ 1.402, como no primeiro pico.

▪ SÉTIMO PASSO: ESTIMAR O VEE E O VEA

VALE LEMBRAR:

$$VEE = \left(\frac{FOC_1}{(1 + WACC)^1}\right) + \left(\frac{FOC_2}{(1 + WACC)^2}\right) + \ldots + \left(\frac{FOC_t}{(1 + WACC)^{10}}\right) + \left(\frac{\text{Valor Residual}}{(1 + WACC)^{10}}\right)$$

e que VEA = VEE – VP (dívidas e passivos não operacionais) + VP (ativos não operacionais). Pode-se estimar o VEE e o VEA gerados nos dois cenários, conforme o quadro a seguir.

QUADRO 3.23 › Estimativas do VEE e do VEA da Aracruz nos cenários de preço constante e com volatilidade (método indireto) (R$ milhões)

	Cenário PC (A)	% VEE	Cenário com volatilidade (B)	% VEE	A – B	% B
WACC	8,6%		8,6%			
VP FOC (2008/2017)	7.919	43%	3.523	32%	4.396	125%
FOC perpetuidade (2017)	2.049		1.456		593	41%
VP perpetuidade	10.424	57%	7.406	68%	3.017	41%
VEE	**18.343**	**100%**	**10.930**	**100%**	**7.414**	**68%**
Disponibilidades	874	5%	874	8%	–	–
Dívida	- 3.090	- 17%	- 3.090	- 28%	–	–
Provisão contingência*	- 502	- 3%	- 502	- 5%	–	–
VEA	**15.625**	**85%**	**8.212**	**75%**	**7.414**	**90%**
Valor Bovespax**	**18.067**	**98%**	**18.067**	**165%**	**–**	**–**
VEA/Valor Bovespa	**86%**		**45%**		**–**	**90%**

* A Aracruz constituiu provisões contra contingências de diversas naturezas, entre elas, processos trabalhistas, previdenciários e fiscais. Em 2004, a Aracruz recebeu uma notificação da antiga Sudene informando que o benefício de redução de imposto de renda concedido anteriormente estava sendo revogado. Em 2005, a empresa foi autuada em R$ 211 milhões. Até 2006, a empresa acreditava que essa questão era infundada e não havia constituído nenhuma provisão. Entretanto, em 2006, os consultores da empresa já consideravam que a perda nesse processo era "possível". Até 2007, essa disputa judicial continuava.

** Considerado o preço de R$ 12,90 para a ARC6 ao fim de 2007 multiplicado pelo total de ações do capital social da empresa (1.032.554).

FONTE: ELABORADO PELO AUTOR.

Os resultados dos dois cenários não deveria surpreender. Por ter sido fixado o preço da celulose em um valor alto, o cenário de preço constante gera uma estimativa de VEE 68% maior que o cenário com volatilidade. O VEA do primeiro é o dobro do segundo. Observe que a participação do valor residual no VEE é maior no cenário com volatilidade (72%) que no cenário de preço constante. Este resultado não é apenas consequência das diferenças no valor da perpetuidade, mas também do fato de o valor presente do FOC explícito do cenário com volatilidade (R$ R$ 3,5 bilhões) ser 55% menor que no cenário de preço constante (R$ 7,9 bilhões).

Mais interessante ainda é constatar que os VEAs dos dois cenários são substancialmente menores que o valor das ações da Aracruz na Bovespa (*market capitalization*). Por quê? Onde pode estar o erro? Será que realmente houve um erro?

Antes da resposta a esta pergunta, cabe lembrar que o VEA pode ser calculado de duas maneiras: indiretamente, pelo valor presente dos FOCs descontados pelo WACC (ou seja, o VEE); ou diretamente, pelo valor presente dos FLCs descontados pelo R_c.

$$VEA = \left(\frac{FLC_1}{(1+R_c)^1}\right) + \left(\frac{FLC_2}{(1+R_c)^2}\right) + \ldots + \left(\frac{FLC_t}{(1+R_c)^{10}}\right) + \left(\frac{\text{Valor Residual}}{(1+R_c)^{10}}\right)$$

Esta maneira é mais trabalhosa, pois requer a projeção de todo o fluxo de pagamentos aos provedores de capital da empresa. Entretanto, projetar o FLC é de grande utilidade, como já mencionado. Além de sua aplicação na análise de viabilidade de transações em Finanças Corporativas e fusões e aquisições, o FLC permite projetar a evolução do saldo das disponibilidades, ou o excesso (ou déficit) de caixa da empresa, que é fundamental na projeção do balanço patrimonial.

Teoricamente, os VEAs estimados pelos métodos direto e indireto deveriam ser iguais, mas, na prática, raramente são. Por quê? Porque a maioria das projeções adota a estrutura ótima de capital para estimar o WACC, mas o fluxo de pagamentos e captações de dívida onerosa, em geral, não segue a estrutura ótima de capital. Em regra, ao se projetar as despesas financeiras e as amortizações do principal, isto é feito para a dívida existente, e raramente para as futuras, exceto no caso de projetos de investimentos. Como a estrutura de capital de fato varia ao longo do tempo, assim também acontece com o impacto do benefício tributário das despesas financeiras.

Há outro motivo para explicar a possível diferença entre as duas maneiras de se projetar o VEA: a taxa de juros nas aplicações financeiras. Se esta taxa for maior que o R_c, os fluxos dessas aplicações terão VPL > 0. Essa não deveria ser uma situação de equilíbrio em condições "normais" de mercado, pois implicaria o fato de que a empresa investe seus recursos em excesso em aplicações financeiras mais rentáveis que suas próprias oportunidades de investimento. Se fosse este o caso, a empresa deveria distribuir este excesso de caixa aos seus acionistas.

De fato, ao se estimar o VEA pelo método direto, obtêm-se estimativas de 14% a 24% menores que pelo VEA indireto.

QUADRO 3.24 › Resumo dos resultados do VEA para os cenários de preço constante e com volatilidade (R$ milhões)

	Cenário PC	Cenário com volatilidade
VEA indireto (A)	15.625	7.414
VEA direto (B)	11.799	5.984
B – A	– 3.826	– 1.429
B/A	76%	81%

FONTE: ELABORADO PELO AUTOR.

▪ OITAVO PASSO: ANALISAR A SENSIBILIDADE

POR QUE ESTIMATIVAS DO VEA aqui apresentadas foram tão menores que o *market capitalization* da empresa? Os investidores no mercado acionário poderiam estar muito otimistas em relação ao futuro da Aracruz. Ou as projeções dadas poderiam ser muito conservadoras. Considerar-se-ão algumas variações no cenário com volatilidade aqui apresentado e analisado o impacto no VEA estimado pelo método indireto:

a Em 2007, a Aracruz teve sua classificação de risco (*rating*) elevada ao grau de investimento, o que diminuiria seu custo de captação. Portanto, ao se reduzir o WACC da Aracruz em 200 pontos-base, para 6,61%, o VEA aumentaria de R$ 8,2 para R$ 13 bilhões, cerca de R$ 4,8 bilhões a mais que a estimativa inicial.

b Se se considerar que o preço médio, em 2008, ainda seguiria uma trajetória de alta para R$ 1.600/t, dada a demanda aquecida na China, após 2008, os preços seguiriam as variações percentuais projetadas no cenário original. O VEA, então, aumentaria para R$ 19,8 bilhões, cerca de R$ 6,8 bilhões a mais que **a**.

c Por fim, considerar-se-á que os custos médios, mantidos constantes em R$ 583,00 por tonelada, tivessem reduções reais de 1% ao ano, dados os ganhos de produtividade e escala. O VEA, então, aumentaria para R$ 21,9 bilhões, cerca de R$ 2,1 bilhões a mais que **b**.

Com apenas quatro alterações, deduz-se que a ação da Aracruz está barata! E observe que as variações consideradas de **a** a **c** são razoáveis. O modelo é muito sensível aos preços **b**, ao WACC **a** e ao custo médio **c**.

QUADRO 3.25 › Cenário com volatilidade: análise de sensibilidade (R$ milhões)

	VEA	Variação base	Variação incremental
Base	8.212		
WACC	13.030	4.819	
Preços	19.785	11.573	6.755
CMV médio	21.873	13.661	2.088

FONTE: ELABORADO PELO AUTOR.

Afinal, qual estimativa para o valor das ações da Aracruz estaria correta? As que aqui foram apresentadas ou as do "mercado"? Talvez ambas estivessem erradas. O tempo diria.

CRISE FINANCEIRA DA ARACRUZ CELULOSE

Em outubro de 2008, a crise do *sub prime* nos Estados Unidos chegou ao Brasil, gerando, entre outros efeitos, uma brusca desvalorização do Real. O efeito na Aracruz foi devastador.

Em 31/12/2008, o saldo do Patrimônio Liquido da Aracruz era de R$ 963 milhões, contra R$ 5.361 milhões no ano anterior. O Ebitda da empresa em 2008 foi de R$ 1,4 bilhão, R$ 0,2 bilhão abaixo do ano anterior, já refletindo a queda nos preços da celulose. Entretanto, as despesas financeiras e o resultado com derivativos somaram R$ 6,3 bilhões. O prejuízo no ano foi de R$ 4,2 bilhões. Em 2007, a relação dívida sobre PL era de 0,5 vez, e o IA de 1,6 vez. Em 2008, a relação dívida sobre PL aumentou para 8,8 vezes, e o IA era de 6,3 vezes!

As ações da Aracruz despencaram de R$ 12,9 em 31/12/2007 para R$ 2,5 em 31/12/2008. O *market capitalization* ao fim de 2008 somava R$ 3,5 bilhões, ou seja, as ações da Aracruz perderam 81% do seu valor, equivalente a uma perda de R$ 14,6 bilhões.

Em seu parecer, o auditor independente da Aracruz registrou a ressalva de que os derivativos geraram uma dívida de curto prazo de R$ 8,7 bilhões e que a continuidade da empresa dependeria do sucesso de um plano de renegociação da dívida com os bancos credores.

O que aconteceu? Como uma empresa líder mundial em seu setor, referência em suas operações, em suas práticas de governança corporativa e planejamento estratégico, entra em colapso, de um ano para o outro, sem aviso? Lembre-se, nos demonstrativos financeiros de 2007, dizia que por exportar quase toda sua produção, a empresa se considerava protegida do impacto de flutuações cambiais sobre suas dívidas em moeda estrangeira.

A empresa também afirmava em seus relatórios que se preocupava com controles internos, seguindo as diretrizes da SOX, que inclusive acarretou investimentos em TI, mapeamento de processos e de riscos. Aparentemente, o que levou a Aracruz a uma severa crise de liquidez não foi sua dívida pré-2008, mas sim seu excesso de caixa que estava aplicado em derivativos financeiros cujo risco a empresa não conseguiu dimensionar.

Como já observado, a estratégia financeira e seu impacto no WACC é crítica para empresas de capital intensivo como a Aracruz. Qualquer aumento na percepção de risco da Aracruz tem efeitos devastadores sobre seu VEA.

NOTA TÉCNICA › *Sarbanes-Oxley (SOX)*

Com os escândalos financeiros envolvendo a falência da Enron, o governo norte-americano criou uma força-tarefa no Senado para criar leis que restaurassem a credibilidade dos demonstrativos e das informações contábeis das empresas de capital aberto, que ficou conhecida pelo nome dos dois senadores que lideraram a comissão.

Pela SOX, a SEC obriga, sob pena de prisão, o presidente e o diretor financeiro das empresas norte-americanas e estrangeiras de capital aberto a declarar que revisaram os relatórios contábeis auditados e que estes não contêm informações falsas e representam de maneira justa todos os aspectos relevantes patrimoniais e operacionais. A SOX ainda impõe severas restrições aos conflitos de interesse que possam ser gerados na administração da empresa, seus principais executivos e auditores independentes. Os auditores independentes, por exemplo, não podem mais fornecer serviços de auditoria e consultorias de outra natureza à mesma empresa simultaneamente. Os principais executivos de uma empresa devem informar à SEC sobre suas eventuais transações envolvendo ações da empresa que trabalham.

NA PRÁTICA › A aquisição das ações da Aracruz Celulose, pertencentes ao Grupo Lorentzen, pelo Grupo Votorantim em 2008 foi um caso particularmente interessante sobre a relação do valor de uma ação na bolsa e o VEA. A aquisição daria o controle da Aracruz para o Grupo Votorantim, que, com receio de que o Lorentzen não honrasse sua parte na transação, impôs uma multa contratual de R$ 500 milhões, além de exigir que o contrato de compra e venda de ações (CCVA) fosse irrevogável e irretratável. Apesar do desconforto causado por essas exigências, o Lorentzen não tinha intenção de abortar a transação, e, para reforçar seu comprometimento, sugeriu que a multa fosse aumentada para R$ 1 bilhão. Logo em seguida à assinatura do contrato, veio a crise de outubro de 2008. As ações, que chegaram a valer R$ 1,00 na bolsa, foram vendidas pelo vendedor por R$ 23,00.

A ARACRUZ APÓS A CRISE DE 2008

No início de 2009, o Grupo Votorantim aumentou para 96,5% sua parcela no controle acionário da Aracruz, por meio de sua subsidiária, a VCP. Com a adição das estruturas da Aracruz e da VCP, a nova empresa, Fibria, tinha capacidade de produzir 5,3 milhões de toneladas de celulose, 300 mil toneladas de papel por ano, contando com mais de 1 milhão de hectares de áreas florestais em seis diferentes estados (ES, BA, MG, RS, SP e MS).

Na época, a Fibria detinha 37% do mercado de celulose de eucalipto, 22% do de fibra curta e 12% do mercado mundial de celulose. Entretanto, também acumulava R$ 15,7 bilhões em dívida líquida, uma relação dívida líquida/Ebitda de 7,8 vezes, considerada elevadíssima. A reestruturação de sua dívida demorou cinco longos anos, marcados por condições de mercado adversas.

Já em 2009, começou o esforço da Fibria para aumentar sua geração de caixa por meio da venda de ativos não prioritários e ganhos de produtividade. A primeira venda foi da unidade de Guaíba, que respondia por 8% da capacidade instalada da empresa (450 mil toneladas de celulose e 60 toneladas de papel), por US$ 1,4 bilhão para a chilena CMPC. A transação foi considerada bem-sucedida, uma vez que o valor representava um múltiplo de 11,2 vezes seu Ebitda, contra um custo de reposição de US$ 760 milhões. A venda contribuiu para o sucesso das reestruturações operacional e financeira,[26] e ainda contou com os fatores a seguir.

- Captação de US$ 1 bilhão por meio de um *bond* para vencimento em 2019.
- Alongamento do cronograma de vencimentos.
- Capturas de sinergias estimadas em R$ 4,5 bilhões, a valor presente, das quais 90% poderiam ser capturadas entre 2009 e 2012.[27] Vale observar que maior parte dessas sinergias estaria nas áreas industrial (27%), florestal (23%), de cadeia de fornecimento (21%) e de despesas operacionais (16%).[28]
- Reorganização da governança corporativa, incluindo um Conselho Fiscal com 100% de membros independentes, além de 20% de membros independentes do Conselho de Administração.[29]

O lema da empresa era "crescimento com disciplina". Ao fim de 2010, a Fibria já tinha conseguido alongar o prazo médio de sua dívida de 52 (setembro de 2009) para 75 meses (setembro de 2010) e a relação dívida líquida/Ebitda de 7,2 vezes para 3,9 vezes no mesmo período,[30] considerado um índice ainda elevado.

Apesar do aumento nos preços da celulose (de US$ 565/t em 2009 para US$ 870/t em 2011),[31] a contínua apreciação do câmbio (de R$ 2,00 em 2009 para R$ 1,67 em 2011), do aumento da inflação doméstica (interferindo em salários e custo da terra) e do preço do petróleo (frete) afetaram o Ebitda da Fibria. A relação dívida líquida/Ebitda subiu de 3,9 para 4,2 vezes (setembro de 2011).[32]

Ainda em 2011, a Fibria teve de enfrentar novos desafios, dessa vez impostos pelo mercado internacional, a saber: expansões na capacidade instalada de celulose na América Latina e na Ásia, que pressionaram os preços da faixa de US$ 900/t, em meados de 2011, para US$ 700/t no início de 2012, e assim permaneceram desde então, exceto por um breve alento entre 2012 e 2013, que, no entanto, não se sustentou.

Em 2013, a empresa implantou o programa Asset Light, que incluía a venda da propriedade de 210 mil hectares de terras, mas não o controle das florestas. A venda para o fundo de investimento Parkia gerou R$ 1,4 bilhão em caixa. Esses recursos conduziriam a relação dívida líquida/ Ebitda para 2,5 vezes[33] ao fim de 2013.

Em fevereiro de 2014, a Fibria reconquistou o grau de investimento pela Fitch, que levou em conta a forte posição de mercado da empresa. Até junho de 2014, a Fibria mantinha a capacidade de produzir 5,3 milhões de toneladas de celulose e uma dívida líquida de R$ 6,7 bilhões, o equivalente a 2,4 vezes seu Ebitda. Essa relação dívida líquida/Ebitda era menor que a de seus concorrentes: Suzano (4,0 vezes), CMPC (3,8 vezes), Arauco (3,2 vezes) e Klabin (2,6 vezes).[34]

Analistas discutem a necessidade de consolidação nesta indústria. De fato, houve especulações de que a Fibria poderia se fundir com a Eldorado Celulose. O preço da celulose em termos reais vinha declinando desde a década de 1990, quando estava ao redor de US$ 1.200/t.[35] A queda nos preços da celulose para o patamar dos US$ 720/t acarretou, sem escala, o fechamento de muitas plantas ao redor do mundo.[36]

Até a conclusão desta edição, a Fibria parecia ter não apenas se recuperado mas também consolidado sua posição de mercado, o que pode levá-la a novas expansões e/ou aquisições, com a perspectiva de que o preço da celulose não poderia cair mais. A absorção das novas expansões na capacidade instalada mundial poderia ocorrer em 2015/2016, com a possibilidade de aumento do preço da celulose.

NOTA TÉCNICA › O exercício de avaliação da Aracruz permite sofisticações interessantes com o uso das Simulações de Monte Carlo (SMC) e as opções reais. A SMC pode ser usada para simular milhares de cenários de preços da celulose e da taxa de câmbio, por exemplo. Essas simulações, por sua vez, podem estimar a probabilidade de a Aracruz entrar em *default* em algum financiamento quando decidiu investir na expansão de Guaíba.

As opções reais podem ser usadas para estimar o valor de uma expansão da capacidade instalada na Veracruz ou em qualquer outro site da Aracruz que possua florestas disponíveis para fornecer a madeira necessária à referida expansão.

Exercícios

1 Para guiar o leitor na construção de projeções e sua análise, inicialmente será usado um exemplo simples. Considere as seguintes informações contábeis da empresa de TV a cabo, Guaxupé Ltda.:

QUADRO 3.26 › Dados seletos da Guaxupé em 2014

2014 (Ano histórico)	R$ milhões
ROL	200
Margem bruta (consideradas despesas com depreciação)	20% da ROL
Despesas Gerais (consideradas despesas depreciação)	20
Depreciação anual	15
Contas a receber (31/12/2014)	40
Estoques (31/12/2014)	16
Dívida (31/12/2014)	–
Disponibilidade (31/12/2014)	5
IR&CS	34%
Investimento anual no ativo não circulante	3

FONTE: ELABORADO PELO AUTOR.

No cenário-base, considere que o faturamento líquido da Guaxupé crescerá 10% ao ano para os próximos cinco anos, mantendo sua margem bruta constante. Considere ainda que o custo médio ponderado do capital desta empresa é de 20%.

a Calcule o Lajida (Ebitda) da Guaxupé para 2014 e projete-o para os próximos cinco anos.

É possível construir as projeções com base no histórico de 2014, por exemplo, mantendo as despesas gerais e a depreciação fixas em reais. Esta é uma premissa bem simplificadora, o que convém pedagogicamente:

QUADRO 3.27 › Projeção do Ebitda de 2014 a 2019

	2014	2015	2016	2017	2018	2019
ROL	200	220	242	266,2	292,8	322,1
Variação ROL		10%	10%	10%	10%	10%
CMV	– 160	– 176	– 193,6	– 213	– 234,3	– 257,7

	2014	2015	2016	2017	2018	2019
Lucro bruto	40	44	48,4	53,2	58,6	64,4
Margem bruta	20%	20%	20%	20%	20%	20%
Despesas gerais	- 20	- 20	- 20	- 20	- 20	- 20
Ebit	20	24	28,4	33,2	38,6	44,4
Depreciação	15	15	15	15	15	15
Ebitda	35	39	43,4	48,2	53,6	59,4
Margem Ebitda	17,5%	17,7%	17,9%	18,1%	18,3%	18,4%

FONTE: ELABORADO PELO AUTOR.

Observe que a margem Ebitda é crescente: de 17,5% em 2014 para 18,4% em 2019. Este resultado deve-se à premissa de manter as despesas gerais e a depreciação fixas em reais, que produz ganhos de escala, que, por sua vez, se refletem na margem Ebitda.

b Calcule o imposto desalavancado da Guaxupé para os próximos cinco anos.

QUADRO 3.28 › Projeção do Ebit e IR&CS desalavancado de 2014 a 2019

	2014	2015	2016	2017	2018	2019
Ebit	20	24	28,4	33,2	38,6	44,4
IR&CS desalavancado	- 6,8	- 8,2	- 9,7	- 11,3	- 13,1	- 15,1
Ebit/IR&CS	- 34%	- 34%	- 34%	- 34%	- 34%	- 34%

FONTE: ELABORADO PELO AUTOR

Vale lembrar que o IR&CS desalavancado é o IR&CS que a empresa pagaria se não tivesse nenhuma dívida (alavancagem). Como a Guaxupé efetivamente não tem dívidas, não tem despesas financeiras para deduzir do IR&CS; neste caso, seu IR&CS desalavancado é igual a seu IR&CS alavancado.

c Calcule o investimento no capital de giro da Guaxupé até 2019.

QUADRO 3.29 › Projeção do investimento em capital de giro de 2015 a 2019

	31/12/2014	31/12/2015	31/12/2016	31/12/2017	31/12/2018	31/12/2019
Contas a receber (CAR)	40	44	48,4	53,2	58,6	64,4
CAR/ROB	20%	20%	20%	20%	20%	20%
Δ Contas a receber		4	4,4	4,8	5,3	5,9
Estoques	16	17,6	19,4	21,3	23,4	25,8
Estoques/CMV		10%	10%	10%	10%	10%
Δ Estoques		1,6	1,8	1,9	2,1	2,3
Investimento capital de giro		- 5,6	- 6,2	- 6,8	- 7,5	- 8,2

FONTE: ELABORADO PELO AUTOR.

Observe que, para a empresa crescer, tem de investir em capital de giro (CAR e estoques). Em 2015, por exemplo, esse cenário indica que a empresa poderá gerar um Ebitda de R$ 39 milhões, dos quais R$ 5,6 milhões poderão ser investidos no capital de giro.

d Calcule o fluxo operacional de caixa da Guaxupé até 2019.

QUADRO 3.30 › Projeção do FOC de 2015 a 2019

	2015	2016	2017	2018	2019
Ebitda	39	43,4	48,2	53,6	59,4
IR&CS desalavancado	- 8,2	- 9,7	- 11,3	- 13,1	- 15,1
Investimento em capital de giro	- 5,6	- 6,2	- 6,8	- 7,5	- 8,2
Investimento no ANC	- 3	- 3	- 3	- 3	- 3
Investimento no ANC/ROL	1,4%	1,2%	1,1%	1%	0,9%
FOC	**22,2**	**24,6**	**27,2**	**30**	**33,1**
FOC/ROB	10%	10%	10%	10%	10%

FONTE: ELABORADO PELO AUTOR.

Observe que não foi considerado o FOC de 2014, pois esse ano já é passado, e o que nos interessa é o futuro. Note também a diferença entre o Ebitda e o FOC. Em 2015, com base nas premissas definidas, a Guaxupé poderá gerar um Ebitda de R$ 39 milhões e um FOC de R$ 22,2 milhões.

É possível inferir, pelos resultados da projeção do FOC, que a operação da Guaxupé é saudável, pois pode ser superavitária operacionalmente. O FOC projetado é equivalente a 10% do ROL. Como a Guaxupé não tinha dívidas até 31/12/2014, pode-se deduzir que seu FOC é igual ao seu FLC, e que a empresa, como um todo, pode ser superavitária. De fato, se o FOC projetado até 2019 for acumulado, deduz-se que a empresa pode gerar R$ 137 milhões em cinco anos. Como a empresa não tem dívidas, este valor, a princípio, poderia ser totalmente distribuído como dividendos aos acionistas.

QUADRO 3.31 › Projeção do FOC acumulado de 2015 a 2019

	2015	2016	2017	2018	2019
Ebitda	39	43,4	48,2	53,6	59,4
FOC	22,2	24,6	27,2	30	33,1
FOC acumulado	22,2	46,8	74	104	137,1

FONTE: ELABORADO PELO AUTOR.

Os acionistas somente não distribuiriam 100% do FOC (que no caso é igual ao FLC) se quisessem acumular uma reserva de liquidez na empresa a fim de prepará-la para mudanças adversas no mercado, por exemplo, a entrada de um novo concorrente que reduzisse sua capacidade de aumentar receitas (ROL) e/ou sua rentabilidade (margem bruta).

Por fim, vale observar uma questão ainda não mencionada: como a possível receita financeira advinda das disponibilidades (R$ 5 milhões em 31/12/2014) poderia afetar o FLC? Realmente, esse saldo das disponibilidades, se não distribuído aos acionistas e aplicado num CDB bancário, poderia gerar receitas financeiras que deveriam ser somadas ao FLC futuro.

Neste caso, a diferença entre o FOC e o FLC seria a receita financeira líquida do CDB, que tem seu IR&CS retido na fonte. Então, por que não incluir esta receita no FLC?

O objetivo principal deste exercício é estimar o valor da Guaxupé. Ao considerar receitas financeiras no FLC, poder-se-ia superestimar o valor presente deste fluxo. No mercado financeiro, é razoável considerar que há competição perfeita, portanto, o retorno em aplicações financeiras é igual a seu custo de oportunidade. E, assim, é razoável supor que o VPL de uma aplicação financeira seja zero.

e Calcule o valor econômico para o acionista (VEA), considerando como valor residual uma perpetuidade simples.

QUADRO 3.32 › Projeção do valor presente do FOC de 2015 a 2019 e da perpetuidade simples

Períodos		1	2	3	4	5
WACC		20%	20%	20%	20%	20%
VP FOC		18,5	17,1	15,7	14,5	13,3
VP FOC período explícito	79,1	54%				
FOC na perpetuidade	33,1					
Perpetuidade simples em 2020	165,6					
VP da perpetuidade simples	66,5	46%				
VEE	145,6	100%				
Dívida (31/12/2014)	–	–				
Disponibilidades (31/12/2014)	5	3%				
VEA	150,6	103%				

FONTE: ELABORADO PELO AUTOR.

f Calcule o VEA, considerando como valor residual uma perpetuidade com crescimento de 10%.

QUADRO 3.33 › Projeção do valor presente do FOC de 2015 a 2019 e da perpetuidade com crescimento

Períodos		1	2	3	4	5
WACC		20%	20%	20%	20%	20%
VP FOC		18,5	17,1	15,7	14,5	13,3
VP FOC período explícito	79,1	54%				
FOC na perpetuidade	33,1					
Perpetuidade com crescimento em 2020	331,2					
VP da perpetuidade com crescimento	133,1	63%				
VEE 2	212,2	100%				
Dívida (31/12/2014)	–					
Disponibilidades (31/12/2014)	5	2%				
VEA 2	217,2	102%				

FONTE: ELABORADO PELO AUTOR.

g Comente seus resultados obtidos nos cenários (e) e (f).

O valor presente dos FOCs do período explícito de projeção é igual nas duas simulações. O que muda é o valor presente da perpetuidade, que, no caso do cenário (f), é o dobro (R$ 133,10 milhões) do (e) (R$ 66,55 milhões). É uma diferença muito significativa para uma mudança metodológica, uma vez que a empresa é a mesma. Observe que o valor presente da perpetuidade com crescimento equivale a 63% do VEE, enquanto, na perpetuidade simples, seu valor presente equivale a 46% do VEE. Ou seja, no cenário (f), quase dois terços do valor da empresa são gerados a partir de 2020 até o infinito.

h Agora que você já entendeu a dinâmica de projeção em um cenário com premissas lineares, que tal introduzir mais realismo às suas projeções? Por exemplo, você considera realista em uma indústria competitiva, como a de TV a cabo, projetar a margem bruta constante? É razoável imaginar que a ROL crescerá 10% ao ano com baixíssimos investimentos na rede? Observe que no cenário-base a relação entre os investimentos no ativo não circulante é baixa e decrescente (de 1,4% da ROL em 2015 para 0,9% em 2019):

QUADRO 3.34 › Projeção do investimento no ativo não circulante e sua relação com a ROL

	2015	2016	2017	2018	2019
Investimento no ANC	– 3	– 3	– 3	– 3	– 3
Investimento no ANC/ROL	1,4%	1,2%	1,1%	1%	0,9%

FONTE: ELABORADO PELO AUTOR.

Construa um cenário concorrencial com as premissas a seguir; analise suas implicações para o FOC, o FLC e o VEA com perpetuidade simples e com crescimento de 10%; e compare seus resultados com o cenário-base:

h1 A partir de 2015, reduza a margem bruta em 50 pontos-base por ano (ou seja, em 2015, a margem bruta seria de 19,5% da ROL; em 2016, de 19%; e assim por diante, até chegar a 2019 com 17,5% da ROL).

h2 A partir de 2015, assuma que o investimento do ativo não circulante seria equivalente a 2% da ROL e aumente este percentual em 100 pontos-base por ano (ou seja, em 2016, a Guaxupé investiria 3% da ROL; em 2017, 4%; e assim por diante, até chegar a 2019 com 6% da ROL).

h3 A partir de 2015, introduza uma nova despesa operacional para despesas com propaganda e marketing e provisão para devedores duvidosos no equivalente a 0,5% da ROL. Aumente esta despesa em 50 pontos-base por ano (ou seja, em 2016, a margem bruta seria de 1,0% do ROL; e assim por diante, até chegar a 2019 com 2,5% da ROL).

2 **Piri SA é um tradicional fabricante de arroz de um tipo especial em Goiânia. Você é analista de crédito de um banco para o qual a Piri solicitou um financiamento de longo prazo de R$ 60 milhões, para pagar em cinco anos pelo Sistema de Amortização Constante (SAC), sendo um ano de carência de amortização do principal, oferecendo pagar uma taxa de juros de 8% ao ano (acima da inflação). Esses recursos seriam utilizados para investimentos em capital de giro e no ativo imobilizado bruto, que permitiriam à empresa aumentar sua receita 10% ao ano, acima da inflação, mantendo sua margem bruta média de 2014.**

Você terá de recomendar que o comitê de crédito conceda ou não a linha e a taxa de juros, mas tem poucas informações sobre a empresa.

QUADRO 3.35 › Informações seletas da Piri (R$ milhões)

	2014
ROL	350
CMV (não consideradas despesas com depreciação)	60% da ROL
Despesas gerais e administrativas (DGC) (não consideradas despesas com depreciação)	80
Despesas com vendas (DV)	10% da ROL
Depreciação	5% do AIB
Ativo imobilizado bruto (31/12/2014)	200
Depreciação acumulada (31/12/2014)	145
IR&CS	34%
Investimento anual no AIB	10
Disponibilidades	0,5
Contas a receber (saldo médio em dias ROL)	90
Estoques (saldo médio em dias CMV)	360
Fornecedores (saldo médio em dias CMV)	36
Dívidas	–
Patrimônio líquido	332

FONTE: ELABORADO PELO AUTOR.

Resposta: O dia já está quase terminando, e você combinou de jantar e ir ao cinema com sua(seu) namorada(o), mas seu chefe quer sua recomendação até amanhã cedo. Qual será sua recomendação e por quê?

Você estava com pressa para sair. Sua primeira tentativa de resolver a questão rapidamente foi analisar o balanço patrimonial da Piri em 31/12/2014. Com os dados fornecidos, é possível construí-lo rapidamente:

QUADRO 3.36 › Balanço Patrimonial da Piri em 31/12/2014 (R$ milhões)

Disponibilidades	0,5	Fornecedores	21
CAR	87,5	Dívida CP	-
Estoques	210		
Ativo circulante	**298**	**Passivo circulante**	**21**
AIB	200	Dívida LP	-
Depreciação acumulada	– 145		
AIL	55	Patrimônio líquido	332
Total (Ativos)	**353**	**Total (Passivos e PL)**	**353**

FONTE: ELABORADO PELO AUTOR.

Observe que o saldo do contas a receber (CAR) foi expresso em dias da ROL. Para transformá-lo em reais, você dividiu 90 dias por 360 dias do ano e descobriu que esta razão equivale a 25% da ROL (R$ 350 milhões), ou seja, R$ 90 milhões. Procedimento semelhante foi efetuado para traduzir o saldo de estoques e fornecedores com o CMV em milhões de reais.

Em uma análise rápida do balanço patrimonial, você constatou que a liquidez seca (razão entre ativo e passivo circulantes) era de 14,19 vezes. Ou seja, para cada R$ 1,00 em obrigações que a Piri teria de pagar em até um ano, detinha R$ 14,19 em bens e direitos que poderiam ser convertidos em dinheiro em até um ano. Além disso, a empresa não tinha dívidas e seu patrimônio líquido era de R$ 332 milhões. Mesmo com a nova dívida em questão (R$ 60 milhões), ela teria R$ 5,53 de capital próprio para cada R$ 1,00 de financiamento (R$ 332/60 milhões). Reconstituindo o DRE de 2014, você ainda constatou que a Piri era muito lucrativa, R$ 9,9 milhões:

QUADRO 3.37 › Demonstrativo de Resultado e o Ebitda da Piri em 2014 (R$ milhões)

ROL	350
CMV	- 210
Lucro bruto	**140**
DGA	- 80
DV	- 35
Ebitda	**25**
Depreciação	- 10
Ebit	15
Despesas financeiras	-
Lair	**15**
IR&CS alavancado	- 5,1
Lucro líquido	**9,9**

FONTE: ELABORADO PELO AUTOR.

Observe que, diferentemente do exercício da Guaxupé, o CMV e a DGA foram expressos não considerando as despesas com depreciação. Essa forma de apresentação facilita muito a estimativa do Ebitda, pois as despesas e os custos já não incluem as despesas com depreciação.

Numa conta rápida, 8% de R$ 60 milhões correspondiam a R$ 4,8 milhões, quantia que poderia ser paga tranquilamente com o lucro da empresa (Lair de R$ 15 milhões em 2014). No entanto, apesar dessas indicações positivas sobre a saúde financeira da Piri derivadas do DRE e do balanço patrimonial, você ainda não estava tranquilo. Decidiu, então, projetar dois índices de liquidez: o ICSD e o de alavancagem. Para tanto, era preciso projetar o serviço da dívida, o Ebitda e o IR&CS alavancado. Este último exigia a projeção da depreciação, ou seja, do saldo do AIB.

Como a receita, os custos, as despesas e os empréstimos da Piri foram expressos como taxas de crescimento acima da inflação, você decidiu fazer suas projeções em moeda constante.

QUADRO 3.38 › Projeção do serviço da dívida de 2015 a 2019 (R$ milhões)

	31/12/2015	31/12/2016	31/12/2017	31/12/2018	31/12/2019	31/12/2020
Saldo da dívida 31/12	60	45	30	15	–	–
Amortização	– 60*	– 15	– 15	– 15	– 15	–
Despesas financeiras LP	– 4,8	– 4,2	– 3	– 1,8	– 0,6	–
Serviço da dívida LP	**– 4,8**	**– 19,2**	**– 18**	**– 16,8**	**– 15,6**	**–**

* Há uma ano de carência de amortização do principal

FONTE: ELABORADO PELO AUTOR.

QUADRO 3.39 › Projeção da depreciação do AIB (R$ milhões)

		2015	2016	2017	2018	2019	2020
Investimentos AIB		10	10	10	10	10	10
	31/12/2014	**31/12/2015**	**31/12/2016**	**31/12/2017**	**31/12/2018**	**31/12/2019**	**31/12/2020**
AIB	200	210	220	230	240	250	260
Depreciação anual	– 10	– 10,5	– 11	– 11,5	– 12	– 12,5	– 13
Depreciação acumulada	– 145	– 155,5	– 166,5	– 178	– 190	– 202,5	– 215,5
AIL	55	54,5	53,5	52	50	47,5	44,5

FONTE: ELABORADO PELO AUTOR.

QUADRO 3.40 › Projeção do IR&CS alavancado e do DRE (R$ milhões)

	2014	2015	2016	2017	2018	2019	2020
ROL	350	385	423,5	465,9	512,4	563,7	620
Variação ROL		10%	10%	10%	10%	10%	10%
CMV (% ROL)	60%	60%	60%	60%	60%	60%	60%
CMV	– 210	– 231	– 254,1	– 279,5	– 307,5	– 338,2	– 372
Lucro bruto	**140**	**154**	**169,4**	**186,3**	**205**	**225,5**	**248**
Margem bruta	**40%**	**40%**	**40%**	**40%**	**40%**	**40%**	**40%**
DGA	– 80	– 80	– 80	– 80	– 80	– 80	– 80
DV (% ROL)	10%	10%	10%	10%	10%	10%	10%
DV	– 35	– 38,5	– 42,4	– 46,6	– 51,2	– 56,4	– 62
Ebitda	**25**	**35,5**	**47,1**	**59,8**	**73,7**	**89,1**	**106**
Margem Ebitda	**7,1%**	**9,2%**	**11,1%**	**12,8%**	**14,4%**	**15,8%**	**17,1%**
Depreciação anual	– 10	– 10,5	– 11	– 11,5	– 12	– 12,5	– 13
Ebit	15	25	36,1	48,3	61,7	76,6	93
Despesas financeiras LP	–	– 4,8	– 4,2	– 3	– 1,8	– 0,6	–
Lair	**15**	**20,2**	**31,9**	**45,3**	**59,9**	**76**	**93**
IR&CS alavancado	– 5,1	– 6,9	– 10,8	– 15,4	– 20,4	– 25,8	– 31,6
Lucro líquido	**9,9**	**13,3**	**21**	**29,9**	**39,6**	**50,2**	**61,4**

FONTE: ELABORADO PELO AUTOR.

Observe que a premissa de manter o valor da DGA constante geraria ganhos de escala significativos, captados pela margem Ebitda, que cresceria de 7,1% da ROL em 2014 para 17,1% em 2020.

QUADRO 3.41 › Projeção do ICSD e do índice de alavancagem (R$ milhões)

	2015	2016	2017	2018	2019	2020
Ebitda	35,5	47,1	59,8	73,7	89,1	106
IR&CS alavancado	- 6,9	- 10,8	- 15,4	- 20,4	- 25,8	- 31,6
Saldo da dívida 31/12	60	45	30	15	-	-
Amortização	-	- 15	- 15	- 15	- 15	-
Despesas financeiras LP	- 4,8	- 4,2	- 3	- 1,8	- 0,6	-
Serviço da dívida LP	**- 4,8**	**- 19,2**	**- 18**	**- 16,8**	**- 15,6**	**-**
ICSD (mín. 1,2)	6	1,9	2,5	3,2	4,1	
IA (máx. 3,5)	1,7	1	0,5	0,2	-	-

FONTE: ELABORADO PELO AUTOR.

A projeção dos índices de alavancagem indicava que a Piri não teria dificuldades em pagar sua nova dívida. De acordo com as projeções, em nenhum momento nos próximos cinco anos o ICSD ficaria abaixo de 1,2 vez, tampouco o índice de alavancagem (IA) ultrapassaria o limite de 3,5 vezes o Ebitda do ano.

Pronto! Com um pouco de atraso, você conseguiu chegar a tempo no cinema. Entretanto, havia algo que ainda o incomodava. O que seria?

No dia seguinte você acordou muito cedo, depois de uma noite maldormida. Era preciso projetar o FOC e o FLC. Você já tinha quase tudo do que precisava, mas ainda era necessário projetar o investimento no capital de giro e o IR&CS desalavancado:

QUADRO 3.42 › Projeção do investimento em capital de giro (R$ milhões)

	31/12/2014	31/12/2015	31/12/2016	31/12/2017	31/12/2018	31/12/2019	31/12/2020
CAR	87,5	96,3	105,9	116,5	128,1	140,9	155
CAR/ROL	25%	25%	25%	25%	25%	25%	25%
Variação CAR		8,8	9,6	10,6	11,6	12,8	14,1
Estoques	210	231	254,1	279,5	307,5	338,2	372
Estoques/CMV	100%	100%	100%	100%	100%	100%	100%
Variação de estoques		21	23,1	25,4	28	30,7	33,8
Fornecedores	21	23,1	25,4	28	30,7	33,8	37,2
Fornecedores/CMV	10%	10%	10%	10%	10%	10%	10%
Variação de fornecedores		2,1	2,3	2,5	2,8	3,1	3,4
Investimento CG		**- 27,7**	**- 30,4**	**- 33,5**	**- 36,8**	**- 40,5**	**- 44,5**

FONTE: ELABORADO PELO AUTOR.

Curiosamente, a projeção do capital de giro indicava volumes expressivos de investimento, especialmente em estoques.

QUADRO 3.43 › Projeção do IR&CS desalavancado (R$ milhões)

	2015	2016	2017	2018	2019	2020
Ebitda	35,5	47,1	59,8	73,7	89,1	106
Depreciação anual	- 10,5	- 11	- 11,5	- 12	- 12,5	- 13
Ebit	25	36,1	48,3	61,7	76,6	93
IR&CS desalavancado	**- 8,5**	**- 12,3**	**- 16,4**	**- 21**	**- 26**	**- 31,6**

FONTE: ELABORADO PELO AUTOR.

Pronto, agora você já tinha tudo para projetar o FOC e o FLC.

QUADRO 3.44 › Projeção do FOC e do FLC (R$ milhões)

	2015	2016	2017	2018	2019	2020
Ebitda	35,5	47,1	59,8	73,7	89,1	106
IR&CS desalavancado	- 8,5	- 12,3	- 16,4	- 21	- 26	- 31,6
Investimento CG	- 27,7	- 30,4	- 33,5	- 36,8	- 40,5	- 44,5
Investimentos AIB	- 10	- 10	- 10	- 10	- 10	- 10
FOC	**- 10,7**	**- 5,6**	**- 0,1**	**5,9**	**12,6**	**19,9**
Novas captações	60					
Amortização	-	- 15	- 15	- 15	- 15	-
Despesas financeiras LP	- 4,8	- 4,2	- 3	- 1,8	- 0,6	-
IR&CS desalavancado	8,5	12,3	16,4	21	26	31,6
IR&CS alavancado	- 6,9	- 10,8	- 15,4	- 20,4	- 25,8	- 31,6
FLC	**46,2**	**- 23,4**	**- 17,1**	**- 10,2**	**- 2,8**	**19,9**

FONTE: ELABORADO PELO AUTOR.

Ops! A projeção do FOC e do FLC indicava déficits por alguns anos. O fato de a projeção do FOC ser deficitária entre 2015 e 2017 não necessariamente era alarmante, pois era justamente por esse déficit que a Piri pleiteava o financiamento. Mas e os déficits no FLC entre 2016 e 2019? Para tirar qualquer dúvida, você decidiu projetar o balanço patrimonial da empresa.

QUADRO 3.45 › Projeção do balanço patrimonial (R$ milhões)

	31/12/2014	31/12/2015	31/12/2016	31/12/2017	31/12/2018	31/12/2019	31/12/2020
Excesso (déficit) caixa	0,5	46,7	23,3	6,2	- 4	- 6,9	13
CAR	87,5	96,3	105,9	116,5	128,1	140,9	155
Estoques	210	231	254,1	279,5	307,5	338,2	372
AIB	200	210	220	230	240	250	260
Depreciação acumulada	- 145	- 155,5	- 166,5	- 178	- 190	- 202,5	- 215,5
AIL	55	54,5	53,5	52	50	47,5	44,5

	31/12/2014	31/12/2015	31/12/2016	31/12/2017	31/12/2018	31/12/2019	31/12/2020
Total (Ativos)	**353**	**428,4**	**436,8**	**454,2**	**481,5**	**519,8**	**584,5**
Fornecedores	21	23,1	25,4	28	30,7	33,8	37,2
Dívida CP	-	15	15	15	15	-	-
Dívida LP	-	45	30	15	-	-	-
Patrimônio líquido	332	345,3	366,4	396,2	435,8	485,9	547,3
Total (Passivos e PL)	**353**	**428,4**	**436,8**	**454,2**	**481,5**	**519,8**	**584,5**

FONTE: ELABORADO PELO AUTOR.

Observe que a conta "Excesso (déficit) de caixa" é projetada somando-se o FLC gerado no ano ao saldo desta conta no fim do ano anterior. Note que a conta "Patrimônio líquido" é projetada somando-se o lucro líquido gerado no ano ao saldo desta conta no fim do ano anterior.

Com efeito, segundo as premissas de projeção e o saldo de excesso (ou déficit), a Piri poderia ter dificuldades em pagar sua dívida entre 2018 e 2019. Isto se em todas as premissas de sua projeção se verificassem, notadamente:

- crescimento da ROL em 10% ao ano;
- manutenção da margem bruta em 40% da ROL;
- ganhos de escala (isto é, DGA constante em reais e DV fixa em 10% da ROL);
- nenhuma distribuição de dividendos ou JSCP; e
- nenhuma captação de novas dívidas.

Essas premissas eram um tanto otimistas para uma empresa de bens de consumo, mas mesmo assim a Piri poderia ter dificuldades em saldar seu endividamento. Ou seja, você não deveria recomendar a concessão do financiamento ao comitê de crédito na reunião que aconteceria logo mais!

Exercícios – Caso Piri SA

3 **As questões a seguir devem ser respondidas pelo leitor com base em sua própria planilha de projeção da Piri SA.**

a Se as condições do financiamento não forem apropriadas, que outros termos (prazo de amortização e/ou taxa de juros) poderiam ser contrapropostos?

b Uma vez feita a contraproposta, realize um teste de estresse em seu modelo. Ou seja, simule os limites de cada vetor crítico de valor, mantendo todos os outros constantes até que o excesso de caixa acumulado durante o período de amortização se anule. Simule os seguintes vetores críticos:

- Margem bruta
- Margem Ebitda
- FOC

c Com base em suas análises em (a) e (b), faça recomendações à Piri em relação aos seguintes aspectos do seu negócio:

- Despesas gerais e administrativas
- Despesas com vendas
- Investimento em capital de giro

4 Na projeção do CPV, como é possível alocar a despesa de depreciação entre o CPV e as despesas administrativas?

Na composição do CPV e das despesas administrativas há uma parcela referente à depreciação. Por exemplo, o CPV de uma empresa manufatureira incluirá a depreciação dos bens de capital utilizados na produção de mercadorias. Outro exemplo: a depreciação de computadores utilizados por funcionários administrativos será incluída nas despesas administrativas.

Infelizmente, muitas empresas não divulgam a composição da depreciação e sua alocação entre o CPV e as despesas administrativas. A falta de informações pode distorcer as projeções da empresa de maneira significativa. Por exemplo, suponha uma empresa que no ano-base de projeção disponibilize as seguintes informações:

Faturamento bruto (ROB) = R$ 1.000
Custo dos produtos vendidos (CPV) = R$ 500
Despesa administrativa = R$ 150
Depreciação = R$ 200

A empresa não divulgou a composição da depreciação, que se divide da seguinte maneira: R$ 150 relativos ao CPV e R$ 50 relativos a despesas administrativas. Lembre-se, porém, que esta informação não está disponível ao público externo à empresa.

Como se pode projetar a depreciação desta empresa? Para efeito deste exercício, supõe-se que não haja investimentos previstos para os próximos dois anos, e que a depreciação total se mantenha ao nível de R$ 200 por ano. Supõe-se também que nossas projeções de preços de vendas e quantidades indiquem que, no primeiro ano de projeção, a empresa aumentará seu faturamento para R$ 2 mil, porém, no segundo ano, este faturamento se reduz para R$ 500. Para projetar o Ebitda temos, pelo menos, três métodos:

QUADRO 3.46 › Três possíveis alocações da depreciação entre custos e despesas e premissas de projeção

	Depreciação	CPV	Despesa administrativa
Método 1	100% no CPV	% histórico da ROB	Fixa ao nível histórico
Método 2	75% no CPV, 25% nas despesas adm.	% histórico da ROB	Fixa ao nível histórico
Método 3	100% no CPV	% histórico da ROB	% histórico da ROB

FONTE: ELABORADO PELO AUTOR.

O método 1 seria o mais intuitivo e o usado em sala de aula. O método 2 já contém "informações privilegiadas", enquanto o 3 é o mais exótico, pois considera todos os custos e despesas variáveis. Será, então, analisado como os fluxos projetados se comportam nessas três metodologias.

No método 1, o CPV é projetado como 30% do faturamento bruto, pois toda a depreciação (R$ 200) é subtraída do CPV (R$ 500) no ano-base da projeção. O lucro bruto, portanto, é de 70% para despesas administrativas que são mantidas constantes no seu nível histórico de R$ 150. Como resultado, o Ebitda projetado chega a um pico de 63% e a um vale de 40% do faturamento bruto.

QUADRO 3.47 › Projeção do Ebitda no método 1

Método 1		Histórico	Ano 1	Ano 2
ROB		1.000	2.000	500
CPV	% ROB	300	600	150
% CPV		30%	30%	30%
Despesas adm.	Fixa	150	150	150
Ebitda		550	1.250	200
% Ebitda		55%	63%	40%

FONTE: ELABORADO PELO AUTOR.

No método 2, que seria o correto se as informações fossem disponíveis ao público, o CPV é projetado como 35%, pois a dedução da depreciação é menor (R$ 150) que no método 1. O lucro bruto, portanto, é menor, 65%, contra os 70% do método 1. As despesas administrativas também serão menores, R$ 100, após a dedução da depreciação correspondente a essa despesa (R$ 50).

QUADRO 3.48 › Projeção do Ebitda no método 2

Método 2		Histórico	Ano 1	Ano 2
ROB		1.000	2.000	500
CPV	% ROB	350	700	175
% CPV		35%	35%	35%
Ebitda	Fixa	100	100	100
Ebitda		550	1.200	225
% Ebitda		55%	60%	45%

FONTE: ELABORADO PELO AUTOR.

Como resultado, a margem Ebitda é menor no pico, 60%, mas maior no vale, 45%. Isso ocorre porque as despesas administrativas, projetadas como despesas fixas, são menores. No ano de baixos resultados, portanto, o Ebitda é melhor.

Por sua vez, no método 3, todas as despesas e custos são variáveis. Portanto, saber ou não a composição da depreciação não faz diferença alguma, mas também os resultados não fazem sentido. A margem Ebitda é a mesma, 55% ao longo da projeção, o que é apelativo, pois sabe-se que há uma parte das despesas de uma empresa que são fixas; por exemplo, o salário da administração. Este é o método mais simplista, cujo único mérito é a facilidade de sua aplicação.

QUADRO 3.49 › Projeção do Ebitda no método 3

Método 3		Histórico	Ano 1	Ano 2
ROB		1.000	2.000	500
CPV	% ROB	300	600	150
% CPV		30%	30%	30%
Despesas adm.	% ROB	150	300	75

Método 3		Histórico	Ano 1	Ano 2
% Despesas adm.		15%	15%	15%
Ebitda		550	1.100	275
% Ebitda		55%	55%	55%

FONTE: ELABORADO PELO AUTOR.

Em suma, a falta de informações sobre a composição da depreciação gera imprecisões nas projeções. O método 1 assume que 100% da depreciação estão alocados no CPV, o que aumenta a despesa fixa caixa da empresa e, por conseguinte, subestima sua rentabilidade em anos de vendas baixas e a superestima em anos de boas vendas. É um método conservador? Depende de se as vendas estão crescendo ou diminuindo. Se há um ciclo, como é o caso em questão, há certa compensação entre os erros gerados nos períodos de expansão e nos de recessão. A compensação não é total, pois, além da diferença entre os níveis do resultado, há o valor presente destes. Ou seja, se o ciclo começa expansivo, o valor presente dos erros (para mais) gerados nos primeiros anos provavelmente será maior que o valor presente dos erros (para menos) gerados nos anos recessivos.

O que fazer? Pode-se "chutar" outra composição da depreciação? Claro, o problema é que não se deixará de ser arbitrário. A solução mais simples seria as empresas divulgarem melhores informações!

5 **Reconstrua em sua própria planilha os dois cenários de projeção da Aracruz descritos neste capítulo. Realize as seguintes tarefas:**

a Construa um terceiro cenário no qual a Aracruz investiria em uma nova expansão, de 2 milhões de toneladas, para início de produção em 2015. Considere que os investimentos começariam em 2012 e se estenderiam até 2015.

b Nos três cenários, considere que qualquer déficit de caixa (disponibilidades) seria financiado por um empréstimo de cinco anos, com juros de 7% ao ano e amortizações constantes. Atualize suas projeções do FLC com esta nova captação e estime o VEE e o VEA. Projete o balanço patrimonial da Aracruz nos três cenários. Analise todos os seus resultados.

c Utilize uma perpetuidade com crescimento de 2% para estimar o valor terminal da Aracruz nos três cenários. Recalcule o VEE e o VEA pelos métodos direto e indireto. Analise seus resultados.

6 **Atualize o cenário com volatilidade com os resultados realizados pela Aracruz/Fibria de 2008 a 2013. Reveja as premissas que considere adequadas, inclusive o WACC, e aumente o número de anos da projeção explícita para 2023. Analise detalhadamente seus resultados.**

7 **Obtenha os demonstrativos contábeis da Fibria (atual Aracruz), Suzano e Klabin para 2013. Compare seus principais índices e analise-os, levando em conta a análise estratégica descrita no início deste capítulo. Compare:**

a margem bruta com e sem despesas de D, A, E;

b margem Ebitda;

c relação FOC e FLC com Ebitda e ROB;

d índice de alavancagem e ICSD;

e ROA e ROE;

f WACC; e

g outros índices e características que você considere convenientes para responder à seguinte pergunta: Qual dessas três empresas lhe parece estar mais bem posicionada para crescer e gerar valor a seus acionistas?

8 **Com base na orientação descrita para a projeção da Aracruz, estime o VEE e o VEA da Suzano e Klabin pelos métodos direto e indireto. Faça as adaptações que considere necessárias e as justifique.**

9 **Em 2013 e 2014, o "mercado" especulava que a Fibria poderia se fundir com a Eldorado Celulose, do Grupo JBS. Simule o impacto dessa hipotética fusão com base nas informações disponíveis para as duas empresas. Apresente sua análise em detalhes.**

NOTAS

1 Com base nos posts publicados no blog do autor. Disponível em: <http://eduardoluzio.wordpress.com/2010/10/15/o-que-e-um-business-plan-para-que-serve/>. Acesso em: 15 out. 2010. Disponível em: <http://eduardoluzio.wordpress.com/2011/02/15/o-valor-de-um-bom-business-plan-plano-de-negocios/>. Acesso em: 15 fev. 2011.

2 Em 1992, a Aracruz foi a primeira empresa brasileira a emitir certificados American Depositary Receipts (ADR), nível 3.

3 Disponível em: <www.aracruz.com.br>. Acesso em: 2010, não me lembro a da exata e não consegui entrar mais no site que pode já estar desativado.

4 "Aracruz Celulose: uma história de desenvolvimento e de compromisso com o futuro", 2007.

5 Sociedade equânime entre a Aracruz e a sueca finlandesa Stora Enso. As obras da fábrica da Veracel, com capacidade para produzir 900 mil toneladas anuais de celulose, começaram em 2003 e terminaram em 2005, demandando investimentos de, aproximadamente, US$ 1,25 bilhão.

6 A Aracruz adquiriu, em 2003, a Riocell por US$ 567 milhões, com capacidade para produzir 430 mil toneladas anuais de celulose.

7 Tradução livre do autor: "Os números contábeis para o lucro são apenas tentativas de associar receitas a custos [...] Lembre-se, caixa é um fato e lucro uma opinião." Rappaport (1998, p. 14 e 15).

8 Os preços em US$/t foram divulgados pela empresa nos Relatórios da Administração que compunham seus Relatórios Anuais.

9 Deduzido da divisão entre o ROB total da empresa pelo volume vendido.

10 Em seus demonstrativos financeiros, a Aracruz não informou o preço médio de venda em 2007 em reais. Esse número foi deduzido dividindo a receita bruta total pela quantidade de celulose vendida (3.100 mil t).

11 Deduzido da divisão entre o CMV da empresa pelo volume vendido.

12 Os valores do Ebitda divulgados pela empresa diferem dos nossos, que simplesmente somam ao Ebit as despesas com D, A, E descritas no DFC.

13 Em inglês: *Return on Assets.*

14 Em inglês: *Return on Equity.*

15 Certas contas de baixa relevância foram omitidas nesse resumo, mas seus valores foram considerados no total.

16 Preço da ARC6 ao fim de cada período (Aracruz, 2008a).

17 Observe que a relação entre uma taxa real (r) e uma nominal (i), considerando uma inflação (π), é dada por:

$$(1+r) = \frac{(1+i)}{(1+\pi)}$$

18 Para simplificar, o total desses ativos denomina-se ativos fixos.

19 Essa variável poderia ser função do Ebitda, Ebit ou LL. Ao se observar a evolução dessa conta entre 2003 e 2007, deduz-se uma relação aparentemente mais estável com o ROB.

20 Há várias possíveis publicações para o beta de empresas estrangeiras, dentre elas a *Value Line.* Na internet há betas disponíveis no site do professor Damodaran (www.damodaran.com).

21 Média geométrica do *T Bond,* entre 1928 e 2003. Fonte: Damodaran.

22 Média geométrica do S&P500, entre 1928 e 2003. Fonte: Damodaran.

23 Média aritmética do Embi Brasil.

24 Nota Técnica 395/2009-SRE/Aneel.

25 Mediana é o número que divide uma amostra de observações ao meio. Por exemplo, se temos uma amostra com as seguintes observações: 1, 3 e 68, a mediana da amostra é 3. Note que a mediana é diferente da média. Neste exemplo, a mediana é 3, mas a média é 24 ([1+3+68]/3).

26 Fibria: Venda da Unidade Guaíba, 8 de outubro de 2009. Disponível em: <http://fibria.infoinvest.com.br/ptb/242/100809VendadeUG_Sep09PORTvfinal2.pdf>. Acesso em: 9 set. 2014.

27 Fibria: Nasce uma líder global, setembro de 2009. Disponível em: <http://fibria.infoinvest.com.br/ptb/298/09.01.2009APRES_FIBRIA_FINAL_PORT.pdf>. Acesso em: 9 set. 2014.

28 Fibria: Apresentação Corporativa, dezembro de 2010. Disponível em: <http://fibria.infoinvest.com.br/ptb/4235/ApresentaoCorporativaDez2010.pdf>. Acesso em: 9 set. 2014.

29 Fibria: Apresentação Corporativa, dezembro de 2010. Disponível em: <http://fibria.infoinvest.com.br/ptb/4235/ApresentaoCorporativaDez2010.pdf>. Acesso em: 9 set. 2014.

30 Fibria: Apresentação Corporativa, dezembro de 2010. Disponível em: <http://fibria.infoinvest.com.br/ptb/4235/ApresentaoCorporativaDez2010.pdf>. Acesso em: 9 set. 2014.

31 Preço BHKP, Europa. Fonte: Fibria: Reunião APIMEC, 27 de julho de 2011. Disponível em: <http://fibria.infoinvest.com.br/ptb/4520/APIMEC_final.pdf>. Acesso em: 9 set. 2014.

32 Fibria: Apresentação Corporativa, dezembro de 2011. Disponível em: <http://fibria.infoinvest.com.br/ptb/4736/Corporativa_Dezembro.pdf>. Acesso em: 9 set. 2014.

33 Projeto Asset Light, 18 de novembro de 2013. Disponível em: <http://fibria.infoinvest.com.br/ptb/5536/AssetLightv6final.pdf>. Acesso em: 9 set. 2014.

34 Considerando valores em US$. Fonte: Fibria: Global Emerging Markets Conference - Deutsche Bank, setembro de 2014. Disponível em: <http://fibria.infoinvest.com.br/ptb/5843/CorporateDeutscheBank_vfinal.pdf>. Acesso em: 9 set. 2014.

35 Fonte: BTG Pactual: Brazil Pulp and Paper 2014 Outlook, 13 de janeiro de 2014, Edmo Chagas, Antonio Heluany e João Pedro Salgado.

36 Preço BHKP, Europa, CIF. Fonte: Fibria: Global Emerging Markets Conference - Deutsche Bank, setembro de 2014.

CAPÍTULO 4

Caso Quixote: reestruturação financeira

■ INTRODUÇÃO

O CASO QUIXOTE TEM como protagonista uma empresa de varejo de eletrodomésticos. Trata-se de uma das indústrias mais dinâmicas e complexas, por ser um setor de baixas barreiras à entrada, e, por conseguinte, margens líquidas pequenas, no qual um lucro líquido equivalente a 5% da receita bruta (margem líquida) seria considerado muito satisfatório. Número de lojas, layout, marca forte, conveniência de atendimento e localização, segmentação e serviços são fatores competitivos importantes para a diferenciação da empresa e sua rentabilidade. Em muitos ramos do varejo, como os de eletroeletrônicos e roupas, a sazonalidade das vendas é muito acentuada, e a administração do capital de giro é a chave para a rentabilidade. No varejo de roupas, por exemplo, as vendas se concentram em maio (Dia das Mães), junho (Dia dos Namorados), agosto (Dia dos Pais), além do Natal. No de eletrodomésticos, a maior parte das vendas ocorre em três semanas do ano: uma no Dia das Mães e duas no Natal.[1]

Outra peculiaridade do setor é que os comerciantes, especialmente varejistas, normalmente têm pouco dinheiro investido em ativos imobilizados, pois suas lojas com frequência são alugadas de terceiros. Seus ativos imobilizados são basicamente estantes, computadores, sistemas e alguma infraestrutura de comunicação entre o centro administrativo e os pontos de venda (PDV).

QUADRO 4.1 › Estrutura do balanço patrimonial de uma típica rede de varejo

Ativo	100%	Passivo	100%
Ativo circulante	80%	Passivo circulante	70%
Ativo LP	10%	Passivo LP	5%
Ativo imobilizado	10%	Patrimônio líquido	25%

FONTE: ELABORADO PELO AUTOR.

Outra característica do setor é o fato de as aplicações e fontes de recursos dos varejistas normalmente estarem concentradas em contas dos ativos e passivos circulantes. Mais precisamente nas contas de capital de giro,[2] como contas a receber e estoques, no ativo circulante; e conta fornecedores (ou contas a pagar) no passivo circulante.

Optou-se pelo caso Quixote como o primeiro a ser apresentado e analisado por sua complexidade no que se refere à estimativa de valor da empresa e às questões relacionadas à alavancagem financeira e negociação de ativos em crise de liquidez.

■ ESTRATÉGIAS DE CRESCIMENTO E VALOR

Repare se seus julgamentos objetivos não são, no fundo, subjetivos.
Schopenhauer apud Safranski (1991)

EM 1994, ANOS APÓS sua inauguração, a Quixote era marca consolidada com cem ótimas lojas nas maiores cidades de Minas Gerais, faturando o equivalente a R$ 800 milhões por ano. O crescimento veio com novas praças e, por conseguinte, novos concorrentes. O mix de vendas tinha se expandido para incluir eletroeletrônicos, computadores, móveis etc. A margem bruta caiu para 21%, um pouco em relação aos bons tempos da garagem (37,5%), mas os resultados eram muito bons: lucro líquido de R$ 36 milhões por ano, equivalente a 4,5% do faturamento bruto. Ao fim de 1994, a operação havia mudado de patamar e complexidade.

QUADRO 4.2 › Demonstrativo de resultados de 1994 (R$ milhão)

	1994	% ROB
ROB	800	100%
Lucro bruto	168	21%
Despesas com vendas	- 80	-10%
Despesas administrativas	- 25	-3,2%
Ebitda	63	7,9%
Depreciação	- 11	-1,4%
Ebit	52	6,4%
Receita financeira	3	0,4%
Lair	54	6,8%
Lucro líquido	36	4,5%

FONTE: ELABORADO PELO AUTOR.

O patrimônio líquido da Quixote somava R$ 116 milhões. A carteira de recebíveis tinha um saldo equivalente a 5% da receita bruta em 1994. Nesta carteira, a Quixote não cobrava juros, pois considerava que eram seus melhores clientes, e, de fato, a inadimplência era praticamente nula. O saldo da conta fornecedores acumulava R$ 124 milhões, refletindo a confiança que estes depositavam na administração do sr. Quixote e no seu caixa acumulado em R$ 64 milhões (31 de dezembro de 1994).

QUADRO 4.3 › Balanço patrimonial em 31 de dezembro de 1994

Total do ativo	**240**	**Total do passivo e PL**	**240**
Aplicações	64	Fornecedores	124
Contas a receber	40	Bancos	-
Estoques	74	Patrimônio líquido	116
Ativo imobilizado bruto	143	Capital social	10
Ativo imobilizado líquido	62	Lucros acumulados	106

FONTE: ELABORADO PELO AUTOR.

Até então, a Quixote mantinha uma política financeira conservadora: não tinha dívidas com bancos, distribuía poucos dividendos (15% do lucro líquido) e acumulava caixa para levar tranquilidade a seus fornecedores, com quem mantinha excelentes relações havia décadas. Enfim, a Quixote era muito capitalizada.

O sr. Quixote já estava ficando idoso, e seu filho, Sancho, repleto de energia e novas ideias, começou a questionar o pai sobre o futuro. O lucro líquido da Quixote em 1994 foi equivalente a 4,5% da receita bruta. Para Sancho, este indicador refletia uma rentabilidade muito limitada. O pai o lembrava de que, em relação ao patrimônio líquido, a rentabilidade equivalia a 31% ao ano! Esse alto retorno era consequência da alavancagem financeira que os recursos dos fornecedores propiciavam à Quixote e a tantas outras empresas de varejo. Dos R$ 240 milhões em fontes de recursos disponíveis em 31 de dezembro de 1994, R$ 124 milhões (52%) originavam-se dos fornecedores. Ou seja, para cada R$ 1,00 de recursos disponíveis à empresa, R$ 0,48 provinham do acionista.

Mesmo com essas explicações sobre os "segredos" da geração de valor no varejo, sr. Quixote não conseguia convencer seu filho de que a empresa era muito rentável e sua estratégia de negócios era a mais apropriada. O Brasil estava mudando. O Plano Real, instaurado pelo então ministro da Fazenda, Fernando Henrique Cardoso, controlou a inflação e valorizou o real em relação ao dólar. O Brasil e sua economia estavam mudando. O setor varejista não seria exceção.

Sancho percebia esta mudança e insistia em procurar outras maneiras de crescer a operação e, ao mesmo tempo, aumentar sua rentabilidade. Queria saber quanto valia a Quixote e que ações estratégicas poderiam ser executadas para gerar mais valor aos acionistas. Persistente, acabou convencendo o pai a contratar uma consultoria estrangeira de planejamento estratégico para responder às suas questões. Do seu lado, sr. Quixote poderia usar a análise estratégica para elaborar um plano de sucessão que não comprometesse o futuro da empresa.

A consultoria elaborou uma análise da posição de mercado atual da Quixote, possíveis estratégias de crescimento e seus impactos sobre o valor econômico agregado aos acionistas; e procurou identificar e entender o comportamento dos fatores críticos de sucesso do setor varejista no curto e longo prazos. Uma rede varejista depende do atendimento ao consumidor, bem como do mix de produtos, do prazo de fornecimento, do custo de entrega, dos custos fixos e de estocagem. Para tanto, a consultoria visitou várias lojas da Quixote e de seus concorrentes. Experimentou comprar produtos na Quixote e em seus concorrentes, vivenciando a experiência da compra e da troca da mercadoria, prestando atenção ao atendimento, ao tempo gasto na hora de pagar, às possibilidades de parcelamento das compras. Conversou com os consumidores que tinham acesso às lojas da Quixote e às de seus concorrentes. Foi uma excelente maneira de vivenciar que sistemas, treinamento de pessoas e atendimento eram críticos para o sucesso no varejo.

Com base no entendimento da posição de mercado da Quixote, a consultoria elaborou uma série de premissas sobre as tendências do setor varejista e da operação da empresa. A estrutura da projeção baseava-se em algumas variáveis estratégicas típicas de uma empresa de varejo: o número de lojas (e, por consequência, de área de vendas), o faturamento bruto por metro quadrado de área de loja (ROB/m^2), a margem bruta, as despesas com vendas, as despesas administrativas, o prazo médio das contas a receber, os estoques, os fornecedores, e o investimento em ativos fixos. No caso da Quixote, os consultores adotaram os métodos de projeção apresentados no quadro a seguir.

QUADRO 4.4 › Premissas para a projeção do fluxo operacional de caixa da Quixote

Variáveis	Premissas para projeção
Período de projeção explícito	Cinco anos (de 1995 a 2000), em moeda constante, ou seja, considerando que os efeitos da inflação sobre custos e receitas da empresa se anulariam no longo prazo. Esta era uma premissa com frequência adotada por várias consultorias e bancos de investimentos, principalmente no Brasil do Plano Real.
Avaliação do período implícito	Perpetuidade simples.

Variáveis	Premissas para projeção
ROB	Primeiro, assumiu-se uma taxa de crescimento da ROB/m² médio. Depois, multiplicou-se esta taxa pela área de vendas, que, por sua vez, foi determinada pelo número de lojas multiplicada pela área de cada loja.
Impostos diretos	Adotou-se a média de 17%, que reflete o ICMS médio, PIS e Cofins.
CMV	Adotou-se uma proporção, em percentual fixo ou variável, dependendo do cenário, do CMV em relação à ROB, da intensidade da concorrência e/ou da estratégia de preços e venda. A margem bruta foi reduzida em cenários mais agressivos de crescimento da rede de lojas e/ou concorrência acirrada.
Despesas com vendas*	Por incluir comissões aos vendedores e gastos com propaganda e marketing, definiu-se uma proporção com a ROB, em percentual variável ou fixo, dependendo da premissa sobre a estratégia de vendas e o ambiente competitivo. A PDD foi projetada à parte, como um percentual, fixo ou variável, do saldo das contas a receber.
Despesas administrativas**	A princípio, definiu-se uma quantia fixa em reais por ano, mas, dependendo do cenário, esse valor cresceu, por exemplo, com a expansão da empresa.
Contas a receber	Projetaram-se os saldos em 31 de dezembro, em função da ROB (dias de ROB). O prazo médio variou com as premissas sobre estratégias de venda e ambiente competitivo.
Estoques	Projetaram-se os saldos em 31 de dezembro, em função do CMV (dias de CMV). O prazo médio variou com as premissas sobre estratégias de venda, dimensão da rede de lojas e ambiente competitivo.
Fornecedores	Projetaram-se os saldos em 31 de dezembro, em função do CMV (dias de CMV). O prazo médio variou com as premissas sobre poder de barganha com os fornecedores.
Investimentos	Dois componentes: manutenção (um valor fixo em reais por ano) e novas lojas (valor fixo em reais pela abertura de cada nova loja).
IR&CS desalavancado	Para o IR&CS desalavancado, computaram-se 33% sobre o Ebit. Para o IR&CS alavancado (do DRE), computaram-se 33% sobre o Lair.
Despesas financeiras	Despesa de juros sobre empréstimos bancários, no cenário que previa endividamento.
Receitas financeiras	Receita de juros de 10% sobre o saldo médio das disponibilidades.
Distribuição de dividendos	Percentual fixo ou variável, dependendo do cenário, sobre o lucro líquido.

* Despesas com vendas incluem gastos com a força de vendas, comissões, propaganda e publicidade, perdas com valores a receber e provisões para possíveis perdas (PDD). Como uma reserva de caixa constituída pela empresa para se proteger de possíveis perdas em suas vendas a prazo, a PDD compõe as despesas com vendas do DRE e é uma conta redutora do contas a receber do AC. Similar à depreciação e amortização, PDD não é uma despesa de natureza caixa, mas, sim, de competência. Se a PDD se provar desnecessária, pode ser revertida integrando a conta "outras receitas operacionais" do DRE. Caso a provisão realmente caracterize uma perda, seu valor deve integrar a conta "outras despesas operacionais" do DRE.

** Despesas administrativas relacionam-se à direção e à gestão da empresa, a material de escritório, despesas legais e judiciais, utilidades e serviços, ocupação (aluguel, condomínio, IPTU, água e esgoto, telefone, seguros etc.), auditoria, depreciação de máquinas e equipamentos utilizados pelo departamento administrativo.

FONTE: ELABORADO PELO AUTOR.

A consultoria, então, elaborou um conjunto de projeções de resultados em três cenários operacionais e estimou o valor da Quixote por meio da metodologia do fluxo descontado de caixa (FDC). Sob o ponto de vista dos consultores, foram elaborados três cenários: "conservador", "moderado" e "revolucionário". Os consultores fizeram uma apresentação da análise ao sr. Quixote e seu filho em suas luxuosas instalações. Foi uma apresentação que mudou a vida de ambos para sempre.

PRIMEIRO CENÁRIO: BASE

A primeira simulação foi batizada de "cenário-base", no qual a empresa crescia apenas vegetativamente com o crescimento da população, sem abrir novas lojas nem alterar sua rentabilidade e a estrutura de fontes de recursos. A ideia era estimar o valor da Quixote se nada significativo fosse feito interna ou externamente, se nada mudasse na administração, nos pontos de venda, na concorrência e nas suas vendas. As principais hipóteses eram:

- Manutenção das atuais 100 lojas, sem abrir nenhuma nova.
- ROB/m^2 aumentaria com o crescimento da população (cerca de 2% ao ano).
- Recolhimento de 17% da receita operacional bruta para pagar os impostos diretos.
- Manutenção da margem bruta constante ao equivalente a 21% da ROB.
- Despesas com vendas mantidas nos níveis atuais (10% da ROB).
- Não seria constituída nenhuma provisão para devedores duvidosos, na medida em que o volume de crédito e os prazos concedidos eram baixos (5% do faturamento bruto) e concedidos mediante uma rigorosa análise de crédito.
- Despesas administrativas mantidas no nível de 1994 (R$ 25 milhões por ano).
- Recolhimento de 33% de IR&CS sobre Ebit.
- Manutenção dos prazos médios de capital de giro (5% da ROB para recebíveis, 15% do CMV em estoques [equivalentes a cerca de 55 dias], 25% do CMV em fornecedores [ou 91 dias].
- Investimento mínimo em ativos fixos de R$ 3 milhões por ano referentes às benfeitorias em lojas e à atualização de equipamentos.
- Taxa de depreciação média de 8% ao ano para o ativo imobilizado bruto.
- Valor residual estimado por meio de uma perpetuidade simples.
- O WACC foi estimado em 19,8%, em termos reais. Naquela época, não havia referências para estimar o custo de oportunidade do capital próprio. Os consultores basearam-se em referências norte-americanas e adicionaram um prêmio que consideravam apropriado para o Brasil de 1994.
- Como estrutura de capital, a princípio, consideraram-se 100% dos recursos advindos de capital (sem dívidas bancárias).

Ao fim de seis anos de projeção, a Quixote faturaria cerca de R$ 901 milhões, gerando lucros de R$ 62 milhões. O ganho de escala advindo das vendas crescentes com o mesmo nível de despesas fixas aumentaria o Ebitda de 7,9% da ROB para 8,2%.

QUADRO 4.5 › Cenário-base: projeção do demonstrativo de resultados

	1994	1995	1996	2000
Área total de vendas (m^2)	80.000	80.000	80.000	80.000
ROB/m^2	10.000	10.200	10.404	11.262
Δ ROB/m^2		2%	2%	2%
ROB (R$ milhão)	**800**	**816**	**832**	**901**
Lucro bruto	168	171	175	189

	1994	1995	1996	2000
Ebitda	**63**	**65**	**67**	**74**
% Ebitda/ROB	7,9%	7,9%	8%	8,2%
Depreciação	-11	-12	-12	-13
Receita financeira	3	6	11	32
Lair	54	60	65	93
IR&CS	-18	-20	-22	-31
Lucro líquido	36	40	44	62

FONTE: ELABORADO PELO AUTOR.

Projetou-se também o balanço patrimonial, e todo o fluxo livre de caixa foi acumulado na conta aplicações, no ativo circulante, que renderia receitas financeiras de 10% ao ano.[3]

QUADRO 4.6 › Cenário-base: projeção do balanço patrimonial (R$ milhões)

	31/12/1994	31/12/1995	31/12/1996	31/12/2000
Total do ativo	**240**	**277**	**317**	**514**
Aplicações	64	107	154	379
Contas a receber	40	41	42	45
Estoques	74	76	77	84
Ativo imob. líquido	62	53	44	6
Total do passivo e PL	**240**	**277**	**317**	**514**
Fornecedores	124	126	129	140
Patrimônio líquido	116	150	187	374
Capital social	10	10	10	10
Lucros acumulados	106	140	177	364

FONTE: ELABORADO PELO AUTOR.

Ou seja, sem distribuir dividendos, ao fim da projeção explícita (31 de dezembro de 2000), a Quixote teria ativos de R$ 514 milhões e um patrimônio líquido de R$ 374 milhões. A geração operacional de caixa estava estimada em R$ 51 milhões ao fim da projeção.

QUADRO 4.7 › Cenário-base: projeção do fluxo operacional de caixa

	1995	1996	2000
Ebitda	65	67	74
IR&CS desalavancado	- 18	- 18	- 20
Contas a receber	41	42	45
Δ Contas a receber	1	1	1
Estoques	76	77	84
Δ Estoques	1	2	2

	1995	1996	2000
Fornecedores	126	129	140
Δ Fornecedores	2	3	3
Δ Capital de giro	–	0,2	0,2
Investimentos	- 3	- 3	- 3
Fluxo operacional de caixa	44	46	51

FONTE: ELABORADO PELO AUTOR.

Considerando uma perpetuidade simples e descontado o fluxo de caixa a valor presente utilizando 19,8% de taxa de desconto[4], os consultores estimaram o valor econômico da Quixote para seus acionistas, no cenário-base, ao equivalente a R$ 309 milhões a valores de 31 de dezembro de 1994 (incluindo o saldo de R$ 64 milhões nas aplicações).

Comparada com o ano-base da projeção, 1994, essa estimativa de valor representa um prêmio de cerca de 270% do patrimônio líquido da Quixote (31 de dezembro de 1994), um múltiplo de 4,9 vezes do Ebitda e 8,5 vezes do lucro líquido daquele ano.

Sr. Quixote e seu filho ficaram desapontados com o resultado dessa estimativa. Ao analisarem a evolução das projeções até o ano 2000, perguntaram-se como uma empresa com projeção de alcançar um faturamento de R$ 901 milhões por ano, acumulando um patrimônio líquido de R$ 374 milhões e com R$ 379 milhões em aplicações, poderia valer só R$ 309 milhões. Parecia muito pouco!

Sr. Quixote não se sensibilizou com o argumento do consultor de que essas projeções poderiam ser consideradas conservadoras, pois não previam nenhuma mudança na concorrência mantendo as margens constantes. Nessa *análise de sensibilidade*,[5] quando se diminuiu a margem bruta em um ponto percentual (a partir de 1995), o VEA da Quixote foi reduzido para R$ 276 milhões, ou seja, um impacto de R$ 33 milhões, quase 10% do valor da primeira estimativa. Em outra simulação, reduziram-se a margem bruta (19% da ROB) e o crescimento da ROB/m^2 em 1 ponto percentual, e o VEA estimado para a Quixote caiu para R$ 232 milhões. Ou seja, o impacto de um aumento na concorrência, que afetasse o faturamento e a margem da Quixote, poderia facilmente consumir 25% do seu valor.

Sr. Quixote estava inconformado. O que mais poderia ser feito? Reduzir estoques? Ele foi contra essa proposta, pois poderia significar atrasos na entrega das mercadorias aos clientes. Apenas por curiosidade, uma redução do equivalente a 55 dias de CMV para 45 aumentaria o valor da Quixote em R$ 14 milhões. Parecia muito esforço e risco para pouco valor adicional.

Entretanto, se o prazo com fornecedores aumentasse do equivalente a 91 dias de CMV para 120 (a partir de 1995), o VEA da Quixote aumentaria de R$ 37 milhões para R$ 346 milhões, ou seja, quase 12% de incremento. Isto é claro, pois são recursos dos fornecedores que entram diretamente no cálculo do FOC. O impacto dessa transferência de riqueza entre os fornecedores e a Quixote seria imediato. No entanto, os fornecedores também sabiam disso, e não concederiam nada à Quixote sem alguma contrapartida. Então, como convencer os fornecedores a aumentar o prazo de fornecimento? Um grande argumento para barganhar com os credores era ser estrategicamente mais importante para eles: ser uma grande cadeia de lojas.

Os consultores projetaram o fluxo de caixa de uma loja de 800 m^2 por dez anos. Partiram da hipótese de que a loja custaria R$ 1 milhão para sua montagem, entre a compra do ponto, reformas, prateleiras e equipamentos. A loja somente começaria a gerar receitas após o primeiro ano, produzindo o faturamento médio da rede (R$ 10 mil/m^2, crescendo 2% ao ano). As demais premissas operacionais e de capital de giro seguiriam aquelas do cenário-base. As despesas administrativas e os investimentos em benfeitorias foram rateados entre as cem lojas existentes para estimar valores médios.

QUADRO 4.8 › Simulação de uma nova loja média (R$ milhões)

	Ano 1	Ano 2	Ano 3	Ano 4	Ano 5	Ano 6	Ano 10
ROB	–	8	8,16	8,32	8,49	8,66	9,56
Impostos diretos	–	- 1,36	- 1,39	- 1,41	- 1,44	- 1,47	- 1,63
ROL	–	6,64	6,77	6,91	7,05	7,19	7,94
CMV mercantil	–	- 4,96	- 5,06	- 5,16	- 5,26	- 5,37	- 5,93
Lucro bruto	–	1,68	1,71	1,75	1,78	1,82	2,01
Margem bruta	–	21%	21%	21%	21%	21%	21%
Desp. com vendas	–	- 0,8	- 0,82	- 0,83	- 0,85	- 0,87	- 0,96
Desp. administrativas	- 0,25	- 0,25	- 0,25	- 0,25	- 0,25	- 0,25	- 0,25
Ebitda	- 0,25	0,63	0,65	0,67	0,68	0,7	0,8
% Ebitda/ROB	–	7,9%	7,9%	8%	8,1%	8,1%	8,4%
Depreciação	–	- 0,08	- 0,08	- 0,08	- 0,08	- 0,08	- 0,08
Ebit	- 0,25	0,55	0,57	0,59	0,6	0,62	0,72
		31/12/A1	31/12/A2	31/12/A3	31/12/A4	31/12/A5	31/12/A10
Investimentos	- 1	- 0,03	- 0,03	- 0,03	- 0,03	- 0,03	- 0,03
Ativo imob. bruto	1	1	1	1	1	1	1
Deprec. acumulada	–	- 0,08	- 0,16	- 0,24	- 0,32	- 0,4	- 0,8
Ativo imob. líquido	1	0,92	0,84	0,76	0,68	0,6	0,2
CAR bruta	–	0,4	0,41	0,42	0,42	0,43	0,48
Δ CAR	–	0,4	0,01	0,01	0,01	0,01	0,01
Estoques	–	0,74	0,76	0,77	0,79	0,81	0,89
Δ Estoques	–	0,74	0,01	0,02	0,02	0,02	0,02
Fornecedores	–	1,24	1,26	1,29	1,32	1,34	1,48
Δ Fornecedores	–	1,24	0,02	0,03	0,03	0,03	0,03
Invest. capital de giro	–	0,1	–	–	–	–	–
Ebitda	- 0,25	0,63	0,65	0,67	0,68	0,7	0,8
IR&CS desalavancado	–	- 0,18	- 0,19	- 0,19	- 0,2	- 0,21	- 0,24
Invest. cap. de giro	–	0,1	–	–	–	–	–
Investimentos	- 1	- 0,03	- 0,03	- 0,03	- 0,03	- 0,03	- 0,03
FOC	- 1,25	- 0,51	0,43	0,44	0,46	0,47	0,54
VP do FOC explícito	- 1,04	- 0,36	0,25	0,22	0,19	0,16	0,09

FONTE: ELABORADO PELO AUTOR.

A conclusão foi surpreendente: a TIR do investimento em uma nova loja foi estimada em 35%! Ou seja, cada nova loja se pagaria em cerca de quatro anos. A ajuda dos fornecedores, porém, era essencial, pois já no ano 1 eles injetariam R$ 1,24 milhão em mercadorias na loja nova, cujo valor presente líquido estava estimado em R$ 1 milhão.

Pronto! Esta era a resposta: abrir novas lojas. Que fornecedor negaria prazos para uma nova loja? Nesse ponto, havia uma conjunção de interesses entre os fornecedores e a Quixote: quanto mais lojas novas, mais se vende, e todos ficam satisfeitos.

NOTA TÉCNICA › Enumeram-se a seguir algumas constatações interessantes sobre a simulação de uma nova loja:

1. Quando acumulamos o FOC, deduzimos que a loja se pagaria no quarto ano de operação, com uma TIR de 35% ao ano. Entretanto, quando levamos em conta o custo do capital dos acionistas (19,8% ao ano), ou seja, quando acumulamos o valor presente do FOC, deduzimos que a loja se pagaria no sexto ano de operação, com uma TIR de 13%! Qual das duas deduções seria a mais correta? A segunda, pois devemos levar em conta o custo de oportunidade do capital.
2. O VPL de uma loja é estimado em R$ 1 milhão. Este seria o valor de uma loja nova, a um custo de capital de 19,8% ao ano, já deduzidos os valores de seus investimentos. É claro que esta estimativa se baseava em uma série de premissas médias que precisavam ser confrontadas com as particularidades da loja individual. Ou seja, a margem bruta média das 100 lojas da Quixote era de 21%. No entanto, uma nova loja, em uma vizinhança com mais concorrentes, poderia ter uma margem bruta menor e despesas maiores.

SEGUNDO CENÁRIO: EXPANSÃO DE LOJAS

Os consultores elaboraram, em seguida, o segundo cenário que consideravam "moderado": expansão de lojas. Suas principais premissas eram:

- Seriam abertas 20 novas lojas por ano, com 800 m^2 de área de vendas, um investimento de R$ 1 milhão por loja, além dos R$ 3 milhões por ano em benfeitorias e atualização de equipamentos para toda a cadeia.
- Para dar um tom mais realista às projeções, assumiu-se que a ROB/m^2 cresceria menos que a média da população (1,4% contra os 2% ao ano do cenário-base), pois os novos pontos de venda deveriam ser amadurecidos e sofreriam a concorrência de outras cadeias.

QUADRO 4.9 › Cenário expansão: projeção do número de lojas e faturamento bruto

	1994	1995	1996	1997	1998	1999	2000
Número de lojas	100	120	140	160	180	200	220
Área total (mil m^2)	80	96	112	128	144	160	176
ROB/m^2	10.000	10.200	10.384	10.550	10.697	10.847	10.999
Δ ROB/m^2	–	2%	1,8%	1,6%	1,4%	1,4%	1,4%
ROB (R$ milhão)	800	979	1.163	1.350	1.540	1.736	1.936

FONTE: ELABORADO PELO AUTOR.

- A margem bruta média decresceria com a abertura de lojas em novas regiões nas quais a marca não era tão conhecida (de 21% do cenário-base para 15%).
- As despesas com vendas aumentariam com as despesas com propaganda (de 10% para 12% da ROB).

- As despesas administrativas cresceriam em "degraus" (R$ 5 milhões a mais a cada dois anos).
- A capitalização continuaria alta e não seriam contratados empréstimos financeiros - todo o investimento seria pago com o caixa próprio acumulado.
- Cerca de 15% do lucro líquido seria distribuído como dividendos aos acionistas.

QUADRO 4.10 › Cenário expansão: projeção do DRE (R$ milhões)

	1994	1995	1996	1997	1998	1999	2000
ROL	664	813	965	1.121	1.279	1.441	1.607
Lucro bruto	168	206	221	230	231	260	290
% LB/LOB	21%	21%	19%	17%	15%	15%	15%
Despesas vendas	- 80	- 98	- 140	- 162	- 185	- 208	- 232
Despesas administrativas	- 25	- 25	- 25	- 27	- 27	- 27	- 29
Ebitda	63	83	56	41	19	25	29
% Ebitda/ROB	7,9%	8,4%	4,9%	3%	1,2%	1,4%	1,5%
Depreciação	- 11	- 13	- 15	- 17	- 19	- 21	- 22
Receitas financeiras	3	6	12	18	24	30	40
Despesas financeiras	–	–	–	–	–	–	–
IR&CS	- 18	- 25	- 18	- 14	- 8	- 11	- 15
Lucro líquido	36	51	36	28	16	23	31
% LL/ROB	4,5%	5,2%	3,1%	2,1%	1,1%	1,3%	1,6%
Dividendo (15% LL)	5	8	5	4	2	3	5

FONTE: ELABORADO PELO AUTOR.

- Os estoques aumentariam do equivalente a 55 dias para 80 dias do CMV, pois as novas lojas, mais distantes, exigiriam depósitos descentralizados para atender melhor e mais prontamente aos clientes das novas praças.
- O saldo devido aos fornecedores aumentaria do equivalente a 91 dias para 201 dias do CMV, pois o crescimento significativo da Quixote aumentaria seu poder de barganha nas negociações com fornecedores.

QUADRO 4.11 › Cenário expansão: projeção do balanço patrimonial

	31/12/1994	31/12/1995	31/12/1996	31/12/1997	31/12/1998	31/12/1999	31/12/2000
Total do ativo	**240**	**342**	**451**	**570**	**699**	**838**	**998**
Aplicações	64	124	179	239	302	399	519
Contas a receber	40	49	58	68	77	87	97
Estoques	74	97	134	178	230	260	290
Ativo imob. líquido	62	71	79	85	89	92	92
Total passivo e PL	**240**	**342**	**451**	**570**	**699**	**838**	**998**
Fornecedores	124	182	261	356	471	590	724
Patrimônio líquido	116	160	190	214	228	247	274

FONTE: ELABORADO PELO AUTOR.

O custo de oportunidade do acionista (R_c) foi alterado de 19,8% para 24,8%. Por quê? Porque no cenário expansão haveria aumento do risco da operação. O número de lojas dobraria na projeção. Novas praças e novos pontos de venda significariam maior risco. Quem poderia garantir que o sucesso da Quixote na praça X se repetiria na W? Mas por que aumentar em 5 pontos percentuais o custo ponderado de capital? Era uma estimativa. A ciência aqui não era exata, mas os consultores não poderiam ignorar o aumento do risco da operação.

De acordo com os consultores, a empresa chegaria ao fim da projeção, em 2000, com 220 lojas, faturando quase R$ 2 bilhões! Gerando um lucro líquido de R$ 31 milhões? Ou seja, um lucro líquido menor que o projetado no cenário-base (R$ 62 milhões em 2000)? Como isso é possível? E não foi apenas o lucro líquido que diminuiu no cenário expansão. O patrimônio líquido, em 31 de dezembro de 2000, foi estimado em R$ 274 milhões, contra R$ 374 milhões no cenário-base.

Lucro e patrimônio líquido menores depois de tanto esforço para abrir 20 lojas por ano? Por quê? Por três motivos: apesar de mais lojas, a venda por m^2 e a rentabilidade da Quixote seriam menores nesse cenário, os investimentos aumentariam e, com eles, as despesas com depreciação, diminuindo o lucro líquido.[6] Então, não valeria a pena abrir mais lojas? Pela análise da TIR e do VPL já foi visto que sim. E o impacto no fluxo operacional de caixa da Quixote foi significativo.

QUADRO 4.12 › Cenário expansão: projeção do fluxo operacional de caixa

	1995	1996	1997	1998	1999	2000
Ebitda	83	56	41	19	25	29
IR&CS desalavancado	- 23	- 14	- 8	-	- 1	- 2
Investimentos	- 23	- 23	- 23	- 23	- 23	- 23
Δ Contas a receber	9	9	9	10	10	10
Δ Estoques	23	37	44	52	29	30
Δ Fornecedores	58	78	96	115	119	134
Δ Capital de giro	26	32	42	53	80	94
Fluxo operacional de caixa	63	52	52	49	80	98

FONTE: ELABORADO PELO AUTOR.

Em 2000, no cenário-base, o FOC projetado era de R$ 51 milhões contra R$ 98 milhões no expansão. Não apenas a dimensão da empresa e seu faturamento aumentariam, mas também a composição do capital de giro. Quando se analisa a composição do passivo total da Quixote, observa-se que, em 1994, 52% dos recursos da empresa eram advindos de créditos dos fornecedores. Em 2000, essa participação aumentaria para 73% do total das fontes de recursos, equivalente a R$ 724 milhões. Ou seja, a variação do capital de giro projetava que, após os investimentos nas contas ativas (contas a receber e estoques), os fornecedores injetariam recursos em excesso, que poderiam alcançar R$ 134 milhões em um ano (2000).

No cenário expansão de lojas, o VEA da Quixote foi estimado em R$ 353 milhões, quase 14% acima do base. Essa estimativa equivaleria a um prêmio sobre o patrimônio líquido na data-base de 300%, mesmo com um custo ponderado do capital mais alto!

Ainda assim, sr. Quixote continuava frustrado. Intuitivamente, sentia que abrir 20 lojas por ano seria um desafio e tanto, e, apesar disso, sua empresa valeria R$ 44 milhões a mais, considerando margens um pouco mais reduzidas. No entanto, se algum concorrente resolvesse competir mais fortemente reduzindo a margem bruta em um ponto percentual, o valor estimado para a Quixote poderia voltar a R$ 312 milhões, próximo ao VEA do cenário-base.

Parecia pouco para tanto esforço. Ao analisar os números, uma conta em particular lhe chamava muito a atenção: os valores acumulados em "aplicações". Em 2000, projetava-se um caixa acumulado de R$ 519 milhões. Seria uma fortuna rendendo juros de CDBs. Como esse caixa poderia ser reinvestido na operação para aumentar o valor da empresa?

Aplicar o excesso de caixa no CDB de um banco seria emprestar, indiretamente, dinheiro aos clientes do banco para financiar suas compras. Por que, portanto, não emprestar esse dinheiro diretamente aos clientes da Quixote para financiar suas compras? Afinal, até então, apenas 5% das vendas da Quixote eram financiadas por 30 dias.

Estávamos no final de 1994, e o Plano Real prometia acabar com a inflação e recuperar o poder de compra das classes de mais baixa renda. O salário-mínimo fixado em R$ 100 equivalia a mais de US$ 100 no começo do Plano. Milhares de brasileiros, que foram excluídos do mercado de consumo de bens duráveis por causa do imposto inflacionário que corroía o poder de compra dos seus salários, voltaram a comprar.

A estabilidade e o crescimento da economia dariam um grande estímulo ao consumo e ao crédito pessoal. Já havia alguns concorrentes da Quixote financiando seus clientes em até 12 meses e cobrando 6% de juros ao mês ou mais. Em termos de juros compostos, 6% ao mês equivalem a 101% ao ano. Corresponderia a vender uma TV duas vezes para o mesmo cliente! E os clientes pareciam não estar cientes deste custo. A impressão era de que eles se perguntavam se a parcela fixa por mês da TV "caberia" ou não em seu salário. A promoção seria algo assim: "Compre uma TV em cores em 12 parcelas mensais fixas de R$ 80". Dona Maria, empregada doméstica, que sempre sonhou em ter uma TV em cores, concluiria que, com o preço da cesta básica estabilizado, a parcela da TV "caberia" em seu salário e aceitaria a proposta da Quixote.

Pensando bem, se os concorrentes já estavam expandindo o crédito aos consumidores, a Quixote teria de fazer o mesmo, sob o risco de perder competitividade. Então, prontamente, os consultores apresentaram o terceiro cenário: expansão com crédito ao consumidor.

TERCEIRO CENÁRIO: EXPANSÃO COM CRÉDITO AO CONSUMIDOR

A estrutura desse novo cenário foi construída sobre o anterior, ou seja, 20 novas lojas por ano. Foram considerados investimentos na estrutura de análise e concessão de crédito, que precisava ser totalmente remodelada para atender ao volume projetado em tempo hábil. O consumidor teria de ser capaz de solicitar o crédito e obter a aprovação rapidamente, sob o risco de perdê-lo para o concorrente. O novo sistema de análise de crédito precisava dar respostas rápidas, o que também exigiria investimentos em processamento e transmissão de dados.

No novo cenário, a geração de caixa seria suficiente para sustentar as premissas mais conservadoras sobre a concorrência, inclusive prevendo uma eventual guerra de preços e perdas com devedores duvidosos.

Qual seria o custo do dinheiro emprestado aos clientes? O custo ponderado do capital, que, até então, era de 100% do capital próprio, não tinha data para ser devolvido aos acionistas. Ou seja, enquanto vender uma TV à vista traria a rentabilidade de 1% a 4% (margem Ebitda), vender a prazo representaria uma receita adicional de 101% do preço do bem sem custo explícito. Por conseguinte, variáveis críticas de sucesso, como margem bruta e despesas fixas, ficariam em segundo plano no cenário com crédito ao consumidor.

As principais premissas do cenário com crediário eram:

- A Quixote introduziria o crediário ao cliente cobrando juros de 6% ao mês (101% ao ano).[7]
- De 20% a 50% das vendas seriam financiadas, e a ROB/m² "explodiria" com a nova facilidade, crescendo 10% ao ano.

QUADRO 4.13 › Cenário crediário: projeção das receitas

	1994	1995	1996	1997	1998	1999	2000
Número de lojas	100	120	140	160	180	200	220
Área total (800 m²/loja)	80.000	96.000	112.000	128.000	144.000	160.000	176.000
ROB/m²	10.000	10.500	11.550	12.705	13.976	15.373	16.910
Δ ROB/m²		5%	**10%**	10%	10%	10%	10%
% Vendas financiadas		**20%**	**35%**	50%	50%	50%	50%
ROB mercantil	800	1.008	1.294	1.626	2.012	2.460	2.976
ROB crediário*		122	331	641	921	1.132	1.376
ROB total (R$ milhão)**	**800**	**1.130**	**1.625**	**2.267**	**2.933**	**3.591**	**4.352**

*Observe que a receita com os juros do crediário foi calculada com base no saldo médio da carteira de contas a receber do período antes dos efeitos da inadimplência. Ou seja, considerou-se que a carteira foi sendo construída ao longo do ano, e, portanto, a receita é baseada na média de juros do ano.

** Como havia uma discussão sobre se a receita do crediário deveria ser reconhecida como uma receita de venda e se PIS, Cofins e ICMS deveriam ser pagos, os consultores incluíram a receita do crediário na receita bruta de vendas, recolhendo, portanto, impostos diretos e IR&CS.

FONTE: ELABORADO PELO AUTOR.

- Seria cobrada a taxa de abertura do cadastro (TAC) equivalente a 2,5% do financiamento.
- A crescente concorrência sugeria uma redução de preços e das margens brutas, que seriam compensadas pelos ganhos financeiros – a margem bruta decresceria gradualmente de 21% para 15% da ROB.
- A expansão do crediário estimularia a elevação dos gastos com propaganda e o aumento das comissões aos vendedores – as despesas com vendas cresceriam de 10% para 15% do faturamento bruto.
- As despesas administrativas aumentariam para sustentar a nova plataforma, e a estrutura de análise do crédito ao consumidor (cobrança, sistemas de análise de crédito etc.) aumentaria de R$ 25 milhões para R$ 80 milhões, gradualmente, "em degraus".
- Com a concessão de crédito, seria natural projetar um crescimento na provisão para devedores duvidosos (PDD) que, nos cenários anteriores, era desprezível, e neste se projetava um aumento gradual até 5% da carteira de recebíveis.
- Assumiu-se também que um banco comercial, atraído pela capacidade de crescer e pelos lucros da Quixote, ofereceria uma linha de crédito de curto prazo de até R$ 200 milhões com custo de 30% ao ano, garantida por recebíveis. Emprestar a 101% e pagar 30% para um banco seria bom negócio.

QUADRO 4.14 › Cenário crediário: projeção do DRE

	1995	1996	1997	1998	1999	2000
ROL	938	1.349	1.882	2.435	2.981	3.612

▶

	1995	1996	1997	1998	1999	2000
CMV mercantil	- 625	- 828	- 1.073	- 1.368	- 1.673	- 2.024
Lucro bruto	313	521	808	1.066	1.308	1.588
% LB/ROB mercantil	21%	19%	17%	15%	15%	15%
TAC	3	8	16	23	28	34
Despesas com vendas	- 113	- 195	- 340	- 440	- 539	- 653
% DV ROB	10%	12%	15%	15%	15%	15%
PDD*	- 10	- 23	- 41	- 50	- 61	- 74
% PDD/CAR	5%	5%	5%	5%	5%	5%
Desp. administrativas	- 45	- 45	- 65	- 65	- 80	- 80
Ebitda	148	266	379	534	656	815
% Ebitda/ROB	13,1%	16,4%	16,7%	18,2%	18,3%	18,7%
Depreciação	- 21	- 23	- 29	- 31	- 33	- 34
Rec. financeiras	6	18	17	20	36	76
Desp. financeiras	- 30	- 60	- 60	- 60	- 60	- 60
IR&CS	- 34	- 67	- 102	- 154	- 198	- 264
Lucro líquido	69	136	207	312	403	535
% LL/ROB	6,1%	8,4%	9,1%	10,6%	11,2%	12,3%
Dividendos (15% LL)	10	20	31	47	60	80

*Contabilmente, a PDD compõe as despesas com vendas. Para fins didáticos, separamos as duas contas.

FONTE: ELABORADO PELO AUTOR.

- O capital de giro mudaria para se adaptar ao crescimento das vendas – os estoques aumentariam do equivalente a 55 dias de CMV para 140 dias, e os fornecedores aumentariam gradualmente de 91 dias para 365 dias, com o aumento significativo de vendas, isto é, do poder de barganha da Quixote.
- Os investimentos em ativos fixos aumentariam com os sistemas e a infraestrutura de comunicações – em 1995, foram projetados investimentos adicionais de R$ 100 milhões, e mais R$ 50 milhões em 1997.

QUADRO 4.15 › Cenário crediário: projeção do balanço patrimonial (R$ milhões)

	31/12/1994	31/12/1995	31/12/1996	31/12/1997	31/12/1998	31/12/1999	31/12/2000
Ativos	**240**	**656**	**988**	**1.525**	**2.055**	**2.779**	**3.753**
Aplicações	64	202	187	224	376	781	1.386
Contas a receber bruta	40	202	453	813	1.006	1.230	1.488
(-) PDD	–	- 10	- 23	- 41	- 50	- 61	- 74
Contas a receber líquida	40	192	430	772	956	1.168	1.414
% CAR/ROB	5%	20%	35%	50%	50%	50%	50%
CAR (dias ROB)	18	73	128	183	183	183	183
Estoques	74	100	207	322	524	641	775

	31/12/1994	31/12/1995	31/12/1996	31/12/1997	31/12/1998	31/12/1999	31/12/2000
% Estoques/CMV	15%	16%	25%	30%	38%	38%	38%
Estoques (dias CMV)	55	58	91	110	140	140	140
Ativo imob. bruto	143	266	289	362	385	408	431
Depreciação acumulada	- 81	- 103	- 126	- 155	- 186	- 218	- 253
Ativo imob. líquido	62	163	163	207	199	190	178
Passivos	**240**	**656**	**988**	**1.525**	**2.055**	**2.779**	**3.753**
Fornecedores	124	281	497	859	1.124	1.505	2.024
% Fornecedores/CMV	25%	45%	60%	80%	82%	90%	100%
Forn. (dias CMV)	91	164	219	292	300	329	365
Bancos curto prazo		200	200	200	200	200	200
Déficit de caixa		–	–	–	–	–	–
Patrimônio líquido	**116**	**175**	**291**	**467**	**732**	**1.074**	**1.529**
Capital social	10	10	10	10	10	10	10
Lucros acumulados	106	165	281	457	722	1.064	1.519
% Fornecedores/ Passivos	52%	43%	50%	56%	55%	54%	54%

FONTE: ELABORADO PELO AUTOR.

Os resultados eram extraordinários: as projeções do demonstrativo de resultados indicavam que a Quixote poderia chegar a faturar R$ 4,3 bilhões em 2000, contra os atuais R$ 800 milhões. O lucro líquido saltaria de R$ 36 milhões em 1994 para R$ 535 milhões em 2000.

De onde viria tanta rentabilidade? Este aumento começaria com a receita dos juros com o crediário: de R$ 122 milhões em 1995 para R$ 1,4 bilhão em 2000. E qual era o custo desse crediário? Esta pergunta não tinha resposta simples. O primeiro custo explícito diretamente associado ao crediário seria a PDD de 5%. Também haveria um aumento nas despesas com vendas de 12% para 15% entre o cenário atual e o anterior. Haveria um aumento das despesas administrativas e investimentos significativos na infraestrutura de comunicação e análise de crédito. A empresa também abriria mão da margem bruta mais alta para ser mais competitiva e gerar mais boletos. Parte dos recursos viria da linha de crédito que custaria 30% ao ano.

Mesmo com todos esses custos embutidos valeria muito a pena. Poder-se-ia até considerar distribuir dividendos, algo até então tido como um tabu para o conservador sr. Quixote. Uma simples simulação sugeria ser possível uma distribuição de até 95% dos lucros gerados, acumulando R$ 1 bilhão em três anos.

QUADRO 4.16 › Cenário crediário: projeção de dividendos (R$ milhões)

	1995	1996	1997	1998	1999	2000
Lucro líquido	69	136	207	312	393	504
Dividendos	10	20	31	187	374	479
% Dividendos/LL (*payout*)*	15%	15%	15%	60%	95%	95%

* A relação dos dividendos com o lucro líquido também é conhecida como payout.

FONTE: ELABORADO PELO AUTOR.

Mesmo distribuindo 95% dos lucros aos sócios da Quixote, as projeções indicavam que a empresa ainda acumularia um patrimônio líquido de R$ 636 milhões em 31 de dezembro de 2000.

Observe que a participação dos recursos de fornecedores diminuiria em relação ao cenário anterior: 54% do total das fontes de recursos em 31 de dezembro de 2000 contra 72% no cenário anterior! Apesar dessa redução em termos relativos, os fornecedores terminariam 2000 com um saldo a receber de R$ 2 bilhões, em termos absolutos.[8]

O que ocorreria com o custo ponderado do capital? Seguindo o mesmo raciocínio do cenário anterior, a abertura de nova loja e a expansão do crédito ao consumidor aumentariam o risco total da empresa. Embora o cenário macroeconômico para o Brasil no início do Plano Real fosse excepcional, era possível ter alguma volatilidade nos resultados. Era recomendável, portanto, aumentar o custo médio ponderado do capital em mais 5 pontos percentuais, de 24,8% para 30,0%.[9]

Apesar do aumento na taxa de desconto, o valor das ações da Quixote nesse novo cenário era estimado em R$ 913 milhões, quase oito vezes o valor do patrimônio líquido da empresa no fim de 1994. Isto era quase três vezes o valor estimado no cenário anterior.

QUADRO 4.17 › Cenário crediário: projeção do fluxo de caixa (R$ milhões)

	1995	1996	1997	1998	1999	2000
Ebitda	148	266	379	534	656	815
IR&CS desalavancado	- 42	- 80	- 115	- 166	- 206	- 258
Inv. capital de giro	- 20	- 130	- 95	- 121	53	139
Investimentos	- 123	- 23	- 73	- 23	- 23	- 23
Fluxo operacional de caixa	**- 37**	**33**	**95**	**224**	**480**	**673**
Receitas financeiras	6	20	19	22	38	78
Despesas financeiras	- 30	- 60	- 60	- 60	- 60	- 60
Captações de empréstimos	200	–	–	–	–	–
Dividendos pagos (15% LL)	- 10	- 20	- 31	- 47	- 60	- 80
Ajuste IR&CS	8	13	14	12	7	- 6
Fluxo livre caixa	**137**	**- 14**	**36**	**152**	**405**	**605**

FONTE: ELABORADO PELO AUTOR.

Era este o cenário que parecia "capturar" boa parte do potencial de crescimento e rentabilidade da Quixote, mas ainda considerado conservador, pois a empresa geraria muito mais caixa livre e poderia aumentar ainda mais a porcentagem das vendas financiadas. Ou seja, era um cenário de grande crescimento e rentabilidade, porém com uma margem de segurança resultante do acúmulo de excesso de caixa na empresa.

QUADRO 4.18 › Resumo dos resultados dos três cenários

	Orgânico	Expansão das lojas	Expansão das lojas com crediário
TMA	19,8%	24,8%	30%
VEA	309	352,3	913,3
VEA/PL (1994)	2,7	3	7,8
VEA/Ebitda (1994)	4,9	5,6	14,5

	Orgânico	Expansão das lojas	Expansão das lojas com crediário
VEA/LL (1994)	8,5	9,7	25,2

FONTE: ELABORADO PELO AUTOR.

RELATO PESSOAL

Um astuto aluno que assistia à exposição do caso Quixote na Fipe-USP resumiu bem a situação: "Crescimento orgânico é o cenário 'sólido', crescimento com lojas é o 'líquido', e crediário é o 'gasoso'".

O cenário expansão com crédito ao consumidor transformou-se no plano de negócios (*business plan*) do sr. Quixote e de seus executivos. Adotar esse novo modelo de negócios não era só uma estratégia para aumentar o valor da empresa mas também uma maneira de a empresa se manter competitiva na explosão do crédito ao consumidor que o Plano Real proporcionava.

Bônus e comissões seriam pagos aos profissionais que ajudassem a abrir lojas, aumentar a carteira de recebíveis e negociar prazos com os credores. Os dividendos distribuídos seriam utilizados para investir em outros negócios do sr. Quixote e seus filhos: fazendas, uma fábrica de massas e biscoitos, apartamentos para aluguel etc. Alguém sugeriu ao sr. Quixote outras maneiras de captar mais recursos: transformar a Quixote Eletrodomésticos Ltda. em uma SA para emitir ações, debêntures a um custo menor que os 30% cobrados pelo banco. A Quixote poderia até emitir ações nos Estados Unidos por meio de *American Depositary Receipts* (ADRs)!

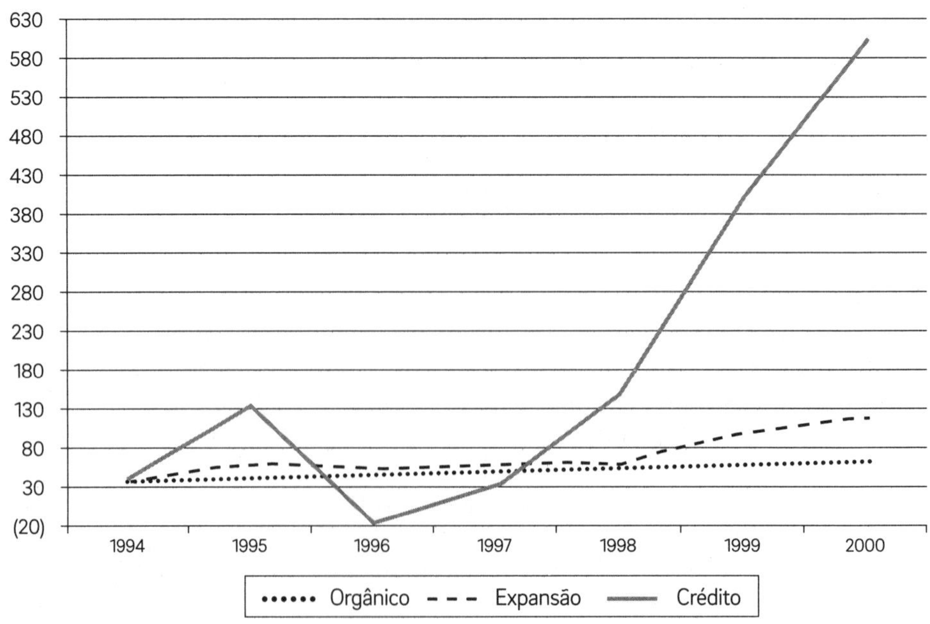

FONTE: ELABORADA PELO AUTOR.

FIGURA 4.1 › Fluxo livre de caixa nos três cenários.

O entusiasmo voltava para o sr. Quixote e seus fornecedores, que propunham preços mais baixos ou prazos de pagamento mais longos (alguns chegando a oferecer 360 dias). Aliás, as empresas nacionais que produziam eletrodomésticos foram adquiridas por multinacionais, como a aquisição dos fogões Continental pelas alemãs Bosch Siemens, a Dako pela norte-americana General Electric, a Multibrás pela norte-americana Whirpool, e tantas outras. Esses novos fabricantes chegaram ao Brasil trazendo capital barato e muita vontade em relação ao crescimento de suas vendas.

Pouco a pouco, sr. Quixote percebeu que não era mais um simples vendedor de eletrodomésticos; sua empresa havia se transformado em uma financeira. Ele havia se tornado um banqueiro! O negócio de financiar os clientes era tão bom, que ele e seus concorrentes resolveram vender seus eletrodomésticos abaixo do preço de aquisição, a fim de que pudessem vender mais boletos. Era mais importante vender os boletos que os eletrodomésticos.

Entretanto, tudo o que é bom dura pouco...

RELATO PESSOAL

Nos anos 1990, tive a oportunidade de assessorar um grupo que queria vender um negócio de varejo de vestuário que não fazia parte de seu *core business*. Era um negócio relativamente pequeno para o grupo, mas que demandava muita atenção da equipe executiva, que já estava sobrecarregada. Antes de nos contratar, o grupo havia pedido a uma grande empresa de consultoria internacional que avaliasse o negócio. Um dos cenários de avaliação que essa consultoria elaborou me chamou a atenção. Nele, a consultoria simulou o negócio sendo vendido a um empreendedor que sonegasse impostos, prática relativamente comum no negócio de varejo de roupas, à época. Com alíquotas menores de impostos, o valor estimado para o negócio foi o maior dentre todos os cenários. O grupo, proprietário do negócio, adorou. Entretanto, havia dois problemas. Primeiro, a consultoria não aumentou o WACC nesse cenário, apesar do maior risco advindo da sonegação fiscal. Segundo, quem correria o risco da sonegação seria o comprador. Por que ele repartiria este valor com o vendedor? Foi necessário algum tempo para convencer o grupo de que esse cenário era, no mínimo, insensato e deveria ser abandonado.

Exercícios

1 **Suponha que uma cadeia varejista decida aumentar a variedade de produtos ofertados para atrair mais clientes. Como um aumento na conta Estoques, desta natureza, pode afetar o LL, o FOC e o FLC?**

Pode haver efeitos negativos e positivos. Se o aumento do estoque impulsionar as vendas e/ou melhorar a margem bruta da empresa, então, o LL, o FOC e o FLC aumentarão. Por outro lado, o investimento no aumento de estoques reduz o FOC, e, por conseguinte, o FLC. Pode haver outro efeito redutor no LL e no FLC se o investimento nos estoques for financiado com dívidas bancárias, o que aumenta as despesas financeiras. Em suma, o efeito líquido do aumento dos estoques no LL, no FOC e no FLC depende dos efeitos que haverá nas vendas, na margem bruta e no modo como esse investimento foi financiado, seja por dívida bancária ou por capital próprio da empresa.

2 **Os recursos provenientes de fornecedores são recursos de terceiros, tal como dívida bancária. Por que, então, o FOC considera fornecedores e desconsidera dívida bancária?**

Porque os recursos advindos dos fornecedores não são onerosos e refletem a posição de mercado e estratégia operacional da empresa. É claro que há um componente de custo financeiro no preço cobrado pelos fornecedores aos quais se refere, mas este dificilmente é segmentado na nota fiscal. O caráter estratégico desta conta é importante. Há empresas que preferem pagar seus fornecedores à vista e obter descontos nas compras, enquanto outras preferem prazos maiores, sacrificando sua margem bruta. Há ainda setores com poucos fornecedores, cujo poder de barganha consegue impor às empresas clientes prazos exíguos e altos preços. Em qualquer dos três casos citados, as variações nos saldos dos fornecedores é um importante componente operacional capturado no FOC e no FDC.

3 Se uma empresa tem um saldo das contas a receber equivalente a 180 dias de vendas em 31 de dezembro de 2008, isto quer dizer que o prazo médio dos financiamentos a seus clientes é de 180 dias?

Não. Muito cuidado com o significado da expressão "prazo médio", que não tem o mesmo sentido do seu uso coloquial. Trata-se de uma confusão frequente, mesmo entre analistas profissionais. Não é o único caso em que um jargão de mercado pode ser confundido com uma expressão de uso mais coloquial e se tornar impreciso.[10] Neste caso, o jargão "prazo médio" de 180 dias não tem sentido operacional claro. Trata-se apenas de uma forma de expressar a relação matemática entre os saldos das contas a receber e da receita operacional de uma empresa. Matematicamente, é possível afirmar que, em 31 de dezembro de 2008, o saldo das contas a receber foi equivalente a 50% da receita operacional em 2008.[11] Em finanças, a interpretação mais correta do jargão "prazo médio" seria dizer que o saldo das contas a receber da empresa equivale a 180 dias da receita operacional de 2008.

Em contraste com o jargão, o prazo médio de financiamento aos clientes (de uma carteira de títulos a receber) de uma empresa é uma informação que apenas a empresa detém e raramente é revelada ao mercado. A carteira de recebíveis é uma coleção de títulos gerados em diferentes datas com valores distintos. O prazo médio da carteira é uma média do prazo de resgate de cada crédito ponderado por seu valor em relação ao total da carteira. Por exemplo, se uma empresa tem dez parcelas mensais de R$ 100 a receber do cliente X e quatro de R$ 50 a receber do cliente Y, o prazo médio da carteira é de 4,5 meses:

$$\left(\frac{10}{2}\right) \times \left(\frac{1.000}{1.000 + 200}\right) + \left(\frac{4}{2}\right) \times \left(\frac{200}{1.000 + 200}\right) = 4{,}5$$

A média desses prazos de recebimento, portanto, só pode ser computada com tais informações. O prazo de cada título compõe o *aging* da carteira, sem tradução oficial para o português, mas é algo como a "idade" da carteira. No saldo de contas a receber do BP, não há qualquer informação sobre os prazos dos títulos a receber, trata-se apenas da soma dos valores líquidos de face de possíveis perdas por inadimplência.

Se os analistas externos à empresa tiverem sorte, o saldo das contas a receber poderá indicar se as informações divulgadas pela empresa são inconsistentes. Por exemplo, se um varejista diz que o prazo médio de recebimento da sua carteira é de 60 dias, mas o saldo das contas a receber equivale a 100 dias da receita operacional, isto pode indicar que há um volume considerável de créditos "podres" na carteira de clientes.

4 Discuta a importância do Contas a Pagar ou Fornecedores para uma empresa varejista.

Do lado das fontes de recursos disponíveis à empresa, outra conta essencial para a geração de valor de um varejista é a Fornecedores (ou Contas a Pagar). Nela são registrados os valores das mercadorias, insumos e/ou serviços adquiridos de fornecedores nacionais e estrangeiros, na data de recebimento do bem ou transmissão da sua propriedade, que podem ou não coincidir com a data do seu pagamento. Esta é outra conta estratégica que compõe o capital de giro da empresa. Quanto mais forte for a posição competitiva da empresa no mercado em que atua, maior será seu poder de barganha com os fornecedores, que é um fator-chave competitivo. Prazo para pagar fornecedores de mercadorias e insumos é uma fonte de recursos (normalmente) não onerosa, como um empréstimo bancário, mas sem juros nem garantias. Quanto mais longo for o prazo de pagamento ao fornecedor de uma mercadoria que se vende rapidamente (tem alto giro de estoque), maior será o período que a empresa poderá usar os recursos da venda da mercadoria para outras aplicações financeiras e/ou operacionais.

Muitas vezes, o prazo concedido pelos fornecedores é a única fonte de recursos de terceiros disponível, já que os bancos podem relutar em financiar empresas que não têm ativos imobilizados para oferecer como garantia. Há bancos que concedem crédito de curto prazo a varejistas que conseguem gerar um bom fluxo de recebíveis, que servem como garantia para o banco. No entanto, a baixa qualidade da análise de crédito e o histórico da volatilidade da inadimplência acabam sendo limitadores da concessão de crédito bancário. Por sua vez, os fornecedores precisam dos varejistas: eles são suas "prateleiras", seus canais de venda. Os fornecedores, portanto, não têm muitas alternativas a não ser vender aos varejistas negociando prazos.

NOTA TÉCNICA › Aumentar o saldo da conta Fornecedores pode significar um aumento no caixa disponível à empresa se representar mercadorias vendidas a um prazo mais curto que o prazo para pagá-las. Caso contrário, se as mercadorias forem vendidas a um prazo mais longo que aquele para pagá-las, vai haver aumento nas Contas a Receber, que contrapõe o aumento em fornecedores na geração do fluxo operacional de caixa. Reduções no saldo da conta Fornecedores implicam reduções no fluxo operacional de caixa, pois são compromissos de pagamento das mercadorias que estão sendo honrados pela empresa.

5 Suponha uma empresa cujo saldo com fornecedores em 31 de dezembro de 2013 seja de R$ 50 milhões e o CMV em 2013 tenha acumulado R$ 200 milhões nas contas. Isto quer dizer que o prazo médio que a empresa tem para pagar seus fornecedores é de noventa dias?[12]

Não! Novamente tem-se a confusão entre o jargão financeiro e o significado operacional de uma simples relação matemática, como ocorre nas contas Estoques e a receber. Semelhante ao prazo médio de financiamento a clientes em Contas a Receber, o BP não fornece informação suficiente para se deduzir qual seja o prazo médio de pagamento concedido à empresa por seus fornecedores. Inclusive, esta é uma informação que pode ser tão estratégica à empresa a ponto de poder ser considerada sigilosa e não disponível ao público.

6 Antes do IFRS (International Financial Report Standards), como se deve contabilizar a receita advinda do crédito ao consumidor?

Conforme os princípios geralmente aceitos no Brasil, quando o crediário é financiado com capital próprio da empresa, deve-se incluir a receita futura dos juros cobrados no crediário na receita bruta. Repetindo: receita futura a valores nominais, e não receita futura trazida a valor presente. Por exemplo, se um bem for vendido por R$ 100,00 em 12 parcelas iguais mais 6% ao mês de juros, tem-se o valor total da venda de R$ 201,00 (100 [do bem] + 101 [dos juros]). Sobre este valor, a empresa paga impostos indiretos (PIS, Cofins e ICMS). Observe que esse procedimento superestima as margens bruta e o Ebitda da empresa, já que essa receita é futura e está exposta à inadimplência, cuja provisão para devedores duvidosos, se não for constituída devidamente, poderá comprometer o patrimônio líquido da empresa!

NOTA TÉCNICA › Algumas empresas varejistas brasileiras não recolhem ICMS sobre a receita do crediário, gerando uma contestação fiscal. No Brasil, há uma distorção por causa da legislação fiscal denominada por Iudícibus, Martins e Gelbcke (2003) "efeito juros embutidos", produzida pelo regime tributário que difere do regime de competência e do de caixa. Para as autoridades tributárias municipais, estaduais e federais, quando uma empresa vende a prazo e cobra juros para financiar seu cliente, o valor da venda é um só, independentemente do prazo e do recebimento deste. Por exemplo, se uma concessionária de implementos agrícolas vende um trator por R$ 170 mil a ser pago em 10 vezes (a primeira prestação à vista, mais nove mensais) e, para tanto, cobra juros de R$ 30 mil reais, o valor da venda para fins de cálculo de impostos é o total de R$ 200 mil, e os impostos devem ser pagos à vista. O valor de acréscimo às Contas a Receber será de R$ 180 mil (R$ 200 mil – R$ 20 mil da parcela de entrada, paga à vista). Do ponto de vista das autoridades tributárias, o procedimento é justo e correto, pois não é papel do Tesouro Nacional financiar os clientes de uma empresa nem correr o risco de inadimplência destes. Do ponto de vista do regime de caixa, este procedimento superestima a receita operacional, o lucro líquido, os impostos recolhidos e o patrimônio líquido da empresa.

7 Antes do IFRS, como se contabiliza a receita advinda do crédito ao consumidor em uma financeira?

Se o crediário é concedido por meio de uma instituição financeira, e não com o capital próprio da empresa varejista, são cobrados PIS, Cofins e IOF, mas não ICMS. A instituição financeira pode pertencer aos mesmos acionistas da empresa varejista ou não. Na década de 1990, a maioria das empresas varejistas de eletroeletrônicos no Brasil tinha sua própria financeira ou até um banco, como a Arapuã e o Banco Fenícia; a Brasimac e a Guarany; e o Ponto Frio e o Banco Investcred. No fim da década de 1990, com os efeitos nefastos da inadimplência, muitas empresas varejistas venderam suas instituições financeiras para bancos comerciais[13] ou simplesmente terceirizaram esta atividade. Ao mesmo tempo, diversos outros varejistas escolheram manter suas instituições financeiras independentes, e aparentemente estão satisfeitos com isto (por exemplo, Riachuelo [Midway Financeira], Martins [Tribanco]).

8 Depois do IFRS, como se deve contabilizar a receita advinda do crédito ao consumidor?

9 A avaliação de uma empresa por meio do FDC inclui os investimentos feitos no passado? Ou seja, como a metodologia do FDC leva em consideração o ativo não circulante de uma empresa?

Diretamente, a computação do FDC não leva em conta os investimentos feitos no passado pela empresa. Por exemplo, imagine que será projetado o FOC de uma empresa de 1998 até 2003, ou seja, cinco anos de projeção. Suponha ainda que a empresa tenha investido R$ 200 milhões entre 1995 e 1997 e planeje investir R$ 10 milhões por ano até 2003. O FOC leva em consideração explicitamente apenas os R$ 10 milhões por ano, entre 1999 e 2004. Porém o fato de a empresa ter investido R$ 200 milhões no passado afeta o FOC indiretamente de duas maneiras: esses investimentos provavelmente refletem em alguns aspectos da operação atual (vendas, produtividade, margens e/ou outras variáveis operacionais), e os investimentos passados determinam o nível da depreciação que terá um impacto fiscal durante o período de projeção.

10 **Considere os dados a seguir sobre uma concessionária de automóveis usados, a Netuno Ltda.**

Número de lojas	**2**	**Número de dias no ano**	**360 dias**
Investimento por loja	R$ 1 milhão	Contas a receber	90 dias de ROL
ROL anual em 2013	R$ 10 milhões	Estoques	Estoques 180 dias de CMV
Margem bruta média	40%	At. imob. bruto (31/12/2013)	R$ 2 milhões
Despesas administrativas	R$ 0,5 milhão	At. imob. líq. (31/12/2013)	R$ 1,5 milhão
Salários fixos dos vendedores	R$ 0,5 milhão	R_c	25% ao ano
Comissão dos vendedores	5% da ROL	Patrimônio líquido (31/12/2013)	R$ 1 milhão
Despesa de depreciação	10%	R_d	20% ao ano
IR&CS	30%	Dívida bancos de curto prazo (31/12/2013)	R$ 6 milhões

a Monte o balanço patrimonial da Netuno em 31 de dezembro de 2013 e o DRE de 2013, com os dados disponíveis. Analise a situação econômico-financeira da empresa.

BALANÇO PATRIMONIAL (31/12/2013)

Contas a receber	2,5	Divida – bancos	6
Estoques	3	Patrimônio líquido	1
Ativo imob. bruto (31/12/2013)	2		
Depreciação acumulada	– 0,5		
Ativo imob. líquido (31/12/2013)	1,5		
Total do ativo	**7**	**Total do passivo e PL**	**7**

	2002
ROL	10
CMV	– 6
Lucro bruto	4
Despesas administrativas	– 0,5
Despesas vendas	– 1
Ebitda	2,5
Depreciação	– 0,2
Ebit	2,3
Desp. financeiras	– 1,2
Lair	1,1

	2002
IR&CS	- 0,3
Lucro líquido	0,8

b Estime o WACC da Netuno descrevendo suas premissas de cálculo.

	2002
D/D + PL	85,7%
R_d	20%
IR&CS	30%
PL/D + PL	14,3%
R_c	25%
WACC	15,6%

Ao serem adotados os saldos do BP para estimar a estrutura ótima de capital, chegou-se a um WACC de 15,6%. Entretanto, este WACC é irreal, pois a empresa está altamente endividada e claramente em crise de liquidez: provavelmente a empresa não conseguirá novos empréstimos, e, se conseguir, dificilmente será a 20% ao ano.

c Monte um cenário otimista para projetar o fluxo de caixa da Netuno por três anos, descrevendo suas premissas e cálculos, e estime o valor econômico agregado aos acionistas. Discuta o impacto das variáveis-chave para o sucesso da Netuno.

	Premissas	2013	2014	2015	2016
ROL	Cresce 5% ao ano	10	10,5	11	11,6
CMV	60%	- 6	- 6,3	- 6,6	- 6,9
Lucro bruto	Mantida a margem	4	4,2	4,4	4,6
Despesas administrativas	Redução de R$ 0,05 ao ano	- 0,5	- 0,5	- 0,4	- 0,4
Despesas vendas	Fim das comissões	- 1	- 0,5	- 0,5	- 0,5
Ebitda		2,5	3,3	3,5	3,8
Depreciação	Mantida em 10% do AIB	- 0,2	- 0,2	- 0,2	- 0,2
Ebit		2,3	3,1	3,3	3,6
IR&CS desalavancado		- 0,7	- 0,9	- 1	- 1,1
Contas a receber	Banco assume financiamentos	2,5	-	-	-
Estoques	Reduz de 180 para 90 dias CMV	3	1,6	1,7	1,7
Total CAR + estoques		5,5	1,6	1,7	1,7
Δ CAR + estoques			3,9	- 0,1	- 0,1
Investimento de capital de giro			3,9	- 0,1	- 0,1
Investimentos	50% da depreciação		- 0,1	- 0,1	- 0,1
FOC			6,2	2,3	2,5
Valor presente FOC	WACC de 15,6%		5,3	1,8	1,6

Com base nessas premissas e mantendo o WACC a 15,6%, o valor econômico agregado aos acionistas é estimado em R$ 13,2 milhões.

	2002
Perpetuidade simples	16,2
Valor presente FOC	8,7
Valor presente perpetuidade	10,5
VEE	19,2
Dívida	- 6
VEA	13,2

Entretanto, em um cenário mais conservador, o valor da empresa para os acionistas é negativo em R$ 2 milhões.

	Premissas	2013	2014	2015	2016
ROL	Cresce 2% ao ano	10	10,2	10,4	10,6
CMV	Aumenta para 70%	- 6	- 7,1	- 7,3	- 7,4
Lucro bruto	Margem reduzida	4	3,1	3,1	3,2
Despesas administrativas	Mantida constante	- 0,5	- 0,5	- 0,5	- 0,5
Despesas vendas	Mantidas as comissões	- 1	- 1	- 1	- 1
Ebitda		2,5	1,6	1,6	1,7
Depreciação	Mantida em 10% do AIB	- 0,2	- 0,2	- 0,2	- 0,2
Ebit		2,3	1,4	1,4	1,5
IR&CS desalavancado		- 0,7	- 0,4	- 0,4	- 0,4
Contas a receber	Mantém 90 dias de ROL	2,5	2,6	2,6	2,7
Estoques	Mantém 180 dias de CMV	3	3,6	3,6	3,7
Total CAR + estoques		5,5	6,1	6,2	6,4
Δ CAR + estoques			- 0,6	- 0,1	- 0,1
Inv. capital de giro			- 0,6	- 0,1	- 0,1
Investimentos	100% da depreciação		- 0,2	- 0,2	- 0,2
FOC			0,3	0,9	0,9
Valor presente FOC	WACC de 20%		0,3	0,6	0,5

Perpetuidade simples	4,5
Valor presente FOC	1,4
Valor presente perpetuidade	2,6
VEE	4
Dívida	- 6
VEA	- 2

11 **A empresa Delta atua em diferentes setores econômicos. Você foi contratado para avaliá-la. Explique como deve ser feita esta avaliação – avaliação de toda a empresa ou a soma das avaliações de cada uma das unidades de negócio? As taxas de desconto devem ser as mesmas? Explique.**

12 **Na metodologia do FDC, qual é o impacto do acúmulo de "aplicações financeiras" para o valor da empresa? E do valor para os acionistas?**

13 **Se uma empresa apresentou crescimento no seu CCL, isto significa que gerou caixa para seus acionistas (FLC)?**

14 **Quando e por que deveríamos utilizar a perpetuidade simples e a perpetuidade com crescimento para estimar o valor terminal de uma empresa?**

15 **O FDC inclui a excelência profissional e o *know-how* dos empregados e executivos? E o valor de marcas?**

16 **Considere as seguintes informações contábeis da empresa Aleluia Ltda.:**

2013 (Ano histórico)	R$ milhões
ROL	100
Margem bruta (considera depreciação)	40% da ROL
Despesas operacionais fixas	10
Contas a receber (31/12/2013)	36 dias ROL
Fornecedores (31/12/2013)	180 dias CMV
Dívida (31/12/2013)	15
Caixa de aplicações (31/12/2013)	10
Depreciação anual	5
IR&CS	30%
Investimentos (ao ano)	1

Considere que o faturamento líquido da Aleluia Ltda. crescerá 10% ao ano nos próximos cinco anos, mantendo sua margem bruta constante. Assuma que o ano tem 360 dias. Considere ainda que o custo médio ponderado do capital dessa empresa seja de 20%.

a Estime o valor econômico agregado aos acionistas da Aleluia, considerando o valor residual uma perpetuidade simples.

b Estime o VEA mantendo todas as premissas do item anterior, apenas reduzindo o prazo médio dos fornecedores para o equivalente a 72 dias de CMV. Analise as consequências em detalhes.

c Estime o VEA mantendo todas as premissas do primeiro item, inclusive os fornecedores com 180 dias, mas aumente o prazo médio de contas a receber do equivalente de 36 para 72 dias de ROL. Para refletir a melhora nas condições de compra dos consumidores, aumente a taxa de crescimento da ROL de 10% para 15% ao ano. Analise as consequências em detalhes.

17 **Suponha que uma cadeia varejista decida aumentar a variedade de produtos ofertados para atrair mais clientes. Como um aumento na conta Estoques, desta natureza, pode afetar o LL, FOC e FLC?**

Pode haver efeitos negativos e positivos. Se o aumento do estoque impulsionar as vendas e/ou melhorar a margem bruta da empresa, então o LL, o FOC e o FLC aumentarão. Entretanto, o investimento no aumento dos estoques reduz o FOC, e, por conseguinte, o FLC. Poderá haver outro efeito redutor no LL e FLC se o investimento nos estoques for financiado com dívidas bancárias. Neste caso, ocorre o aumento das despesas financeiras. Em suma, o efeito líquido do aumento dos estoques no LL, no FOC e no FLC depende dos efeitos que haverá nas vendas, na margem bruta e na forma como esse investimento foi financiado, por dívida bancária ou por capital próprio da empresa.

18 **Você foi chamado para ser consultor de uma grande mineradora e avaliar o investimento em uma nova mina de tóbio, minério importante na composição de remédios para memória e raciocínio. O projeto, denominado "Gibson", simula uma empresa que começa do zero. Estudos técnicos comprovam que a mina de tóbio tem cinco anos de capacidade para produção economicamente viável. Há duas tecnologias de extração, conforme demonstram as projeções de investimentos, produção, preços, custos diretos de extração e depreciação.**

Tecnologia A	Ano 1	Ano 2	Ano 3	Ano 4	Ano 5
Investimentos (R$ milhões)	– 10				– 1
Produção (t/ano)	20	50	100	60	10
Custo extração ($/kg)	200	300	500	700	800
Depreciação (R$ milhões)	2	2	2	2	3

Tecnologia B	Ano 1	Ano 2	Ano 3	Ano 4	Ano 5
Investimentos (R$ milhões)	– 10		– 5		– 1
Produção (t/ano)	20	50	100	60	10
Custo extração ($/kg)	200	300	300	500	600
Depreciação (R$ milhões)	2	2	3,5	3,5	4,5

Seu objetivo é ajudar a mineradora a escolher a melhor tecnologia para utilizar na Gibson. Para completar sua análise, considere as premissas a seguir.

- O preço do tóbio (líquido de impostos diretos) é de R$ 1.000 por quilo nos próximos cinco anos.
- O custo de extração projetado para ambas as tecnologias inclui a depreciação dos investimentos, já rateadas para a produção.
- As despesas administrativas da Gibson são fixas em R$ 1 milhão por ano, independentemente da tecnologia adotada.
- As despesas com vendas equivalem a 10% da ROL por ano.
- Os estoques equivalem a 60% do CMV. Lembre-se de que a Gibson é uma empresa pré-operacional, portanto, terá de investir na formação do estoque já no primeiro ano de operação.
- IR&CS de 30% sobre o Ebit.
- A meta de remuneração do capital é de 25%.

Justifique suas recomendações à mineradora da maneira mais detalhada possível, utilizando os conceitos e as ferramentas apresentados neste livro, como o fluxo descontado de caixa, o WACC e a TIR.

Tecnologia A	0	Ano 1	Ano 2	Ano 3	Ano 4	Ano 5
ROL		20.000	50.000	100.000	60.000	10.000
CMV		- 4.000	- 15.000	- 50.000	- 42.000	- 8.000
Lucro bruto		16.000	35.000	50.000	18.000	2.000
Margem bruta		80%	70%	50%	30%	20%
Despesas fixas		- 1.000	- 1.000	- 1.000	- 1.000	- 1.000
Despesas vendas (10%)		- 2.000	- 5.000	- 10.000	- 6.000	- 1.000
Ebit		13.000	29.000	39.000	11.000	-
Depreciação		2.000	2.000	2.000	2.000	3.000
Ebitda		15.000	31.000	41.000	13.000	3.000
IR&CS (30%)		- 3.900	- 8.700	- 11.700	- 3.300	-
Capital de giro						
Estoques (60%)		2.400	9.000	30.000	25.200	4.800
Δ Estoques		- 2.400	- 6.600	- 21.000	4.800	20.400
Investimento de capital de giro		- 2.400	- 6.600	- 21.000	4.800	20.400
Investimentos	- 10.000	-	-	-	-	- 1.000
FOC	- 10.000	6.700	15.700	8.300	14.500	22.400
VP FOC	- 10.000	5.360	10.048	4.250	5.939	7.340
Valor presente líquido	**19.158**	**TIR**	**90%**			

Tecnologia B	0	Ano 1	Ano 2	Ano 3	Ano 4	Ano 5
ROL		20.000	50.000	100.000	60.000	10.000
CMV		- 4.000	- 15.000	- 30.000	- 30.000	- 6.000
Lucro bruto		16.000	35.000	70.000	30.000	4.000
Margem bruta		80%	70%	70%	50%	40%
Despesas fixas		- 1.000	- 1.000	- 1.000	- 1.000	- 1.000
Despesas vendas (10%)		- 2.000	- 5.000	- 10.000	- 6.000	- 1.000
Ebit		13.000	29.000	59.000	23.000	2.000
Depreciação		2.000	2.000	3.500	3.500	4.500
Ebitda		15.000	31.000	62.500	26.5000	6.500
IR&CS (30%)		- 3.900	- 8.700	- 17.700	- 6.900	- 600
Capital de giro						
Estoques (60%)		2.400	9.000	18.000	18.000	3.600
Δ Estoques		- 2.400	- 6.600	- 9.000	-	14.400
Inv. capital de giro		- 2.400	- 6.600	- 9.000	-	14.400
Investimentos	- 10.000	-	-	- 5.000	-	- 1.000
FOC	- 10.000	6.700	15.700	30.800	19.600	19.300
VP FOC	- 10.000	5.360	10.048	15.770	8.028	6.324
Valor presente líquido	**34.250**	**TIR**	**120%**			

Ao se estimar o valor presente líquido das duas tecnologias, conclui-se que a B é a mais valiosa: R$ 34 milhões contra R$ 19 milhões da A. Embora as curvas de produção sejam idênticas, os custos da tecnologia B são melhores (portanto, sua curva Ebitda), mesmo que o investimento seja maior. A TIR é mais uma evidência da superioridade desta tecnologia: 120% contra 90% da A.

Tecnologia A	0	1	2	3	4	5
Investimentos	– 10.000	–	–	–	–	– 1.000
Ebitda		15.000	31.000	41.000	13.000	3.000
FOC	– 10.000	6.700	15.700	8.300	14.500	22.400

Tecnologia B	0	1	2	3	4	5
Investimentos	– 10.000	–	–	– 5.000	–	– 1.000
Ebitda		15.000	31.000	62.500	26.500	6.500
FOC	– 10.000	6.700	15.700	30.800	19.600	19.300

19 Explique a regra de decisão de investimento com base na TIR e a compare com a que se fundamenta no VPL > 0.

$$VPL = Investimento_0 + \frac{1}{(1+r)^1} \times FOC_1 + \frac{1}{(1+r)^2} \times FOC_2 + ... + \frac{1}{(1+r)^t} \times FOC_t$$

A TIR é a taxa que torna o VPL = 0. Ou seja, a TIR será a raiz ou a taxa de desconto *r* que zera o polinômio a seguir.

Observe que se pode facilmente concluir as relações entre o WACC e a TIR:

TIR > WACC	VPL > 0
TIR < WACC	VPL < 0
TIR = WACC	VPL = 0

Portanto, a TIR > o WACC (o VPL é positivo) indica que os acionistas poderão ser remunerados acima de seu custo de oportunidade, gerando valor econômico. Se a TIR de um projeto for de 12% ao ano e o investidor conseguir captar recursos a um custo de 8% ao ano, ele vai implantar o projeto e capturar esse lucro econômico. E vai continuar a investir nessas condições até que seu próximo projeto tenha uma TIR menor que seu custo de captação. Aqui é possível fazer esta importante constatação:

NOTA TÉCNICA › Como a TIR é construída com base na geração de caixa ao longo de vários anos, a taxa de desconto, ou o WACC, deve ser estimada(o) levando-se em conta taxas de longo prazo!

Há, entretanto, problemas com relação à TIR quando, por exemplo, temos fluxos com inversão de sinais e fluxos com raízes múltiplas. Os exemplos apresentados a seguir foram extraídos de Brealey e Myers (2003).

- Inversão de sinais dos fluxos: a regra para aceitar um projeto com TIR ≥ WACC e equivalente à do VPL ≥ 0 quando o VPL do projeto é uma função decrescente do WACC. Há exceções quando o projeto "empresta" ou "consome" dinheiro:

Projeto	C_0	C_1	TIR	VPL a 10%
A	- 1.000	1.500	50%	364
B	1.000	- 1.500	50%	- 364

Tanto A quanto B têm a mesma TIR, mas não o mesmo VPL. No projeto A, empresta-se 1.000 para receber 1.500 no período seguinte, ou seja, 50% de retorno. No B, toma-se emprestado 1.000 e paga-se 1.500 no período seguinte, ou seja, 50% de taxa de juros! Neste último projeto, ao se elevar a taxa de desconto, aumenta-se o VPL:

Taxa de desconto	10%	15%	20%	25%
1.000	1.000	1.000	1.000	1.000
- 1.500	- 1.364	- 1.304	- 1.250	- 1.200
VPL	- 364	- 304	- 250	- 200

- Múltiplas raízes: há projetos cujos fluxos podem gerar mais de uma TIR. Nesses casos, a melhor saída, e a mais simples, é calcular o VPL ao custo de oportunidade do capital e verificar se é positivo ou não.[14]

	-	1	2	3	4	5	6	Total
Fluxo	- 1.000	800	150	150	150	150	- 150	250
VPL a - 50%	- 1.000	1.600	600	1.200	2.400	4.800	- 9.600	-
VPL a 15,2%	- 1.000	694	113	98	85	74	- 64	-

Outro exemplo da limitação da TIR são os projetos com padrões de fluxo de caixa diferentes. Há projetos em que os maiores fluxos ocorrem no futuro mais distante, quando o VPL é menor. O inverso é verdadeiro também: projetos com grandes fluxos nos primeiros anos e baixos no futuro distante. Ambos podem ter TIR igual, mas VPLs diferentes. Os projetos com maior TIR são de curta duração e baixo investimento. O grande problema é que a TIR é um resultado matemático sem uma simples interpretação econômica.

20 Considere as seguintes informações contábeis da Lispector SA, uma empresa de software empresarial:

DADOS SOBRE O DRE E DFC – 2013

2013 (Ano histórico)	R$ milhões
ROL	50
CMV (inclui despesas com depreciação)	40% da ROL
Despesas fixas	10
Despesas com vendas	10% da ROL

2013 (Ano histórico)	R$ milhões
Taxa média de depreciação anual	10% do AIB
Investimentos em equipamentos (ao ano)	10
IR&CS	34%

BALANÇO PATRIMONIAL DE 31 DE DEZEMBRO DE 2013 (R$ MILHÕES)

Total do ativo	105	Total do passivo e PL	105
Caixa	5	Fornecedores	10
Contas a receber	50		
Estoques	10	BNDES (vence em 2015)	15
Imobilizado bruto	80		
Imobilizado líquido	40	Patrimônio líquido	80

Considere que o faturamento líquido da Lispector crescerá 10% ao ano nos próximos sete anos (de 2014 a 2020), mantendo sua margem bruta constante. Na média, o juro médio pago pela Lispector em suas linhas de crédito com o BNDES é de 10%, que a cada ano amortiza R$ 1,5 milhão. A empresa não tem receitas financeiras.

a Estime o valor econômico agregado aos acionistas da Lispector SA, projetando seus resultados para os próximos sete anos (de 2014 a 2020). Estime o WACC que considera mais apropriado e justifique-o. Escolha o método para estimar o valor terminal e justifique sua escolha. Mostre seus cálculos com detalhes. Dica: a alavancagem média do setor (relação dívida sobre dívida mais capital próprio) é de 50%.

b Calcule e projete o fluxo livre de caixa da Lispector, seu BP e seu DRE, e analise a situação econômico-financeira.

c A Lispector considera investir em um novo software que poderá dobrar a velocidade de crescimento de suas vendas, mantendo a mesma margem bruta e as mesmas despesas operacionais atuais. Para tanto, teria de investir um total de R$ 20 milhões em 2015, mas já dobraria o crescimento das receitas a partir de 2016. Você vai sugerir à Lispector que invista nesse novo software e, para tanto, precisa demonstrar detalhadamente o impacto que esse projeto teria no valor da empresa e do acionista. Considere também os impactos no risco da empresa e como esse projeto poderia ser financiado.

CRISE DE LIQUIDEZ

> Aquilo que nos escapa é o que nos caça.
> Antonio Quinet[15]

> Não é curto o tempo que temos, mas dele muito perdemos.
> Sêneca (4 a.C., p. 25)

COMO UMA EMPRESA ENTRA em **crise de liquidez**? Esta crise ocorre quando se forma um hiato entre a geração de caixa e o fluxo de pagamentos da empresa. A formação deste hiato pode ter causas endógenas e/ou exógenas, que geram perdas patrimoniais, de rentabilidade e/ou de vendas. Entre os fatores **exógenos**, têm-se: mudanças na concorrência (por exemplo, um novo competidor externo ou interno que pode derrubar preços ou introduzir novos produtos, tecnologias que reduzam drasticamente as vendas dos concorrentes locais etc.), alterações na regulamentação do setor (por exemplo, a liberalização das compras do trigo promovida pelo governo Collor em 1992 e seus efeitos sobre os moinhos), inadimplência de um grande cliente etc. Fatores **endógenos** podem ser vários também, desde um incêndio no depósito central da empresa até a incompetência do diretor financeiro.

Os efeitos exógenos gerados pelas crises da Ásia em 1997, da Rússia em 1998 e pela desvalorização do real em 1999 afetaram as empresas varejistas em várias frentes: (i) houve perdas substanciais nas contas a receber pela inadimplência; (ii) a queda nas vendas não apenas comprometeu a capacidade dessas empresas em gerar caixa acima das suas despesas fixas como também gerou perdas nos estoques, pois, em um mercado consumidor limitado, era comum vender abaixo do custo de aquisição; e (iii) a quebra de confiança dos fornecedores os levou a reduzir drasticamente os prazos de compras concedidos aos varejistas. Como resultado, desde o início do Plano Real até 1999, estima-se que 150 empresas varejistas tenham pedido concordata no Brasil.

Esta seção abordará esses temas e discutirá possíveis soluções para a crise de liquidez de uma empresa varejista. Embora o foco esteja voltado a empresas varejistas, uma análise muito semelhante pode ser conduzida para atacadistas.

1997

A crise financeira do Sudeste Asiático de 1997 foi o começo do fim do primeiro ciclo de crescimento do varejo brasileiro pós-Plano Real.

Em 1997, a Quixote estava implantando o planejamento estratégico delineado pelos consultores: já tinha 160 lojas e financiava cerca de metade das suas vendas. A empresa já estava chegando a um nível de crescimento e rentabilidade, que começou a considerar que não havia limites para seu enriquecimento, até assistir a uma manchete alarmante na TV sobre uma crise econômica em algum país do Sudeste Asiático. A desvalorização cambial promovida por importantes países daquela região aumentou a aversão ao risco do capital estrangeiro oriundo dos países desenvolvidos, que começaram a desconfiar da solidez econômica dos países emergentes[16] que haviam adotado regimes de câmbio fixo, como o Brasil. O governo brasileiro resolveu defender o real aumentando a taxa de juros para 40% ao ano, a fim de compensar o capital estrangeiro do possível risco. Com este custo de oportunidade, os consumidores adiaram seus planos de consumo de bens duráveis. A economia desacelerou seu crescimento. O sr. Quixote viu suas vendas mercantis (em ROB/m^2) despencarem em 20%.

QUADRO 4.19 › Evolução do faturamento bruto da Quixote entre 1995 e 1997

	1995	1996	1997
Número de lojas	120	140	160
Área total	96.000	112.000	128.000
ROB/m^2	10.500	11.550	9.240
Δ ROB/m^2	5%	10%	- 20%
% ROB mercantil financiado	1.008	1.294	1.183

	1995	1996	1997
ROB mercantil (R$ milhão)	20%	35%	50%
ROB crediário	122	331	528
ROB total	**1.130**	**1.625**	**1.711**

FONTE: ELABORADO PELO AUTOR.

Do outro lado do Estado, os altos executivos de uma montadora de automóveis tinham uma visão da crise asiática mais pessimista que a do sr. Quixote e resolveram reduzir a produção de carros e demitir alguns funcionários recém-contratados. Entre eles, estavam dois vizinhos da dona Maria e seu cunhado. Ao saber das más notícias, ela resolveu economizar para uma eventual emergência. Aos poucos, passou a ouvir que seus conhecidos que haviam sido demitidos começaram a atrasar suas prestações dos eletrodomésticos e não tiveram problemas. Ninguém da loja do sr. Quixote foi até a casa do vizinho confiscar o liquidificador comprado a prazo, embora ele tivesse deixado de honrar as prestações. Com o número crescente de notícias de pessoas conhecidas que foram demitidas ou tiveram seus turnos de trabalho reduzido, dona Maria, mãe de três filhos pequenos, resolveu atrasar a prestação da TV.

Sr. Quixote constatou que seus boletos em atraso haviam duplicado de 5% para 10% da carteira. As despesas com vendas e administrativas continuavam a crescer, resultado da estratégia de expansão de lojas e do crédito aos clientes. Em termos absolutos, o faturamento e a rentabilidade da empresa se mantiveram próximos aos níveis de 1996. O Ebitda, por exemplo, aumentou R$ 6 milhões entre 1996 e 1997, e o lucro líquido caiu R$ 1 milhão.

QUADRO 4.20 › DRE de 1995 a 1997 (R$ milhões)

	1995	1996	1997
ROL total	938	1.349	1.420
CMV mercantil	- 625	- 828	- 781
Lucro bruto mercantil	**313**	**521**	**640**
% LB/ROB mercantil	21%	19%	17%
TAC	3	8	13
Despesas com vendas	- 113	- 195	- 257
% DV/ROB total	10%	12%	15%
PDD	- 10	- 23	- 59
% PDD/CAR	5%	5%	10%
Despesas administrativas	- 45	- 45	- 65
Ebitda	**148**	**266**	**272**
% Ebitda/ROB total	13,1%	16,4%	15,9%
Depreciação	- 21	- 23	- 29
Ebit	**127**	**243**	**243**
Receitas financeiras	6	20	19
Despesas financeiras	- 30	- 60	- 60
Lair	103	203	202

	1995	1996	1997
IR&CS	- 34	- 67	- 67
Lucro líquido	**69**	**136**	**135**
% LL/ROB total	6,1%	8,4%	7,9%
Dividendos	10	20	20
Dividendos/lucro líquido	15%	15%	15%

FONTE: ELABORADO PELO AUTOR.

No entanto, o faturamento total e o lucro líquido ainda eram robustos (R$ 1,7 bilhão e R$ 135 milhões, respectivamente). Os fornecedores continuavam a apoiar as operações da Quixote, acumulando um saldo de R$ 624 milhões em 31 de dezembro de 1997, equivalentes a 292 dias de CMV. Os estoques também estavam em níveis confortáveis (R$ 234 milhões, equivalentes a 110 dias de CMV). Apesar dos contratempos com a PDD e a queda no faturamento por m^2, a Quixote encerraria 1997 com R$ 257 milhões em aplicações.

QUADRO 4.21 › Balanço patrimonial de 1995 a 1997 (R$ milhões)

	31/12/1995	31/12/1996	31/12/1997
Total do ativo	**656**	**988**	**1.280**
Disponibilidades	202	187	257
Contas a receber brutas	202	453	591
(-) PDD	- 10	- 23	- 59
(=) Contas a receber	192	430	532
Estoques	100	207	234
Ativo imobilizado bruto	266	289	362
(-) Depreciação acumulada	- 103	- 126	- 155
(=) Ativo imobilizado líquido	163	163	207
Total do passivo e PL	**656**	**988**	**1.230**
Fornecedores	281	497	624
Empréstimos curto prazo	200	200	200
Patrimônio líquido	175	291	406
Capital social	10	10	10
Lucros acumulados	165	281	396

FONTE: ELABORADO PELO AUTOR.

O sr. Quixote não se deixou abater e continuou apostando que a crise era temporária. Os planos de expansão de lojas deveriam continuar, bem como a distribuição de dividendos (R$ 20 milhões). A Quixote não podia parar de crescer. Quem sobrevivesse a 1997, ocuparia uma posição relevante de mercado. Se a percepção do sr. Quixote estivesse certa, o ano de 1998 seria uma oportunidade para posicionar a empresa à frente de seus principais concorrentes.

1998

No começo desse ano, ficaram prontos o escritório central e o centro de distribuição novos. As despesas administrativas aumentaram para R$ 80 milhões. Por prudência em relação ao ocorrido em 1997, sr. Quixote decidiu reduzir o percentual de vendas financiadas em 1998 para 40%. Para minimizar os efeitos desta redução no volume de financiamentos sobre a competitividade da Quixote, a estratégia foi a seguinte: reduzir a margem bruta (de 15% para 8%); o custo do TAC (de 2,5% para 1%) e os juros do crediário (de 6% para 4% ao mês); e aumentar a propaganda na TV e as comissões dos vendedores (o que elevou as despesas com vendas de 15% para 18% da receita mercantil).

Em agosto de 1998, uma nova crise, a da Rússia, deteriorou ainda mais a percepção de risco dos países emergentes e afugentou capitais. As vendas continuaram a cair.

QUADRO 4.22 › Evolução do faturamento bruto entre 1995 e 1998

	1995	1996	1997	1998
Número de lojas	120	140	160	180
Área total	96.000	112.000	128.000	144.000
ROB/m²	10.500	11.550	9.240	7.392
Δ ROB/m²	5%	10%	- 20%	- 20%
% ROB mercantil financiada	20%	35%	50%	40%
ROB mercantil (R$ milhão)	1.008	1.294	1.183	1.064
ROB crediário	122	331	528	306
ROB total	**1.130**	**1.625**	**1.711**	**1.370**

FONTE: ELABORADO PELO AUTOR.

A Quixote constatou que seus boletos em atraso haviam se multiplicado assustadoramente, chegando a 60% de sua carteira de recebíveis. Foram provisionados R$ 255 milhões para eventuais perdas com o financiamento de clientes. A combinação do aumento da PDD com a elevação nas despesas administrativas e com vendas gerou o primeiro prejuízo na história da Quixote: R$ 275 milhões. Com este resultado, não houve distribuição de dividendos.

QUADRO 4.23 › Demonstrativos de resultados de 1995 a 1998

R$ milhões	1995	1996	1997	1998
ROL total	938	1.349	1.420	1.137
CMV mercantil	- 625	- 828	- 781	- 798
Lucro bruto mercantil	**313**	**521**	**640**	**339**
% LB/ROB mercantil	21%	19%	17%	8%
TAC	3	8	13	3
Despesas com vendas	- 113	- 195	- 257	- 247
% DV/ROB total	10%	12%	15%	18%
PDD	- 10	- 23	- 59	- 255
% PDD/CAR	5%	5%	10%	60%
Despesas administrativas	- 45	- 45	- 65	- 80

▶

R$ milhões	1995	1996	1997	1998
Ebitda	**148**	**266**	**272**	**- 240**
% Ebitda/ROB total	13,1%	16,4%	15,9%	- 17,5%
Depreciação	- 21	- 23	- 29	- 31
Ebit	127	243	243	- 271
Receitas financeiras	6	20	19	26
Despesas financeiras	- 30	- 60	- 60	- 30
IR&CS	- 34	- 67	- 67	-
Lucro líquido	**69**	**136**	**135**	**- 275**
% LL/ROB total	6,1%	8,4%	7,9%	- 20,1%

FONTE: ELABORADO PELO AUTOR.

Ao mesmo tempo, em termos de capital de giro, a abertura de novas lojas, cada vez mais distantes do centro de distribuição, exigia altos níveis de estoques para poder entregar rapidamente as mercadorias aos consumidores: R$ 306 milhões, equivalentes a 140 dias de CMV. Por sua vez, os fornecedores reduziram seus prazos de vendas aos varejistas. O saldo das contas a pagar caiu para R$ 551 milhões em 31 de dezembro de 1998, R$ 74 milhões a menos que o saldo do mesmo período do ano anterior. Para completar, sr. Quixote recebeu uma ligação do gerente do banco que havia concedido a linha de crédito, que já alcançava R$ 200 milhões: o empréstimo não seria renovado, pois já havia ocorrido a primeira grande falência do setor, a Casa Centro.

O impacto da variação no capital de giro e do pagamento do empréstimo bancário e o Ebitda negativo reduziram as disponibilidades da Quixote para R$ 6 milhões em 31 de dezembro de 1998. Nunca em sua história a Quixote havia terminado o ano com tão pouco dinheiro em sua tesouraria.

QUADRO 4.24 › Balanço patrimonial de 1995 a 1998 (R$ milhões)

	31/12/1995	31/12/1996	31/12/1997	31/12/1998
Total do ativo	**656**	**988**	**1.230**	**682**
Disponibilidades	202	187	257	6
Contas a receber brutas	202	453	591	426
(–) PDD	- 10	- 23	- 59	- 255
(=) Contas a receber	192	430	532	170
Estoques	100	207	234	306
Ativo imobilizado bruto	266	289	362	385
(–) Depreciação acumulada	- 103	- 162	- 155	- 186
(=) Ativo imobilizado líquido	163	163	207	199
Total do passivo e PL	**656**	**988**	**1230**	**682**
Fornecedores	281	497	624	551
Empréstimos de curto prazo	200	200	200	-
Patrimônio líquido	**175**	**291**	**406**	**131**

	31/12/1995	31/12/1996	31/12/1997	31/12/1998
Capital social	10	10	10	10
Lucros acumulados	165	281	396	121

FONTE: ELABORADO PELO AUTOR.

Do ponto de vista dos ativos, o sr. Quixote ficou aterrorizado ao intuir que seus recebíveis teriam o valor de realização menor que o registrado pela contabilidade. Além disso, o valor de realização de seus estoques provavelmente também seria menor que seu custo de aquisição, afinal teria de limitar os financiamentos e a margem de lucro mercantil, que não seriam suficientes para cobrir seus compromissos com fornecedores, empregados e outras partes relacionadas.

As preocupações do sr. Quixote não pararam aí. Do lado do passivo, a perda com a linha de crédito do banco não preocupava tanto. O ponto mais crítico era a exposição dos fornecedores, que também liam jornal e começaram a ouvir rumores de alta inadimplência e da falência da Casa Centro. E sua reação não demorou a se materializar em reduções dos prazos de pagamento.

Sr. Quixote estava preocupado. E não era o único. Seus concorrentes também estavam sofrendo dos mesmos problemas, e começaram a liquidar estoques e a manter prazos longos de financiamento. O problema é que os consumidores minguaram com medo de perder o emprego ou adiaram a decisão de consumo para ganhar 40% ao ano emprestando suas poupanças ao governo.

Havia somente R$ 6 milhões no caixa, mas o patrimônio líquido estava em R$ 131 milhões.

1999

Nesse ano, foi a vez de o Brasil ter sua crise cambial. O presidente Fernando Henrique Cardoso havia sido reeleito, e a desvalorização do real não podia mais ser postergada. A desvalorização cambial atingiu em cheio as empresas com dívidas em dólar, e os investimentos estrangeiros no país sofreram perdas em suas equivalências patrimoniais.

Apesar da guerra de preços entre os varejistas, as vendas continuavam a cair. A programação de abertura de novas lojas foi mantida, mas o índice ROB/m^2 despencou para menos que a metade da média de 1995 (de R$ 10.500/m^2 para R$ 5.174/m^2).

QUADRO 4.25 › Evolução do faturamento bruto entre 1995 e 1999

	1995	1996	1997	1998	1999
Número de lojas	120	140	160	180	200
Área total	96.000	112.000	128.000	144.000	160.000
ROB/m^2	10.500	11.500	9.240	7.392	5.174
CAGR ROB/m^2	10%	10%	– 20%	– 20%	– 30%
% ROB mercantil financiado	50%	50%	50%	40%	10%
ROB mercantil	1.176	1.294	1.183	1.064	828
ROB crediário	122	331	528	306	153
ROB total	**1.130**	**1.625**	**1.711**	**1.370**	**981**

FONTE: ELABORADO PELO AUTOR.

A guerra de preços no varejo foi mais intensa que nunca, e reduziu a margem bruta mercantil a quase zero. O ano de 1999 seria outro de prejuízos: R$ 221 milhões. O que gerou tanto prejuízo? Uma série de fatores: vendas declinantes; margens brutas quase nulas (3%) pela guerra de preços; alta provisão para devedores duvidosos (R$ 66 milhões), que só não foi maior graças à redução no volume financiado; dificuldade de continuar financiando clientes em grande escala, o que implicava o desaparecimento das receitas com crediário e com o TAC; insistentes aumentos nas despesas com vendas e administrativas.

RELATO PESSOAL

Naquela época, fui comprar uma TV de 29 polegadas num local onde havia várias lojas de eletrodomésticos: Casas Bahia, Arapuã, Ponto Frio e Eletro (do Grupo Pão de Açúcar). Fui de loja em loja barganhar o preço da TV. A agressividade dos vendedores era desconcertante: "Quanto a loja ao lado ofereceu? Vendo por R$ 50 a menos!". O negócio era não deixar a venda para o concorrente. Acabei fazendo um ótimo negócio, claro que pagando à vista!

Entre 1998 e 1999, os prejuízos acumulados da Quixote somavam R$ 496 milhões.

QUADRO 4.26 › Evolução do DRE entre 1995 e 1999 (R$ milhões)

	1995	1996	1997	1998	1999
ROL total	938	1.349	1.420	1.137	814
CMV mercantil	- 625	- 828	- 781	- 798	- 662
Lucro bruto	**313**	**521**	**640**	**339**	**152**
% LB/ROB mercantil	21%	19%	17%	8%	3%
TAC	3	8	13	3	2
DV (despesas com vendas)	- 113	- 195	- 257	- 247	- 196
% DV/ROB total	10%	12%	15%	18%	20%
PDD	- 10	- 23	- 59	- 255	- 66
% PDD/CAR	5%	5%	10%	60%	80%
Despesas administrativas	- 45	- 45	- 65	- 80	- 80
Ebitda	**148**	**266**	**272**	**- 240**	**- 189**
% Ebitda/ROB total	13,1%	16,4%	15,9%	- 17,5%	- 19,3%
Depreciação	- 21	- 23	- 29	- 31	- 33
Receitas financeiras	6	20	19	26	1
Despesas financeiras	- 30	- 60	- 60	- 30	-
IR&CS	- 34	- 67	- 67	-	-
Lucro líquido/prejuízo	**69**	**136**	**135**	**- 275**	**221**
% LL/ROB total	6,1%	8,4%	7,9%	- 20,1%	- 22,6%

FONTE: ELABORADO PELO AUTOR.

Os fornecedores só queriam vender à vista, e alguns até pediam pagamentos antecipados. Ao mesmo tempo, a extensa rede de lojas e a concorrência exigiam altos volumes de estoques. Sr. Quixote, ao olhar para seu balanço patrimonial, nem precisou de uma calculadora para concluir que, com as perdas nos ativos (recebíveis e estoques) e a limitação em suas fontes (fornecedores), seu patrimônio líquido se tornaria negativo. E assim foi. No fim de 1999, o patrimônio líquido da Quixote acumulava um saldo negativo de R$ 91 milhões. A empresa devia mais aos fornecedores que tinha de ativos. O buraco de caixa era de R$ 429 milhões, representado por pagamentos vencidos e não pagos aos fornecedores.

QUADRO 4.27 › Balanço patrimonial de 1995 a 1999 (R$ milhões)

	31/12/1995	31/12/1996	31/12/1997	31/12/1998	31/12/1999
Total do ativo	**656**	**988**	**1.230**	**682**	**339**
Disponibilidades	202	187	257	6	–
Contas a receber brutas	202	453	591	426	83
(–) PDD	– 10	– 23	– 59	– 255	– 66
(=) Contas a receber	192	430	532	170	17
Estoques	100	207	234	306	132
Ativo imobilizado líquido	163	163	207	199	190
Total do passivo e PL	**656**	**988**	**1.230**	**682**	**339**
Fornecedores	281	497	624	551	–
Empréstimos de curto prazo	200	200	200	–	–
Dívida fornecedores	–	–	–	–	429
Patrimônio líquido	**175**	**291**	**406**	**131**	**– 91**
Capital social	10	10	10	10	10
Lucros acumulados	165	281	396	121	– 101

FONTE: ELABORADO PELO AUTOR.

A capacidade de gerar caixa estava comprometida com as margens negativas e o programa de investimento, que não havia sido interrompido.

QUADRO 4.28 › Evolução do fluxo operacional de caixa entre 1995 e 1999 (R$ milhões)

	1995	1996	1997	1998	1999
Ebitda	148	266	272	– 240	– 189
IR&CS desalavancado	– 42	– 80	– 80	–	–
Δ Capital de giro	– 20	– 130	– 2	217	– 224
Investimentos	– 123	– 23	– 73	– 23	– 23
Fluxo operacional de caixa	**– 37**	**33**	**117**	**– 46**	**– 436**
Receitas financeiras	6	20	19	26	1
Despesas financeiras	– 30	– 60	– 60	– 30	–
Captações/amortizações	200	–	–	– 200	–
Dividendos pagos	– 10	– 20	– 20	–	–
Ajuste IR&CS	8	13	14	–	–
Fluxo livre caixa	**137**	**– 14**	**69**	**– 251**	**– 435**

FONTE: ELABORADO PELO AUTOR.

Estava tudo dando errado. A diferença entre a realidade e a projeção dos consultores de 1994 era marcante, principalmente quanto a ROB/m², margem bruta, PDD, estoques e fornecedores. As diferenças no Ebitda, lucro líquido, FOC, patrimônio líquido e saldo das aplicações eram consequências. O único *value driver* que se confirmou foi o número de lojas e, por consequência, a área de vendas.

QUADRO 4.29 › Principais diferenças entre realizado e projetado (cenário crediário)

	Real 1999	Projetado 1999	Real/Projetado
Número de lojas	200	200	-
ROB/m²	5.174	15.373	- 197%
ROB total	891	3.591	- 266%
% LB/ROB mercantil	1%	15%	-
Lucro bruto mercantil	339	1.308	- 762%
Ebitda	- 189	656	- 447%
Lucro líquido	- 221	403	- 282%
Estoques	132	641	- 384%
Fornecedores	-	1.505	-
Patrimônio líquido	- 91	1.074	- 1.159
FOC	- 436	480	- 210%
FLC	- 435	405	- 193%

FONTE: ELABORADO PELO AUTOR.

RELATO PESSOAL

Em plena época da crise no varejo, algo incrível aconteceu. Um profissional do setor me relatou as graves distorções causadas pelo sistema de bonificação aos vendedores. Como ganhavam um percentual da venda financiada, que não era vinculada à inadimplência do comprador, os vendedores faziam de tudo para vender. Esbarravam no sistema de concessão de crédito, que, por sua vez, era desenvolvido na própria empresa, dada a relativa escassez de soluções disponíveis no mercado de softwares daquela época. Esse cliente me relatou que, quando a inadimplência explodiu, verificaram-se vários tipos de fraude no sistema, muitos deles com a conivência dos próprios vendedores. Além da fartura de RGs e de CPFs falsos, casos exóticos foram constatados, como o de um homem que comprou vários eletrodomésticos no nome da sua sogra! Para minha surpresa, em 2012, quando apresentei este caso na Fundação Getulio Vargas (FGV), alguns alunos, que trabalhavam no contencioso de bancos, relataram que até hoje há ações pendentes referentes ao período de 1995 a 1999! Segundo eles, ainda hoje há bancos respondendo a processos de perdas e danos de vítimas dessas fraudes que tiveram seus nomes inseridos no Serviço de Proteção ao Crédito (SPC).

Vários paradigmas do varejo, que até então reinavam incontestes nos usos e costumes do empresariado, se mostraram frágeis.

QUADRO 4.30 › Paradigmas do varejo *versus* realidade

Value driver	Paradigmas	Teste de realidade
Fornecedores	Quanto maior o prazo de pagamento, melhor.	Não necessariamente. Houve entrada de novos fornecedores no mercado que ofereceram prazos inéditos de pagamento, mas produtos de qualidade duvidosa e/ou baixa atratividade ao consumidor. Esses produtos acabaram custando caro ao varejista, que tinha de prestar assistência ao consumidor ou amargar com mercadorias de baixo giro.
Estoques	Na inflação, quanto maior o volume estocado, melhor.	Não era necessariamente verdade para baixa inflação. Além disso, um número elevado de itens de estoque, ou *stock keeping units* (SKUs) gerava altos custos administrativos.
Financiamento a clientes	Negócio rentável.	Rentável, mas muito arriscado, e necessitava de grande expertise tanto para conceder como para cobrar.
Margem bruta	Vender mais barato para vender mais e financiar mais.	A concorrência predatória deprimiu preços, e a saída era melhorar as margens por meio de mix de maior valor agregado, diminuição de perdas, roubos e quebras.
Custos fixos	Pouca importância relativa na época de inflação.	Com baixa inflação, os custos fixos se tornam mais importantes. Cortes indiscriminados, por sua vez, podem gerar perdas na qualidade de serviço ou nos controles de processos.
Propaganda	Quanto mais melhor.	É difícil mensurar o reflexo nas vendas das diversas mídias, e todas custam caro.
Número de lojas	Quanto mais melhor, pois geram ganhos de escala e aumentam o poder de barganha sobre os fornecedores.	Não necessariamente. Depende da relação entre o TIR da loja e o WACC da empresa, além dos impactos em custos fixos e de logística. A Figura 4.2 ilustra a circunstância em que aumentos na percepção do risco operacional e comercial advindos da expansão da rede de lojas (após o ponto X) elevam o WACC acima da TIR média de uma loja.

FONTE: ELABORADO PELO AUTOR.

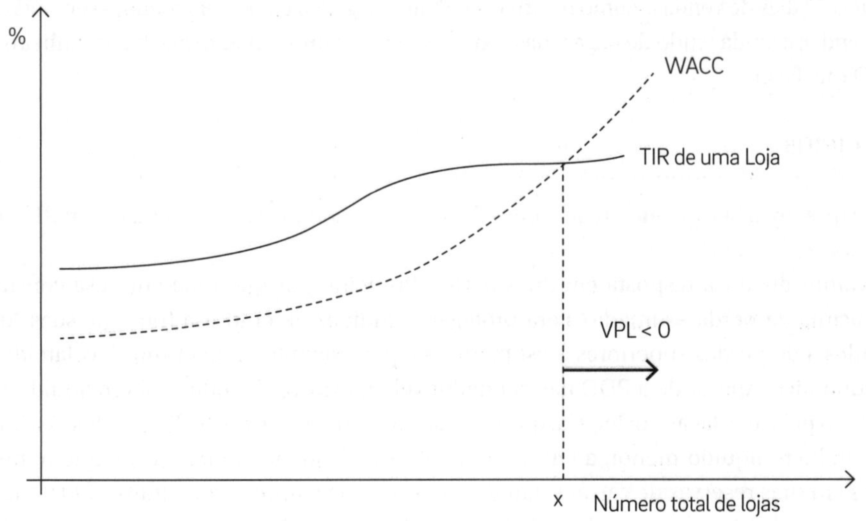

FONTE: ELABORADA PELO AUTOR.

FIGURA 4.2 › Relação WACC e TIR de uma nova loja.

O último item, valor estratégico na abertura de novas lojas, merece mais algumas palavras. Por que terem muitas é melhor que ter poucas, mas boas lojas? Esta é uma questão com resposta contraintuitiva para muitos empresários do varejo da "velha guarda".

Na outra parte da cadeia produtiva, os fornecedores não estavam menos intranquilos. Apesar de ter bens tangíveis, como imóveis, máquinas, prédios, também tinham visto suas margens declinarem com a concorrência e precisavam manter seus canais de venda, ou seja, os varejistas, como a Quixote, para continuar a gerar os resultados a fim de cobrir o atraso de seus clientes. Por sua vez, os varejistas clamavam pelo retorno dos prazos longos, pois não tinham como honrar os compromissos de curto prazo.

Estava aí instalado um círculo vicioso. Os varejistas precisavam de prazo em suas compras para ter o fôlego necessário para vender suas mercadorias e recuperar suas perdas com a margem mercantil e financeira. Ao mesmo tempo, os fornecedores não queriam mais aumentar sua exposição de crédito com os varejistas para que repassassem aos consumidores, cuja qualidade de crédito estava comprometida. Ou seja, a transferência de riqueza entre fornecedores, varejistas e consumidores estava interrompida. Ao se considerar que o grosso das vendas de varejo de eletrodomésticos ocorre em três semanas do ano (uma no Dia das Mães e duas no Natal), quando essa corrente se quebra (por exemplo, por inadimplência), são necessários muitas vendas e prazos mais longos dos fornecedores para reconstituí-la.

Nem os consumidores sairiam ilesos dessa crise. Um banco e uma empresa varejista que financiam seus clientes têm alto grau de alavancagem, mas o efeito social de uma quebra é diferente! A quebra de um banco tem impacto direto na vida de seus correntistas, que não têm seus depósitos assegurados pelo Banco Central. Já a de um varejista, num primeiro momento, favorece quem comprou a prazo e é devedor, mas tem impacto negativo nos fornecedores e nos futuros consumidores, que provavelmente não terão mais prazos longos para suas compras.

A Quixote chegou a seu limite financeiro. Não havia como pagar as dívidas atrasadas com fornecedores e empregados, que alcançavam R$ 429 milhões ao fim de 1999. Nos estoques, havia o equivalente a 73 dias de vendas. Como reverter seu Ebitda negativo em R$ 189 milhões sem mercadorias para vender, e ainda tendo de pagar suas compras à vista? Simplesmente não havia dinheiro.

O que fazer?

Exercícios

21 O que levaria uma empresa a constituir a PDD acima ou abaixo da estimativa de perdas esperadas?

Vamos dividir a resposta em duas partes. Primeira: por que uma empresa constituiria a PDD acima da perda estimada? Para proteger a liquidez da empresa (ou seja, suas "disponibilidades") de perdas superiores à estimativa se, por exemplo, houver muita volatilidade macroeconômica. Apesar de a PDD não ser dedutível do IR&CS, ela reduz o lucro líquido contábil calculado pela legislação societária, que é a base para a distribuição de dividendos. Assim sendo, com um lucro líquido menor, a empresa distribuiria dividendos menores, o que minimizaria perdas em suas reservas de caixa. Segunda: por que uma empresa constituiria a PDD abaixo da perda estimada? A empresa pode ter baixo valor de patrimônio líquido, próximo a um nível desconfortável, e aumentar a PDD significa reduzir o lucro líquido e, por conseguinte, o patrimônio líquido. Por exemplo, uma empresa pode ter um contrato de empréstimo que a obrigue a manter uma relação dívida total/patrimônio líquido de 350%, sob a pena de acelerar o pagamento do empréstimo. Se esta relação já estiver próxima de 350%, para um mesmo montante de dívida total, aumentar a PDD significará aumentar a dívida total/patrimônio líquido para um número maior que 350%.

22 Considerando o princípio do regime de competência, quais são as possíveis distorções geradas por alta inesperada da inadimplência na carteira de recebíveis de uma empresa de varejo?

Quando uma empresa varejista, como a Quixote, vende um eletrodoméstico a prazo, financiando seu cliente com caixa disponível na empresa e cobrando juros, ocorrem os seguintes registros contábeis no DRE:

- **a** O valor da venda é registrado na ROB, como se esta tivesse sido paga à vista, pois, pelo regime de competência, o bem foi transferido da empresa para o cliente, que constitui o fato gerador tanto da receita com vendas como de todas as despesas e custos.
- **b** O lucro contábil apurado na venda do bem recolhe os impostos indiretos e diretos, tendo efeito caixa.
- **c** A receita com os juros cobrados do cliente é registrada como receita financeira, que também recolhe os impostos indiretos e diretos, tendo efeito caixa.

Simultaneamente, no BP, ocorrem os seguintes fatos contábeis:

- **a** É gerado um recebível, no valor da venda a prazo trazida a valor presente, que aumenta as contas a receber.
- **b** A conta estoques diminui com a saída do eletrodoméstico.
- **c** O LL contábil registrado aumenta o PL.

Quando a inadimplência aumenta abruptamente, são geradas perdas com devedores duvidosos, que aumentam as despesas com vendas, reduzindo o lucro apurado no DRE, e diminuem o ativo contas a receber registrado no BP. Há perda de um ativo, o recebível, que afeta diretamente o PL. No entanto, não é somente a perda do ativo, mas também a do caixa utilizado para pagar as despesas com a venda e os impostos recolhidos.

23 Como se registra a distribuição de dividendos nos demonstrativos contábeis de uma empresa? Quais são seus efeitos sobre o patrimônio líquido? A distribuição de dividendos afeta o valor da empresa?

O volume de dividendos é função do lucro líquido apurado no DRE. No BP, do lado dos ativos, a distribuição de dividendos reduz a conta caixa, cujo saldo é utilizado para pagar os sócios da empresa. Do lado do passivo, reduz-se o patrimônio líquido (a conta lucros retidos) no mesmo montante da variação na conta caixa. Por exemplo, no caso da Quixote, entre 1995 e 1997, a empresa distribuiu R$ 51 milhões em dividendos a seus acionistas. Essa distribuição afetou a liquidez da empresa e reduziu seu patrimônio líquido nesse mesmo montante.

24 Como a desvalorização do real em relação ao dólar pode afetar uma empresa exportadora como a Aracruz? Cite e comente os efeitos em DRE, BP, DFC e no modelo do FDC.

25 Como a desvalorização do real em relação ao dólar pode afetar uma empresa varejista atuante no mercado doméstico como o Pão de Açúcar? Cite e comente os efeitos em DRE, BP, DFC e no modelo do FDC.

26 **Como a desvalorização do real em relação ao dólar pode afetar uma empresa de serviços atuante no mercado doméstico como a NET? Cite e comente os efeitos em DRE, BP, DFC e no modelo do FDC.**

27 **Uma empresa de transporte aéreo diferiu suas perdas decorrentes das desvalorizações cambiais de 1999 a 2008. Explique e dê sua opinião sobre esses eventos.**

REESTRUTURAÇÃO FINANCEIRA

O QUE FAZER? PRIMEIRO, sr. Quixote buscou valor em seu próprio balanço patrimonial, já que o fluxo de caixa estava comprometido. Algumas possibilidades foram analisadas, como a seguir.

VENDER BENS OPERACIONAIS?

Bens operacionais, como eventuais lojas próprias, poderiam ser cindidos da empresa original e vendidos a terceiros por meio de um contrato de aluguel de longo prazo com os compradores. Neste caso, a Quixote receberia caixa pelas vendas dos imóveis, mas incorreria em uma nova despesa: o aluguel. Haveria uma perda de valor pela inclusão do aluguel mas também um benefício fiscal desta despesa.

O problema era que a Quixote tinha poucas lojas próprias, e vendê-las seria difícil, em razão da situação da empresa, e não traria volume significativo de dinheiro novo. As poucas lojas próprias eram as campeãs de vendas e havia muitos interessados, mas estes queriam comprar as lojas, e não os imóveis para alugá-los de volta à empresa. Vender bons ativos operacionais limitaria a capacidade da Quixote em gerar caixa, portanto, honrar seus compromissos.

SEGREGAR A OPERAÇÃO NA BUSCA DE VALOR (*CARVE-OUT*)?

Certas divisões operacionais da Quixote poderiam ser cindidas da empresa-mãe e agregar mais valor ao todo se a percepção do mercado fosse favorável. Havia pelo menos quatro possibilidades. Primeira, com a grande valorização das empresas virtuais, a Quixote poderia criar uma empresa somente para a operação de comércio eletrônico, a www.quixote.com.br. Na época, a Rede Globo de Televisão havia cindido sua operação de internet criando a Globo.com, que foi parcialmente vendida à Telecom Itália por US$ 800 milhões. Segunda, o mesmo conceito de segregação poderia ser aplicado à operação de armazenagem e transporte de mercadorias, criando uma nova empresa: a Quixote Logística. Sob a mesma ótica, a Varig havia cindido suas operações de logística criando a VarigLog. Terceira, a Quixote poderia cindir sua operação de cadastros e análise de crédito de seus clientes criando uma promotora de vendas, que poderia ser vendida a uma instituição financeira. A quarta possível segregação de ativos seria a venda da sua carteira "podre". Ao longo de 1997 a 1999, a Quixote tinha acumulado R$ 414 milhões em contas a receber que estavam inadimplentes. Embora, contabilmente, a empresa tenha lançado esses títulos à perda, sua equipe de cobrança tentava contatar os clientes e renegociar a dívida em aberto. Havia empresas especializadas em cobrança que poderiam se interessar em comprar esta carteira "podre", geralmente por um valor diminuto: de 5% a 10% do valor de face dos títulos, ou seja, de R$ 20 a R$ 41 milhões.

O problema da estratégia de segregação era o momento do mercado: a economia estava em recessão e os potenciais compradores desses "pedaços" da Quixote sabiam da sua necessidade urgente de fazer caixa. O provável resultado seriam preços de venda muito aquém do valor desses ativos.

VENDER BENS NÃO OPERACIONAIS?

Outra maneira de tentar arrecadar caixa para cobrir o hiato de liquidez era vender ativos não operacionais, se houvesse algum, como ações de outras empresas e imóveis não operacionais. A Arapuã, por exemplo, vendeu suas ações da empresa de chocolates Neugebauer para a Parmalat. O problema é que vender ativos por seus preços justos nem sempre se dá com rapidez, principalmente quando os potenciais compradores sabem que o vendedor está em dificuldades financeiras, como era o caso da Quixote.

REESTRUTURAÇÃO OPERACIONAL?

Reduzir custos? Demitir funcionários? No curto prazo, essas ações gerariam despesas significativas, mas, no médio e longo prazos, reduziriam o custo fixo da empresa. O processo de reestruturação era inevitável, porém levaria muito tempo, e este estava se acabando para o sr. Quixote e sua empresa.

AUXÍLIO DO BNDES?

Por que o BNDES emprestaria dinheiro dos trabalhadores brasileiros à Quixote? Para salvar os 2 mil empregos dos funcionários da empresa? E o que os trabalhadores brasileiros tinham a ver com a escolha do sr. Quixote de querer ser banqueiro e se dado mal? Deveria haver dezenas de projetos de investimentos melhores que a Quixote para o BNDES financiar.

EMITIR AÇÕES?

Haveria investidores interessados em comprar ações em bolsa de uma empresa em sérias dificuldades como a Quixote? O público investidor em ações, em geral, procurava histórias de sucesso, crescimento e rentabilidade, não uma crise! E os credores? Estes poderiam transformar parte de seu saldo credor em ações (*debt to equity swap*)? Talvez. Mas isto não seria simples. A maioria dos credores da Quixote era formada por fornecedores de eletrodomésticos. Para um fornecedor, ser acionista de um cliente era duplamente perigoso, pois geraria conflitos de interesse com a própria Quixote e com os outros varejistas clientes dos fornecedores. Imagine se o produtor de geladeira, "sr. Gelox", acionista da Quixote, deixaria o sr. Quixote comprar outras marcas de geladeiras. E por quanto sr. Gelox venderia suas geladeiras ao sr. Quixote? Além do mais, sr. Gelox era um especialista em produzir geladeiras, mas não sabia vendê-las ao grande público. Sem contar que, no instante em que uma operação desta se tornasse pública, haveria outros varejistas em crise de liquidez propondo ao sr. Gelox soluções parecidas. Enfim, teoricamente, era uma iniciativa possível, mas não provável.

VENDER TUDO?

Vender a Quixote seria a melhor e mais rápida solução para os credores e acionistas. No entanto, quem compraria ações de uma empresa em sérias dificuldades, como a Quixote, e ainda assumiria R$ 429 milhões de dívidas vencidas? Isto para não mencionar que, além da dívida contabilizada, havia *contingências*, ou seja, dívidas que poderiam não estar contabilizadas, como processos trabalhistas atuais e futuros, aluguéis e taxas de condomínio atrasadas, impostos não pagos, questionamento dos próprios credores quanto aos índices e taxas de juros utilizados para calcular os saldos credores etc. Para tornar a Quixote vendável, seria essencial pré-negociar a dívida com os credores. Desta forma, um possível investidor poderia comprar a empresa com o saldo da dívida e condições de pagamento (juros, garantias e prazos) pré-acordados. Ou seja, não seria vender apenas ações de uma empresa mas também sua dívida.

ENTRAR EM CONCORDATA?

Aos olhos do sr. Quixote, a concordata preventiva parecia a única saída para proteger a continuidade da empresa. A ideia da concordata era permitir a reestruturação de uma empresa viável, dando um fôlego de dois anos para o pagamento de parte do seu endividamento. Era um alívio de que a empresa precisava e tinha o direito de obtê-lo à revelia de seus credores.

Em janeiro de 2000, a Quixote solicitou concordata preventiva.

▪ UMA EMPRESA EM CONCORDATA EM UM ARCABOUÇO JURÍDICO INEFICAZ

COMO FICOU O DIA a dia da Quixote e dos seus acionistas após o pedido de concordata?

Na época, a Lei de Concordatas e Falências em vigor era de 1945.[17] Em tese, a concordata permitia a suspensão dos pagamentos das dívidas quirografárias (sem garantias reais). Os termos de pagamento destas dívidas eram redefinidos para até dois anos. Os juros, o indexador e o cronograma de amortização eram definidos pelo juiz. Teoricamente, créditos com garantias deveriam ser honrados, apesar da concordata. As garantias poderiam ser executadas, porém, se estas afetassem a operação da empresa, o juiz não permitiria. Na prática, portanto, o pagamento de todo o endividamento era suspenso. E a Quixote contava com esta suspensão, pois suas dívidas tinham as garantias a seguir:

Formas de garantia	Ativos
Caução	Cheques, duplicatas, recebíveis
Penhor mercantil	Bens móveis (por exemplo, mercadorias)
Hipoteca	Bens imóveis

O juiz elegeu um "comissário da concordata" que era um dos credores da Quixote, o sr. Gelox, da fábrica de geladeiras, seu maior credor na época. Sua função era supervisionar o cumprimento do processo de concordata. O juiz definiu a forma de pagamento aos credores: 40% da dívida deveriam ser pagos até o 12º mês do deferimento da concordata (janeiro de 2001), e o restante, 60%, no 24º mês (janeiro de 2002), a juros de 12% ao ano, pagos com as parcelas, sem correção monetária.

Sr. Gelox, como comissário da concordata, era responsável por monitorar os seguintes eventos, que poderiam causar a falência da Quixote:

- evidências de inviabilidade econômica da empresa (que deveria ser avaliada pelo juiz);
- não pagamento de débitos correntes, ou seja, dever-se-ia estar em dia com pagamentos de novas dívidas assumidas após o pedido de concordata;
- não pagamento das parcelas da concordata; e
- concessão de privilégio ou tratamento diferenciado a algum credor inscrito na concordata.

No caso da falência da Quixote, todos os ativos tangíveis e intangíveis seriam leiloados, e os proventos do leilão usados para pagar os credores na seguinte ordem de prioridade:

Prioridade	Credor
1	Dívidas trabalhistas

Prioridade	Credor
2	Dívidas tributárias/previdência
3	Credores com garantia real
4	Credores quirografários
5	Dívidas subordinadas (debenturistas, notas promissórias)
6	Acionistas preferenciais (reembolso do capital)
7	Acionistas ordinários

Ou seja, o sr. Quixote e seu filho Sancho seriam os últimos a receber algum provento da liquidação da empresa se esta fosse à falência. Contudo, apesar do "fôlego" da proteção da concordata, sr. Quixote precisava buscar uma solução definitiva para a continuidade da empresa.

BUSCANDO A SOLUÇÃO PARA A CRISE DE LIQUIDEZ

A LEI DE CONCORDATAS no Brasil era muito ineficiente, pois tratava todas as atividades econômicas de modo igual. Ou seja, uma siderúrgica tinha o mesmo tratamento de certa rede de farmácias. Essas atividades econômicas têm ciclos de negócios e condições mercadológicas totalmente distintas. Apesar disso, a lei era míope e prescrevia a mesma "solução" para todos os tipos e portes de empresa.

Sr. Quixote pediu ao filho que projetasse os resultados da empresa, assumindo um severo corte de despesas, para verificar sua capacidade de honrar a concordata. Havia dois grandes desafios pela frente que pareciam tautológicos:

- Como saldar a dívida e reconquistar a confiança dos fornecedores para recompor os estoques?
- Como voltar a gerar caixa sem a contribuição do crediário a clientes nem poder abrir novas lojas e pagando o fornecimento à vista?

Ou seja, a Quixote estava sem estoques, prazo de fornecimento nem capacidade de financiar seus clientes. Sua capacidade de vender, sua rentabilidade e a captação de recursos via capital de giro estavam, portanto, comprometidas. Os fornecedores, por sua vez, não queriam aumentar sua exposição ao risco de crédito da Quixote. A palavra "deságio" estava proibida de ser mencionada aos credores, pois isso minaria qualquer chance de apoio. Em suma, como se diz no popular: "Se correr o bicho pega, se ficar o bicho come."

As principais hipóteses de projeção do cenário concordata foram:

- Fechar 50 lojas deficitárias e distantes do centro de distribuição em dois anos (20 em 2000 e 30 em 2001), mantendo as 150 melhores lojas ao longo da projeção.
- Terceirizar completamente o crediário para uma instituição financeira especializada, que assumiria todo o risco de crédito, e a Quixote receberia apenas a TAC (2,5% sobre o valor financiado). A instituição financeira, por sua vez, financiaria até 30% das vendas da Quixote.
- Reverter a queda e recuperar o crescimento da ROB/m^2 em três anos, com melhora do mix e novas estratégias de venda.
- Recuperar a margem bruta com a mudança do mix, incluindo móveis e acessórios, chegando a 28% em três anos.

- Reduzir as despesas com vendas de 20% para o equivalente a 10% da ROB, em dois anos, por meio de renegociação de aluguéis e comissões para vendedores, e reduzindo custos de transporte com a centralização dos estoques em um único centro de distribuição.
- Cortar drasticamente as despesas administrativas, de R$ 80 milhões para R$ 20 milhões, em dois anos.
- Reestruturar os estoques, realizar um grande esforço de vendas e otimizar a logística para reduzir o saldo médio do equivalente a 60 dias de CMV.
- Para não afrontar seus credores, sr. Quixote solicitou que as projeções assumissem que os fornecedores venderiam apenas à vista.
- Reduzir investimentos ao mínimo de R$ 3 milhões ao ano, mas gastando um extra de R$ 12 milhões e R$ 7 milhões no fechamento de lojas, respectivamente, entre 2000 e 2001.

Eram propostas arrojadas, mas não havia tempo. A Quixote tinha dois anos para se recuperar. E os resultados das projeções foram desanimadores. Mesmo com uma premissa arrojada de recuperação das vendas, ao fim de 2002, ainda se projetava uma ROB/m² média (R$ 5.014/m²) aquém da observada em 1999 (R$ 5.174/m²).

QUADRO 4.31 › Cenário concordata: projeção do número de lojas e do faturamento bruto de 2000 a 2002

	1999 real	2000	2001	2002
Número de lojas	200	180	150	150
Área total	160.000	144.000	120.000	120.000
ROB/m²	5.174	4.916	4.916	5.014
CAGR ROB/m²	- 30%	- 5%	–	2%
ROB mercantil	828	708	590	602
ROB crediário	153	–	–	–
ROB total	981	708	590	602

FONTE: ELABORADO PELO AUTOR.

As premissas otimistas para a recuperação da margem bruta e os severos cortes em despesas operacionais que poderiam ocorrer com a redução da dimensão na rede (fechamento de 50 lojas e fim da operação de crediário próprio) prometiam reverter o Ebitda negativo somente a partir de 2001, e, em 2000, ainda seria negativo em R$ 80 milhões.

QUADRO 4.32 › Cenário concordata: projeção do Ebitda de 2000 a 2002 (R$ milhões)

	1999 real	2000	2001	2002
ROL	814	588	490	499
Lucro bruto mercantil	152	71	118	168
% LB/ROB mercantil	3%	10%	20%	28%
TAC	2	5	4	5
Desp. vendas	- 196	- 106	- 59	- 60
% DV ROB mercantil	20%	15%	10%	10%
Desp. administrativas	- 80	- 50	- 20	- 20

	1999 real	2000	2001	2002
Ebitda	- 189	- 80	43	93
% Ebitda/ROB total	- 19,3%	- 11,3%	7,4%	15,4%

FONTE: ELABORADO PELO AUTOR.

O Ebitda, o redimensionamento dos estoques, que geraria R$ 78 milhões em recursos financeiros, e a recuperação de R$ 17 milhões em contas a receber não seriam suficientes para saldar as parcelas da concordata que venceriam em 2001 e 2002.

QUADRO 4.33 › Cenário concordata: projeção do FOC e FLC de 2000 a 2002 (R$ milhões)

	1999 real	2000	2001	2002
Ebitda	- 189	- 80	43	93
IR&CS desalavancado	–	–	- 2	- 14
Investimentos	- 23	- 15	- 10	- 3
Contas a receber	17	–	–	–
Δ Contas a receber	- 154	- 17	–	–
Estoques	132	85	61	55
Δ Estoques	- 173	- 47	- 24	- 6
Fornecedores	–	–	–	–
Δ Fornecedores	- 551	–	–	–
Δ Capital de giro	- 224	64	24	6
FOC	**- 436**	**- 31**	**55**	**82**
Receita financeira	1	–	–	–
Juros concordata	–	–	- 52	- 31
Amortização concordata	–	–	- 172	- 258
FLC	**- 435**	**- 31**	**- 166**	**- 199**

FONTE: ELABORADO PELO AUTOR.

Em 2000, a operação da Quixote seria deficitária em R$ 31 milhões. Entre 2000 e 2002, a geração do fluxo operacional de caixa acumularia R$ 107 milhões, pouco mais que o suficiente para pagar os juros da concordata (R$ 82 milhões). A empresa não teria dinheiro para amortizar a primeira parcela da concordata (R$ 172 milhões) no começo de 2001. A Quixote não somente não conseguiria honrar a concordata como também precisaria de (muito) dinheiro novo.

QUADRO 4.34 › Cenário concordata: projeção do balanço patrimonial de 2000 a 2002

	31/12/1999	31/12/2000	31/12/2001	31/12/2002
Total do ativo	**339**	**256**	**207**	**169**
Aplicações	–	–	–	–
Contas a receber brutas	83	–	–	–

	31/12/1999	31/12/2000	31/12/2001	31/12/2002
(–) PDD	- 66	–	–	–
Contas a receber	17	–	–	–
Estoques	132	85	61	55
Ativo imobilizado líquido	190	171	146	114
Total do passivo e PL	**339**	**256**	**207**	**169**
Fornecedores	–	–	–	–
Empréstimos de curto prazo	–	–	–	–
Déficit de caixa	429	460	454	396
Patrimônio líquido	- 91	- 204	- 247	- 277
Capital social	10	10	10	10
Lucros acumulados	- 101	- 260	- 278	- 234

FONTE: ELABORADO PELO AUTOR.

Se os credores concordassem em "esperar", a Quixote não conseguiria pagá-los, mesmo assumindo que não cobrariam juros.

Não era necessário projetar mais números. Estava claro que a Quixote não conseguiria honrar a concordata. A projeção do FLC do cenário concordata mostrava diferenças significativas em relação ao cenário expansão com crediário:

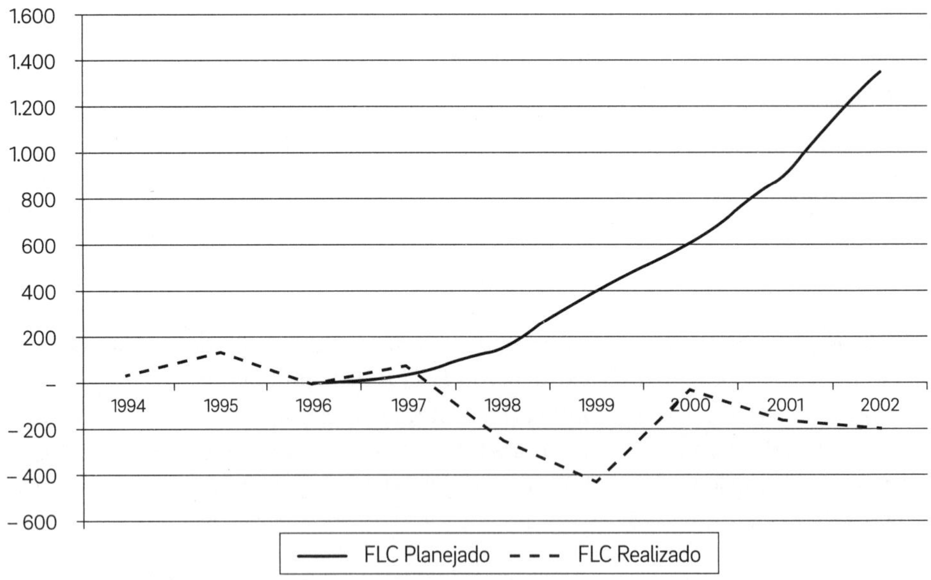

FONTE: ELABORADA PELO AUTOR.

FIGURA 4.3 › Gráfico com base nas projeções do FLC cenário crediário *versus* o FLC realizado.

Ao mesmo tempo, os credores estavam prestes a incorrer em duas perdas: a do crédito com a Quixote e a do canal de distribuição. A quebra de pequenas e médias cadeias de varejo estava generalizada, e o setor concentrava-se cada vez mais em poucas e grandes redes, como Casas Bahia, Ponto Frio, Pão de Açúcar, que eram muito exigentes nas negociações com os fornecedores. Era difícil para o sr. Gelox, por exemplo, conseguir boas margens no fornecimento de geladeiras para qualquer uma dessas grandes redes. Além dessa concentração no varejo, havia outro aspecto que preocupava os fornecedores: a recessão econômica em que o país ensaiava entrar. Isso tudo significava volumes de vendas menores a ínfimas margens.

Parecia haver, pelo menos, duas possíveis soluções que poderiam minimizar as perdas dos credores: trocar os atuais acionistas da Quixote por outros capazes de saldar a dívida e manter o canal de distribuição para a indústria de eletrodomésticos ou renovar a confiança na capacidade administrativa do sr. Quixote e seu filho. Isso implicaria aceitar o pagamento da dívida em um prazo mais longo e com juros mais baixos, além de restabelecer o fornecimento a prazo de mercadorias.

Ambas as soluções exigiriam 100% de consenso entre os credores, caso contrário, o juiz poderia decretar a falência da Quixote. Obter esse consenso era um desafio hercúleo, uma vez que os fornecedores eram compostos por grandes e pequenas empresas, com capacidades financeiras distintas. Dependendo da proposta de reescalonamento da dívida, muitos dos pequenos credores poderiam ir à falência.

Na primeira alternativa, o perfil ideal do novo acionista seria outra empresa do ramo que conseguisse:

- trazer economias de escala;
- retomar crescimento e investimentos;
- manter e fortalecer o canal de distribuição para a indústria; e
- restabelecer a confiança dos credores, mas evitando os erros do passado.

Os acionistas poderiam "vender" suas ações para um investidor estratégico com este perfil por um valor simbólico para tentar se livrar das dívidas e contingências. Os acionistas sabiam que sua posição na negociação era frágil, mas eram o dono *de jure* da Quixote, e qualquer solução deveria ter seu crivo, o que tinha valor. Por sua vez, os credores eram os donos *de facto* da Quixote. O potencial investidor enfrentaria o grande desafio de recuperá-la financeira e operacionalmente, tudo isso em meio a uma severa crise econômica.

NOTA TÉCNICA › A nova lei de recuperação judicial

Trata-se da Lei nº 11.101, de 9 de fevereiro de 2005, que entrou em vigor em 09 de junho de 2005 com o nome de "Nova Lei de Falência".

(a) Falência e concordata se tornam um único processo chamado "recuperação judicial", que ocorre sempre antes da chamada "liquidação judicial" (que substitui a falência).

(b) Sociedades de economia mista e cooperativas passam a estar sujeitas à liquidação judicial.

(c) Inclusão de todos os credores no processo de recuperação, e não apenas daqueles com garantias reais e o governo. Na prática isto já ocorria. No entanto, é um avanço, pois, até então, nada impedia que um credor com garantias reais vetasse o acordo com os credores da empresa para tentar conseguir termos mais favoráveis para si. Penas pecuniárias e multas não poderão mais ser exigidas no processo de recuperação judicial.

(d) Créditos trabalhistas até certo limite (diferenciado para grandes e pequenas empresas) terão preferência sobre os demais credores na fase de recuperação judicial. Na fase de liquidação, o restante do crédito deverá ser recebido totalmente.

(e) Em até seis meses, após o deferimento do processo de recuperação judicial, a empresa tem o prazo de 180 dias para apresentar seu projeto de reestruturação e da dívida aprovada pela maioria dos credores (50% + 1). Se o plano não for aprovado nos 180 dias, a empresa irá à falência para evitar a dilapidação do patrimônio líquido.

(f) O acionista atual tem de deixar a administração da empresa.

(g) O plano de reestruturação não tem prazo limite predefinido por lei para pagar a dívida, desde que seja aceito pela maioria dos credores.

(h) Os créditos fiscais e as contribuições sociais, que antes eram excluídos do processo, passam a contar no processo e serão pagos pelo devedor mensalmente conforme seu plano de recuperação.

(i) Com a nova lei, existe um crédito mínimo que deve ser atingido para que se possa requerer a falência do devedor, e deve ser protestado por mais de um credor com antecedência de noventa dias antes do pedido de falência. Isto impede que pequenos credores exerçam um poder de pressão desproporcional à sua importância em relação a credores maiores. Antes de 2005, uma padaria com R$ 300,00 a receber de uma empresa em dificuldades podia pedir a sua falência! Na prática, isso leva muitas empresas em dificuldades a pagar pequenos credores para não correr este risco, o que não deixa de ser uma forma de favorecê-los perante os outros credores maiores.

(j) O juiz poderá tornar indisponíveis os bens particulares dos réus quando houver responsabilidade solidária.

(k) O Ministério Público passa a intervir antes da liquidação judicial do devedor e não somente após a declaração da falência como ocorre atualmente.

Exercícios

28 Suponha que uma empresa espere um aumento da inadimplência acima da média do último triênio em suas Contas a Receber para o ano que está por vir. Por que a empresa constituiria a PDD acima ou abaixo do limite fiscal?

Acima: para proteger a liquidez da empresa (ou seja, suas "disponibilidades") de possíveis perdas. Apesar de a PDD não ser dedutível do IR&CS, reduz o lucro líquido calculado pela legislação societária, que é a base para distribuição de dividendos. Assim sendo, com um lucro líquido menor, a empresa distribuirá menos dividendos e poderá reforçar suas reservas de caixa.

Abaixo: a empresa pode ter seu patrimônio líquido próximo a um nível desconfortável, e aumentar a PDD significa reduzir o lucro líquido, e, portanto, o patrimônio líquido. Por exemplo, uma empresa pode ter um contrato de empréstimo que a obrigue a manter uma relação dívida total/patrimônio líquido de 1,2, sob a pena de acelerar o pagamento do empréstimo. Se essa relação estiver próxima a 1,2, para um mesmo montante de dívida total, aumentar a PDD significaria aumentar a dívida total/patrimônio líquido para um número maior que 1,2. Outro exemplo é uma empresa com patrimônio líquido pequeno e decrescente por prejuízos recorrentes que não queira diminuí-lo ainda mais para evitar o desconforto de fornecedores e bancos que tenham uma relação de crédito com a empresa.

Bancos e instituições financeiras estão sujeitos às regras mais complexas para a constituição de PDD.[18]

29 Uma empresa comprou um terreno por R$ 1 milhão. Dois anos depois, a região se valorizou e um terreno do mesmo tamanho ao lado foi vendido por R$ 3 milhões. Como se registram esses eventos nos demonstrativos contábeis da empresa?

No BP, o terreno é registrado no ativo permanente por R$ 1 milhão, que é seu custo histórico. Terrenos não são objetos de depreciação, portanto, dois anos depois, seu valor contábil permanece o mesmo, R$ 1 milhão. No DRE, a venda por R$ 3 milhões gera uma receita não operacional de R$ 2 milhões (lucro acima do custo histórico do terreno) que é objeto de tributação. Todo o resto é mantido constante no BP, e o ativo permanente é reduzido em R$ 1 milhão, mas o caixa aumenta em R$ 3 milhões menos os IR&CS pagos sobre o lucro apurado na venda (R$ 2 × 34% × 0,68 milhão). Ou seja, a conta caixa, no ativo circulante, eleva-se em R$ 2,32 milhões. Do lado do passivo, o patrimônio líquido aumenta R$ 2,32 milhões na conta lucros retidos.

30 **Como é registrada, nos demonstrativos contábeis de uma empresa, a venda de um ativo totalmente depreciado?**

31 **Como é registrada, nos demonstrativos contábeis de uma empresa, a reversão de uma provisão para devedores duvidosos?**

32 **Um empregado de certa empresa foi demitido e resolveu processá-la. Explique com detalhes como registrar este fato nos demonstrativos contábeis da empresa.**

33 **Em uma situação de grave crise de liquidez, como foi o confisco promovido pelo governo Collor, quais foram os efeitos econômicos e contábeis para uma empresa de varejo como a Quixote?**

34 **A Belini SA, tradicional produtor de alimentos convencionais, mudou sua estratégia em 2010, quando decidiu produzir e vender alimentos orgânicos. A empresa investiu R$ 1,2 bilhão[19] no mais moderno parque industrial da América Latina neste setor. A construção da fábrica foi concluída em dezembro de 2011 e exigiu grande esforço financeiro da empresa e de seus acionistas.**

Até então, historicamente, o mercado de alimentos orgânicos no Brasil crescia 10% ao ano. Dada a qualidade de seus produtos e sua política agressiva de vendas, nos últimos anos as vendas da empresa cresceram 15% ao ano. A Belini oferece muitos meses de prazo para seus clientes (supermercados requintados) pagarem suas faturas, sem cobrar juros por isso.

O proprietário da empresa, Emanuel Belini, não tem herdeiros e quer vendê-la. Suponha que você seja o consultor financeiro de um megainvestidor que está interessado em adquirir 100% das ações da Belini. Emanuel disponibilizou somente as seguintes informações para o potencial comprador:

QUADRO 4.35 › Demonstrativo de resultado (R$ milhões)

	2012	2013
ROL	1.000	1.150
Lucro bruto (inclui depreciação)	250	250
Desp. propaganda e marketing	−80	−120
Desp. administrativas (incluem depreciação)	−5	−20
Desp. financeira	−200	−200
Desp. depreciação	−120	−120
Prejuízo	−35	−90

FONTE: ELABORADO PELO AUTOR.

QUADRO 4.36 › Balanço patrimonial (R$ milhões)

	31/12/2012	31/12/2013		31/12/2012	31/12/2013
Total (Ativos)	**2.055**	**1.985**	**Total (Passivos)**	**2.055**	**1.985**
Caixa	400	210	Fornecedores	75	95
Contas a receber	500	720	Dívida bancária	1.000	1.000
Estoques	75	95	Patrimônio líquido	980	890
Ativo imobilizado bruto	1.200	1.200	Capital social	380	380
Ativo imobilizado líquido	1.080	960	Lucros acumulados	600	510

FONTE: ELABORADO PELO AUTOR.

Assuma que a alíquota de IR&CS é de 34%.

QUADRO 4.37 › Recomendações para premissas de projeção para o cenário-base

Conta	Premissa de projeção
ROL	Cresc. 15% ao ano.
Lucro bruto (incluem depreciação)	Manter margem bruta de 2013
Despesas com propaganda e marketing	Manter % ROL (2013)
Despesas administrativas (incluem depreciação)	Fixo no nível de R$ de 2013
Despesas financeiras	Manter % juros de 2013 e aplicar sobre saldo médio
Despessas depreciação	10% sobre o saldo do AIB em 31/12 do ano em análise
CAR	Manter % de 2013 sobre o parâmetro pertinente
Estoques	Manter % de 2013 sobre o parâmetro pertinente
Fornecedores	Manter % de 2013 sobre o parâmetro pertinente
WACC	Assumir estrutura de capital e custo da dívida de 2013

FONTE: ELABORADO PELO AUTOR.

- **a** **Calcule o Ebitda da Belini de 2012 e 2013 e projete-o para 2014 a 2018. Descreva suas premissas de projeção detalhadamente (crescimento das vendas, margem bruta, despesas operacionais).**
- **b** **Calcule e projete o imposto de renda desalavancado de 2012 a 2018.**
- **c** **Calcule e projete o investimento em capital de giro da empresa de 2013 a 2018. Mantenha as relações médias relevantes das contas de giro observadas em 2013.**
- **d** **Calcule e projete o fluxo operacional de caixa de 2014 a 2018. Assuma que o investimento no AIB para esses anos será de R$ 20 milhões por ano.**
- **e** **Estime o Valor Econômico da Empresa (VEE) e o Valor Econômico das Ações (VEA) pelo método indireto para seu cliente, usando uma perpetuidade simples para estimar o valor dos fluxos após 2018. Assuma que a TIR almejada pelo seu cliente seja de 18% ao ano. Descreva suas premissas para estimar o WACC detalhadamente (custo da dívida, custo do capital próprio e estrutura de capital).**
- **f** **Calcule e projete o fluxo livre de caixa da Belini de 2014 a 2018. Assuma que a dívida deverá ser paga em quatro parcelas fixas de R$ 250 milhões por ano entre 2014 e 2017.**

g **Se o investidor fosse fazer esta aquisição, qual seria o montante de aumento de capital que deveria fazer de acordo com os resultados obtidos no cenário-base?**

h **Projete o balanço patrimonial e analise a situação da empresa. Examine a evolução da alavancagem da Belini entre 2012 e 2016 utilizando o ICSD (cuja meta é > 1,2) e o índice de alavancagem (cuja meta é < 3,5).**

i **Estime o Valor Econômico das Ações (VEA) pelo método direto usando uma perpetuidade simples para estimar o valor dos fluxos após 2018. Descreva as possíveis razões para a diferença entre a estimativa do VEA pelos métodos indireto e direto.**

j **Explique as diferenças entre o montante de aporte de capital estimado em (g) e o VEA estimado em (i).**

k **Você construiria um cenário alternativo ao base? Justifique sua resposta. Faça a recomendação de compra ou não ao cliente, explique detalhadamente por que, abordando, pelo menos, quatro aspectos das projeções da Belini. Considere algumas informações adicionais apresentadas a seguir que podem ajudá-lo em sua recomendação:**

- Estrutura de capital típica do setor: D/(D + C) = 20%.
- Custo de oportunidade do acionista do setor: 12%.
- Margem bruta média dos concorrentes (com escala inferior à da Belini): 28%.
- Saldo do CAR médio/ROL do setor: 25%.

NEGOCIAÇÃO: RAZÃO E SENSIBILIDADE

PRÓLOGO

A Quixote estava entre a "vida e a morte". Aqui, já se chegou à conclusão de que a melhor, e talvez a única, saída seria a venda da empresa a um investidor com capacidade de recuperar sua operação. Negociar a venda de uma empresa em concordata sempre foi dos desafios mais difíceis em Finanças Corporativas. Elaborar premissas e cenários sobre o futuro poderia ajudar nas negociações, mas não defini-las. O vendedor estava fragilizado, com poucas alternativas, e o tempo corria contra. Os credores pressionavam o vendedor por uma solução, apoiados na Lei de Concordatas e Falências. O comprador, naturalmente, considerar-se-ia um "salvador da pátria". Negociar nessas condições não era fácil para o vendedor. Por isso, antes de dar continuidade à discussão do caso Quixote, é importante discutir alguns conceitos e componentes clássicos de uma negociação.

O ponto de partida é o negociador. No caso em questão, o sr. Quixote, que estava muito ansioso. Era um vendedor de eletrodomésticos, não de empresas. E sempre se questionava: "Serei um bom negociador?", "Farei um bom negócio para minha família e para os credores?", "Farei o melhor negócio possível?", "Serei melhor negociador que a outra parte?". São todas questões muito pertinentes. Mesmo negociadores experientes se deparam com essas perguntas em negócios importantes, pois nenhuma negociação é igual a outra. Nenhum negociador é igual a outro. Não há maneira de prever uma negociação, mas há sim de se preparar melhor para elas.

Para tentar endereçar as questões do sr. Quixote, serão utilizadas como base a organização e as ideias desenvolvidas no excelente livro sobre negociações de Shell, *Negociar é preciso* (2001), e nossas experiências pessoais em negociação. Shell tem uma maneira interessante de descrever os fundamentos do que chama "negociação eficaz": (1) estilo pessoal; (2) metas e expectativas; (3) padrões e normas dominantes; (4) relacionamentos; (5) interesses da outra parte;

e (6) poder de influência. Será adotada esta organização para entender a situação em que o sr. Quixote se encontrava e como poderia se preparar para minimizar a fragilidade da sua situação negocial e enfrentar o alto poder de barganha que o "salvador da pátria" teria.

Ao longo desta seção, foram incluídos vários relatos pessoais de experiências acumuladas em 15 anos da nossa atuação como assessor em fusões e aquisições e reestruturação de empresas. Apesar do fato de algumas transações vivenciadas terem ocorrido há mais de 12 anos, é importante ressaltar que não serão revelados os nomes de clientes para resguardá-los. Os valores e setores econômicos envolvidos nas transações comentadas foram trocados para impossibilitar qualquer tentativa de identificação. Entretanto, as situações foram preservadas para fazer a ponte entre a teoria e a prática da negociação.

ESTILO PESSOAL

Todas as negociações começam com o próprio negociador e seu espelho. O autoconhecimento aqui é a chave para a eficiência do negociador. Que tipo de negociador era o sr. Quixote?

Há várias teorias psicológicas que buscam identificar e definir tipos de personalidade. Antes de considerar os tipos que Shell utiliza, convém enfatizar que é difícil encontrar uma pessoa que tenha somente um tipo de personalidade. A personalidade das pessoas, em geral, tem várias dimensões, dependendo do seu momento de vida, nível de estresse, contexto em que se apresentam etc. O que normalmente ocorre é que uma pessoa, em certo momento, pode ter uma dimensão predominante em sua personalidade.

Shell (2001) cita os cinco tipos básicos de personalidade a seguir.

- **Competidores.** Aqueles que "gostam de controlar as negociações" e levar vantagem em tudo. Utilizam estratégias para irritar o adversário. Vaidosos, sua grande fraqueza é o medo de deixar "dinheiro sobre a mesa". É um tipo de negociador que, embora possa até ser bem-sucedido, pode deixar passar grandes oportunidades, uma vez que, no médio e longo prazos, os acordos são fechados na base da percepção do "ganha-ganha".

RELATO PESSOAL

Há cerca de dez anos, fomos contratados para vender uma empresa de um senhor cuja saúde não ia muito bem e que não tinha herdeiros. Sua empresa era líder de mercado, tanto em vendas como em rentabilidade. Esse senhor tinha construído a empresa do zero e, ao longo de toda sua vida, transformou-a em uma referência do setor. Elaboramos uma avaliação da empresa que estimou o valor para o acionista em R$ 150 milhões. O empresário surpreendeu-se com o valor e nos autorizou a lhe apresentar uma lista pré-aprovada de potenciais investidores, que incluía fundos de *private equity*, empresas similares no Brasil e no exterior. Um desses fundos gostou da empresa e fez uma oferta: US$ 300 milhões. Todos nós, até o empresário, ficamos surpresos. Entretanto, o empresário desconfiou da situação, pensando que "se há alguém querendo pagar US$ 300 milhões pela minha empresa, é porque ela deve valer muito mais". Resultado: apesar de nossas intervenções e tentativas de esclarecimento, o empresário pediu muito mais pela empresa. Até hoje, que eu saiba, ela não foi vendida, o que não me surpreende, pois, com essa mentalidade do proprietário, a empresa é invendável.

- **Transigentes.** "São pessoas justas, interessadas em manter relações produtivas com os outros". São cooperativas, porém, em situações-limite, propensas a "optar por soluções que preservem o relacionamento daquelas que lhe produzam vantagens". Em impasses, preferem "dividir a diferença" em partes iguais. Para essas pessoas, "conceder não é má escolha". Funcionam "razoavelmente bem em várias situações", mas simplesmente transigir pode ser inimigo de uma solução melhor.
- **"Evitadores" de conflitos.** São pessoas que não toleram conflitos e tendem a aceitar as condições da outra parte para evitá-los, ou podem até romper as negociações prematuramente caso não consigam suportar a tensão natural dos conflitos inevitáveis que caracterizam as negociações.

RELATO PESSOAL

Lembro-me de um caso muito curioso envolvendo um evitador de conflitos. Tínhamos sido contratados para vender uma empresa em concordata, e havia um interessado em adquiri-la que tinha esse perfil psicológico. Em uma reunião, conseguimos definir o preço e as condições da venda, que eram muito interessantes para o vendedor, especialmente a condição de que o vendedor não teria nenhuma responsabilidade sobre o passado e o futuro da empresa. Esta era uma condição essencial para nosso cliente, que já estava vendendo a empresa por um baixo preço e, portanto, não queria ter mais nenhum problema com ela. Era a famosa venda de "porteira fechada".

Apesar de ter fechado os termos básicos da negociação, faltava elaborar os extensos contratos de compra e venda. Sabendo de suas próprias limitações e características, o evitador de conflitos teve uma iniciativa brilhante: contratou um escritório de advocacia muito agressivo para elaborar o contrato conosco. Foi um inferno! A toda reunião que íamos para rever a minuta do contrato de compra e venda, e foram várias, encontrávamos um advogado novo defendendo o comprador. Quando líamos as cláusulas sobre responsabilidades e garantias, o advogado protestava, encenando grande indignação pela natureza "injusta" daquela cláusula para seu cliente. E toda vez tínhamos de explicar que esta condição já havia sido negociada e aceita.

Até na hora da assinatura final do contrato, na qual o evitador de conflitos não foi, mas mandou um procurador, seu advogado questionou a redação da famosa cláusula. É claro que tudo isso foi uma estratégia negocial que exigiu muita tenacidade da nossa parte para defender os interesses de nosso cliente.

- **Prestativos.** São pessoas que não só evitam conflitos mas também querem agradar a outra parte. São facilmente manipuláveis quando não têm consciência desta característica. Os prestativos beneficiam-se muito de assessores que negociem por eles. Estes e os evitadores de problemas podem nos parecer tipos caricatos, mas não são tão raros assim. Basta pensar nos consumidores e contribuintes brasileiros e como estes são tratados pelas operadoras de telefonia móvel e pelo governo.
- **Solucionadores de problemas.** É o tipo mais raro, pois requer muito conhecimento técnico, autoconhecimento e habilidade interpessoal. E aquele que busca resolver o conflito "por meio de franca exposição de interesses encontra a solução mais elegante e apresenta opções", usando padrões justos de divisão de ganhos e/ou perdas.

RELATO PESSOAL

Tive o prazer de trabalhar com um negociador muito habilidoso, um solucionador de problemas. Lembro-me de um episódio muito interessante. Tínhamos sido contratados para vender uma empresa familiar cujo proprietário tinha a crença de que ela valia R$ 140 milhões. Nossas estimativas pelo FDC apontavam para um número menor, R$ 120 milhões. Após meses de negociação com um interessado, chegamos a uma oferta neste valor. No último encontro para negociar o preço, levamos o proprietário da empresa, nosso cliente, para tentar concluir a transação com os executivos da empresa compradora. Os executivos argumentavam que não poderiam aumentar sua oferta para R$ 140 milhões porque não tinham argumentos técnicos para convencer o Conselho de Administração de que tal valor remuneraria seus acionistas nacionais e internacionais. Nosso cliente estava irredutível, mas não conseguia encontrar nenhum argumento técnico, a não ser sua crença de que este era o valor correto.

Estávamos em um impasse, até que meu chefe, o negociador solucionador de problemas, teve uma brilhante ideia. Perguntou a nosso cliente quanto era o valor contábil do patrimônio líquido da empresa à venda, ao que respondeu: R$ 10 milhões (naquela época, por causa da inflação, era muito comum o patrimônio líquido das empresas estar muito desatualizado em relação ao seu valor de mercado). Ali estava a solução: na contabilidade. O ágio[20] que seria gerado pela compra da empresa geraria uma despesa com amortização que poderia ser abatida do imposto de renda do comprador, que, por sua vez, era uma empresa muito lucrativa e iria se beneficiar muito dessa dedução. A proposta foi, então, que vendedor e comprador dividissem o ganho tributário do ágio, completando a diferença entre o preço de oferta e o preço demandado. E assim o negócio foi fechado!

Enfim, qual era o perfil de negociador do sr. Quixote? Ele tinha de ser sincero consigo mesmo e não tentar ser alguém que não era. Negociadores habilidosos têm boa memória, agilidade verbal e capacidade de lidar bem com o estresse. Sr. Quixote tinha várias competências, mas sua capacidade de lidar com o estresse estava comprometida pelos últimos anos de crise no setor e na empresa. Ele tinha noção dessa limitação e das dificuldades técnicas envolvidas na negociação da venda de uma empresa em concordata. Recorreu a um banco de investimentos com experiência neste tipo de transação. A opção por ter um assessor especializado mostrou que a efetividade do sr. Quixote era muito mais uma questão de atitude que de habilidade! E assim começou nosso envolvimento como assessores da Quixote e seus acionistas.

Assessoramos o sr. Quixote no que Shell descreve como os quatro hábitos-chave de uma boa negociação, a saber:

- Preparação para a identificação de potenciais investidores e para a troca de informações que é necessária em qualquer negociação.
- Definição de expectativas elevadas, mas possíveis, para os termos da transação.
- Paciência para ouvir os potenciais compradores, que forneceriam pistas sobre a real necessidade, que, muitas vezes, é mais eficiente que argumentos inteligentes sobre o que o vendedor quer.
- Compromisso com a integridade pessoal dos negociadores e vendedores.

METAS E EXPECTATIVAS

O que convence é a convicção.
Lyndon Johnson

Um dos importantes papéis que tivemos como assessores foi promover uma reflexão sensata com o sr. Quixote sobre o que seria possível esperar da venda da empresa. Foi elaborada uma lista de desejos e justificativas que sustentassem cada uma:

a) Motivação para a venda. O que o sr. Quixote queria ganhar com a venda da empresa e por quê? Sua vontade era salvá-la como empresa, a obra de vários anos da sua vida. Queria manter a rede viva, os empregos, a marca e a reputação entre seus clientes. Queria também pagar as dívidas aos fornecedores da melhor maneira possível, pois o apoio destes tinha sido imprescindível para o nascimento e crescimento da empresa.
b) Preço mínimo aceitável. Sr. Quixote queria receber algum dinheiro por suas ações, mas não esperava muito. Tinha constituído algumas reservas com os dividendos recebidos, mas havia perdido muito dinheiro aplicando em negócios de internet. Sabia que sua posição na negociação era frágil, mas era o proprietário *de jure* da Quixote, e qualquer solução deveria ter seu crivo, e isto tinha valor. Por qualquer método de avaliação, FDC, múltiplos de mercado e/ou transações recentes, era difícil justificar qualquer valor para as ações da Quixote sem alterar a estrutura societária da empresa. Haveria um novo investidor disposto a reestruturar as operações da Quixote, assumir suas dívidas e ainda pagar algum dinheiro pelas ações do sr. Quixote? Era difícil dizer. Naquele momento, parecia a todos que a única chance de isso ocorrer seria se houvesse mais de um interessado na compra da Quixote, o que era pouco provável por causa das condições de mercado da época.

A empresa foi posta à venda por meio de um **Memorando de Oferta**.[21] Este documento descreveria a história da Quixote, seus principais produtos, mercados, rede de lojas, investimentos em infraestrutura de logística e de administração e histórico financeiro. Não se apresentaria o valor da empresa, mas, sim, um cenário com projeções que mostrariam a viabilidade da recuperação das suas operações. Com base nessas informações, os potenciais compradores poderiam refazer as projeções, identificar e quantificar sinergias operacionais e estratégicas, aplicar seu próprio WACC, estimar o valor da empresa e fazer uma oferta ao sr. Quixote.

Teríamos de identificar possíveis **moedas de troca** que pudessem ser utilizadas para viabilizar algum tipo de pagamento ao sr. Quixote e a nós mesmos, uma vez que o banco seria remunerado por um percentual do valor pago pelas ações. Essas moedas poderiam ser: ações da empresa do comprador; pagamento pelo aluguel de lojas próprias da Quixote (cuja propriedade poderia ser transferida a uma Companhia de Propósito Específico [CPE] pertencente ao sr. Quixote, com a anuência do juiz, é claro); pagamento pela cobrança da carteira "podre" das contas a receber da Quixote; aluguel do cadastro dos clientes da Quixote (com dados pessoais, histórico de compras e de pagamentos); e outras possibilidades.

RELATO PESSOAL

Moedas de trocas, ativos e/ou passivos ocultos são pontos-chave para o sucesso da venda de uma empresa. Em um caso interessante, estávamos vendendo uma empresa a um grande grupo brasileiro de varejo com ações na bolsa de valores. O vendedor, um senhor muito conservador, queria receber seu pagamento em dinheiro à vista, apesar de ser um homem muito rico. O comprador chegou a oferecer como parte do pagamento suas ações. Dispunha-se até a pagar um pouco mais se o comprador aceitasse um percentual considerável do pagamento em ações. O vendedor rejeitou a proposta dizendo que não era um "jogador de cassinos" (em referência ao investimento em ações da Bovespa). O vendedor insistiu, argumentando que o valor de suas ações, R$ 25,00 na época, estava muito baixo considerando qualquer análise de múltiplos, e que algo de importante estava para ocorrer e ele não se arrependeria. O vendedor permaneceu incrédulo e insistiu no pagamento em dinheiro. O negócio foi fechado como o vendedor queria. Poucos meses depois da transação concluída, o valor das ações do comprador subiu de R$ 25,00 para R$ 70,00, graças ao anúncio da conclusão de uma parceria internacional. Se o vendedor tivesse aceitado as ações, poderia ter multiplicado por algumas vezes o valor da venda.

c) Assunção das dívidas. Antes de abordar potenciais investidores, era preciso definir um novo cronograma de pagamento da dívida da Quixote que fosse compatível com sua capacidade operacional. Prepararíamos uma proposta aos credores, com base em um cenário que simulasse a fusão da Quixote com outra empresa de porte parecido. Elaboraríamos hipóteses sobre ganhos de escala e sinergias operacionais. A capacidade de pagamento da nova Quixote teria de ser melhor que a atual. Com base no FLC projetado, seria feita uma proposta de pagamento da dívida diferente daquela da concordata: com prazo de amortização maior e juros menores. Pela Lei de Falências vigente na época, tal proposta teria de ser aceita por todos os credores; caso contrário, a Quixote nem seria posta à venda. Se todos os credores concordassem, entretanto, nós, como assessores, e o sr. Quixote estabeleceríamos ao comprador, como condição para a transação, que a dívida renegociada fosse aceita e honrada pela nova Quixote.

Para os credores, aceitar renegociar a dívida, em termos razoáveis, representaria três grandes vantagens. Primeira, eles sabiam que os termos da concordata não eram factíveis com o pagamento de suas dívidas. A concordata apenas adiaria o pior: a falência da Quixote. Segunda, a falência da Quixote significaria a perda não somente do saldo devedor mas também de um canal de venda que estaria fortalecido com a fusão. Terceira, era melhor ter a dívida renegociada com prazos mais longos, mas ter um risco de crédito melhor.

d) Condições de pagamento. Se houvesse alguma possibilidade de pagamento em dinheiro ao sr. Quixote por suas ações, seria preferível que fosse à vista. Neste ponto, todos concordavam. Entretanto, se isto não fosse possível, alguma outra moeda de troca poderia ser negociada.

RELATO PESSOAL

Imaginem uma situação em que o comprador de uma empresa em crise de liquidez estima seu valor em R$ 3 milhões, e o vendedor em R$ 6 milhões ou mais. Pode-se construir uma ponte entre as diferenças de percepções de valor por meio de um acordo de *earn out*. Comprador e vendedor concordariam em concluir a venda de 51% da empresa pelo equivalente a R$ 3 milhões, ou seja, R$ 1,53 milhão. O vendedor elaboraria um *business plan*[22] que acreditasse ser factível. Se o *business plan* se comprovasse verdadeiro ao longo dos anos, o vendedor teria a opção de vender os 49% restantes de suas ações por R$ 4,5 milhões, de forma a obter o valor médio de venda de R$ 6 milhões. A lógica do negócio era que o vendedor comprovaria ao comprador que a empresa de fato valia R$ 6 milhões. Se não quisesse exercer sua opção de venda, o vendedor poderia permanecer minoritário, pois é melhor ser minoritário e vender ações de uma empresa que dá certo, que ser majoritário de uma empresa que não deu certo. O comprador, por sua vez, poderia ter uma opção de compra dos outros 49% por R$ 1,5 milhão ou menos, se o *business plan* não desse certo, reduzindo o preço médio pago por 100% da empresa.

Os acordos de *earn out* podem ser solucionadores de problemas muito poderosos, entretanto, há dificuldades. Vivenciei situações em que um banco foi vendido em um acordo de *earn out*, com um *business plan* muito factível na época, mas condições macroeconômicas adversas tornaram sua realização impossível. O comprador, que tinha uma opção de compra, a exerceu, deixando o vendedor com menos dinheiro e uma posição minoritária diminuta no banco. Era o direito do comprador. Entretanto, o minoritário detinha uma expertise no negócio de nicho bancário e uma atuação expressiva na condução dos negócios. Com uma participação acionária diminuta, o minoritário deixou de se empenhar pelo progresso do banco. O majoritário, então, decidiu renegociar sua opção de compra ao reconhecer a importância estratégica do sócio minoritário para o sucesso do banco adquirido.

Os acordos de *earn out* podem ser adaptados e aplicados a várias situações, e ser muito eficazes se houver simetria nas informações entre as partes envolvidas no acordo. Outro exemplo de *earn out* é uma escala de bônus de um executivo a ser contratado por uma empresa. De um lado, o executivo concorda em deixar a empresa na qual trabalha para assumir o risco de trabalhar em outra, até então desconhecida, levando sua expertise e seu *networking*. De outro, a empresa contratante deve fornecer informações ao contratado sobre o suporte que terá para viabilizar suas metas de receita, que vão gerar os bônus pretendidos pelo contratado. Quando há falhas nessa troca de informações, seja da empresa, seja do executivo contratado, vão ocorrer problemas.

e) Garantias e representações. Este era um ponto crucial para o sr. Quixote. Um *deal breaker*, como se diz em inglês. Sr. Quixote estava disposto a resolver os problemas de todos da melhor maneira possível, dentro de suas possibilidades, mas não queria ter nenhuma responsabilidade por contingências fiscais, trabalhistas e cíveis referentes ao passado e ao futuro da empresa. Parecia uma demanda muito justa, uma vez que estaria vendendo suas ações por quase nada.

Em suma, o exercício de identificar e elaborar metas otimistas apenas seria eficaz se estas fossem viáveis. Dessa maneira, somente uma reflexão profunda sobre a viabilidade das metas do Sr. Quixote faria que todos os envolvidos acreditassem que eram legítimas e conquistáveis. Isso aumentaria a solidez das expectativas de todos os afetados pela venda da Quixote: acionistas, credores e o próprio banco de investimentos. Comprometimento é contagioso.

É possível resumir as metas e expectativas de cada uma das partes envolvidas na Quixote da seguinte maneira:

QUADRO 4.38 › Resumo de metas e expectativas das partes envolvidas

Acionistas	Credores	Comprador
• Proprietários *de jure*, mas VEA < 0 1 Salvar a Quixote 2 Minimizar perdas para os credores 3 Recuperar a confiança dos credores 4 Vender as ações por pouco, mas sem responsabilidades sobre contingências e passivos	• Proprietários *de facto* (R$ 429 milhões) 1 Minimizar perdas nos créditos 2 Manter o canal de distribuição de médio porte 3 Sinalizar ao varejo que "erros seriam punidos" (troca de controle da Quixote!)	1 Comprar PDVs (ganhar escala e fatia de mercado), marca etc.? 2 Assumir uma dívida definida e possível de ser paga com a nova operação 3 Minimizar valor de aquisição 4 Minimizar contingências

FONTE: ELABORADO PELO AUTOR.

RELATO PESSOAL

Uma experiência profissional muito dramática que vivi ilustra bem a questão das metas e expectativas. Havíamos sido contratados para vender uma rede de supermercados. Preparamos uma avaliação da empresa que estimava seu valor em R$ 100 milhões. O vendedor tinha uma expectativa de valor cerca de 15% mais alta, mas concordou em apresentar o Memorando de Oferta a potenciais compradores brasileiros e internacionais. Ao fim do período de apresentação e análise, dois potenciais compradores submeteram indicações de preço: um grupo nacional ofertou R$ 50 milhões, e uma empresa estrangeira R$ 300 milhões, com a qual ficamos muito surpresos. Interpretamos que a proposta tão além de nossas estimativas poderia ser resultado do valor estratégico da aquisição, pois esse grupo já atuava no Brasil, mas somente na região Sul, e queria entrar no mercado do Sudeste. Além disso, certamente aquele grupo tinha um custo de capital (WACC) mais barato que o brasileiro.

O vendedor, indignado com a oferta de R$ 50 milhões e seduzido com a de R$ 300 milhões, ordenou que abortássemos imediatamente as tratativas com o grupo nacional e nos concentrássemos na elaboração de um Memorando de Entendimentos[23] com o grupo estrangeiro. Como prudência e canja, diz o provérbio popular, nunca são demais, continuamos as tratativas com o grupo nacional e iniciamos a elaboração do Memorando de Entendimentos.

Lembro-me de ter passado um feriado de Páscoa inteiro trancado em um escritório de advocacia redigindo o Memorando de Entendimentos e discutindo suas cláusulas com o comprador. Após o feriado, enviamos a minuta final ao comprador, que simplesmente sumiu. Não respondeu às nossas inúmeras ligações. Nunca mais nos contatou.

O que teria ocorrido? Por que o potencial comprador fez aquela oferta, nos fez preparar um Memorando de Entendimentos e sumiu? Porque ele não queria comprar o que estávamos vendendo mas também não queria que seu competidor, o grupo brasileiro, comprasse. Para evitar a venda a este último, o grupo estrangeiro foi muito eficiente: elevou as expectativas de valor do vendedor a um patamar totalmente irreal, ilusório, de R$ 300 milhões, para uma empresa que valia R$ 100 milhões!

Demorou quase um ano para conseguirmos convencer nosso cliente de que a oferta de R$ 300 milhões tinha sido um estratagema e não uma indicação de valor que tivesse algum uso para ele. Como conseguimos convencê-lo? Com a realidade, que sempre é um argumento poderoso... para pessoas sensatas.

Após quase dois anos de envolvimento com a transação, chegamos à seguinte situação: (a) o grupo estrangeiro com sua proposta extraordinária nunca mais nos contatou; (b) contatamos outros potenciais investidores, no Brasil e no exterior, e ninguém demonstrou interesse; e (c) havíamos conseguido negociar a proposta do grupo nacional, que foi dobrada para R$ 100 milhões, por coincidência, o valor da nossa primeira avaliação pelo FDC. Estávamos em um impasse. O vendedor, obcecado com a oferta de R$ 300 milhões, não queria saber da do grupo brasileiro.

Em uma última tentativa, marquei uma reunião com o vendedor e usei de muita sinceridade: "Tenho apenas 30 anos. O senhor deve ter o dobro ou mais da minha idade e experiência em negócios. Respeito-o muito, mas permita-me dizer que essa proposta de R$ 300 milhões simplesmente não existe. Após contatar todos os possíveis interessados, no Brasil e no exterior, a melhor proposta que temos, na realidade, é de R$ 100 milhões, que consideramos justa. Então, das duas uma, ou o senhor está certo e sua empresa vale mesmo R$ 300 milhões e não é tempo de vendê-la... ou o senhor está errado. Vamos esperar para descobrir qual é a verdade?"

Ele me olhou e disse: "Vamos tentar fechar a venda com o grupo nacional". Por que ele tomou essa decisão? Por causa do meu poder de persuasão? Não acredito. A realidade o persuadiu. A concorrência no setor estava se acirrando. Há poucos meses, o empresário havia inaugurado uma nova loja em um bairro de alta classe em São Paulo. No mês seguinte, seu maior concorrente abriu uma loja maior exatamente do outro lado da rua. Não havia tempo a perder.

Como sabiamente dizem os americanos: *Reality bites*.[24]

PADRÕES E NORMAS DOMINANTES

Toda negociação e todo relacionamento entre pessoas seguem certos padrões, normas e valores que regulam a comunicação e o entendimento, ou desentendimento, entre as partes envolvidas. Esses padrões e normas raramente são explícitos. Para desvendá-los, é preciso muita sensibilidade para saber ouvir o que é dito e o que não é. Desvios dos padrões e das normas são interpretados como insensatez. Estamos mais abertos à persuasão ao ver uma ação que nos seja coerente. Um exemplo? Pense na sua própria família. Quem manda e por quê? Quem obedece e por quê? É a mesma coisa. Famílias também seguem normas e padrões de comportamento que sustentam as relações e o entendimento entre seus membros.

Algumas vezes, em situações de negócio, esses padrões e normas podem ser identificados com certa facilidade, como negociações que se desenvolvem em torno de avaliações com base no FDC. Geralmente, neste tipo de situação, os negociadores utilizam uma linguagem técnica, com conceitos e argumentos comuns a todos os envolvidos.

O que importa é o que se busca com essas normas e padrões: coerência. Os seres humanos, em geral, não gostam da incoerência. Ou seja, têm necessidade de manter a aparência de coerência e justiça em suas palavras e atitudes. Por vezes, no entanto, a coerência nos prega peças...

RELATO PESSOAL

Durante meu doutorado na Universidade de Illinois, nos Estados Unidos, ministrei a matéria Introdução à Economia, como assistente de professor, a alunos do primeiro ano. Certa vez, flagrei um deles colando descaradamente em uma prova. Chamei meu colega que junto comigo estava aplicando a prova para testemunhar, pois colar em prova nos Estados Unidos é motivo para expulsão do aluno, mas também um grande risco de este processar a universidade por calúnia, perdas e danos etc. Peguei o caderno que o aluno mantinha aberto no colo e o confisquei. Permiti que continuasse a prova e levei o caso a meu supervisor.

Tive seis longas entrevistas com meus supervisores sobre o caso. Cada nova entrevista era com alguém mais graduado dentro do departamento de Economia. Ninguém queria assumir uma posição, e todos tentavam me convencer de que nada havia ocorrido. Parecia que falávamos línguas diferentes. E era isso mesmo. Eu acreditava, a todo custo, que estava falando a língua da ética, e eles pareciam não ligar para isso, apenas não queriam correr riscos. Talvez olhassem para mim e vissem um mero estudante latino-americano criando-lhes problemas.

A última entrevista foi com o chefe do departamento, a pessoa que pagava meu salário de assistente de professor. Estava tenso e cansado de remar contra a maré. Ele me ouviu atentamente e fez uma proposta: eu deveria anular somente as respostas às questões cujo conteúdo estivesse nas duas páginas do caderno que o aluno escondia no colo. Fiquei indignado, mas me contive. Fiz uma contraproposta: "Professor, eu não sou ninguém. Apenas um mero assistente de professor e tenho só dois anos de experiência. O senhor é um economista famoso, de larga experiência e conhecimento. Eu faço o que o senhor quiser. Se preferir, esquecemos o caso... Só gostaria de dizer que acho que o que está acontecendo é obsceno."

Meu chefe me olhou bem e disse: "Vamos reprovar esse rapaz!".

O que sucedeu essa conversa? Estávamos falando de normas e padrões diferentes. Eu, tentando ser ético, e ele, pragmático e conformista. Estávamos em um embate. Não havia concordância entre nós. Cada um, do seu ponto de vista, tinha sua própria coerência. Quando coloquei a vaidade do chefe em jogo ("O senhor é um economista famoso, de larga experiência e conhecimento"), ele me ouviu. Comunicamo-nos. Havia algo de interesse do chefe que lhe trouxe para meu padrão: sua reputação, sua vaidade. Ou seja, aqui há uma lição valiosa: a melhor prática é antecipar os padrões preferidos pelo outro e estruturar sua proposta dentro desses limites.

A maioria das pessoas tende a acreditar que todos são iguais a si mesmas. Indo mais longe, nossa propensão é acreditar que os outros também seguem normas, padrões e valores semelhantes aos nossos. Esta é uma grande inverdade. Em uma negociação com muitas partes, como era o caso da Quixote e suas dezenas de credores, nacionais e estrangeiros, e potenciais compradores, nacionais e estrangeiros, um assessor nas negociações com experiência em lidar com normas e padrões muito diferentes agregaria muito valor ao sr. Quixote.

Para evitar **armadilhas de coerência**, era necessário obter o máximo de informações antes de expor a empresa Quixote a uma negociação, seja com os fornecedores/credores, seja com um potencial comprador. Quanto melhores fossem os dados, melhores seriam os argumentos de venda. Para tanto, dever-se-ia pesquisar a posição estratégica e a situação financeira dos principais credores e dos potenciais compradores da Quixote, buscando prever os argumentos que a outra parte poderia usar na negociação e a percepção de valor que esta poderia ter das transações oferecidas. Vale ressaltar que seriam duas transações simultâneas: aos credores, oferecer-se-ia a renegociação da dívida, em termos distintos daqueles da concordata, e aos potenciais compradores, ações de uma empresa e sua dívida pré-renegociada.

Como assessores, também prepararíamos um banco de dados e argumentos para sustentar o mérito (entenda-se valor) das duas transações. Elaboraríamos **temas de posicionamento**, ou seja, um argumento conclusivo e poderoso sobre as transações. Para os credores, como já mencionado, o tema posicionamento era composto das verdades a seguir:

- Na atual estrutura societária, mesmo com um esforço hercúleo de reestruturação operacional, a Quixote não conseguiria honrar a concordata, o que a levaria à falência.
- Na falência, era provável que os credores não recebessem nada, pois as dívidas trabalhistas e tributárias teriam prioridade no recebimento dos proventos da **massa falida**.
- Já que a dívida era impagável, e o risco do crédito altíssimo, por que não renegociá-la para apoiar uma fusão que não apenas melhoraria o risco de crédito mas também fortaleceria um canal de vendas importante?

Para os potenciais compradores, a aquisição da Quixote representava a oportunidade de:

- Adquirir, por um preço simbólico para as ações, uma rede de lojas e sua marca forte no varejo, em regiões de grande poder aquisitivo e com ótimas perspectivas de crescimento.
- Fortalecer relações com os principais fornecedores, cujo apoio seria fundamental para o sucesso de qualquer empresa de varejo.
- Adquirir um cadastro de milhares de consumidores que poderiam ser financiados e gerar muita rentabilidade se o comprador tiver a expertise e o capital necessários para financiá-los.

RELATO PESSOAL

Trabalhar como assessor em fusões e aquisições é um trabalho árduo, porém fascinante. Árduo porque: (i) o trabalho de coleta de informações e análise é muito intenso, já que o cliente quer estar seguro de que sua empresa está sendo avaliada com todo detalhe e minúcia possíveis; (ii) o processo de venda e negociação pode levar anos, e muitas vezes não se concretizar, pois há muitas variáveis que podem influir para o insucesso de uma transação; e (iii) quando a transação está se concretizando, os ânimos de todos ficam muito exaltados, e a tensão das longas horas e dias de elaboração dos contratos de compra e venda é exaustiva. Ao mesmo tempo, é um trabalho fascinante pela gama de capacidades que é preciso desenvolver. Um bom profissional de fusões e aquisições deve conhecer contabilidade, finanças, economia, direito, além das qualidades intra e interpessoais exigidas no processo de negociação. O equilíbrio emocional e a disposição física para o trabalho têm de ser acima da média. É um trabalho que envolve grandes decisões, momentos importantes da vida de uma empresa, e, portanto, da de milhares de pessoas, entre empregados, fornecedores, credores etc. A responsabilidade é grande.

RELACIONAMENTOS

Em uma negociação de compra e venda de uma empresa, construir **confiança** entre as partes é crucial, o que requer muita sensibilidade e atenção às necessidades e aos interesses do outro. Os relacionamentos humanos resumem-se em uma frágil dinâmica interpessoal: a confiança. **Reciprocidade** e **consistência** na forma de tratar o outro constroem confiança. As pessoas tendem a responder com justiça quando se sentem tratadas com justiça. Generosidade, para muitos, inspira generosidade.

RELATO PESSOAL

Há alguns anos, assessoramos a venda de uma empresa que pertencia a uma família brasileira de origem espanhola. Como empresários astutos que eram, os membros da família conduziram uma extensa negociação, que chegou a bom termo com um grupo brasileiro, também de origem espanhola. Apesar da mesma origem, as famílias eram concorrentes. Minha sensação é que havia um misto de admiração e desconfiança por parte do nosso cliente.

Alguns dias após definidos os termos do negócio, celebrado um MOU e iniciada a elaboração do contrato de compra e venda e a *due diligence*,[25] um dos membros da família do nosso cliente, e acionista da empresa à venda, foi sequestrado! Ficamos todos chocados com o fato, e eu, pessoalmente, cheguei a pensar que a transação seria abortada.

A família do comprador já tinha sido vítima de sequestros no passado, e tinha todo um *know-how* e *know-who* no assunto. Conhecia pessoas na polícia, negociadores profissionais especializados etc. As famílias se uniram para tentar resolver o sequestro, e conseguiram.

Após quase dois meses de interrupção, retomamos os procedimentos de conclusão da transação, discutindo as minutas finais do contrato de compra e venda. Exatamente naquela semana, em 1999, tivemos a primeira grande desvalorização do real em relação ao dólar. O valor da transação tinha sido acordado em reais, mas o vendedor estava assistindo a uma parte importante de seu patrimônio ser desvalorizada em moeda estrangeira hora após hora. Foram alguns dias de muita angústia, pois acreditei que a desvalorização do real inviabilizaria a assinatura do contrato final, e, por conseguinte, a transação. A transação, no entanto, foi concluída conforme havia sido acordada havia alguns meses. Acredito que a confiança construída no momento de muita apreensão gerada pelo sequestro evitou que nosso cliente desistisse da transação, pois, se assim desejasse, a desvalorização seria um motivo razoável para fazê-lo.

No caso da Quixote, o relacionamento com os fornecedores (credores e não credores) era crucial para o sr. Quixote e também para o futuro comprador da empresa, não apenas pela importância estratégica do capital de giro mas também porque, na concordata, os proprietários *de facto* da Quixote eram os credores. Nenhuma transação relevante envolvendo os ativos da empresa poderia ser feita sem o apoio de **todos** os credores. Neste ponto, a Lei de Concordatas e Falências trazia um grande problema prático: poderia dar o poder de chantagem à minoria em detrimento da maioria. Como qualquer desvio do plano aprovado pelo juiz precisaria de aprovação de 100% dos credores para ser viabilizado sem causar a falência automática da empresa, alguns credores poderiam se opor aos planos de reestruturação mais factíveis de ser implementados simplesmente "criando dificuldades para vender facilidades". Esse comportamento oportunista poderia levar todos a perder. Por isso, era comum, naquela época, que, ao propor um plano de reestruturação, a empresa pagasse os menores credores, aqueles com créditos de R$ 10 mil. Este tipo de credor poderia criar muita resistência à aprovação do plano, não por oportunismo, mas por sobrevivência, pois, para esse tipo de credor, R$ 10 mil faziam muita diferença.

RELATO PESSOAL

Vivenciamos um caso de oportunismo na crise de liquidez de uma empresa de varejo que nos contratou para realizar um plano de reestruturação. Um credor, dentre 400, que detinha cerca de 10% da dívida da empresa em concordata, se recusou a aderir ao plano de reestruturação já apoiado pelos 399 credores. As razões que o levaram a isso não eram claras, mas poderiam indicar uma tentativa de obter alguma vantagem em relação aos outros 399. Algum tratamento especial.

A empresa conseguiu sobreviver mais alguns anos além dos previstos na concordata inicial, mas nunca deixou de sair do *status* de concordatária. Mas, por fim, foi à falência, gerando perdas a todos os credores, inclusive àquele que se opusera. Gerou também desemprego, queda de arrecadação de impostos e contribuiu para a concentração no nicho de varejo em que a empresa atuava. Quem ganhou? A concorrência. Quem perdeu? Credores, acionistas, empregados, governo (por meio da menor arrecadação) e consumidores.

Na nova lei, planos de reestruturação podem ser modificados se a maioria dos credores aprovar. Esta possibilidade legal inviabiliza comportamentos oportunistas de alguns em detrimento da maioria. É um grande avanço para a economia brasileira.

No processo de construção da confiança, reciprocidade é a chave. "Uma mão lava a outra." Tudo deve ser feito com equilíbrio, justiça e bom senso, mas sem perder a assertividade de seus objetivos. A confiança é uma conquista poderosa nos relacionamentos e nas negociações.

O poder da confiança também pode causar situações inusitadas, como a que descrevemos a seguir.

RELATO PESSOAL

Há alguns anos, fomos contratados para vender uma empresa processadora de carnes de porte médio. Fizemos a avaliação e contatamos potenciais compradores. Entre eles, o vendedor tinha um predileto. Tratava-se de um grupo europeu, cujo proprietário era muito "amigo" do vendedor, do tipo de passar férias juntos em um castelo na Europa. Para esse grupo, a aquisição da empresa do nosso cliente era uma grande oportunidade de entrar no mercado brasileiro, no qual o custo do milho e da soja, fator crítico de competitividade na indústria de processamento de carnes, era muito mais barato que na Europa.

Solicitamos propostas indicativas de interesse de todos os contatados e recebemos uma proposta interessante do europeu: R$ 70 milhões. Na época não era um valor muito alto, mas estava próximo à nossa avaliação, e acreditávamos poder negociar um preço melhor. Contrariando nossas veementes recomendações, nosso cliente fez concessões importantes a seu amigo: autorizou que fizesse uma *due diligence* completa na empresa antes de assinar um MOU e um acordo de confidencialidade. Nosso cliente permitiu ainda que seu amigo conhecesse o que quisesse sobre a operação, seus executivos e os negócios de sua empresa.

Após dois meses de *due diligence*, os europeus nos avisaram que estavam preparados para vir ao Brasil e fazer uma oferta final pela empresa-alvo. Reunimo-nos todos em uma sala, com um tradutor, e ouvimos, atônitos, a oferta final do europeu: R$ 10 milhões. Foi uma cena inusitada. Todos estávamos perplexos: se a empresa realizasse seu capital de giro (vendesse seus estoques, coletasse suas contas a receber e pagasse seus fornecedores), receberia R$ 15 milhões líquidos.

Obviamente, o negócio não foi fechado. Em poucas semanas, descobrimos as razões daquele inusitado comportamento. O "amigo" comprou um concorrente do nosso cliente. Com as informações de mercado e das operações do nosso cliente, o "amigo" pôde comparar as duas empresas e até contratar executivos importantes do nosso cliente para sua nova operação. Este é o poder da confiança, e do deslumbre também!

Apesar desses abusos, não restam dúvidas de que tendemos a confiar mais em pessoas que agem como nós, que compartilham de nossos interesses e experiências ("princípio da similaridade"). Preferimos dizer sim às solicitações das pessoas que conhecemos e gostamos ("regra da afinidade"). Construir confiança depende muito de saber ouvir e entender as necessidades do outro. Este é o tema do próximo tópico.

Antes de iniciá-lo, vale a pena mais um comentário sobre *due diligence*. Em minha experiência comprando e vendendo empresas, já me deparei com muitas dificuldades nesta fase, que começa, geralmente, logo após as partes terem acordado os termos básicos do negócio (preço, forma de pagamento, responsabilidades etc.). Nela, entram em cena os advogados, que são pagos para identificar e mensurar riscos de todas as espécies, pois, é claro, como qualquer negócio significativo, comprar uma empresa envolve muitos riscos. No entanto, alguns advogados, até por características pessoais, tendem a exagerar os riscos a que seus clientes podem estar expostos.

RELATO PESSOAL

Lembro-me de um caso curioso. Estávamos vendendo uma empresa que era intensiva em mão de obra. Entretanto, os funcionários, ao entrar na empresa ou ao deixá-la, não "batiam o ponto". O advogado do comprador, ao se deparar com este fato, não teve dúvida: pegou o número total de empregados que essa empresa teve em sua história, multiplicou por 24 horas do dia e pelo tempo médio de casa. Deduziu as oito horas do turno normal. Multiplicou a diferença pelo salário médio com os adicionais de hora extra. O total dessa conta era, segundo ele, o passivo trabalhista oculto da empresa. Ou seja, segundo ele, todas as pessoas que trabalharam algum dia na empresa poderiam processá-la cobrando horas extras trabalhadas, e a empresa não teria como se defender. Era possível que isso ocorresse? Sim, era. Era provável? Não!

Não preciso dizer que esse "passivo oculto" era, algumas vezes, um valor maior que o de toda a empresa. Ou seja, pelo advogado, a transação nunca ocorreria.

A solução foi contrária ao acordo por ele sugerido. A saída foi utilizar a média histórica dos processos trabalhistas por horas extras trabalhadas e não pagas que a empresa historicamente sofreu e perdeu, e deduzir esse montante do preço de compra da empresa. Afinal, não há negócios sem riscos. Inclusive o WACC foi criado para precificá-lo!

INTERESSES DA OUTRA PARTE

Ouvir e entender o que o outro lado quer é crítico. É importante aprender tudo sobre os credores e os potenciais compradores, o que começa por identificar a pessoa com poder de decisão, o que nem sempre é explícito. Precisávamos entender como a pessoa-chave pensava e quais eram seus interesses para entender como estes poderiam nos ajudar a conquistar nossas metas: renegociar a dívida e vender a Quixote. A maioria das pessoas tende a supor que as necessidades das outras sejam contrárias à suas. Para entender o outro, é sempre útil tentar trocar de papéis.

RELATO PESSOAL

Lembro-me de que uma vez tentamos articular a fusão de duas grandes siderúrgicas nacionais, de portes similares (medidos pela capacidade de produção em milhões de toneladas de aço).

Quanto aos aspectos operacionais e estratégicos, a fusão fazia todo o sentido. As grandes siderúrgicas do mundo estavam se fundindo para ganhar escala, e, no Brasil, as empresas deste setor ainda relutavam em acompanhar a tendência mundial. Como as siderúrgicas brasileiras em questão eram grandes exportadoras e competiam de frente com os grandes conglomerados em formação, fazia todo o sentido aumentar a escala para manter a competitividade e rentabilidade no comércio internacional. No entanto, logo nas primeiras reuniões, percebemos uma preocupação: quem seria o presidente da nova empresa resultante da fusão? Quem seria o presidente do Conselho de Administração (considerado um papel de importância mais simbólica que real)? Nesse momento, percebi que a fusão nunca ocorreria, pelo menos não com os atuais presidentes de ambas as empresas. A vaidade estava acima dos negócios. E, até o momento da edição deste livro, a fusão não ocorreu.

Interesses compartilhados estão ocultos em todas as negociações. Que motivos levariam a outra parte a dizer não? As razões são muitas, como vaidade, *status* e outras necessidades não financeiras. Prestar atenção aos "sinais" **verbais e não verbais** que a outra parte envia por meio de sua conduta é a chave.

RELATO PESSOAL

Tenho outro exemplo da importância de entender os interesses ocultos da outra parte que me custou caro. Fomos contratados por uma família para vender um de seus negócios. Tratava-se de uma empresa de varejo que estava enfrentando forte concorrência e perdendo rentabilidade. A família tinha outro negócio de varejo de nicho que estava indo muito bem. A seu pedido, avaliamos os dois negócios e preparamos todo o material para vender aquele que não ia bem. Apresentamos nossas estimativas de valor, que mostravam claramente a discrepância de valor entre os dois negócios. O negócio a ser vendido valia pouco, talvez até abaixo de seu valor patrimonial.

Estávamos prontos para contatar os potenciais investidores quando recebemos uma ordem de abortar a venda. Atônitos, questionamos nosso cliente. Com muita tranquilidade, ele nos disse que a família havia decidido fechar a empresa pouco lucrativa e transferir seus pontos de venda para a empresa com maior capacidade de crescer e rentabilidade. Solução sensata. Então, qual foi o problema?

O problema foi que falhamos em não perceber a dinâmica da família e o interesse oculto de seus membros. Parte da família já sabia de tudo o que havíamos concluído em nossos exercícios de avaliação econômica. Era aquela que estava empenhada em fazer a empresa de nicho crescer rápido e percebia o valor dos pontos de venda da outra empresa em dificuldades. Entretanto, esta parte não queria se indispor com a outra, que gostava da empresa em dificuldades, pois havia sido a primeira empresa da família, que gerara boa parte de sua fortuna. Ou seja, nós, assessores, fomos usados por parte da família para dar as más notícias sobre o valor da empresa. Trabalhamos meses na avaliação das empresas, porém, 95% da nossa remuneração estava atrelada à venda da empresa. Agregamos valor ao cliente, mas não fomos recompensados por isso. Falha minha em não ter previsto no contrato o que se conhece por *drop-off fee*.[26]

Atender ao interesse da outra parte pode ser muito vantajoso na construção de um relacionamento de confiança, não custar muito caro a quem está fazendo uma concessão, tampouco comprometer o alcance das suas metas. Vendedores de automóveis são muito bons nessa estratégia: para convencer o cliente a comprar um carro, oferecem jogos de tapetes, instalação de alarme e/ou película protetora, e tantos outros produtos que lhes são de menor valor agregado, mas não para os clientes.

Exemplo de concessão que pode ser uma forma de agregar valor à empresa em negociação é incluir na transação outro ativo, como um contrato de fornecimento ou prestação de serviços. A venda de empresas com contratos de prestação de serviços e/ou fornecimento de produtos é um tipo frequente de transação, pois, muitas vezes, aquisições feitas no passado foram motivadas por interesses estratégicos de assegurar a prestação de serviço e/ou fornecimento de matéria-prima. Este tipo de transação é muito mais complexo no antes e no depois. Trata-se não apenas de vender uma empresa e receber o dinheiro mas também de manter uma relação comercial importante por muito tempo. Os interesses das partes e o relacionamento são cruciais. O caso Crazy Fish ilustra uma interessante situação de venda de empresa com contrato de fornecimento de longo prazo.

RELATO PESSOAL

Tive uma experiência com este tipo de transação cuja evolução foi conturbada. Fomos contratados para vender uma empresa de serviço que pertencia a um grande banco. Em algum momento do passado, quando este serviço era prestado por poucas empresas, fazia sentido para o banco adquirir aquela empresa a fim de assegurar a qualidade daquele serviço, considerado um diferencial competitivo. Com o aparecimento de várias empresas no setor, ficava caro manter esse serviço tão intensivo em mão de obra dentro do banco, uma vez que todos os seus funcionários eram considerados bancários.

O comprador pagou um excelente valor pela empresa, mas com a condição de que o banco firmasse um contrato de prestação de serviço de longo prazo com ela. O banco concordou. Entretanto, ao longo do tempo, o comprador considerou que, por ter pagado muito pela aquisição da empresa, não precisaria manter a mesma qualidade do serviço. Grande erro. O banco, após longas discussões com seu fornecedor, não encontrou outra saída a não ser limitar o serviço concedido àquele fornecedor às funções de menor valor agregado, o que não violava o contrato. O comprador acabou perdendo, pois pagara caro por sua aquisição. O banco, por sua vez, encontrou outras opções de fornecimento em que poderia exigir a qualidade que o comprador se recusava a manter. Assim que o prazo do contrato expirou, o banco promoveu uma grande licitação privada com vários concorrentes do comprador para encontrar um prestador de serviços mais atento às necessidades dos seus clientes.

PODER DE INFLUÊNCIA

Shell (2001) chama de "poder de influência" a capacidade de não apenas fechar um acordo mas também fechá-lo conforme as condições apresentadas. Uma das precondições para criar este poder é prestar atenção às necessidades dos outros, não para resolvê-las, e sim para atingir seus objetivos. Qual das partes tem mais a perder caso o acordo não venha a se realizar? Não responda a esta pergunta influenciado por riqueza ou vaidade.

Para obter um real poder de influência, você deve convencer a outra parte de que, caso o acordo fracasse, perderá algo de concreto na transação (uma fatia de mercado, a possibilidade da entrada de um novo concorrente, a conquista absoluta da liderança etc.).

RELATO PESSOAL

De todas as experiências profissionais em negociação que vivi, a mais impressionante no aspecto poder de influência é a que relato a seguir.

Há alguns anos, fomos contratados para vender a segunda maior empresa de prestação de serviços em telefonia daquela época. O contato se deu às pressas, pois nosso cliente tinha sido contatado por uma grande multinacional que queria fazer uma proposta agressiva de compra. Essa multinacional era a maior empresa do setor na época; portanto, a aquisição de seu maior rival a tornaria líder disparada no setor.

Não tivemos tempo de fazer uma avaliação da empresa do nosso cliente nem tínhamos ideia do seu valor para ele, e tampouco para a multinacional. Minutos antes da reunião, no hall dos elevadores, perguntamos ao proprietário da empresa por quanto venderia sua empresa sem remorso. Ele pensou por alguns segundos e arriscou: R$ 80 milhões. Muito bem. Fomos para a reunião.

Com este parâmetro de preço e a sensação de que a multinacional queria muito fazer a aquisição, fizemos uma oferta de venda: "100 milhões".

Ficamos todos aguardando a reação dos potenciais compradores. Eles nem piscaram: "Negócio fechado!".

Respiramos e dissemos: "Muito bem, o negócio está fechado por US$ 100 milhões."

De novo, aguardamos a reação dos compradores. Nada. Estavam muito tranquilos. Então, rapidamente completamos: "Fechado, então, o valor das ações por US$ 100 milhões. O valor da dívida a ser assumida por vocês será aquele da data de ontem".

Aguardamos. Nenhuma contestação. Negócio fechado.

O que aconteceu? Blefamos três vezes. O primeiro foi o valor da oferta de "R$ 100 milhões", maior que os R$ 80 milhões pedido. O segundo foi repetir os 100 milhões, incluindo a moeda, o dólar. Foi um blefe calculado, pois uma multinacional deveria estar acostumada a pensar em dólares. Ao concordar com dólares, tínhamos quase dobrado o valor da venda. Se eles tivessem dito R$ 100 milhões, teríamos concluído o negócio, sem remorso.

O terceiro blefe, também calculado, foi repetir a oferta, indicando que estávamos nos referindo ao valor das ações, e não ao valor da empresa. A diferença era o valor da dívida (cerca de R$ 40 milhões) que a multinacional estaria assumindo.

Ou seja, por saber ouvir o interesse da outra parte naquilo que não foi dito: eles não piscaram nem fizeram qualquer outro movimento corporal que indicasse surpresa ou desconforto. Estavam absolutamente tranquilos. Nosso cliente, que pensava receber R$ 40 milhões por suas ações (após deduzir a dívida de R$ 40 milhões), receberia US$ 100 milhões!

E a história não para por aí. Como as empresas eram concorrentes acirradas, não poderíamos seguir o ritual clássico de fechamento da transação, no qual se firma um MOU, faz-se a *due diligence* e se celebra o acordo de compra e venda. Havia informações muito valiosas, como os contratos de prestação de serviços com grandes clientes, que não poderiam ser reveladas aos compradores antes de fechado o negócio. Não haveria MOU. Celebraríamos, primeiro, o contrato de compra e venda, e depois seria realizada a *due diligence*. Ou seja, a multinacional estaria comprando seu maior concorrente "às escuras".

Como o comprador era uma empresa de capital aberto em várias bolsas de valores ao redor do mundo e esta seria uma aquisição relevante, os executivos ficaram receosos, e com razão, pois poderiam ser questionados judicialmente pelos minoritários. Soubemos entender esta necessidade e fizemos uma contraproposta: forneceríamos uma página com número de clientes, faturamento e margem Ebitda atuais, além de projeções desses parâmetros para os próximos cinco anos. Não poderíamos garantir nada sobre as projeções, mas garantiríamos os parâmetros atuais. Se, durante a *due diligence*, ficasse provado que o número de clientes, faturamento e margem Ebitda atuais estavam aquém dos descritos naquela única página, o vendedor teria de devolver parte do preço de aquisição ao comprador. E assim foi feito.

Concluímos uma transação significativa, que foi um marco no setor, com uma folha de papel. Como isso foi possível? De um lado, a importância da aquisição para o comprador era enorme: não somente consolidaria sua posição de líder mas também evitaria que outro rival internacional de porte entrasse no setor. De outro, o vendedor soube se aproveitar do seu poder de influência, maximizando o preço de venda e sabendo ceder, a um custo relativamente baixo, quando se mostrava necessário.

Para exercer o poder de influência, deve-se possuir (ou fazer a outra parte acreditar que possui) a melhor alternativa para o acordo negociado. Ameaças serão efetivas somente se forem convincentes (e civilizadas).

RELATO PESSOAL

Vivenciei um caso interessante, em que uma parte envolvida na transação acreditava ter um poder de influência que, de fato, não tinha, e a história acabou mal.

Fomos contratados pelos sócios de determinada empresa que estava em crise de liquidez, muito próxima de uma concordata. A empresa pertencia a dois sócios: um empresário brasileiro que fundou a empresa e um renomado fundo estrangeiro de *private equity*. O primeiro tinha o controle acionário da empresa, mas não recursos para salvá-la. O segundo queria vender a empresa, pois já havia investido muito e sabia que não conseguiria recuperar o capital alocado.

Contatamos potenciais investidores. Chegamos a aprofundar as negociações com um deles. Aos poucos, descobrimos, por meio do que não é dito, mas insinuado, que havia expectativas irrealistas do investidor e do empresário brasileiro sobre os interesses do *private equity*. De um lado, o investidor acreditava que compraria a empresa por quase zero, assumiria suas dívidas, mas teria o apoio financeiro do *private equity*. De outro, o empresário local acreditava ter um forte poder de barganha, pois, afinal, era o proprietário *de jure* da empresa e receberia algum dinheiro por suas ações, que seria pago pelo *private equity*. Enfim, ambos acreditavam que o *private equity* injetaria mais capital na transação (para apoiar o comprador e/ou pagar pelas ações do majoritário) para salvar a empresa e sua reputação.

Grande engano. O *private equity* tinha uma longa história de investimentos ao redor do mundo e sabia que, às vezes, se ganha e outras se perde. Não hesitou em perder. Aquela seria apenas uma história de fracasso no meio de vários sucessos. O impasse societário e a falta de compradores querendo investir capital novo levaram a empresa à falência. Trata-se de um caso de assimetria de percepções sobre uma mesma realidade: o valor da empresa para seus sócios.

Vale ressaltar que o poder de influência baseia-se em percepções da outra parte, e não necessariamente em fatos. Em geral, demonstrações de urgência enfraquecem este poder.

RELATO PESSOAL

Outra experiência interessante ilustra a importância da percepção de valor e o fato de que nem sempre a demonstração de urgência enfraquece o poder de influência. Fomos contratados para vender uma empresa de infraestrutura tecnológica pertencente a um grupo com dificuldades econômicas. A venda traria recursos financeiros importantes para diminuir a dívida do grupo, além de interromper o fluxo de investimentos que sua subsidiária era obrigada a cumprir sob pena de perder sua posição estratégica de mercado. As circunstâncias para venda não eram favoráveis para nós, pois, além disso, o grupo estava com dificuldades financeiras.

Fizemos nossas avaliações pelo FDC, que indicavam um valor relativamente baixo para a empresa, uma vez que esta, apesar de ter investido bastante, ainda tinha de investir mais, e o mercado consumidor estava crescendo aquém das expectativas. Contatamos potenciais investidores e iniciamos as negociações com um grupo que tinha grandes aspirações para o mercado brasileiro.

Desde o começo das negociações, o vendedor tinha um forte tema de posicionamento: independentemente do que ocorresse, não venderia a empresa por menos do que já havia investido nos ativos da infraestrutura tecnológica. Como não sou engenheiro, e sim economista, achava que este era um tema audacioso, uma vez que as estimativas pelo FDC baseadas em cenários moderados não sustentavam este valor. Engano meu. Tanto o vendedor quanto o potencial comprador eram engenheiros, e, para eles, não era concebível vender uma empresa com a última palavra em tecnologia por menos que o investido recentemente. E assim foi feito. A empresa foi vendida pelo valor do investimento já feito, sem grandes discussões sobre os fluxos futuros de caixa.

REFLEXÕES

Depois de tudo o que foi apresentado, cabe enfatizar alguns pontos considerados essenciais para qualquer negociação:

- Como não existe uma negociação igual a outra, deve-se sempre estar preparado para eventualidades e para se adaptar a elas. Ouvir a outra parte é estar sobre ela bem informado, e todo o contexto setorial e macroeconômico é muito importante.
- O não dito, na maior parte das vezes, é muito mais importante do que o falado. Quando há discrepância significativa entre palavras e atos, tenha certeza de não estar entendendo o que o outro quer e de o sucesso de sua negociação estar comprometido.
- As aparências enganam muito. Muita arrogância, agressividade, veemência, prepotência nos argumentos e nas apresentações pessoais são sinais de insegurança, apesar de parecer o contrário. São "tigres de papel". A questão então é: por que há insegurança? Há uma tendência humana em se submeter à autoridade, que pode se voltar contra nós. Questione. Desafie premissas tidas como básicas.

RELATO PESSOAL

Lembro-me até hoje, com desconforto, de uma das primeiras experiências profissionais que tive em fusões e aquisições. Meu chefe me pediu que fizesse uma análise sobre o futuro da petroquímica brasileira e avaliasse os ativos de um grupo brasileiro que estava começando a investir no setor e adquirindo empresas. Queríamos impressioná-lo com nossa capacidade analítica a fim de obter um mandato para comprar outras empresas para o grupo.

Era 1995. O setor petroquímico tinha passado por uma onda de privatizações, e tudo estava mudando muito rápido. Eu tinha acabado de chegar dos Estados Unidos, após seis anos afastado da economia brasileira. Meu chefe me sugeriu usar os conhecimentos de um famoso consultor, uma autoridade em petroquímica, para obter insumos para minha análise. Lembro-me de quando o conheci. Fiquei admirado com seu vasto conhecimento. Não falava muito. Respondia objetivamente às minhas perguntas, sem divagar. Eu tinha de estudar muito antes de falar com ele.

Antes da apresentação ao grupo brasileiro, nosso cobiçado (pretenso) futuro cliente, fui ter uma última conversa com o consultor, que me disse: "Esse grupo precisa de assessoria, pois não tem uma estratégia".

Inseguro, mesmo após muito preparo, fiz a apresentação para o Conselho de Administração do grupo. Seus membros ouviram com atenção, e fui ganhando confiança em mim mesmo e no meu trabalho. Em minhas conclusões, larguei a bomba: "O mercado diz que vocês não têm estratégia de crescimento".

Eles ouviram e não disseram nada. Agradeceram a apresentação e foram embora. Nunca mais voltaram. Hoje, esse grupo é um dos maiores e mais bem-sucedidos do Brasil na petroquímica. Suas aquisições foram oportunas e muito estratégicas.

Ficaram as lições: humildade, não acatar a autoridade do outro sem questioná-la e saber ouvir e perguntar. Não há demérito em perguntar quando não sabemos. Uma boa pergunta pode valer mais que uma pretensa boa resposta.

- **É muito importante investir tempo em procurar ativos e passivos ocultos. Possíveis moedas de troca para a negociação, sempre lembrando que o valor das coisas não existe em si. O que existe são percepções sobre este valor.**
- **Não subestime o peso das vaidades, principalmente nos grandes negócios e/ou aqueles que envolvam executivos e empresas de destaque em seus setores de atuação.**
- **Toda negociação relevante é um processo de altos e baixos. Momentos de otimismo alternam-se com frustrações e longas esperas. É preciso ter muita paciência. Afinal, que coisa realmente importante para nós é construída do dia para a noite? Nenhuma.**

RELATO PESSOAL

Para encerrar esta seção, quero compartilhar uma lição que aprendi com um porteiro. Em 1989, fui aos Estados Unidos pela primeira vez conhecer o país e a universidade em que faria meu doutorado. Peguei um trem para Nova York. Com pouca fluência no inglês, entendi que os alto-falantes do trem tinham anunciado que a próxima parada era "New York". Saltei do trem e logo percebi que havia cometido um erro. Certamente, eu não estava na Grand Station. Estava em uma pequena estação, sem nenhum arranha-céu por perto e só eu havia descido do trem.

Desorientado, encontrei o porteiro da estação. Com meu inglês engasgado, contei-lhe que era um estudante brasileiro e estava perdido. Ele riu e me contou que eu não estava em New York, mas em Newark, uma cidade próxima a Nova York. Acalmou-me e disse que não havia problemas. Em dez minutos passaria outro trem para Nova York e eu poderia tomá-lo por mais US$ 30. Expliquei que não entendia bem inglês e que não achava que devia pagar por meu desentendimento. Ele riu. E me disse com muita tranquilidade: "Este é o preço da educação. Hoje, só vai te custar US$ 30. Amanhã pode custar US$ 10 mil, ou US$ 100 mil. Hoje, o preço foi de US$ 30. Sorte sua".

Trata-se de uma grande lição, que se aplica às negociações: quando não entendemos a língua do outro, não estamos preparados para chegar aonde pretendemos ir, e pagamos um preço por isso. Não há curso nem livro de negociação que ensinem tudo o que precisamos aprender. Negociação se aprende com a vida, diariamente, seja nos eventos banais do cotidiano, seja em nossas grandes decisões. Razão e sensibilidade têm de andar juntas nesse longo e penoso aprendizado.

Tive um chefe que era um exímio negociador. Quando o via atuar em uma negociação, perguntava-me onde teria aprendido esta arte. Um dia, perguntei-lhe. Ele respondeu: "Tenho três filhas pequenas e uma esposa. Elas me ensinaram".

Exercícios

35 **Selecione de suas experiências pessoais uma relacionada a negócios (todos nós temos uma, por mais trivial que seja o objeto da compra). Descreva o contexto negocial e identifique os seguintes aspectos: estilo pessoal dos negociadores envolvidos, metas e expectativas, padrões e normas, relacionamentos, interesses da outra parte e poder de influência.**

36 **Pesquise em jornais recentes sobre empresas em crise de liquidez. Escolha uma de capital aberto para analisar. Obtenha, com a CVM ou no site da empresa, seus demonstrativos contábeis mais recentes. Analise sua posição competitiva no mercado de atuação. Entenda as origens da crise e as ações que estão sendo adotadas pela administração da empresa. Identifique possíveis moedas de troca nos ativos descritos no balanço patrimonial. Faça uma análise da capacidade da empresa em saldar suas dívidas utilizando sua capacidade de gerar fluxos operacionais de caixa.**

É hora de retornar ao caso Quixote!

FUSÃO: "O SALVADOR DA PÁTRIA"

NEGOCIANDO COM OS CREDORES

Como banco assessor estratégico do sr. Quixote, simulamos um novo cenário de projeção para a empresa, assumindo sua venda para um terceiro que pudesse trazer sinergias operacionais e o capital necessário para tirá-la da crise de liquidez. O objetivo era estimar a capacidade de pagar a dívida da Quixote e propor seu reescalonamento aos credores.

Como discutido na seção anterior, os **temas de posicionamento** para os credores eram compostos pelas verdades a seguir:

- Na atual estrutura societária, mesmo com um esforço hercúleo de reestruturação operacional, a Quixote não conseguiria honrar a concordata, o que a levaria à falência.
- Na falência, havia a possibilidade de os credores não receberem nada, pois as dívidas trabalhistas e tributárias tinham prioridade no recebimento dos proventos da massa falida.

- Já que a dívida era impagável, e o risco do crédito altíssimo, por que não renegociá-la para apoiar uma fusão que não apenas melhoraria o risco de crédito mas também fortaleceria um canal de vendas importante?
- O plano de reestruturação não exigiria que os credores aumentassem sua exposição de crédito à Quixote. Nas projeções, as compras de mercadorias dos credores seriam pagas à vista e não haveria operações de financiamento a clientes que não fossem aquelas feitas por instituições financeiras especializadas.
- Haveria troca de acionistas e administradores na Quixote. Este era um ponto importante para os credores. Eles precisavam sinalizar a seus clientes (outras redes varejistas) que "abusos de confiança" seriam punidos. Do ponto de vista dos credores, sr. Quixote havia alocado o dinheiro do capital de giro, sustentado pelos prazos generosos para pagar aos fornecedores e financiar os clientes, que, posteriormente, não honraram suas dívidas. Era preciso mandar o recado "ao mercado" de que o sr. Quixote estava sendo punido com a perda de sua empresa.

Neste contexto, elaboramos o cenário fusão, cujas principais premissas de projeção eram:

- Seriam abertas dez novas lojas por ano.
- O crediário aos clientes permaneceria completamente terceirizado para não introduzir mais risco à operação. Com capacidade de compra de mercadorias e por se tornar um cliente maior, a financeira contratada aumentaria o limite de exposição, chegando a financiar 50% da ROB da Quixote. Com essas ações, a ROB/m² e a margem bruta da Quixote poderiam se recuperar em um ritmo mais consistente.

Nossas premissas de projeção para o faturamento indicavam que a venda por m² da Quixote aumentaria de R$ 5,2 mil em 2000 para R$ 6,1 mil em 2003, um aumento de cerca de 18%. Era um crescimento agressivo? Em 1997, um ano que não foi dos melhores, a venda média por m² era de R$ 9,2 mil. As projeções, portanto, pareciam conservadoras no tocante à recuperação da venda média por m².

QUADRO 4.39 › Cenário fusão: projeção do número de lojas e faturamento (R$ milhões)

	1999	2000	2001	2002	2003	2004
Número de lojas	200	210	220	230	240	250
Área total	160.000	168.000	176.000	184.000	192.000	200.000
ROB/m²	5.174	5.174	5.278	5.542	5.819	6.110
Δ ROB/m²	- 30%	-	2%	5%	5%	5%
% ROB financiada	10%	50%	50%	50%	50%	50%
ROB mercantil	828	869	929	1.020	1.117	1.222
ROB crediário	153	-	-	-	-	-
ROB total	981	869	929	1.020	1.117	1.222

FONTE: ELABORADO PELO AUTOR.

- Assumimos que a margem bruta, em 2000, ainda sofreria com a guerra de preços, mas que se recuperaria gradualmente até se estabilizar no equivalente a 28% da ROB.
- Com os ganhos de escala obtidos nos gastos com propaganda e marketing, as despesas com vendas seriam reduzidas de 20% para 5% da ROB.

- As despesas administrativas da Quixote poderiam ser reduzidas rapidamente de R$ 80 milhões para R$ 10 milhões anuais, pois toda a infraestrutura administrativa e a supervisão de lojas poderiam ser suportadas com as estruturas do comprador.
- A financeira terceirizada pagaria à Quixote a TAC de 2,5% das vendas financiadas. Com a operação de crédito totalmente terceirizada, a Quixote não precisaria constituir provisões para devedores duvidosos.

Essas premissas indicavam que era possível reverter a queda na margem Ebitda da Quixote já em 2000. Essa margem evoluiria para o equivalente a 23% em três anos, o que poderia ser considerado razoável, levando-se em conta os ganhos de escala.

QUADRO 4.40 › Cenário fusão: projeção do DRE da Quixote (R$ milhões)

	1999	2000	2001	2002	2003	2004
ROL	814	722	771	846	927	1.014
Lucro bruto	152	87	167	286	313	342
Margem bruta	15%	10%	18%	28%	28%	28%
TAC	2	11	12	13	14	15
Despesas com vendas	– 196	– 43	– 46	– 51	– 56	– 61
% DV/ROB	20%	5%	5%	5%	5%	5%
Despesas administrativas	– 80	– 10	– 10	– 10	– 10	– 10
Ebitda	**– 189**	**44**	**122**	**237**	**261**	**286**
Margem Ebitda	– 19,3%	5,1%	13,2%	23,3%	23,4%	23,4%

FONTE: ELABORADO PELO AUTOR.

- Em relação aos fornecedores, consideramos que 100% das compras de mercadoria seriam pagas à vista. Esta era uma premissa importante para efeitos de negociação. Sr. Quixote não estava pedindo aos credores que aumentassem sua posição de risco na empresa. Com o tempo, e o sucesso do plano de reestruturação, os fornecedores até poderiam aumentar os prazos de pagamento, mas esta iniciativa deveria partir deles.
- Mantivemos a premissa das projeções dos acionistas, em que se previa a reestruturação dos estoques por meio de um grande esforço para otimizar a logística e explorar sinergias a fim de reduzir o saldo médio do equivalente a 60 dias de CMV.
- Projetamos a abertura de dez novas lojas por ano, a um investimento de R$ 1 milhão cada, além dos R$ 3 milhões de investimentos anuais em manutenção da rede.

Com essas premissas, o FOC da Quixote poderia voltar a ser consistentemente positivo a partir de 2000. Esta já era uma perspectiva animadora, pois o novo comprador não precisaria capitalizar a empresa em 2000.

QUADRO 4.41 › Cenário fusão: projeção do FOC da Quixote (R$ milhões)

	2000	2001	2002	2003	2004
Ebitda	44	122	237	261	286
IR&CS desalavancado	– 3	– 21	– 48	– 53	– 59

	2000	2001	2002	2003	2004
Investimentos	- 13	- 13	- 13	- 13	- 13
Δ Contas a receber	- 17	-	-	-	-
Δ Estoques	- 28	- 5	- 7	9	9
Δ Fornecedores	-	-	-	-	-
Δ Capital de giro	**45**	**5**	**7**	**- 9**	**- 9**
FOC	**74**	**94**	**183**	**186**	**205**
FOC acumulado	**74**	**167**	**351**	**536**	**741**

FONTE: ELABORADO PELO AUTOR.

As projeções indicavam que a Quixote poderia acumular um fluxo operacional de caixa de R$ 741 milhões. Este número deveria ser suficiente para saldar a dívida com os credores com algum juro. Para tanto, por tentativa e erro, simulamos várias possíveis combinações entre o montante de juros a serem pagos e a extensão do prazo de amortização. Quanto maiores os juros, mais tempo a Quixote demoraria para amortizar a dívida.

A melhor combinação entre juros e extensão do prazo de amortização encontrada foi: 5% ao ano e amortização em quatro anos (de 2000 a 2003). No entanto, as amortizações teriam de ser proporcionais à geração de caixa da empresa. Seria destinado 90% do fluxo operacional de caixa anual para pagar juros, e o restante para amortizar o principal. Os outros 10% do FOC seriam mantidos na empresa para eventualidades. As projeções indicavam que seria possível pagar toda a dívida até o final de 2003, porém, em 2000, a amortização seria muito pequena. A proposta de reescalonamento da dívida, portanto, incluía um ano de carência.

QUADRO 4.42 › Cenário fusão: projeção do FLC da Quixote

	1999	2000	2001	2002	2003	2004
Fluxo operacional de caixa	**- 436**	**74**	**94**	**183**	**186**	**205**
Receita financeira	1	-	1	1	3	6
Desp. financeira	-	- 21	- 19	- 15	- 8	-
Dividendos pagos	-	-	-	-	-	-
Ajuste IR&CS	-	3	4	3	1	- 1
Amortização dívida credores		- 49	- 72	- 155	- 153	-
Fluxo livre de caixa	**- 435**	**5,5**	**8**	**17**	**29**	**209**

FONTE: ELABORADO PELO AUTOR.

Em 2000, as projeções indicavam que a Quixote pagaria R$ 21 milhões em juros para os credores e amortizaria apenas R$ 49 milhões de sua dívida de R$ 429 milhões, ou seja, um pouco mais que 10% do saldo. A nova empresa encerraria o ano 2000 com R$ 5,5 milhões em caixa. Seria um ano muito apertado para a nova Quixote e seu novo acionista. Entretanto, em 2004, quando se estimava que a Quixote estaria livre de suas dívidas, o fluxo livre de caixa para os acionistas somaria R$ 209 milhões. Essas projeções não assumiam nenhum apoio dos fornecedores na forma de prazo para pagar suas compras. No entanto, seria provável haver novos fornecedores que poderiam estar dispostos a dar prazos em troca de espaços nas prateleiras da nova Quixote. Em

2002, as projeções indicavam que o patrimônio líquido da empresa poderia se tornar novamente positivo, o que resultaria em segurança aos novos fornecedores.

QUADRO 4.43 › Cenário fusão: projeção do balanço patrimonial da Quixote

	31/12/1999	31/12/2000	31/12/2001	31/12/2002	31/12/2003
Total do ativo	**339**	**279**	**260**	**247**	**262**
Aplicações	–	5,5	13	31	60
Contas a receber brutas	83	–	–	–	–
(–) PDD	– 66	–	–	–	–
Contas a receber	17	–	–	–	–
Estoques	132	104	99	92	101
Ativo imob. líquido	190	169	147	125	101
Total do passivo e PL	**339**	**279**	**260**	**247**	**262**
Fornecedores	–	–	–	–	–
Dívida fornecedores	**429**	**380**	**308**	**153**	**–**
Patrimônio líquido	**– 91**	**– 101**	**– 49**	**94**	**262**
Capital social	10	10	10	10	10
Lucros acumulados	– 101	– 111	– 59	84	252

FONTE: ELABORADO PELO AUTOR.

Esse cenário indicava que o novo investidor não precisaria alocar capital adicional à Quixote, a não ser suas sinergias e expertise operacionais. Apenas assim o Ebitda poderia reverter seus resultados negativos e atingir a alta margem de 23%.

Nesse momento, foi feita uma análise qualitativa do interesse de cada uma das partes envolvidas na venda da Quixote. Haveria benefícios e custos, sem dúvida, mais interessantes que com a falência da Quixote.

QUADRO 4.44 › Momento pré-venda: análise de custo e benefício dos agentes envolvidos na venda da Quixote

Agentes	Benefícios	Custos
Acionista atual	Salvar a empresa. Não ter responsabilidade pelas contingências. Receber algum dinheiro por suas ações.	Vender suas ações por muito menos que valeriam se a empresa não estivesse em crise de liquidez.
Acionista futuro	Adquirir uma rede de 200 lojas e marca forte pagando pouco pelas ações. Em quatro anos, a nova empresa teria uma robusta geração de FLC. O investidor aumentaria seu poder de barganha sobre os fornecedores.	Esforço operacional de maximizar sinergias. Arcar com o risco se a reestruturação da empresa não der certo. Arcar com o risco de materialização das contingências acumuladas antes da aquisição.
Credores	Manter o canal de distribuição, receber o dinheiro de volta e melhorar a qualidade de crédito de um cliente importante.	O valor presente da dívida deve ser reescalonado em quatro anos com juros de 5%, o que, sem dúvida, estava aquém do custo de oportunidade da maior parte dos credores.

FONTE: ELABORADO PELO AUTOR.

O novo plano parecia oferecer uma alternativa estratégica muito mais sólida aos credores que a concordata. O primeiro credor a conhecer o plano foi o sr. Gelox, o comissário da concordata. Com sua reação interessada, o plano foi apresentado ao juiz, que permitiu, extraoficialmente, que os credores o apreciassem. O plano foi então apresentado para cada um dos 50 principais credores da empresa que respondiam por 75% da dívida. Os outros 25% estavam pulverizados entre outros 50 credores. Para estes, o plano foi apresentado coletivamente em um auditório.

Todo esse esforço de apresentação levou mais de três meses. Em todas as reuniões, além dos executivos do banco de investimento, sr. Quixote e seus principais executivos fizeram questão de estar presentes, responder às perguntas e demonstrar seu comprometimento com a viabilidade da empresa, na qual, após a venda, não trabalhariam mais. Esta demonstração de interesse pela solução e perpetuidade da Quixote trouxe mais credibilidade ao plano, e a reação dos credores foi favorável.

Os 50 maiores credores, formados pelas grandes empresas produtoras de eletrodomésticos, apoiaram o plano formalmente, assinando cartas de intenção que confirmavam sua concordância com o reescalonamento da dívida para quatro anos, caso o comprador da Quixote concordasse em honrá-la. Os outros 50 pequenos credores tiveram mais dificuldade para chegar a um consenso, mas finalmente chegaram. Alguns deles não conheciam conceitos de finanças, como o FOC, mas perceberam a coerência lógica do plano de reestruturação. Além disso, o fato de os 50 maiores credores terem apoiado formalmente o plano lhes proporcionava maior tranquilidade.

Apesar de as apresentações terem levado mais de três meses, sr. Quixote estava muito satisfeito com os resultados. Obter 100% de adesão, mesmo que condicional, era um feito histórico, uma vez que bastava um credor não aceitar para que todo o esforço de salvar a empresa fosse comprometido. As grandes falências e concordatas insolúveis que estavam ocorrendo no setor talvez tenham ajudado a mostrar aos credores que tentativas genuínas de reestruturação financeira mereciam consideração e apoio.

Com a adesão formal de 100% dos credores, começamos a abordar os potenciais compradores. No entanto, a Quixote ainda não estava salva. O plano de reestruturação tinha sido aceito apenas condicionalmente. Era preciso encontrar um comprador que concordasse em pagar a dívida reescalonada.

Abordamos grandes e médias empresas varejistas, que eram os investidores estratégicos preferidos para ter a capacidade de explorar as sinergias tão necessárias a fim de reverter o prejuízo operacional da Quixote. Também abordamos outros tipos de investidores, como os fundos de *private equity* e "investidores empresários". Estes últimos formavam um grupo interessante: eram empresários brasileiros que ficaram ricos após vender suas empresas a multinacionais, haviam tirado longas férias, mas queriam voltar a trabalhar e buscavam novos desafios. Estavam dispostos a trabalhar e investir parte do capital, que estava aplicada em bancos ganhando juros.

A todos esses potenciais investidores que se interessaram e assinaram um Acordo de Confidencialidade, fornecemos Memorandos de Oferta, os quais descreviam as operações da Quixote, o plano de reestruturação da dívida e seus últimos demonstrativos contábeis, nossas premissas e projeções do FOC e do FLC até 2004. A transação proposta consistia na venda de 100% das ações do sr. Quixote e de sua família e a assunção completa da dívida junto aos fornecedores nos termos do plano de reescalonamento previamente aceito por eles. O novo acionista também se responsabilizaria por todas as contingências acumuladas pela empresa antes da data da troca das ações.

Não tardou para as negociações começarem. Não havia tempo a perder.

NEGOCIANDO COM SR. GERSON

Após dois meses de contatos e apresentações, apenas dois interessados se manifestaram. Ambos eram grandes empresas do varejo de eletroeletrônicos. O primeiro, uma rede com 500 lojas, tinha interesse apenas em adquirir os PDVs da Quixote que complementassem sua rede. Não queria, portanto, comprar ações nem muito menos assumir dívidas. As negociações não avançaram muito além das primeiras reuniões.

O interesse do segundo empresário, que tinha uma rede com 400 lojas, foi além dos PDVs. Ele aceitava adquirir as ações e a dívida, mas a negociação foi dificílima. Esse empresário, sr. Gerson, era do tipo "competidor", como descrito na seção sobre negociação. Ele sabia que não havia interessados e que tinha poder econômico e operacional para viabilizar a Quixote, e maximizaria o uso do poder de barganha que tinha. Não estava disposto a deixar nenhum ganho a ser realizado por outro a não ser ele mesmo.

Muito habilmente, a primeira estratégia do sr. Gerson foi mudar o padrão da negociação: ignorou a linguagem das projeções e do FDC e voltou à contabilidade. Logo na primeira negociação, ele conseguiu nos deixar atordoados. Em seu escritório, usou um quadro para escrever o resumo do balanço patrimonial da Quixote em 31 de dezembro de 1999.

QUADRO 4.45 › Balanço patrimonial da Quixote em 31 de dezembro de 1999

Total do ativo	**339**
Aplicações	–
Contas a receber brutas	83
(-) PDD	- 66
Contas a receber	17
Estoques	132
Ativo imob. líquido	190
Total do passivo e PL	**339**
Fornecedores	–
Dívida fornecedores	429
Patrimônio líquido	- 91

FONTE: ELABORADO PELO AUTOR.

No mesmo quadro, para cada saldo contábil do balanço patrimonial, sr. Gerson estimou seu "valor de mercado" usando argumentos que, na prática, eram razoáveis:

- Depois de toda a inadimplência acumulada entre 1997 e 1999, supor que havia R$ 17 milhões de saldo nas contas a receber era pouco provável. Na melhor das hipóteses, a inadimplência ainda deveria consumir no mínimo metade desse valor. No entanto, em sua opinião, assumir nenhum valor a este ativo era sensato.
- Os estoques cujo saldo contábil era de R$ 132 milhões estavam superestimados. Sem ir ao centro de distribuição, o empresário não tinha dúvidas de que deveria haver muitas mercadorias avariadas, obsoletas e/ou com pouco apelo de compra. No mínimo, estimava que o valor de mercado dos estoques não passaria de R$ 50 milhões.

- O saldo do ativo imobilizado líquido também estava superestimado. Muitos dos equipamentos, principalmente os de informática (hardware e software) e de telecomunicações, já deviam estar parcialmente obsoletos. Os gastos em reformas e abertura de lojas também eram questionáveis. Os valores do terreno e da construção do centro de distribuição davam uma média do m^2, que pareciam muito mais altos que os valores médios de mercado. Em sua estimativa, portanto, o ativo imobilizado líquido deveria ser no máximo de R$ 100 milhões.
- Do lado do passivo, a contabilidade não previa o possível efeito das ações trabalhistas dos funcionários que estavam sendo demitidos e/ou contestando horas extras. Esses funcionários provavelmente não se dariam ao trabalho de processar uma empresa pré-falimentar, mas, no caso da aquisição da Quixote por uma grande empresa, poderia haver uma "avalanche" de processos trabalhistas. Além disso, será que a Quixote estava pagando todos seus impostos em dia? Era difícil acreditar. Em suma, deveria haver um passivo oculto a ser gerado por essas contestações trabalhistas e fiscais de, no mínimo, R$ 50 milhões.
- Por fim, haveria outro passivo oculto: as contestações dos valores a receber que os credores em concordata podiam promover. Essas contestações poderiam facilmente adicionar mais R$ 50 milhões ao déficit de caixa. Ou seja, sr. Gerson estimava que a dívida com os credores somava R$ 479 milhões.

Em suma, sr. Gerson acreditava que o verdadeiro valor do patrimônio líquido da Quixote não era negativo em R$ 91 milhões, mas sim em R$ 379 milhões.

QUADRO 4.46 › Balanço patrimonial "ajustado" da Quixote em 31 de dezembro de 1999

	Valores contábeis	Valores ajustados	Diferenças
Total do ativo	**339**	**150**	**- 189**
Contas a receber	17	–	- 17
Estoques	132	50	- 82
Ativo imob. líquido	190	100	- 90
Total do passivo e PL	**339**	**150**	**- 189**
Outros passivos	–	50	50
Dívida fornecedores	429	479	50
Patrimônio líquido	- 91	- 379	- 288

FONTE: ELABORADO PELO AUTOR.

Indignado conosco, sr. Gerson terminou sua exposição exclamando: "Vocês querem que eu compre ações desta empresa? Por quanto? Vocês deveriam me pagar R$ 379 milhões para eu levar a empresa como está!".

Atordoados, tentávamos voltar à lógica das projeções que indicavam que sr. Gerson estaria comprando uma plataforma operacional que geraria caixa rapidamente. Com uma taxa de desconto real de 30%, considerada alta justamente para compensar o novo investidor pelos riscos da crise de liquidez, estimamos o valor presente das ações em R$ 71 milhões. Esta estimativa era composta por uma perpetuidade simples calculada com a mesma taxa de desconto de 30%.

QUADRO 4.47 › Simulação I: VEE e VEA no cenário fusão (R$ milhões)

	2000	2001	2002	2003	2004	TOTAL
Fluxo operacional de caixa	74	94	183	186	205	741
Valor presente FOC (30%)	57	55	84	65	55	316
VP da perpetuidade simples (30%)						184
VEE						500
Valor da dívida*						- 429
VEA						**71**

* O valor de mercado da dívida da Quixote seria bem inferior a seu valor contábil se houvesse um mercado secundário para ela. Bastaria imaginar se os fornecedores aceitariam um deságio em suas dívidas em troca de pagamentos à vista. Portanto, o VEA poderia ser muito superior às nossas estimativas.

FONTE: ELABORADO PELO AUTOR.

Se fosse adotada uma taxa de desconto diferente para a perpetuidade, por exemplo, 25%, a estimativa do valor presente das ações seria de R$ 155 milhões. Adotar uma taxa de desconto diferente para a perpetuidade no contexto da nova empresa parecia fazer sentido, uma vez que, após 2004, teria sua dívida liquidada e seu risco financeiro muito reduzido.

QUADRO 4.48 › Simulação II: VEE e VEA no cenário fusão (R$ milhões)

	2000	2001	2002	2003	2004	Total
Fluxo operacional de caixa	74	94	183	186	205	741
Valor presente FOC (30%)	57	55	84	65	55	316
VP da perpetuidade simples (25%)						268
VEE						584
Valor da dívida						- 429
VEA						**155**

FONTE: ELABORADO PELO AUTOR.

Sr. Gerson, entretanto, não nos deu trégua, e, com muita pertinência, usou as projeções contra seus autores: "Vocês ainda têm a coragem de me pedir que trabalhe cinco anos 'de graça' para pagar por uma dívida que não criei? Querem que eu reverta a margem Ebitda desta empresa de –19% para +23% em três anos 'de graça'?"

De determinado ponto de vista, sr. Gerson estava certo: havia altos riscos na aquisição da Quixote não apenas na materialização de contingências mas também na operação de seus ativos. Mas ele estava negociando. Por que chamar o banco para uma reunião e fazer todo esse raciocínio se não havia interesse algum?

Entrando na lógica patrimonial do sr. Gerson, contra-argumentamos: "Você quer comprar 200 bons pontos de venda por nada? Sem correr riscos? Esses pontos de venda aumentariam sua rede em 50% do dia para a noite. Isto não tem valor para você?" Lançamos um argumento que atingia em cheio algo que os competidores mais valorizam, sua vaidade: "Com essa aquisição, sua empresa se tornará uma das principais líderes de mercado!" Era o argumento que sr. Gerson precisava ouvir para dar seu próximo passo. A negociação havia entrado em uma nova fase.

Sr. Gerson insistia que o valor das ações da Quixote era zero. Para o sr. Quixote, isto era inaceitável.Ele queria vender a empresa e viabilizar o pagamento da dívida aos credores, porém, fazer tudo isso por nenhum dinheiro estava além da sua capacidade de aceitação. Para resolver o impasse, propusemos que o sr. Gerson "pagasse" pelas ações em mercadorias e recebíveis que acreditasse não terem valor de mercado. Desde 1995, a Quixote acumulava R$ 414 milhões em recebíveis a valores contábeis. Sr. Gerson havia estimado que o valor de mercado dos estoques da Quixote, em 31 de dezembro de 1999, não passava de R$ 50 milhões, contra R$ 132 milhões do seu valor contábil. A diferença, R$ 82 milhões, também poderia, portanto, ser dada ao sr. Quixote como pagamento pelas ações. Era um meio de criar uma nova moeda de troca, que, do ponto de vista do sr. Gerson, não tinha valor, visão não compartilhada pelo sr. Quixote.

Obviamente, sr. Gerson não concordou com a proposta, mas aceitou transferir ao sr. Quixote o direito de receber cerca de R$ 66 milhões em recebíveis que estavam há mais de um ano com pagamentos atrasados, já contabilizados como PDD em 31 de dezembro de 1999. O valor de mercado dessa "carteira podre", com um bom trabalho de cobrança, poderia chegar a valer 10%, ou R$ 6,6 milhões. Para um VEA entre R$ 71 milhões e R$ 155 milhões, pagar R$ 6 milhões pelas ações parecia um negócio excelente.

Sr. Quixote, após dois desgastantes meses de negociação, aceitou a proposta do sr. Gerson e transferiu suas ações em troca de uma "carteira podre" de contas a receber com o valor contábil de R$ 66 milhões, enquanto o sr. Gerson assumiria a dívida, as contingências e os ativos da Quixote.

Os credores ficaram satisfeitos com o fim das negociações, apesar de preocupados com a concentração de mercado. A rede do sr. Gerson passaria de 400 para 600 lojas, o que a tornaria uma das maiores do Brasil na época. Negociador difícil com 400 lojas, sr. Gerson seria muito mais agressivo em suas compras com 600. Fazia mais de seis meses que a Quixote entrara em concordata, e não havia mais tempo a perder.

Sr. Gerson percebia a preocupação dos credores e impôs uma condição à conclusão da aquisição das ações da Quixote: exigiu que o sr. Quixote assinasse um termo de venda de suas ações, que dependeria da ratificação definitiva dos credores aos termos do reescalonamento da dívida, o que seria feito em até 30 dias. Era uma medida prudente por parte do sr. Gerson, e o sr. Quixote a acatou. A reunião de assinatura do termo de venda foi serena. O sr. Quixote estava triste por assistir ao fim de seu percurso como empresário que um dia fora muito bem-sucedido. Sr. Gerson, por sua vez, também demonstrava apreensão com os próximos desafios, não somente pelos compromissos com os credores mas também pelo desafio de absorver as operações da Quixote e maximizar as sinergias.

Os 30 dias após a assinatura do termo de vendas das ações demonstraram uma verdade sobre tipos de competidores como sr. Gerson: são pessoas muito inseguras em sua essência. São "tigres de papel".

Para surpresa de todos, ao buscar a adesão definitiva dos credores ao reescalonamento da dívida, sr. Gerson lhes propôs novos termos com prazos mais longos de amortização da dívida e juros menores. Pior que querer "mudar as regras do jogo durante a partida", sr. Gerson propôs termos diferentes para credores diferentes, introduzindo um tratamento diferencial recebido muito negativamente pelos credores. Incansável, ele ainda foi capaz de pedir 180 dias de prazo para pagar o fornecimento das mercadorias de que a Quixote precisaria.

Indignados, nenhum dos 50 grandes credores da Quixote aceitou os novos termos do sr. Gerson, tampouco ratificaram os termos anteriormente acordados. A venda da Quixote foi, simplesmente, abortada pelos próprios credores!

DESESPERO

Com o fim das negociações, o desespero tomou conta dos credores. Já estávamos em setembro de 2000, o Natal, a época mais importante para as vendas do varejo, se aproximava, e a Quixote encontrava-se em um impasse. Não havia outro potencial comprador à vista. Se não fosse pelos estoques acumulados, a Quixote não sobreviveria ao primeiro aniversário da concordata.[27]

Em meio ao desespero, alguns credores importantes começaram a indagar seus colegas sobre a pertinência de dar mais uma chance ao sr. Quixote e a seus executivos. Apesar de não ser o sinal ideal a outros clientes em concordata, parecia que a melhor saída era apoiar sr. Quixote em seu plano de reestruturação. Entretanto, sem os ganhos de escala advindos de uma fusão, a capacidade de pagamento da dívida seria menor, o que implicava pagar aos credores mais quatro anos, e com juros menores que 5% ao ano. Além disso, o penúltimo cenário já havia indicado que, sem ganhos de escala, o pagamento da dívida somente seria possível com compras de mercadoria a prazo. Seria necessário que os fornecedores/credores aumentassem sua exposição à Quixote. Era um remédio amargo, mas a falência seria muito pior.

Em meio ao desespero e à perplexidade dos credores e acionistas da Quixote, elaboramos outro cenário, incluindo prazos de pagamento aos fornecedores, e concluimos que a dívida poderia ser paga em oito anos (2007), a juros de 6% ao ano, se os credores aumentassem gradualmente seus prazos médios de venda para 45 dias, a partir de 2000, até alcançar 180 dias em 31 de dezembro de 2003.[28] Nessa data, o prazo médio de 180 dias de compras equivaleria a R$ 199 milhões de saldo na conta Fornecedores, equivalente a 46% do valor da dívida de R$ 429 milhões. Ou seja, os fornecedores estariam literalmente financiando a Quixote a pagar a eles mesmos.

Esta era uma constatação difícil de aceitar para os credores, mas parecia ser a única alternativa à falência. Foi nesse momento de aceitação de uma realidade que parecia inevitável que surgiu uma nova esperança: o sr. Mobilete.

NEGOCIANDO COM A MOBILETE

Em meio ao desespero, eis que surge a Mobilete Ltda., uma empresa varejista atuante em outra região geográfica complementar à da Quixote. Na época, a Mobilete tinha 220 lojas, e a fusão com a Quixote fortaleceria ambas as empresas e consolidaria um grande canal de distribuição alternativo às maiores redes. Em um primeiro momento, a Quixote permaneceria uma empresa separada, mas já desfrutando dos benefícios do novo acionista. As premissas e projeções do cenário fusão foram ratificadas pelo sr. Mobilete, que acreditou na viabilidade e na dimensão dos ganhos de sinergias na fusão das duas empresas.

Os termos do reescalonamento da dívida em quatro anos seriam mantidos com juros anuais de 6%. Os créditos dos credores contra a Quixote foram todos agregados a uma **debênture privada conversível** com o valor de face de R$ 429 milhões e juros de 6% ao ano, com um cronograma de amortizações crescente e predefinido. Em caso de inadimplência da Quixote, os credores poderiam converter seus créditos em ações da Quixote, o que lhes daria a opção de assumir sua administração e sua propriedade, se a Mobilete não honrasse seus compromissos. A debênture também dava direito aos credores de eleger três dos cinco membros que compunham o Conselho de Administração da Quixote com o poder de: contratar e/ou demitir executivos-chave da Quixote, e vetar a contratação de investimentos novos e daqueles acima de certo valor que pudessem comprometer a liquidez da empresa. O Conselho de Administração se reuniria mensalmente com o presidente da Quixote e seus diretores, que deveriam reportar os resultados da empresa (DRE, BP e DAR), além de justificar possíveis desvios entre o orçamento do mês e sua projeção, fazendo eventuais ajustes que fossem necessários.

Outro direito interessante, que a maioria dos votos no Conselho de Administração dava aos credores, era a possibilidade de renegociar o cronograma de pagamento da debênture se algum efeito adverso externo atingisse negativamente a empresa, apesar dos seus melhores esforços operacionais. Ou seja, em seus termos originais, a debênture deveria ser amortizada com 90% do fluxo operacional de caixa anual, que, de acordo com as projeções, possibilitaria o seguinte cronograma de pagamentos do principal: 11% ao fim do primeiro ano (2000), 17% ao fim do segundo, 36% ao fim do terceiro e 36% ao fim do quarto ano (2003). Entretanto, se uma nova crise internacional abatesse a economia brasileira no segundo ano, impossibilitando a Quixote de amortizar o principal da debênture de acordo com o cronograma projetado, por maioria, o Conselho de Administração poderia concordar que ela pagasse menos que o previsto, mas sempre sujeito ao mínimo de 90% do FOC da empresa naquele ano, se este fosse positivo. Era um dispositivo engenhoso para dar flexibilidade ao cronograma de amortização da debênture com total anuência dos credores, sem criar crises de confiança na viabilidade da empresa.

Uma vantagem importante da debênture de uma sociedade anônima, como a Quixote, era possibilitar que os debenturistas pudessem vendê-las no mercado aberto. Aqueles credores menores com necessidade de liquidez poderiam, portanto, vender suas debêntures, provavelmente a um deságio, adiantar o recebimento da dívida e ainda lançar a perda de capital como despesa tributável.

As negociações ocorreram de forma rápida e assertiva. Sr. Mobilete manteve a proposta do sr. Gerson de transferir R$ 66 milhões em créditos "podres" ao sr. Quixote e, o mais importante, eximi-lo da responsabilidade sobre qualquer passivo oculto que pudesse surgir no pós-venda e que tivesse sido originado antes da venda. Os fornecedores apoiaram o novo acionista, e a fusão operacional foi efetuada com sucesso e a tempo de aproveitar as vendas do Natal de 2000.

Exercícios

37 **Remonte as projeções do cenário fusão em sua própria planilha eletrônica. Elabore uma análise de sensibilidade estimando o impacto na capacidade de a empresa pagar sua dívida e no seu VEE e VEA com as seguintes variações:**

- reduza a projeção do crescimento médio anual da ROB/m^2 de 5% em 2002 a 2004 para 2% ao ano;
- reduza a projeção da margem bruta de 28% em 2002 a 2004 para 18%;
- reduza a projeção da margem Ebitda de 23% em 2002 a 2004 para 13%.

38 **Assuma as premissas operacionais do cenário fusão e estime o VEE e o VEA da Quixote que o sr. Gerson alcançaria se conseguisse 180 dias de prazo médio para pagar aos fornecedores por novas compras de mercadorias. Assuma que o WACC do sr. Gerson será de 25% para o período explícito de projeção de 18% para o implícito. Recalcule o VEA supondo que sr. Gerson renegociará a dívida com os credores com diversos deságios: 20%, 35% e 50% do valor de face original (R$ 429 milhões).**

39 **Remonte as projeções do cenário concordata em sua própria planilha eletrônica. Projete o FOC e o FLC da Quixote até 2015 assumindo que seus atuais acionistas pagarão a dívida com 90% do FOC em oito anos (2007), a juros de 6% ao ano, se os credores aumentarem gradualmente seus prazos médios de venda de 45 em 45 dias, a partir de 2000, até alcançar 180 dias em 31 de dezembro de 2003.**

40 **Calcule o VEE e o VEA da Quixote dentro das premissas do exercício anterior. Elabore uma análise de sensibilidade estimando o impacto na capacidade de a empresa pagar sua dívida e no seu VEE e VEA com as seguintes variações:**

- reduza a projeção do crescimento médio anual da ROB/m^2 de 5% em 2003 a 2006 para 2% ao ano;
- reduza a projeção da margem bruta de 20% em 2002 a 2004 para 15%;
- reduza a projeção da margem Ebitda de 8% em 2002 a 2004 para 5%.

41 **Refaça as projeções do exercício anterior assumindo que a Quixote vai usar 80% do FOC para amortizar a dívida com juros menores (3%). Estime o número de anos nos quais a Quixote vai pagar a dívida nessas novas condições. Estime o valor do VEA por meio da projeção do FLC descontada a um custo de oportunidade para os acionistas de 35% no período explícito e 25% no implícito. Analise seus resultados e discuta a relação entre os termos de renegociação da dívida (prazo de amortização e taxa de juros) e o VEA.**

CONCLUSÕES

O SR. MOBILETE FEZ um negócio muito melhor do que jamais poderíamos prever. Ele maximizou todas as possibilidades de valor da Quixote. Em primeiro lugar, usou os altos níveis de estoques da empresa para abastecer suas próprias lojas, que estavam relativamente desabastecidas. Segundo, fechou seus centros de distribuição e concentrou toda a distribuição em dois grandes depósitos, muito bem posicionados estrategicamente, incluindo o depósito da Quixote. Terceiro, diluiu custos fixos e evitou investimentos em automação e comunicação utilizando a infraestrutura moderna e subutilizada da Quixote. Quarto, cindiu os ativos relacionados às operações de análise e cobrança de crédito da Quixote, incluindo seu extenso e completo banco de dados. Em seguida, vendeu esses ativos a uma financeira estrangeira que estava estreando no mercado brasileiro e precisava de séries históricas e sistemas adaptados à realidade nacional.

Em quinto lugar, e mais importante, utilizou sua posição de mercado para conseguir condições melhores de compra de mercadorias para suas 220 lojas, mantendo a promessa de compra à vista para as 200 lojas da Quixote. Além disso, utilizou esse poder de barganha para conseguir verbas de publicidade cooperada com os fornecedores. Sexto, negociou a exclusividade do acesso a seus 420 PDVs à financeira de um grande banco, que concordou em pagar uma quantia substancial em dinheiro para financiar os clientes da nova empresa. Sétimo, abandonou a marca "Mobilete", que era menos famosa, e passou a usar a marca Quixote em todas as 420 lojas. Oitavo, com o tempo, o próprio sr. Mobilete foi comprando a deságio as debêntures de alguns credores com situação financeira mais limitada, reduzindo a dívida total da Quixote. Por último, com um primeiro ano relativamente bem-sucedido, vendeu parte da empresa a um fundo de *private equity* e embolsou mais capital.

Poucos, entretanto, conheciam o aspecto mais importante desta transação: na época da aquisição, a Mobilete estava evoluindo rapidamente para uma concordata, pois também havia sofrido com a forte inadimplência dos anos 1997/1999. Com a aquisição da Quixote, a Mobilete conseguiu as mercadorias e os ativos liquidáveis para se recapitalizar. Foi uma aquisição mais que estratégica. Foi genial. Mesmo que nada desse certo, a posição de concordatária de 420 lojas era melhor, em termos de poder de barganha, que com 200 lojas. Se os credores tinham problemas com seus créditos na Quixote, teriam problemas ainda maiores com a Mobilete pós-fusão. Quanto maior a dívida, mais sensíveis e abertos a soluções os credores estariam.

O caso Quixote ilustra vários aspectos interessantes do desafio de avaliar uma empresa e elaborar cenários realistas sobre seu futuro; do processo que gera uma crise financeira; da negociação da venda de uma empresa em concordata; e dos limites que uma lei, como a de concordata e falências, impõe a soluções para crises financeiras que **qualquer** empresa pode atravessar.

Este caso ilustra ainda a diversidade de fatores que interagem para gerar uma crise e sua solução. É uma convergência de percepções de valor de diversos agentes econômicos (fornecedores, acionistas, investidores) sobre um mesmo objeto: uma empresa e sua posição de mercado. A crise da Quixote começou em 1997, com a insistência do sr. Quixote em achar que a crise asiática era apenas um choque temporário. Dois anos depois, ele aprendeu que entre nossa percepção da realidade e a realidade pode haver quilômetros de distância.

Em 1999, sr. Quixote, seus empregados e credores aprenderam rapidamente que a crise de liquidez da empresa exigiria sacrifícios importantes de todos os envolvidos. Em 2000, as negociações catastróficas com sr. Gerson mostraram que, apesar de toda a boa vontade do sr. Quixote em encontrar a melhor solução para todos, assim como a dos credores em alongar suas dívidas, não ter alternativas era o que de pior poderia ocorrer em uma negociação. Por fim, a fusão com a Mobilete mostrou como uma empresa sem valor para muitos pode ser muito valiosa para outros. Depende apenas da posição estratégica de quem a avalia. Depende também da flexibilidade de todas as partes envolvidas em aceitar a realidade, por mais dura que seja.

Como diria o porteiro da estação de Newark: "Esse é o preço da educação".

Por fim, a proposta de destinar 90% do FOC aos credores não somente construiu muita confiança no plano de reestruturação como também alinhou os interesses entre acionistas e fornecedores. Quanto maior fosse o apoio dos fornecedores à Quixote, mais depressa o novo acionista pagaria as dívidas da empresa.

NA PRÁTICA › Para meu espanto, recentemente foi divulgado que somente 1% das empresas brasileiras que entram em recuperação judicial consegue se recuperar.[29] Depois de passar "sufoco" com a Quixote, eu acreditava que a nova lei facilitaria muito a recuperação das empresas. O artigo que divulgou este resultado não se aprofundou nas possíveis causas para tal desempenho. Nos Estados Unidos, por exemplo, a taxa de recuperabilidade das empresas está entre 20% e 30%. Esse é um tópico e tanto para pesquisar!

NOTA TÉCNICA › *Role play*

Para professores com interesse em se aprofundar na problemática da negociação com seus alunos, é possível aplicar o caso Quixote no contexto de uma simulação do tipo representação de papéis, ou, em inglês, *role play*. Pode-se dividir a classe em cinco grupos: (a) atuais acionistas da Quixote; (b) fornecedores/credores, *private equity* (potencial comprador financeiro); (c) varejista de médio porte (potencial comprador estratégico 1); (d) varejista de grande porte (potencial comprador estratégico 2); e (e) juiz da concordata. Solicita-se, então, que os alunos remontem os fluxos de caixa do cenário fusão em planilha eletrônica (Excel). Com esta planilha, os dois grupos de potenciais compradores podem elaborar propostas de aquisição da Quixote e de pagamento da dívida, explicitando suas premissas. O grupo dos acionistas e os credores podem analisá-las e gerar contrapropostas. Se houver impasse, o juiz pode intervir e recomendar ajustes a serem negociados e/ou propor um cenário alternativo que minimize as perdas dos acionistas e credores, mas sem gerar lucros excessivos aos compradores.

Exercícios

42 Quais variáveis têm maior impacto na geração/destruição de valor de uma empresa de varejo?

43 Qual método de avaliação de ações é o mais apropriado para estimar o valor de uma empresa em concordata?

44 No FDC, qual seria a taxa de desconto que poderia ser utilizada para descontar o fluxo de caixa de uma empresa em crise de liquidez?

45 Como as contas do balanço patrimonial podem afetar o valor das ações de uma empresa em crise de liquidez?

46 Se fosse possível voltar no tempo, que conselhos estratégicos você daria ao sr. Quixote?

47 Monte um quadro comparando as principais premissas de cada um dos cenários estudados neste capítulo (cenário-base, expansão, crediário, concordata, fusão): número de lojas, crescimento da ROB/m², margem bruta, percentual de despesas com vendas/ROB, despesas administrativas, prazos médios das contas a receber, de estoques e fornecedores, distribuição de dividendos e WACC. Analise as diferenças.

48 Reproduza o cenário concordata em sua própria planilha eletrônica, projetando o FOC e o FLC de 2000 até 2015. Modifique esse cenário com suas próprias premissas, inclusive os termos de pagamento da dívida que considere mais adequados, e projete o FOC e o FLC da Quixote até 2015. Justifique cada uma de suas premissas. Estime o VEE e o VEA.

49 Com base nas projeções do exercício anterior, elabore uma análise de sensibilidade estimando o impacto no VEE e VEA com as variações a seguir e comente os resultados:

- **reduza a projeção do crescimento médio anual da ROB/m² em 200 pontos-base entre 2002 e 2006, depois reassuma sua premissa original;**
- **reduza a projeção da margem bruta em 300 pontos-base entre 2002 e 2006, depois reassuma sua premissa original;**
- **reduza a projeção da margem Ebitda em 400 pontos-base entre 2002 e 2006, depois reassuma sua premissa original.**

NOTAS

1 Avaliar, portanto, uma empresa de varejo levando em conta o valor de seu capital de giro em 31 de dezembro representa uma base altamente distorcida. Recomenda-se usar prazos médios e projeções trimestrais ou mensais.

2 A expressão "capital de giro" (*working capital*) tem um uso muito bem definido em finanças corporativas. Infelizmente, no Brasil, muitos bancos popularizaram certos tipos de empréstimos e os denominaram "capital de giro", que diferem da expressão empregada neste livro.

3 Ao construir essa projeção em uma planilha de Excel, estima-se a receita financeira sobre o saldo da conta Aplicações no ano anterior, evitando a circularidade da fórmula. Caso contrário, as contas Patrimônio Líquido, Aplicações e Lucro Líquido seriam calculadas em circularidade.

4 Como a empresa não tinha dívidas nem pretendia ter neste cenário, essa taxa de desconto equivale ao custo de oportunidade do acionista (Rc).

5 Pela análise de sensibilidade, é possível simular o fluxo de caixa em função de seus fatores-chave e estimar o impacto de erros de projeção. Recomenda-se identificar o peso de cada fator-chave apontado no VEE: preço, quantidades, margens, custo fixo, custos variáveis, capital de giro e subestimação do investimento em ativos fixos. Recomenda-se também procurar fatores não identificados nas projeções: atrasos no *start-up*, novos concorrentes e/ou tecnologias, aumento inusitado nos preços de matérias-primas que historicamente têm sido estáveis, produtividade etc. Apesar de útil, a análise de sensibilidade é ambígua, pois o que significa um cenário "conservador", "moderado" e "revolucionário"? A visão do gerente comercial pode ser bem diferente da do de produção. Além disso, os fatores-chave são, provavelmente, inter-relacionados. Um aumento de demanda pelo produto pode gerar aumento no preço de sua matéria-prima e atrair novos concorrentes. Ou seja, é necessário construir cenários consistentes para as relações entre os fatores-chave!

6 O PL também seria menor por causa da distribuição de dividendos.

7 Essa receita do crediário deveria ser registrada contabilmente como uma receita financeira. Entretanto, do ponto de vista da operação, ela fazia parte do negócio, logo, foi incluída no cálculo do Ebitda.

8 Os lucros líquidos do cenário crediário eram muito superiores aos do cenário expansão, o que aumentou muito a projeção do patrimônio líquido. Em 2000, o cenário expansão projetara um PL de R$ 274 milhões contra R$ 1,5 bilhão no cenário crediário, e ambos com 15% de payout.

9 Esse WACC inclui a dívida bancária a um custo de 30% e uma estrutura de capital com 53% de endividamento (base 1995) e um prêmio sobre o Rc do cenário-base de 1.000 pontos-base (10%).

10 Termos como "faturamento", "capital de giro", "giro de estoques" são outros exemplos de jargões de mercado que podem sugerir um significado que não têm. O leitor será alertado sobre essas diferenças ao longo do texto.

11 Ou 180 days of sale.

12 Matematicamente: 50 / 200 × 360 dias.

13 Como o Magazine Luiza e o Ponto Frio que venderam suas atividades financeiras para o Unibanco.

14 Pode ser o caso de um projeto que exija investimentos em proteção ao meio ambiente para terminá-lo.

15 Óidipous, *filho de Laios*, peça de teatro apresentada em São Paulo no V Encontro Internacional dos Fóruns da Escola de Psicanálise dos Fóruns do Campo Lacaniano, em 5 de julho de 2008.

16 Os fluxos de capital para a Ásia mudaram de um ingresso de US$ 93 bilhões em 1996 para uma saída de US$ 12 bilhões em 1997, com a virada concentrando-se na segunda metade desse ano.

17 Desde 1993, estava em trâmite no Congresso o projeto que alterava a Lei de Falências, que foi finalmente promulgada em meados de 2005 (Lei nº 11.101/2005).

18 Resolução nº 2.682/1999 do Bacen (IUDÍCIBUS; MARTINS; GELBCKE, 2003, p. 98).

19 Deste total, R$ 1 bilhão foi financiado com um empréstimo sindicalizado com dois anos de carência de amortização do principal, mais quatro anos para amortização (pagamentos semestrais).

20 No caso da compra de certa empresa existente, se o valor da aquisição das ações de uma empresa supera o valor patrimonial dessas, haverá a geração de um ágio. O contrário gera um deságio. Tanto o ágio como o deságio são subcontas da conta investimento no ativo permanente. O ágio cria um ativo que pode ser consumido gerando uma despesa, no caso, denominada "amortização", que pode ter impactos no cálculo do IR a pagar e no lucro líquido.

21 Para obter mais detalhes sobre o Memorando de Oferta e o processo de venda de uma empresa, consulte Luzio (2015).

22 Um *business plan* pode ser muito parecido com aqueles cenários que descrevemos na seção "Estratégias de crescimento e valor".

23 Este instrumento jurídico, MOU, é um pré-acordo de compra e venda, válido por alguns meses, durante os quais certos procedimentos jurídicos são executados para finalizar a compra e venda da empresa.

24 Tradução literal: "A realidade morde".

25 Não há tradução precisa para esta expressão em português, a mais próxima é "auditoria". Trata-se do processo pelo qual o comprador de uma empresa examina os processos internos da empresa-alvo, sua contabilidade, contratos de fornecimento, contratos com clientes, bancos, processos trabalhistas, cíveis etc. O propósito deste processo é identificar e dimensionar possíveis passivos (ou ativos) ocultos da empresa-alvo.

26 Refere-se a uma cláusula no contrato de assessoria em fusões e aquisições na qual se prevê que, se o cliente interromper a transação prematuramente, terá de pagar um valor fixo ao assessor pelo trabalho desenvolvido até então.

27 Não era à toa que muitas empresas em crise de liquidez tentavam aumentar suas compras e fazer estoques antes de pedir concordata.

28 Assumindo as demais premissas do "cenário concordata" e destinando 90% do FOC para amortização de dívidas.

29 Gazzoni (2013).

CAPÍTULO 5

Caso Crazy Fish: MBO e LBO

INTRODUÇÃO

APÓS A DISCUSSÃO SOBRE o caso Quixote, em que a alavancagem financeira e um choque exógeno geraram uma crise de liquidez que quase destruiu uma empresa, vamos abordar outro, no qual esse tipo de alavancagem ajudou a recriar determinada empresa.

Tal como o caso Quixote, este, Crazy Fish, foi adaptado de uma experiência profissional vivida por nós, cujas circunstâncias foram devidamente alteradas para não permitir a identificação das partes envolvidas.

RELATO PESSOAL

O estranho codinome, Crazy Fish, vem de outra experiência profissional que vivi, mas que utilizo no presente caso. Nessa, estava assessorando um cliente na aquisição de uma empresa cujo escritório ficava na famosa rua Haddock Lobo, no bairro dos Jardins, em São Paulo. Ali, tivemos nossa primeira reunião, na presença de um bem-humorado advogado norte-americano, que falava um português misturado com espanhol e representava o vendedor. Após a reunião, esse advogado ficou de nos enviar, por e-mail, os demonstrativos contábeis da empresa à venda. Quando o fez, o e-mail veio com um título bizarro no assunto: Projeto Crazy Fish.

Dar codinomes aos projetos é uma prática comum em fusões e aquisições, em que a confidencialidade é muito importante. Geralmente, o codinome está relacionado com alguma característica do cliente, mas, neste caso, eu não conseguia imaginar qual associação o advogado norte-americano havia encontrado.

Ficamos alguns meses trocando e-mails, e o codinome Crazy Fish permaneceu designando o nome da empresa à venda. No fim das negociações, em um momento de descontração, perguntei ao advogado norte-americano por que utilizava aquele codinome. Ele riu e disse: "É óbvio! É o nome da rua do escritório do meu cliente!" Não entendi: "O que tem Crazy Fish a ver com Haddock Lobo?" Ele respondeu: "Haddock é um tipo de peixe, daí o *fish*. '*Loco*' em português quer dizer *crazy* em inglês." Eis a solução do mistério. Só que ele não sabia que não era "*loco*", e sim "*lobo*".

O caso Crazy Fish, em parte, envolve questões metodológicas e negociais que, na essência, são similares às apresentadas no Quixote. Talvez a maior novidade deste caso esteja em duas de suas principais características. Trata-se de uma *management buy-out* (MBO) e de uma *leveraged buy-out* (LBO) viabilizadas por meio de uma estrutura de financiamento muito interessante: a securitização de recebíveis. Ao longo da discussão do caso, essas características serão discutidas.

O principal desafio do caso Crazy Fish pode ser resumido em uma questão: "Como comprar uma empresa sem capital próprio?". A única resposta possível é: com o dinheiro dos outros.

CONTEXTO

CRAZY FISH LTDA, doravante denominada apenas CF, era uma empresa agroindustrial, monoprodutora, que processava uma semente tropical cujo extrato tinha uso farmacêutico específico. Parte importante das transações de compra e venda desse extrato ocorria em bolsa de mercadorias no mercado internacional, no qual os preços variavam com o grau de pureza do produto. O grau mais alto era muito mais raro e difícil de encontrar em grandes quantidades no mercado internacional.

A árvore que produz a semente processada pela CF era nativa de certos tipos de floresta sob condições climáticas muito específicas, e somente começava a gerar as sementes após trinta anos de vida. Tais características impediam a produção em escala dessa árvore. A coleta das sementes era feita diretamente na floresta, de forma extrativista, por nativos das regiões, o que tornava limitada a oferta das sementes em todo o mundo.

A CF foi comprada por um laboratório farmacêutico francês, Poisson Foule (PF, ou matriz), nos anos 1980, para fornecer insumos estratégicos semielaborados para uma linha de medicamentos. Ao longo dos anos, a CF aprimorou suas técnicas de extração e fontes de fornecimento das sementes, o que permitiu que a empresa fosse uma das maiores produtoras do extrato com alto grau de pureza. A CF exportava boa parte de sua produção para a matriz.

No fim da década de 1990, teve início uma nova crença de que as empresas e a remuneração de seus principais executivos deveriam ter as performances medidas por índices, como o lucro líquido sobre o patrimônio líquido (retorno sobre o capital, ou *Return on Equity* - ROE) e/ou o lucro líquido sobre o total de ativos (retorno sobre ativos, ou *Return on Assets* - ROA). Como é muito mais difícil aumentar lucros que reduzir ativos, a PF se propôs a vender a CF.

A venda da CF teria duplo efeito para a matriz: reduziria o grau de imobilização da PF e seus custos administrativos relacionados com o monitoramento e gerenciamento da CF. Entretanto, a PF constatou que, vendendo a CF, incorreria no risco de perder o controle da qualidade do fornecimento do insumo estratégico para sua linha de medicamentos. A solução seria vender a CF com a condição de que o comprador firmasse um acordo de fornecimento de longo prazo, pelo qual o novo proprietário venderia toda a produção dos ingredientes da mais alta qualidade que a empresa produzisse por preços definidos nas bolsas de mercadorias internacionais.

Era um ótimo negócio para o vendedor, a matriz, que manteria o fornecimento da matéria-prima e diminuiria o valor consolidado dos ativos, melhorando o ROA. Para o comprador também era um ótimo negócio, pois compraria uma empresa com um grande cliente cativo.

Nessas condições, quanto valeria a CF?

A multinacional nos contratou para vender a CF e enviou um resumo dos seus principais aspectos contábeis e financeiros. No final de 1998, a empresa gerou um faturamento líquido de US$ 69 milhões e um Ebitda de US$ 10 milhões, conforme descrito no resumo do seu DRE a seguir.

QUADRO 5.1 › Resumo do DRE da Crazy Fish de 1998 (US$ milhões)

	1998	% ROL
ROL	68,6	100%
Lucro bruto	15,2	22%
Despesa operacional	4,9	7%
Ebitda	10,3	15%
Ebit	9,2	13%
Despesa financeira	– 2,4	– 3%
Lucro líquido	4,5	7%

FONTE: ELABORADO PELO AUTOR.

A maior parte do faturamento era gerada pelas exportações do extrato de alto grau de pureza para a matriz, que adquiria o extrato a preços de mercado, conforme ditavam as boas regras corporativas e contábeis entre uma empresa e suas subsidiárias. Ao produzir o extrato de maior grau de pureza, utilizando suas melhores sementes, era inevitável a produção residual de extratos com grau de pureza inferior, que também eram vendidos por preços menores no mercado interno e para outros mercados internacionais.

QUADRO 5.2 › Volume de vendas e preços médios em 1998

Mercados	Volume de vendas (em toneladas)	%	Classificação por grau de pureza	Preço líquido (em US$/t)
França	5.000	76%	A	11.000
Mercado interno	800	12%	B	10.000
Exportação	800	12%	C	7.000
Total	**6.600**	**100%**	**–**	**–**

FONTE: ELABORADO PELO AUTOR.

Em 31 de dezembro de 1998, a CF tinha um patrimônio líquido de US$ 30 milhões.

QUADRO 5.3 › Balanço patrimonial da CF em 31 de dezembro de 1998 (US$ milhões)

	31/12/1998		31/12/1998
Contas a receber	5,7	Dívida de curto prazo	4
Estoques	26,7	Dívida de longo prazo	16
Imobilizado bruto	28		
Imobilizado líquido	12		
Investimentos	5,6[1]	Patrimômio líquido	30
Total do ativo	**50**	**Total do passivo e PL**	**50**

FONTE: ELABORADO PELO AUTOR.

Utilizamos o método do fluxo descontado de caixa para estimar o valor econômico da empresa aos seus atuais acionistas. Projetamos o fluxo operacional de caixa e o fluxo livre de caixa da empresa por cinco anos (de 1999 a 2003) em dólar nominal, assumindo um cenário sem crescimento de quantidade e preços de venda:

- A receita operacional líquida foi projetada constante em US$ 68,6 milhões ao ano, ou seja, foram mantidos os preços em dólar e o volume de vendas constantes nos níveis de 1998.
- A margem bruta foi mantida constante em 22% da ROL, pois os custos eram em moeda local e deveriam crescer com a inflação, acompanhando a desvalorização cambial. Ou seja, em dólares, os custos diretos permaneceriam constantes ao longo da projeção.
- As despesas administrativas e com vendas foram mantidas constantes em US$ 4,9 milhões ao ano.
- Não foram previstos investimentos no ativo permanente, e a depreciação foi projetada pela média de 4% ao ano sobre o ativo imobilizado bruto.
- Os saldos médios das contas a receber (CAR) e de estoques foram mantidos constantes nos níveis de 31 de dezembro de 1998.

- A amortização do saldo da dívida do BNDES ocorreria em cinco anos (todo dia 2 de janeiro), gerando uma despesa financeira de 12% sobre o saldo médio entre o início e o fim de cada ano.
- Consideramos a alíquota de 33% para o IR&CS sobre o Lair.
- Por fim, não consideramos a aplicação financeira sobre o excesso de caixa, uma vez que era política da matriz recolher esse excesso na forma de dividendos.

QUADRO 5.4 › Projeção do FLC da CF no cenário sem crescimento

Em US$ milhão	1999	2000	2001	2002	2003
ROL	68,6	68,6	68,6	68,6	68,6
Ebitda	10,3	10,3	10,3	10,3	10,3
IR&CS desalavancado	- 3	- 3	- 3	- 3	- 3
Investimentos	-	-	-	-	-
Inv. capital de giro	-	-	-	-	-
FOC	**7,3**	**7,3**	**7,3**	**7,3**	**7,3**
Despesa financeira	- 1,9	- 1,4	- 1	- 0,5	-
Amortização da dívida	- 4	- 4	- 4	- 4	- 4
Ajuste de IR&CS	0,6	0,5	0,3	0,2	-
FLC	**2**	**2,3**	**2,6**	**2,9**	**3,3**

FONTE: ELABORADO PELO AUTOR.

O fluxo livre de caixa foi descontado a valor presente com taxa-meta para investimentos (fora da Europa) da matriz de 10% ao ano e aplicou-se uma perpetuidade simples para estimar o valor terminal. Por coincidência, os assessores deduziram que o valor econômico agregado aos acionistas, pelo fluxo descontado de caixa, era de US$ 30 milhões, confirmando a meta da matriz. Ou seja, aparentemente, a matriz considerava que a CF não era uma empresa em crescimento, mas sua rentabilidade atual era sustentável, e não exigia investimentos em ativos permanentes ou capital de giro.

Depois que o parâmetro do preço de venda e as projeções da empresa foram acordados com a matriz, elaboramos um Memorando de Oferta, que descrevia a empresa e a transação. Distribuímos o memorando a dezenas de potenciais investidores no Brasil, na Europa, nos Estados Unidos e na Ásia. Entre esses, havia *tradings* que comercializavam o extrato no mercado internacional, empresários brasileiros com interesse no agronegócio, em geral concorrentes locais e estrangeiros da CF etc.

Muitos desses potenciais investidores visitaram as instalações da CF, mas, quando solicitamos propostas indicativas de interesse, foram obtidas somente três: US$ 10 milhões de uma *trading*, outra de R$ 15 milhões, de um empresário do agronegócio, e, por fim, a de um empresário brasileiro do ramo, o sr. Gastão, que propôs US$ 28 milhões.

Empolgados com as perspectivas, o sr. Gastão e nós fomos a Paris para negociar e tentar fechar o negócio. Depois de algum esforço, conseguimos chegar ao preço de US$ 30 milhões. Ao finalizarmos as discussões sobre os termos do negócio, abrimos um champanhe.

Após a primeira taça, o sr. Gastão, em conversa informal com o representante da matriz, pediu-lhe ajuda técnica para manter a qualidade do fornecimento do extrato, uma vez que, apesar de ser do ramo, sua experiência era com produtos de menor qualidade. O representante da matriz ouviu o pleito e calou-se. Despediu-se do empresário e dos assessores dizendo que mandaria os contratos para o crivo do seu departamento jurídico e iria ao Brasil para assiná-los.

Os contratos, entretanto, nunca chegaram.

A transação tinha sido abortada.

Ao mostrar insegurança em manter a qualidade do fornecimento, o sr. Gastão tinha tocado em um assunto delicado. Mais que delicado. Um *deal breaker*. Para a multinacional, assegurar a qualidade daquele extrato era muito mais importante que US$ 30 milhões.

O contrato de assessoria em fusões e aquisições com a matriz foi cancelado, e a CF não estava mais à venda.

Alguns meses depois, recebemos uma ligação do presidente da CF no Brasil. Diante do ocorrido, os principais executivos brasileiros da CF haviam articulado uma MBO que responderia aos anseios da matriz na desmobilização e, ao mesmo tempo, garantiria o fornecimento do extrato de alta pureza.

Na MBO, o presidente e seus diretores comprariam as ações da CF e se tornariam proprietários da empresa da qual, por tantos anos, haviam sido funcionários. Era um sonho. Mas seria possível? Como essas pessoas arrumariam os recursos para pagar à matriz? Como pessoas físicas, seus recursos eram muito limitados. O dinheiro teria de vir de empréstimos. Seria uma aquisição totalmente financiada por terceiros, uma LBO.

Era um duplo desafio: negociar uma MBO, o que, por si só, é uma tarefa muito complexa, e estruturar uma LBO. Para tanto, os executivos da CF nos contrataram. Como havíamos terminado nossa relação de assessoria com a matriz, pudemos aceitar o desafio sem gerar conflitos de interesse.

▪ ESTRUTURANDO A MBO E A LBO

A MBO E A LBO da CF eram uma transação que nos fascinava. Tratava-se de uma operação muito interessante, que levaria os empregados de determinada empresa a se tornar seus proprietários; e de uma solução para muitas situações não raras, inclusive empresas familiares sem sucessão e sem atrativos para investidores externos à empresa ou, ainda, empresas intensivas em capital intelectual, como consultorias, agências de publicidade, e de moda. Entretanto, apesar da pertinência das MBOs como solução para várias empresas, havia poucos casos de sucesso no Brasil, provavelmente pela dificuldade de estruturar a LBO com a captação de financiamentos de longo prazo.

Iniciamos nossa análise da viabilidade da LBO projetando o fluxo de caixa da CF para mensurar seu valor e sua capacidade de autofinanciamento. Com seus executivos, analisamos, profundamente, cada aspecto da operação. O objetivo era estimar os custos e receitas da CF sob uma nova direção, muito mais espartana e sem as limitações administrativas a que, em geral, uma subsidiária tem de obedecer. Acima de tudo, a estrutura de incentivos na nova CF mudaria significativamente.

Começamos nossa análise pelo mix dos produtos vendidos e suas margens brutas.

QUADRO 5.5 › Análise do mix e da margem bruta da CF em 1998

Em US$/t	Quantidade	Grau de pureza	Preço	Custos	Margem
França	5.000	A	11.000	8.090	26%
Mercado interno	800	B	10.000	8.090	19%

Em US$/t	Quantidade	Grau de pureza	Preço	Custos	Margem
Exportação	800	C	7.000	8.090	- 16%
Total/média ponderada	**6.600**	**–**	**10.394**	**8.090**	**22%**

FONTE: ELABORADO PELO AUTOR.

O produto de melhor margem bruta era o do tipo A. O tipo C teve margem bruta negativa em 1998, mas era um mercado consumidor importante de ser mantido por questões estratégicas. Os executivos identificaram algumas ações que poderiam otimizar o mix de venda e a margem bruta por meio de certos investimentos em equipamentos e processos que, apesar de envolverem pouco dinheiro, a matriz relutava em fazer, justamente pela estratégia de desmobilização. Esses investimentos somavam US$ 1,8 milhão e poderiam ser realizados de 1999 a 2001. Eles deveriam ser acrescidos do investimento mínimo anual de US$ 500 mil para a modernização geral da fábrica.

QUADRO 5.6 › Cenário MBO: projeção dos investimentos para CF

Em US$ milhões	1999	2000	2001	2002	TOTAL
Processos	0,6	–	–	–	0,6
Equipamentos	0,4	0,4	0,4	–	1,2
Geral (mínimo)	0,5	0,5	0,5	0,5	2
TOTAL	**1,5**	**0,9**	**0,9**	**0,5**	**3,8**

FONTE: ELABORADO PELO AUTOR.

A nova composição de máquinas e equipamentos no ativo imobilizado bruto aumentaria a taxa média de depreciação de 4% para 6% ao ano. Com esses investimentos, os executivos acreditavam que o volume de venda e o mix dos três tipos de extrato evoluiriam da maneira apresentada a seguir.

QUADRO 5.7 › Cenário MBO: projeção do mix e dos volumes de vendas

Volume de vendas (em toneladas)	Grau de pureza	1998	% 1998	1999	2000	2001	% 2001
França	A	5.000	76%	5.000	5.600	6.000	79%
Mercado interno	B	800	12%	1.000	1.200	1.600	21%
Exportação	C	800	12%	600	400	–	–
Total	**–**	**6.600**	**100%**	**6.600**	**7.200**	**7.600**	**100%**

FONTE: ELABORADO PELO AUTOR.

Nessa projeção, as melhorias nos processos de extração elevariam o grau de pureza do extrato gradualmente ao longo de três anos. Ao fim desse período, os executivos acreditavam que, com a mesma quantidade de sementes, a produção do extrato aumentaria em mil toneladas, graças à redução de perdas no processo de tratamento das sementes. A melhor eficiência na extração evitaria a produção do grau C; a do grau B dobraria; e a do grau A aumentaria em mil toneladas, o que, como acreditaram os executivos, seria absorvido pela matriz com facilidade. Caso a matriz não quisesse comprar essas mil toneladas adicionais, a CF conseguiria vendê-las no mercado internacional sem problemas.

Além da melhoria no mix vendido, os executivos acreditavam que o investimento em equipamentos e processos reduziria os custos diretos de produção mais importantes: perdas na manipulação e no tratamento das sementes e da mão de obra.

QUADRO 5.8 › Cenário MBO: projeção dos custos médios unitários (US$/t)

	1998	1999	2000	2001
Semente	5.000	4.800	4.600	4.400
Mão de obra	3.000	2.800	2.600	2.500
Embalagem	90	90	90	90
CPV médio	**8.090**	**7.690**	**7.290**	**6.990**

FONTE: ELABORADO PELO AUTOR.

Projetamos o impacto do investimento no novo mix e nos custos diretos de produção sobre a margem bruta, mantendo constantes os preços médios observados em 1998. Como os preços do extrato no mercado internacional, historicamente, apresentavam pouca variação, e 1998 foi um ano de preços abaixo da média histórica, nossa premissa de preços estáveis ao nível daquele ano era conservadora. Os resultados foram impressionantes.

QUADRO 5.9 › Cenário MBO: projeção da margem

	Unidade	1998	1999	2000	2001	Δ 1998/2001
Vendas	t	6.600	6.600	7.200	7.600	15%
Preço médio	US$/t	10.394	10.485	10.611	10.789	4%
CPV médio	US$/t	8.090	7.690	7.290	6.990	- 14%
ROL	US$/milhão	68,6	69,2	76,4	82	20%
CPV	US$/milhão	- 53,4	- 50,8	- 52,5	- 53,1	- 1%
Lucro bruto	US$/milhão	15,2	18,4	23,9	28,9	90%
Margem bruta	% ROL	22%	27%	31%	35%	-

FONTE: ELABORADO PELO AUTOR.

A elevação na produção do extrato e a melhoria do mix aumentariam o faturamento líquido em 20% entre 1998 e 2001. A combinação desse aumento com a redução nos custos diretos aumentaria o lucro bruto em 90%, no mesmo período. A margem bruta passaria do equivalente a 22% do faturamento líquido para 35%.

Em relação às despesas operacionais, os executivos não conseguiram identificar nenhuma ação significativa para reduzir despesas com vendas, que incluíam, basicamente, frete e comissões a corretores (média de US$ 140 por tonelada vendida). Já nas despesas administrativas, as economias possíveis eram significativas. O escritório central da empresa, que se localizava em um bairro nobre, poderia ser fechado e suas atividades transferidas para a fábrica. As despesas com auditores independentes (franceses e brasileiros) seriam reduzidas.

Processos administrativos poderiam ser simplificados, e o quadro de funcionários de apoio reduzido. Os salários e benefícios do presidente e de toda sua diretoria seriam todos cortados, pois, como acionistas, estes receberiam dividendos somente se a CF gerasse lucro suficiente. Todas essas ações reduziriam as despesas administrativas em 80%: de US$ 4 milhões em 1998 para US$ 800 mil em 2001.

QUADRO 5.10 › Cenário MBO: evolução das despesas operacionais

Despesas operacionais	Unidade	1998	1999	2000	2001
Vendas	US$/t	140	140	140	140
Administrativas	US$ milhões	4	1	0,8	0,8

FONTE: ELABORADO PELO AUTOR.

Com o aumento do faturamento e da margem bruta, e as reduções nas despesas administrativas, a projeção do Ebitda para 2001 era quase três vezes o valor do Ebitda gerado em 1998.

QUADRO 5.11 › Cenário MBO: projeção do Ebitda da CF (US$ milhão)

	1998	1999	2000	2001	Δ 1998/2001
ROL	68,6	69,2	76,4	82	20%
CPV	**- 53,4**	**- 50,8**	**- 52,5**	**- 53,1**	**- 1%**
Lucro bruto	15,2	18,4	23,9	28,9	90%
Margem bruta	22%	27%	31%	35%	-
Despesas com vendas	20,9	20,9	21	21,1	15%
Despesas administrativas	**- 4**	**- 1**	**- 0,8**	**- 0,8**	**- 80%**
Ebitda	10,3	16,5	22,1	27	163%
% Ebitda/ROL	**15%**	**24%**	**29%**	**33%**	**-**

FONTE: ELABORADO PELO AUTOR.

O próximo passo era estimar o capital de giro. As compras das sementes eram todas feitas à vista, portanto, não havia geração de caixa por prazo ao fornecedor. As vendas eram todas pagas em até trinta dias depois de serem faturadas. Em relação ao investimento em estoques, as necessidades de capital, ao longo do ano, variavam muito por causa do ciclo da colheita das sementes, que começava em novembro e continuava até março. Os estoques eram acumulados durante o quarto e terceiro trimestres. Gradualmente, ao longo do segundo e terceiro trimestres, os estoques eram consumidos.

QUADRO 5.12 › Cenário MBO: necessidades de capital de giro da CF ao longo do ano de 1999

Capital de giro	Unidade	31/3	30/6	30/9	31/12
Contas a receber	% ROL	8%	8%	8%	8%
Estoques	% CPV	69%	56%	22%	50%

FONTE: ELABORADO PELO AUTOR.

Dadas as projeções de receitas e custos em 1999, os investimentos em estoques indicavam a necessidade de R$ 8,6 milhões no primeiro trimestre. Nos trimestres posteriores, com o consumo gradual dos estoques, haveria a liberação de recursos.

QUADRO 5.13 › Cenário MBO: necessidades de capital de giro da CF ao longo do ano

	1ºT/99	2ºT/99	3ºT/99	4ºT/99
CAR	5,8	5,8	5,8	5,8
Δ CAR	0,1	–	–	–
Dias estoques	250	200	80	180
Estoques	35,2	28,2	11,3	25,4
Δ Estoques	8,5	- 7	- 16,9	14,1
Inv. capital de giro	- 8,6	7	16,9	- 14,1
Inv. capital de giro acumulado	- 8,6	- 1,5	15,4	1,3

FONTE: ELABORADO PELO AUTOR.

Com base nessas premissas operacionais e assumindo uma taxa média de depreciação de 6% ao ano sobre o ativo imobilizado bruto, projetamos o FOC da CF até 2003. Desse ano em diante, os grandes investimentos já estariam completos, e seus efeitos sobre a produção e custos capturados pelas projeções, ou seja, o FOC estaria normalizado.

QUADRO 5.14 › Cenário MBO: projeção do FOC da CF pós-MBO (US$ milhão)

	31/12/1998	31/12/1999	31/12/2000	31/12/2001	31/12/2002	31/12/2003
AIB	28	29,5	30,4	31,3	31,8	32,3
Depreciação	1,7	1,8	1,8	1,9	1,9	1,9
Depreciação acumul./ 6%	- 16	- 17,8	- 19,6	- 21,5	- 23,4	- 25,3
AIL	12	11,7	10,8	9,8	8,4	7
Capital de giro	**31/12/1998**	**31/12/1999**	**31/12/2000**	**31/12/2001**	**31/12/2002**	**31/12/2003**
CAR	5,7	5,8	6,4	6,8	6,8	6,8
Δ CAR		0,1	0,6	0,5	–	–
Estoques	26,7	25,4	26,2	26,6	26,6	26,6
Δ Estoques		- 1,3	0,9	0,3	–	–
Fluxo op. de caixa	**1998**	**1999**	**2000**	**2001**	**2002**	**2003**
Ebitda	10,3	16,5	22,1	27	27	27
Depreciação	- 1,7	- 1,8	- 1,8	- 1,9	- 1,9	- 1,9
Ebit	8,6	14,8	20,3	25,1	25,1	25,1
IR&CS desalavancado	- 4,9	- 6,7	- 8,3	- 8,3	- 8,3	- 8,3
Investimentos	- 1,5	- 0,9	- 0,9	- 0,5	- 0,5	- 0,5
Inv. capital de giro		1,3	- 1,5	- 0,8	–	–

	31/12/1998	31/12/1999	31/12/2000	31/12/2001	31/12/2002	31/12/2003
FOC		11,4	13	17	18,2	18,2
FOC acumulado		11,4	24,5	41,5	59,7	78

FONTE: ELABORADO PELO AUTOR.

As projeções indicavam que a empresa poderia acumular US$ 78 milhões em fluxos operacionais de caixa entre 1999 e 2003. Esse volume de recursos nos parecia muito promissor para viabilizar a LBO. Antes disso, no entanto, precisávamos completar a estimativa de valor econômico para os acionistas da CF.

Com as projeções do FOC, o próximo passo era estimar o WACC da CF – tarefa pouco trivial, uma vez que não havia empresas similares de capital aberto, tampouco listadas em qualquer bolsa norte-americana. A saída para estimar o risco (pelo β), o custo de oportunidade e a estrutura de capital ótima da CF foi buscar dados sobre seu principal cliente: a indústria farmacêutica.

Selecionamos uma amostra de 12 grandes laboratórios farmacêuticos com ações na bolsa cujos dados de mercado foram divulgados por uma empresa especializada. Primeiro, com as informações sobre o β alavancado (β_a) e a estrutura de capital (D/C), conseguimos deduzir o β desalavancado (β_d) utilizando a alíquota média do imposto de renda corporativo dos Estados Unidos, que era de 45%.[2] O β_a médio da amostra era de 1,025, que, desalavancado pela estrutura média de capital da amostra, 4%, produzia um β_d médio de 1,00 por amostra.

Eram empresas, em geral, muito pouco alavancadas. A média da relação entre a dívida onerosa e o total do patrimônio líquido era de 4%, o que equivalia a uma relação do patrimônio líquido pelo total da dívida mais patrimônio líquido (V) de 96%. Com essa estrutura média de capital e levando em consideração a alíquota do imposto de renda brasileiro (33%), deduzimos o β alavancado médio de 1,032.

QUADRO 5.15 › Cenário MBO: estimando o WACC para a CF

Empresas "similares"	**β_a**	**D/C**	**β_d**	**C/V**	**β^{CF}_a**
American Home Product	0,9	6%	0,87	96%	0,896
Biogen	1,3	2%	1,29	96%	1,322
Bristo&Myers	1,05	2%	1,04	96%	1,068
Glaxo	0,9	5%	0,88	96%	0,9
Lilly	1,05	3%	1,03	96%	1,062
Merck	1,05	2%	1,04	96%	1,068
Perrigo	0,95	13%	0,89	96%	0,911
PFizer	1,1	3%	1,08	96%	1,112
Pharma&Upjohn	1	5%	0,97	96%	1
Quintiles	0,85	5%	0,83	96%	0,85
Schering-Plough	1,2	–	1,2	96%	1,234
Warner-Lambert	0,95	3%	0,93	96%	0,961
Média	**1,03**	**4%**	**1**	**96%**	**1,032**

FONTE: *VALUE LINE INVESTMENT SURVEY* ® (1998).

Para estimar a expectativa de retorno esperada pelos acionistas (R_c), assumimos:

- prêmio de mercado (R_m - R_f) de 7,80% correspondente à média geométrica do Standard & Poors 500, entre 1926 e 1992;
- taxa livre de risco norte-americana de 4,95%, correspondente ao *yield* do *T-bond* de trinta anos (em 1998);
- risco Brasil de 5,70%, correspondente ao *discount bond* da república de trinta anos (média do primeiro semestre de 1998).

Aplicando essas premissas, chegamos a um R_c médio de 18,78%:

$$R_c = R_f + (R_m - R_f) \times \beta + \text{risco Brasil} = 4{,}95\% + (7{,}8\%) \times 1{,}025 + 5{,}7\% = 18{,}7\%$$

Assumimos um custo médio para dívida de longo prazo (R_d) de 12%, que, na época, correspondia à taxa cobrada no empréstimo do BNDES que a CF havia contratado. Apesar dos efeitos da alavancagem da MBO, por consistência, utilizamos a estrutura média de capital da amostra norte-americana de 96% (C/V). O WACC para a CF foi estimado em 18,27%:

$$\text{WACC} = \left(\frac{C}{V}\right) \times R_c + \left(\frac{D}{V}\right) \times R_d \times (1 - \text{IR\&CS})$$

$$\text{WACC} = (96\%) \times 18{,}7\% + (4\%) \times 12\% \times (1 - 33\%) = 18{,}27\%$$

Embora essa estimativa de WACC pudesse parecer dissonante em relação a uma avaliação da CF que, com a MBO, passaria seus primeiros anos muito alavancada, se incluíssemos alguma alavancagem, o WACC só diminuiria se não ajustássemos o β para o risco da operação. Nessa estimativa do WACC, em termos de valor, a taxa de desconto utilizada era quase toda referente à expectativa de retorno dos acionistas, os quais, em última instância, arcariam com os riscos da MBO e LBO.

Assumimos como valor residual uma perpetuidade sem crescimento e estimamos o valor econômico agregado aos acionistas da CF em US$ 70 milhões, o que representava o dobro do valor do patrimônio líquido em 31 de dezembro de 1998 e sete vezes o valor do Ebitda daquele ano.

QUADRO 5.16 › Cenário MBO: estimativa do VEE e VEA para a CF

WACC = 18,3%	US$ milhões	%
(+) VP do fluxo operacional	46,5	52%
(+) VP perpetuidade	43,1	48%
(=) VEE	89,6	100%
(–) VP da dívida (31/12/1998)	- 20	- 22%
(=) VEA	69,6	78%
VEA/patrimônio líquido (31/12/1998)	2,3	
VEA/Ebitda (1998)	6,8	
VEA/lucro líquido (1998)	16,8	

FONTE: ELABORADO PELO AUTOR.

Ainda inquietos com a estimativa do WACC, elaboramos uma análise de sensibilidade, que indicava que o valor econômico agregado aos acionistas corresponderia ao valor do patrimônio líquido, ou seja, US$ 30 milhões, a um TMA de 31%. Portanto, se a matriz concordasse em vender a CF aos executivos, a remuneração dos provedores de recursos financeiros (acionistas [96%] e bancos [4%]) seria, na média, de 31%. Uma remuneração bem interessante aos acionistas para correr o risco da MBO e da LBO, e abrir mão da estabilidade e do conforto de seus salários e benefícios para que pudessem se tornar empresários.

QUADRO 5.17 › Análise de sensibilidade: taxa de desconto *versus* VEA

WACC	VEA (US$ milhões)
18%	72
20%	61
25%	44
31%	30

FONTE: ELABORADO PELO AUTOR.

Esta era a boa notícia: se a matriz mantivesse sua expectativa para o valor de venda de US$ 30 milhões, os executivos estariam fazendo um negócio potencialmente muito bom. A notícia que ainda preocupava era como arrumar US$ 50 milhões em dinheiro. Sim, US$ 50 milhões, dos quais US$ 30 milhões seriam usados para pagar as ações, e os outros US$ 20 milhões para amortizar a dívida do BNDES, que dispunha de uma cláusula de aceleração dos pagamentos se a empresa mudasse de acionistas.[3] Mas não era só isso. Seriam necessários também mais recursos para os investimentos no ativo imobilizado (US$ 4,3 milhões) e no capital de giro ao longo do ano. Simulamos a necessidade ao longo de 1999, assumindo que as vendas se distribuiriam uniformemente nesse período e deduzimos que, no primeiro trimestre, haveria um déficit no fluxo operacional de caixa que precisaria ser financiado com o caixa acumulado na tesouraria da empresa, aporte dos acionistas ou empréstimos bancários.

QUADRO 5.18 › Simulação da necessidade de recursos para os investimentos em capital de giro e no ativo imobilizado durante 1999 (R$ milhões)

	31/12/1998	1ºT/09	2ºT/09	3ºT/09	4ºT/09
ROL		17,3	17,3	17,3	17,3
Ebitda		4,1	4,1	4,1	4,1
Investimentos		- 0,4	- 0,4	- 0,4	- 0,4
IR&CS desalavancado		- 1,2	- 1,2	- 1,2	- 1,2
FOC pré-capital de giro		2,5	2,5	2,5	2,5
CAR	5,7	5,8	5,8	5,8	5,8
Δ CAR		0,1	-	-	-
Dias estoques		250	200	80	180
Estoques	26,7	35,2	28,2	11,3	25,4
Δ Estoques		8,5	- 7	- 16,9	14,1
Inv. capital de giro		- 8,6	7	16,9	- 14,1
FOC		**- 6,1**	**9,6**	**19,5**	**- 11,6**
FOC acumulado		**- 6,1**	**3,5**	**23**	**11,4**

FONTE: ELABORADO PELO AUTOR.

O primeiro trimestre seria o período mais apertado, pois seriam necessários aproximadamente US$ 6 milhões de novos recursos por cerca de quatro meses e meio. Logo no trimestre subsequente, a geração de caixa permitiria amortizar um eventual empréstimo de US$ 6 milhões e seus juros. Portanto, pelo menos para a primeira metade de 1999, os executivos precisariam captar US$ 56 milhões, dos quais US$ 50 milhões deveriam ser por meio de empréstimos de longo prazo, que, pelas nossas projeções, seria de, no mínimo, cinco anos. Dependendo da taxa de juros, o prazo de amortização poderia ser superior a cinco anos.

QUADRO 5.19 › Cenário MBO: projeção do FOC da CF (U$ milhão)

	1999	2000	2001	2002	2003
FOC	11,4	13	17	18,2	18,2
FOC acumulado	11,4	24,5	41,5	59,7	78

FONTE: ELABORADO PELO AUTOR.

Como conseguir esses recursos? Na época, todas as alternativas de captação de capital e financiamentos tradicionais foram contempladas, com suas vantagens e desvantagens. Vale lembrar que se tratava de um período que o Brasil estava vivendo os efeitos das crises da Ásia e da Rússia. As taxas de juros de curto prazo estavam muito altas, e os prazos de financiamentos muito curtos. O país estava sofrendo forte ajuste macroeconômico, que culminou com a desvalorização do real em 1999. As fontes de financiamento eram muito escassas e caras.

Discutiu-se uma possível estratégia de captação de capital que envolvia a venda de participação minoritária a um investidor estratégico. Esse tipo de venda, como *private equities*, embora teoricamente fosse pertinente, não o era para as circunstâncias do Brasil naquele momento e para o setor de atuação da CF, que não era foco desse tipo de investidor na época.

Foram analisadas cinco possíveis estratégias de captação de financiamentos: três de longo prazo (acima de dois anos); a Resolução 63, como captação de médio prazo (até dois anos); e o adiantamento de contrato de câmbio (ACC) como captação de curto prazo (até seis meses).

QUADRO 5.20 › Análise das potenciais fontes de recursos

Fonte	Descrição
Investidor estratégico	Os investidores adquiririam participação minoritária na CF, dividindo o risco com os executivos. A injeção de capital, por reduzir a alavancagem da MBO, aumentaria o FLC disponível para dividendos.
Investidor financeiro	Os potenciais investidores não seriam concorrentes da matriz e poderiam ter acesso a fontes mais baratas de financiamento.
Seller's finance	A matriz poderia parcelar a MBO exigindo as ações como garantia se a qualidade do extrato ou a dívida não fossem honradas. A matriz conhecia a capacidade da empresa e a idoneidade dos executivos.
BNDES	O BNDES, na época, não financiava transações de fusões e aquisições. Entretanto, o BNDES Finame era um programa de financiamento para compra de equipamentos: prazo do financiamento de seis anos, sendo um de carência; taxa média de juros de 12% a.a.; um ano de carência, inclusive de juros; garantias requeridas tradicionais (hipotecas e aval).
Securitização de recebíveis	Tratava-se de uma antecipação de recursos provenientes de exportações. O risco de crédito da matriz era excelente e provavelmente teria baixo custo total (12% a.a.).[4] Os juros seriam pagos mensalmente, com carência de um ano para amortizar o principal. A garantia requerida seriam os recebíveis da matriz.

Fonte	Descrição
Resolução 63	Era uma fonte muito popular na época entre empresas exportadoras; tratava-se de linhas de repasse de recursos externos para empresas brasileiras. Os juros eram pagos semestralmente e o principal apenas no final. O prazo era de dois anos, os juros de 14% ao ano, e as garantias requeridas eram quotas da empresa e outras.
ACC	Eram antecipações de receitas de exportações, excetuando o que estava comprometido para pagamento de juros e principal da securitização. A taxa de juros era excepcional (8% ao ano). O prazo de financiamento da época era 180 dias. O limite de captação é o valor do embarque das mercadorias a serem exportadas em 180 dias.

FONTE: ELABORADO PELO AUTOR.

Cada uma dessas alternativas foi discutida:

- **Investidor estratégico**: um dos principais desafios de encontrar um investidor estratégico era evitar aqueles que poderiam ser concorrentes da matriz ou outros clientes internacionais da CF (outras indústrias e *trading companies*). Por que esse tipo de investidor compraria um pedaço da CF não fosse para ter acesso ao extrato de alta pureza? A matriz certamente vetaria a transação.

Uma alternativa muito discutida foi a possível participação do sr. Gastão, o empresário brasileiro que tinha sido rejeitado pela matriz. Será que ele aceitaria retomar a transação, tornar-se sócio dos executivos e investir os US$ 30 milhões que haviam sido negociados? Seria um grande desafio convencê-lo de que, na nova estrutura, seus US$ 30 milhões não comprariam 100% das ações da CF, e sim muito menos. Afinal, o cenário MBO estimou o valor das ações em US$ 70 milhões. Será que o sr. Gastão aceitaria que o valor do *know-how* dos executivos valeria US$ 40 milhões?

Uma possível saída seria definir metas para o FOC no Acordo de Acionistas. Inicialmente, o sr. Gastão poderia aceitar as projeções dos executivos como factíveis. Como decorrência, teria 43% das ações da CF (US$ 30 milhões divididos por US$ 70 milhões). No entanto, se os executivos não cumprissem as projeções, em um prazo predeterminado (de três a cinco anos), eles teriam de vender suas ações para o sr. Gastão por um valor simbólico, por meio de uma opção de compra (*call option*). Por exemplo, se o FOC acumulado em cinco anos fosse 20% menor que o projetado, o valor das ações da CF, para o mesmo WACC (18,3%), seria de US$ 52 milhões.

O sr. Gastão, que investiu US$ 30 milhões, teria, então, direito a deter 58% das ações (US$ 30 milhões divididos por US$ 52 milhões). Os executivos teriam de vender o equivalente a 15% das ações da CF por US$ 1,00 para compensá-lo.

Há dois problemas nesse mecanismo. Primeiro, dependendo do tamanho da compensação que os executivos tivessem de dar ao sr. Gastão, poderiam se sentir desmotivados a continuar na CF. O empresário, então, permaneceria refém de executivos desmotivados.

O segundo é que, se os FOCs realizados ficassem muito aquém dos projetados, provavelmente a CF teria problemas em honrar suas vendas para a matriz. Nesse caso, a CF perderia valor tanto para os executivos quanto para o sr. Gastão. A opção de compra do empresário brasileiro perderia valor.

Ou seja, o domínio do *know-how* era absolutamente estratégico e muito valioso, especialmente para a matriz. O sr. Gastão teria de dar um tremendo voto de confiança aos executivos.

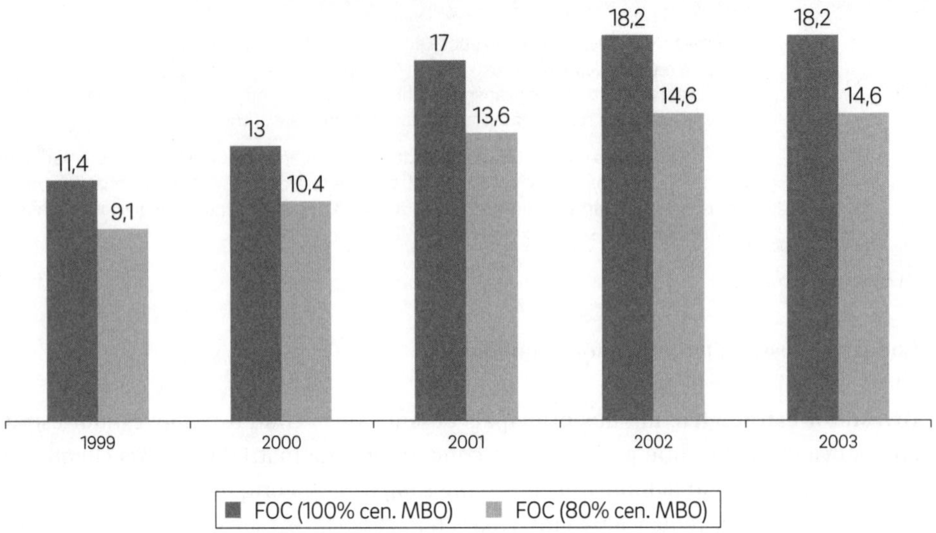

FONTE: ELABORADA PELO AUTOR.

FIGURA 5.1 › 100% e 80% da projeção do FOC no cenário MBO.

NOTA TÉCNICA › Mecanismo de *earn-out*

Para o sr. Gastão, uma alternativa seria propor aos executivos um mecanismo diferente de ajuste acionário. Em vez de começar com 43% das ações da CF, começaria com 80%, por exemplo. Nesse caso, os executivos deteriam, inicialmente, 20% das ações da CF. Ao fim de cada ano, uma vez atingida a meta prevista para o FOC, os executivos teriam uma opção de compra do equivalente a 7,38% das ações da CF pelo preço simbólico de US$ 1,00. Ao fim do quinto ano, se tudo corresse como planejado, os executivos deteriam 57% das ações da CF. Ao fim, os dois mecanismos dariam aos executivos 57% das ações da CF, entretanto, no segundo mecanismo, eles começariam com uma participação menor. Essa seria uma boa estratégia para o sr. Gastão propor aos executivos. Nela, o voto de confiança seria mútuo. No entanto, como a Matriz reagiria à notícia de que o sr. Gastão estava de volta, e com 80% das ações da CF?

O principal problema é que os executivos, por motivos óbvios, não gostariam deste segundo mecanismo, e não seríamos nós, assessores dos executivos, a propô-lo ao sr. Gastão.

- **Investidor financeiro**: um fundo de *private equity* (FPE) se interessaria pela projeção de crescimento da CF? Poderia ele considerar a CF como uma plataforma para aquisição de empresas semelhantes menores a fim de acelerar ainda mais seu crescimento? Qual seria a estratégia de saída (*way-out*)? Uma oferta pública de ações em bolsa (IPO) de uma empresa do tipo e tamanho da CF seria improvável, ou, no mínimo, inusitada. O M&A estratégico também poderia enfrentar restrições da matriz, como discutido na opção do "Investidor estratégico". Ou seja, a alternativa de recorrer a um FPE parecia pouco provável.
- ***Seller's finance***: nossa leitura é que a matriz dificilmente aceitaria financiar a MBO, até para não criar um perigoso precedente perante os executivos de suas diversas subsidiárias ao redor do mundo. Solicitar tal financiamento também poderia indicar que os executivos da CF estavam especulando, o que teria implicações negativas em sua reputação.

Uma alternativa que poderia ser negociada com a matriz seria um crédito menor, por exemplo, US$ 10 milhões, o qual poderia ser pago em amortizações constantes ou até crescentes, por exemplo: 5% no primeiro ano, 10% no segundo, 20% no terceiro, 30% no quarto e 35% no quinto. Isto, sem dúvida, ajudaria os executivos, que poderiam ainda oferecer como garantia do empréstimo as ações da CF. O valor de US$ 10 milhões poderia não criar muitos constrangimentos políticos na matriz. A questão, entretanto, era que US$ 10 milhões ajudariam, mas não resolveriam o financiamento da MBO, que teria de ser complementada por outras fontes.

- **BNDES**: o Finame poderia ser usado para financiar os investimentos em equipamentos que seriam necessários para aumentar a eficiência da fábrica da CF.
- **Resolução 63**: apesar de a taxa de juros não ser especialmente alta (14% ao ano), o prazo de financiamento era curto: somente dois anos. O grande atrativo dessa fonte de financiamento era o pagamento *bullet* do principal. Se os executivos previssem algum novo tipo de financiamento ou injeção de capital significativo que pudesse acontecer em até dois anos, a Resolução 63 poderia servir de "empréstimo ponte".
- **ACC**: apesar da baixa taxa, o prazo de financiamento era de curtíssimo prazo (até 180 dias). Seria muito arriscado captar recursos significativos de ACC e apostar que a linha estaria sempre disponível para ser renovada.

Adicionalmente, o fato de a securitização não requerer outras garantias permitiria à empresa captar outros financiamentos dando garantias reais, como hipotecas, penhor de máquinas e equipamentos.

No Brasil, a securitização de recebíveis é estruturada por meio de Fundos de Investimento em Direitos Creditórios (FIDC).

A solução para a LBO estava em um ativo oculto da CF: o contrato de fornecimento de longo prazo com uma multinacional com excelente risco de crédito no Brasil e no exterior. Haveria um fluxo de pagamentos constante e de longo prazo sendo feito pela matriz, que só seria interrompido se a CF não exportasse o volume contratado do extrato. Historicamente, esse risco operacional era muito baixo; portanto, o fluxo de pagamento, do lado tanto do vendedor (CF) quanto do comprador (matriz), era muito seguro. No caso extremo de a matriz deixar de comprar o extrato da CF, por exemplo, por interromper a produção do medicamento, haveria outros interessados nos mercados internacional e nacional. No caso extremo de a CF interromper as exportações, por exemplo, por causa de um incêndio ou seca severa que comprometesse a colheita, a empresa poderia contratar um seguro que cobrisse os lucros cessantes.

NA PRÁTICA › R$ 800 milhões viraram pó: ponto fora da curva?[5]

Em 8/11/2010, o jornal *Valor Econômico* publicou um artigo na primeira página sobre o fundo brasileiro da factoring Union de R$ 800 milhões que "virou pó". A notícia imediatamente chamou a atenção por vários motivos:

(1) O volume das perdas é significativo e os investidores envolvidos eram sofisticados. Trata-se de 17 investidores, dentre eles 16 fundos *hedge* estrangeiros e um fundo de pensão brasileiro. Se investidores sofisticados como estes sofrem tal tipo de perda, que dirá nós, investidores privados, leigos, que buscamos proteger nossas reservas?

(2) FIDCs são fundos que investem na aquisição de títulos de financiamento ao consumidor. No caso da Union, tratava-se de títulos de uma grande universidade privada; cooperativas; e empresas manufatureiras. O fundo era administrado por profissionais que deveriam zelar pela análise de crédito dos títulos comprados pelo fundo. O jornal afirma que um dos administradores era também conselheiro de uma das empresas cujos títulos se mostraram inadimplentes, indicando um conflito de interesses. Como evitar tal tipo de conflito de interesse tão nefasto?

(3) Em março de 2009, a agência classificadora de risco atribuiu nota "A+" ao fundo. Em setembro, a mesma agência atribuiu "CCC" ao mesmo fundo. Em seis meses, como a análise de risco mudou tanto? Como podemos confiar nessas agências de *rating*?

(4) O volume de créditos atrasados passou de 13% para 96% da carteira em seis meses (março a setembro de 2009). Aparentemente, tratava-se de títulos ligados a vários segmentos do varejo brasileiro. OK, estávamos saindo da "marolinha" de outubro de 2008, mas, mesmo assim, parece-me uma deterioração muito radical em tão pouco tempo. Será que esses títulos representam uma amostra muito enviesada da inadimplência na economia brasileira, ou não?

Conflitos de interesse na administração de fundos, *ratings* insustentáveis e inadimplência explosiva: ponto fora da curva, ou sinal de algo pior em nossa economia e mercado de capitais?

Com base na análise das vantagens e desvantagens dessas alternativas de captação, elaboramos a estratégia para a MBO e a LBO em seis passos, utilizando datas fictícias para fins de exposição.

- **Primeiro passo: os executivos se tornariam acionistas da empresa.** Confirmada a intenção da matriz de vender a CF por US$ 30 milhões, os executivos adquiririam 1% das ações da CF de propriedade da matriz ao valor patrimonial, ou seja, US$ 300 mil, com recursos próprios.
- **Segundo passo: a CF captaria recursos por meio de securitização.** A CF captaria o equivalente a US$ 50 milhões, via securitização de recebíveis, e manteria os recursos em sua tesouraria.

QUADRO 5.21 › Simulação do BP da CF no momento da captação da securitização (em 2 de janeiro de 1999, em R$ milhões)

Disponibilidades	50	BNDES	20
CAR	5,7	Securitização	50
Estoques	26,7		
AIL	12	Patrimônio líquido	30
Investimentos	5,6		
Total do ativo	**100**	**Total do passivo e PL**	**100**

FONTE: ELABORADO PELO AUTOR.

A securitização teria um custo de 12% ao ano, por um período de cinco anos, incluindo um ano de carência de amortização do principal (mas não do pagamento de juros).

QUADRO 5.22 › Projeção do saldo e serviço da dívida da securitização

Securitização	31/12/1999	31/12/2000	31/12/2001	31/12/2002	31/12/2003
Saldo	50	37,5	25	12,5	–
Amortização	–	- 12,5	- 12,5	- 12,5	- 12,5
Juros	- 6	- 4,5	- 3	- 1,5	–

FONTE: ELABORADO PELO AUTOR.

- **Terceiro passo: a empresa compraria suas próprias ações.** Com os recursos da securitização no caixa da CF, a própria empresa compraria os 99% restantes das ações pertencentes à matriz por US$ 29,7 milhões e os depositaria na tesouraria.

QUADRO 5.23 › Simulação do BP da CF no momento da compra das ações da matriz (em 3 de janeiro de 1999, em R$ milhões)

Disponibilidades	20,3	BNDES	20
Ações em tesouraria	29,7	Securitização	50
CAR	5,7		
Estoques	26,7	Patrimônio líquido	30
AIL	12	Capital próprio	0,3
Investimentos	5,6	Ações em tesouraria	29,7
Total do ativo	**100**	**Total do passivo e PL**	**100**

FONTE: ELABORADO PELO AUTOR.

- **Quarto passo: pré-pagamento da dívida com o BNDES.** Por causa da mudança societária, a dívida de US$ 20 milhões com o BNDES teria seu vencimento antecipado. A dívida seria paga pela empresa com seus recursos em tesouraria.

QUADRO 5.24 › Simulação do BP da CF no momento do pagamento ao BNDES (em 4 de janeiro de 1999, R$ em milhões)

Disponibilidades	0,3	BNDES	–
Ações em tesouraria	29,7	Securitização	50
CAR	5,7		
Estoques	26,7	Patrimônio líquido	30
AIL	12	Capital próprio	0,3
Investimentos	5,6	Ações em tesouraria	29,7
Total do ativo	**80**	**Total do passivo e PL**	**80**

FONTE: ELABORADO PELO AUTOR.

- **Quinto passo: captação de ACC.** Para financiar o capital de giro do primeiro trimestre de 1999, a empresa captaria R$ 6 milhões em ACC, por um custo de 8% ao ano, para pagá-lo em seis meses.

QUADRO 5.25 › Simulação do BP da CF no momento da captação do ACC (em 5 de janeiro de 1999, em R$ milhões)

Disponibilidades	6,3	ACC	6
Ações em tesouraria	29,7	Securitização	50
CAR	5,7		
Estoques	26,7	Patrimônio líquido	30
AIL	12	Capital próprio	0,3
Investimentos	5,6	Ações em tesouraria	29,7
Total do ativo	**86**	**Total do passivo e PL**	**86**

FONTE: ELABORADO PELO AUTOR.

- **Sexto passo: executando a MBO.** A empresa cancelaria as ações em tesouraria, e os executivos, com 1% das ações, controlariam a CF, pois possuíam 100% das ações *outstanding*.

QUADRO 5.26 › Simulação do BP da CF no momento da MBO (em 6 de janeiro de 1999, em R$ milhões)

Disponibilidades	6,3	ACC	6
Ações em tesouraria	–	Securitização	50
CAR	5,7		
Estoques	26,7	Patrimônio líquido	0,3
AIL	12	Capital próprio	0,3
Investimentos	5,6	Ações em tesouraria	–
Total do ativo	**56,3**	**Total do passivo e PL**	**56,3**

FONTE: ELABORADO PELO AUTOR.

Nesse momento, a alavancagem da CF atingiria um grau elevado, típico de MBO e LBO: a relação dívida total sobre o patrimônio líquido seria de 187 vezes. No entanto, as projeções indicavam que essa alavancagem seria reduzida gradualmente, e poderia até haver algum recurso disponível para pagar dividendos em 2001.

QUADRO 5.27 › Projeção do fluxo livre de caixa da CF pós-MBO e LBO (US$ milhões)

	1999	2000	2001	2002	2003	2004
FOC	**11,4**	**13**	**17**	**18,2**	**18,2**	**18,2**
Captação ACC	6	–	–	–	–	–
Captação de securitização	50	–	–	–	–	–
Receitas financeiras[6]	–	0,5	0,3	0,5	0,8	1,2
Despesas financeiras	**– 6,2**	**– 4,5**	**– 3**	**– 1,5**	–	–
Amortização de dívidas	**– 26**	**– 12,5**	**– 12,5**	**– 12,5**	**– 12,5**	–
Compra de ações	**– 29,7**	–	–	–	–	–
Ajuste IR&CS	2,1	1,3	0,9	0,3	**– 0,3**	– 0,4

	1999	2000	2001	2002	2003	2004
FLC	7,5	– 2,2	2,7	5	6,3	19
FLC acumulado	7,5	5,4	8,1	13,2	19,4	38,4

FONTE: ELABORADO PELO AUTOR.

O ano de 1999 seria um período de muito trabalho; de altos investimentos (US$ 1,5 milhão) e reestruturação de custos e despesas (que somariam um total de US$ 4 milhões, equivalentes a 7% do total dos custos e das despesas em 1998). A folga financeira dada pelos 12 meses de carência na amortização do principal era essencial para criar uma reserva de dinheiro à empresa nesse momento de grandes ajustes. Se tudo corresse bem, 1999 findaria com a empresa alavancando em oito vezes seu patrimônio líquido.

QUADRO 5.28 › Evolução dos principais índices de endividamento (US$ milhões)

	31/12/1999	31/12/2000	31/12/2001	31/12/2002	31/12/2003
PL	6	16,9	31,9	48,1	65,4
Dívida	50	37,5	25	12,5	–
Dívida/PL	8,3	2,2	0,8	0,3	–
Índice de cobertura	0,4	1	1,3	1,4	1,5
Disponibilidade	7,5	5,4	8,1	13,2	19,4

FONTE: ELABORADO PELO AUTOR.

O segundo ano mais crítico seria 2000, quando a empresa pagaria a primeira parcela de amortização da dívida, que, somados os juros, consumiria US$ 17 milhões. Excluindo o período de carência, seria o ano de pico dos índices de endividamento: dívida total 2,2 vezes maior do que o patrimônio líquido e Ebitda líquido igual ao serviço da dívida no ano (o famoso índice de cobertura).[7] A administração das disponibilidades seria a chave para honrar o serviço da dívida, pois o FOC de 2000 não seria suficiente para pagar todos os compromissos financeiros do ano. Seria impensável distribuir dividendos entre 1999 e 2000.

QUADRO 5.29 › Projeção do balanço patrimonial da CF pós-MBO e LBO

Ativo	**31/12/1998**	**6/1/1999**	**31/12/1999**	**31/12/2000**	**31/12/2001**	**31/12/2002**	**31/12/2003**
Disponibilidade	–	6	7,5	5,4	8,1	13,2	19,4
CAR	5,7	5,7	5,8	6,4	6,8	6,8	6,8
Estoques	26,7	26,7	25,4	26,2	26,6	26,6	26,6
AIB	28	28	29,5	30,4	31,3	31,8	32,3
Depreciação acum.	– 16	– 16	– 17,8	– 19,6	– 21,5	– 23,4	– 25,3
AIL	12	12	11,7	10,8	9,8	8,4	7
Investimentos	5,6	5,6	5,6	5,6	5,6	5,6	5,6
Total do ativo	50	56,3	56	54,4	56,9	60,5	65,4
Passivo	**31/12/1998**	**6/1/1999**	**31/12/1999**	**31/12/2000**	**31/12/2001**	**31/12/2002**	**31/12/2003**
BNDES	20	–	–	–	–	–	–

Passivo	31/12/1998	6/1/1999	31/12/1999	31/12/2000	31/12/2001	31/12/2002	31/12/2003
ACC	–	6	–	–	–	–	–
Securitização	–	50	50	37,5	25	12,5	–
Patrimônio líquido	30	0,3	6	16,9	31,9	48,1	65,4
Total do passivo e PL	50	56,3	56	54,4	56,9	60,6	65,4

FONTE: ELABORADO PELO AUTOR.

Após o ano 2000, o futuro parecia muito mais promissor, não apenas nos índices de endividamento mas também no acúmulo de caixa. Era importante elaborar planos de contingência. Se houvesse uma queda de preços do extrato no mercado internacional, ou se os cortes de custos e despesas não se confirmassem, tanto na sua dimensão quanto em seu cronograma, a empresa precisaria ter acesso a fontes complementares de financiamento.

- Como a CF exportou US$ 60 milhões e securitizaria US$ 50 milhões, haveria um excedente de US$ 10 milhões que a empresa poderia usar para contratar ACCs a fim de financiar seu capital de giro do ano 2000 em diante, caso fosse preciso.
- Se necessário, a empresa poderia financiar os investimentos em processos e equipamentos de US$ 1,8 milhão pelo programa BNDES Finame.
- Se fosse preciso aumentar o volume de caixa disponível, os novos acionistas poderiam vender a fazenda, cujo valor contábil era de US$ 5,6 milhões.

O importante era não captar linhas de curto prazo para sustentar investimentos de longo prazo. O ACC, com seu baixo custo, era uma fonte tentadora,[8] mas perigosa, uma vez que o governo poderia intervir no mercado e mudar seus prazos a qualquer momento.

Se tudo transcorresse conforme nossas projeções indicavam, em 2001/2002 a alavancagem financeira da CF estaria em níveis muito confortáveis. Ao fim de 2003, a dívida da LBO estaria totalmente amortizada, e os novos acionistas teriam acumulado US$ 19,4 milhões na tesouraria da empresa, que poderiam ser distribuídos como dividendos. Daí para a frente, todos os anos, o fluxo livre de caixa da empresa seria de US$ 19,0 milhões ao ano. Os ex-executivos e novos acionistas da CF estariam milionários. Nada mau para um investimento de US$ 300 mil.

QUADRO 5.30 › Projeção da alavancagem e do fluxo livre de caixa da CF pós-MBO e LBO (US$ milhão)

	1999	2000	2001	2002	2003	2004
Dívida/PL	8,3	2,2	0,8	0,3	–	–
Índice de cobertura	0,4	1	1,3	1,4	1,5	–
FLC	7,5	– 2,2	2,7	5	6,3	19
FLC acumulado	**7,5**	**5,4**	**8,1**	**13,2**	**19,4**	**38,4**

FONTE: ELABORADO PELO AUTOR.

As estratégias operacional (plano de investimentos e corte de despesas e custos) e da LBO pareciam estar sólidas e consistentes. Agora, precisávamos ir a Paris para apresentar nossas intenções à matriz.

RELATO PESSOAL

Michael Milken é uma figura fascinante pelo que fez de melhor e de pior. Em 21 de outubro de 2010, o jornal *The Economist* publicou um artigo ("Stars of the junkyard", p. 83-85) sobre ele, na ocasião do aniversário de vinte anos da falência de seu banco de investimento, Drexel Burnhan Lambert (DBL).

A primeira vez que ouvi falar sobre Milken foi em 1990, quando começava meu mestrado em Finanças na University of Illinois, nos Estados Unidos. Na época, ele já era um ícone em Wall Street e aparecia em manchetes nas páginas policiais. Estavam no auge as grandes transações, como a LBO da RJR Nabisco, descrita no livro de Burrough e Helyar (1990). A onda de grandes aquisições alavancadas dessa época trouxe fascinantes inovações em termos de instrumentos e estruturas de financiamento. Talvez a mais interessante de todas tenha sido as LBOs financiadas com os *junk bonds* de Milken.

A década de 1980 foi marcada por inovações e transações emblemáticas em Wall Street, e Milken contribuiu muito com seus *junk bonds* (são *bonds* de alto risco e, como tal, pagam altos juros). Ele não os inventou, mas, sem dúvida, lhes deu nova vida. Por meio deles, Milken conseguiu financiar muitas empresas de médio porte, inovadoras e/ou com estratégias de alto risco, que não tinham acesso ao crédito bancário tradicional. Empresas de tecnologia, mídia (a rede CNN, por exemplo), telefonia (a MCI, concorrente da AT&T), entretenimento etc. Empresas com boas perspectivas de crescimento, mas de alto risco. Como tais, não tinham apelo para os bancos tradicionais, mas, no fabuloso e sofisticado mercado de capitais norte-americano, sempre há muita gente buscando ganhos maiores, mesmo em troca de riscos maiores.

Os *junk bonds* de Milken também financiaram aquisições hostis (*takeovers*) de empresas mal geridas por investidores especialistas (*corporate ryders*) que as compravam, corrigiam seus desperdícios e ineficiência para depois vendê-las com lucro. O personagem de Richard Gere era um desses *ryders* no filme *Uma linda mulher* (*Pretty woman*).

Comprar o controle de empresas era (e ainda é) possível nas bolsas de valores dos Estados Unidos (no Brasil é mais difícil). Os *takeovers* serviram (e servem) de ameaça real aos executivos que se acomodam no sucesso e não se empenham em administrar bem as empresas nas quais trabalham.

Atendendo a esses dois tipos de clientes dos *junk bonds*, os *corporate ryders* e as empresas médias de alto risco sem acesso aos bancos, Milken ajudou a trazer eficiência e dinamismo à economia norte-americana. Infelizmente, "a ambição destrói o cidadão", como me dizia um ex-chefe.

Milken, não contente com a fortuna e poder que conquistou com seus *junk bonds* resolveu ganhar mais vendendo informação privilegiada e acabou na cadeia! Quem se interessar e quiser saber mais sobre o auge e a derrocada de Milken pode ler o excelente livro de Stuart (1993).

Hoje, vinte anos após o fim de Milken, os *junk bonds* continuam financiando transações de aquisição e empresas de alto risco. Segundo o jornal *The Economist*, em 1990, o estoque de *junk bonds* nos Estados Unidos era de US$ 150 bilhões, e hoje soma US$ 1 trilhão! O sucesso deve-se ao fato de que, apesar de serem investimentos de alto risco, a taxa efetiva de *default* desses *bonds* é historicamente baixa. Um *bond* de uma ótima empresa (os ditos *investment grade*) é menos arriscado, mas paga bem menos, e, como tal, seu retorno (*yield*) só pode piorar.

Milken tinha vários talentos, e um deles era conquistar a confiança de seus clientes. Ele fazia isso não só viabilizando seus projetos com as emissões dos *bonds*, mas também fornecendo liquidez aos investidores. Ou seja, se algum investidor dos *bonds* de Milken precisasse vender o título e não encontrasse comprador no mercado, o DBL os comprava. Em outras palavras, além de emissor, Milken também era o *marketmaker* de seus *bonds*, o que gerava uma tremenda confiança tanto nas empresas financiadas (emissores) quanto nos compradores.

Junk bonds são meios incríveis para financiar empresas que não se importam em pagar altos juros, pois lhes sairia mais caro não ter o dinheiro para poder financiar suas atividades, seus planos de investimento. É um modo de "democratizar o crédito", o que seria ótimo se acontecesse no Brasil, onde o crédito de longo prazo é praticamente monopólio de um só banco (o BNDES). Alguns *junk bonds* são do tipo "*zero coupon*", ou seja, a empresa paga apenas todos os juros e devolve o principal de uma única vez no fim do prazo do empréstimo. Isto deixa a empresa emissora em uma situação financeira mais confortável durante os anos de investimento, quando as receitas são incertas e os custos altos.

Emprestar dinheiro para empresas com histórico financeiro sólido é fácil, mas não são essas que podem garantir altas taxas de crescimento a qualquer economia. Infelizmente, no Brasil, nosso mercado de capitais tem muito o que crescer e se sofisticar. O governo também tem de mudar sua relação com o mercado, oferecendo prêmios a quem investe no longo prazo e diminuindo seus gastos para poder reduzir a taxa básica de juros.

Para aqueles que se interessarem, recomendo a leitura de dois livros: Bruck (1988), que apresenta uma extensa descrição dos feitos de Milken antes de sua derrocada, e Stuart (1993), que descreve a investigação e os eventos que antecederam a prisão de Milken. Vários filmes também foram feitos para retratar, em maior ou menor graus, aspectos da época das LBOs. Podemos citar entre eles: *Selvagens em Wall Street*, com James Garner; *O dinheiro dos outros*, com Danny DeVito; e *Wall Street*, com Michael Douglas.

▪ DESFECHO

NEGOCIANDO A MBO E A LBO COM A MATRIZ

Com uma apresentação sobre a estratégia da MBO e LBO, fomos com os principais executivos da CF ao escritório central da matriz em Paris. Reunimo-nos com o superior imediato do presidente da CF na França, que ouviu atentamente nossos planos. Receptivo, mas cauteloso, respondeu que consultaria seus superiores e nos daria uma resposta em breve.

De volta ao Brasil, em duas semanas, tivemos uma sinalização positiva de que a MBO estava sendo analisada e já havia uma indicação de que o fundo de pensão da matriz teria interesse em subscrever toda a emissão da CF. Para o fundo de pensão era um ótimo negócio, pois investiria em um título de renda fixa de risco AAA, mas com uma remuneração de *junk bond*. A estrutura jurídica da emissão da securitização de recebíveis permitiria que, legalmente, o fundo de pensão subscrevesse a emissão sem incorrer em nenhum conflito de interesse.

Ficamos exultantes com as notícias, e os executivos já começaram a cotar os equipamentos que comprariam. Entretanto, nas semanas subsequentes, a matriz permaneceu em um inquietante silêncio. Não tivemos notícias por semanas. Até que, finalmente, descobrimos a razão: a matriz tinha sido vendida a um grande laboratório norte-americano. A MBO estava abortada. O sonho dos executivos de se tornarem empresários e milionários tinha acabado, pelo menos até que a matriz revisasse sua estratégia de desinvestimentos.

NOTA TÉCNICA › *Rating*

Esse termo significa uma opinião independente sobre a capacidade e a vontade de pagar pontualmente nas condições contratadas. Para avaliar o *rating* de uma empresa, de um instrumento financeiro ou projeto de investimentos, a agência de *rating* analisa a empresa, as garantias, o setor econômico em que se insere e o país de atuação para os próximos cinco anos. Os riscos analisados são: soberano (país) e subsoberanos (estados e municípios), corporativo, gestão e operações financeiras (debêntures, *project finance*,[9] notas promissórias, fundos de investimentos em direitos creditórios [FIDC], certificado de recebíveis imobiliários [CRI], cédulas de crédito bancários [CCB] e outros.

O *rating* é representado por um sistema de notas em escala global: uma empresa AAA tem risco mais baixo (probabilidade de inadimplir inferior a 0,5%), AA (inferior a 1%), A (inferior a 2%), BBB (inferior a 5%), BB (inferior a 15%), B (inferior a 30%), CCC (superior a 30%), CC (superior a 50%), C (superior a 75%) e D (*default*).[10] No Brasil, o *rating* começou em 1994. Agências de *rating* internacionais criaram o *rating* em escala "br", onde BBB+ na escala global equivale a AAA na escala br!

CONCLUSÕES

APESAR DO DESFECHO INGLÓRIO deste caso, algumas lições interessantes podem ser aprendidas:

- Em negócios, muitas variáveis estão em jogo. Por melhor que sejam as estratégias e as estruturas de endividamento, as condições negociais podem mudar repentinamente em razão de fatores exógenos, que, por definição, estão fora do controle de todos. As circunstâncias iniciais da CF e da matriz, bem como a estratégia da MBO e LBO, indicavam que a transação seria bem-sucedida, mas mesmo assim fracassou.
- Vimos como seria possível construir uma estrutura financeira que permitiria a compra de uma empresa com um patrimônio líquido de US$ 30 milhões dispondo de US$ 300 mil em dinheiro. Em condições favoráveis, o endividamento da CF alcançaria, em certo momento, uma dívida (US$ 56 milhões) 187 vezes maior que seu patrimônio líquido (US$ 300 mil).
- Os executivos da CF estiveram muito próximos de trocar seus salários por dividendos milionários. Sem dúvida, essa troca apenas seria possível em circunstâncias muito especiais, muito trabalho e uma boa dose de risco pessoal, porque muitos deles, na época já com 55 anos de idade em média, poderiam ter dificuldades de encontrar emprego se a proposta de MBO gerasse uma crise de confiança na matriz.
- A função do planejamento estratégico cuidadoso e responsável sobre o futuro de uma transação alavancada seria a chave para seu sucesso. Já vimos essa importância no caso Quixote também.
- Mercados de capital desenvolvidos não são "cassinos", como dita a crença popular. Por meio deles, transações alavancadas podem ser viabilizadas, elevando a eficiência e o dinamismo da economia. Empregos podem ser criados (ou destruídos) e a competência empresarial ser valorizada.
- As visões estratégicas e, por consequência, as perspectivas de valor sobre um mesmo ativo podem ser radicalmente diferentes. Para a matriz, as ações da CF valiam US$ 30 milhões.

  Para o grupo de executivos motivados e alinhados com informações superiores e *know-how* técnico, as mesmas ações valiam US$ 70 milhões. Talvez o valor da CF para os norte-americanos que compraram a Poisson Foule seja outro, muito diferente das duas perspectivas de valor anteriores.

NA PRÁTICA › Há poucos registros de MBOs no Brasil. Em 2012, houve a MBO do Frigorífico Rodopa, de Limeira, São Paulo, empresa familiar fundada em 1958 e dona da marca Tatuibi. Com uma receita bruta de R$ 759 milhões, a empresa foi vendida por R$ 200 milhões para seu diretor executivo. A MBO incluiu a assunção de R$ 160 milhões de dívidas da empresa, 80% delas com vencimento no curto prazo. Como condição para fechar o negócio, o diretor exigiu a emissão externa de um *bond* de US$ 100 milhões, que será remunerada por um juros de 12,5% ao ano e cujo vencimento será em 2017. A captação alongará a dívida da Rodopa e permitirá a expansão da capacidade de abate.[11]

Em 2005, a empresa de software ABC71, fundada há 34 anos pelo holandês naturalizado brasileiro Frank van Swaay, passou a ser gerida por um grupo de 23 funcionários.[12] No mesmo ano, a Nationwide, uma das maiores companhias de seguros de vida e previdência dos Estados Unidos deixou de operar no Brasil, mas, antes, vendeu sua carteira de seguros de vida, que gerava prêmios no valor de R$ 100 milhões, para quatro executivos em uma MBO.[13]

Exercícios

1 **Compare e explique: LBO e MBO.**

2 **O que é uma MBO? Quais são as dificuldades de estruturá-la? Cite pelo menos quatro.**

3 **O que é uma LBO? Quais são as dificuldades de estruturá-la? Cite pelo menos quatro.**

4 **Que relações podemos identificar entre a análise de múltiplo para venda (valor em relação ao Ebitda, lucro líquido e patrimônio líquido) e as estimativas geradas para o VEE e VEA nos cenários sem crescimento e a pré-MBO?**

5 **Por que a avaliação da Crazy Fish para a matriz foi tão diferente daquela produzida pela diretoria? Discuta cada uma das principais diferenças conceituais e mensure seus impactos no valor para os acionistas.**

6 **Por que a taxa-meta da matriz para investimentos fora da Europa (10%) é tão diferente do retorno esperado pelos executivos estimados na pré-MBO (18,7%)? Que taxa você considera mais adequada para estimar o valor da Crazy Fish? Por quê?**

7 **Comente criticamente o método utilizado para estimar o WACC pós-MBO. Você proporia outro? Em caso positivo, explique-o; em caso negativo, justifique.**

8 **O que são *covenants*? Dê exemplos.**

Covenants são obrigações contratuais de natureza financeira entre uma empresa e um agente econômico, geralmente um banco, que lhe concede um empréstimo. Em geral, os *covenants* são típicos de empréstimos bancários, mas também podem estar presentes em instrumentos de dívidas vendidos no mercado aberto, como as debêntures. Em teoria, *covenants* podem constar em qualquer acordo entre duas partes que envolva a capacidade de honrar um compromisso financeiro. Em um empréstimo bancário, por exemplo, é comum a empresa ter de manter a relação entre certas variáveis contábeis, por exemplo: o ativo circulante maior que o passivo circulante, a dívida onerosa total sobre o patrimônio líquido e o serviço da dívida onerosa (juros e amortizações) em relação ao Ebitda menos o IR&CS a pagar. Adicionalmente, pode haver outras restrições sobre a distribuição de dividendos e investimentos acima de certo volume.

9 **Remonte as projeções do FOC e do FLC do cenário MBO em sua própria planilha eletrônica. Simule um arranjo alternativo para a LBO como:**

- captação de US$ 50 milhões pela Resolução 63 em 1999, seguida de uma securitização de US$ 50 milhões em 2001;

- captação de US$ 60 milhões em securitização em 1999 sem a captação de ACC; e
- outra estrutura de financiamento que você possa imaginar.

Compare os resultados de cada uma dessas novas estruturas da LBO e seu impacto no VEA, assumindo um R_c de 18,7%.

10 **Considere os seguintes dados sobre uma amostra de dez empresas de capital aberto processadoras de arroz nos Estados Unidos (em US$ milhões, médias entre agosto de 2001 e novembro de 2002):**

- valor médio das empresas segundo o preço de suas ações na bolsa de valores (*market capitalization*): US$ 100 milhões;
- valor médio do Ebitda: US$ 6 milhões;
- Valor médio do Ebit: US$ 0 milhão; e
- valor médio do prejuízo: - US$ 5 milhões.

Utilizando a análise de múltiplos e comparando com o resultado do FDC da Piri (Capítulo 3), a que conclusões você pode chegar? Responda da maneira mais completa possível.

Uma dessas dez empresas foi recentemente vendida a um conglomerado de alimentos por um valor equivalente a um múltiplo sobre Ebit muito superior ao da média dos múltiplos de mercado da amostra. Quais são as possíveis razões de tal diferença?

11 **Uma empresa de participações, a Rosebud SA, tem somente as ações de duas empresas. Uma delas é uma siderúrgica de grande porte que exporta parte significativa de sua produção e é muito competitiva. A outra é uma empresa têxtil, também de porte considerável, exportadora, mas exposta à feroz concorrência das exportações dos países asiáticos. Suponha que você seja um gerente de crédito corporativo que tem de conceder um empréstimo de R$ 100 milhões à Rosebud, mas só tem as informações da tabela apresentada a seguir.**

Empresa	Patrimônio líquido	R_d	Dívida	Ebitda
Têxtil	100	20%	100	10
Aço	300	10%	50	40

Que taxa de juros cobraria por esse empréstimo? Explique por quê.

12 **Suponha que você seja o consultor financeiro de um megainvestidor que está interessado em adquirir 100% de suas ações da Tanakara SA, que produz e vende aparelhos de ginástica para lares e academias. Trata-se de um mercado que cresce 5% ao ano. Nos últimos anos, as vendas dessa empresa têm crescido 20% ao ano. Esse alto crescimento deve-se à política de crédito agressiva. A Tanakara financia 80% de suas vendas por 365 dias a juros de 12% ao ano. Além de produzir e vender esses aparelhos, a empresa provê manutenção às academias perante uma taxa mensal de R$ 10 mil. Os contratos de manutenção são renovados a cada três anos. O proprietário da empresa, Joel Tanakara, não tem herdeiros, quer vender a empresa e não ter mais nenhuma responsabilidade sobre ela. Ele disponibilizou somente as seguintes informações:**

DEMONSTRATIVO DE RESULTADO

R$ milhões	Ano X
ROL mercantil	1.500
ROL manutenção	300
Lucro bruto	1.300
Desp. com vendas	- 90
Desp. administrativa	- 10
Desp. financeira	- 1.122
Receita com crediário	96

Despesas com depreciação: R$ 150 milhões por ano.

BALANÇO PATRIMONIAL EM 31/12.X (R$ MILHÕES)

Total do ativo	**4.710**	Total do passivo e PL	**4.710**
Ativo circulante	3.710	Passivo circulante	
Disponibilidades	6	Fornecedores	350
Carteira de crédito bruta	800	Bancos	3.360
PDD	- 96		
Carteira líquida	704	Patrimônio líquido	1.000
Estoques	3.000	Capital social	900
Ativo imobilizado líquido	1.000	Lucros acumulados	100

ENDIVIDAMENTO ONEROSO

Bancos	Valor da dívida	Juros ao ano	Garantia
Banco W	3.000	35%	Ações da empresa, aval do sócio
Banco Z	360	20%	Desconto de duplicatas

(a) Como você analisa a capacidade de a Tanakara gerar valor para o futuro acionista?
(b) Qual é sua opinião sobre a atual estrutura de capital da Tanakara? E seu capital de giro?
(c) Que ações operacionais e financeiras você considera que a Tanakara deveria adotar para aprimorar a capacidade da empresa de gerar valor para os acionistas?
(d) Apesar da falta de informações, é preciso chegar a uma conclusão. Você compraria a Tanakara? Por quê? Assuma que a TIR almejada por seu cliente seja de 25% ao ano.

Dica: explique com detalhes. Use o maior número possível de conceitos de análise estratégica e financeira que você aprendeu.

13 **Imagine que você seja o diretor financeiro da Borborema SA. Essa empresa precisa de R$ 50 milhões para investir em um projeto com uma TIR de 20%. A Borborema tem uma dívida líquida de R$ 100 milhões para um patrimônio de R$ 70 milhões. A dívida atual tem juros médios contratados de 15% ao ano, com prazo médio de amortização de 1,5 ano.**

A empresa tem gerado, de maneira consistente, um fluxo operacional de caixa de R$ 25 milhões por ano.

Você vai fazer uma apresentação aos acionistas sobre os benefícios e os riscos das possíveis fontes de recursos e suas combinações:

- aporte de capital dos acionistas controladores;
- empréstimo bancário por 180 dias a juros de 25% ao ano;
- debênture de cinco anos a juros de 20% ao ano; e
- emissão de novas ações a acionistas minoritários.

Dica: os acionistas controladores gostam de explicações objetivas e completas, e de saber o impacto de cada decisão nos seguintes aspectos: lucro líquido, dividendos, valor da empresa, endividamento, custo ponderado do capital e outros que possam ser relevantes.

14 **Nose é uma empresa de perfumes que vem crescendo nos últimos anos. Seu principal acionista, o sr. Aquiles, contratou você para fazer uma análise crítica da empresa. Com base no plano quadrienal de vendas e em algumas outras informações, você montará a análise e as recomendações.**

(a) Usando o plano quadrienal da Nose, projete o fluxo operacional de caixa de P1 a P4, detalhando suas premissas com base nas seguintes informações:

PLANO QUADRIENAL DA NOSE (R$ MILHÕES)

	H1	P1	P2	P3	P4
ROL	100	110	120	130	140
CMV	- 50	- 55	- 60	- 65	- 70
Ebitda	20	30	35	40	45
Ebit	10	12	14	18	20
Investimentos em ativos fixos	5	5	5	5	5

Assuma uma alíquota de IR&CS de 30%.

BALANÇO PATRIMONIAL EM 31/12/H1

Ativo circulante	100,5	Passivo circulante	10
Aplicações	0,5	Fornecedores	10
CAR	50		
Estoques	50	Passivo realizável a longo prazo	
AIL	90	Processos judiciais	90,5
		PL	90
Total do ativo	**190,5**	**Total do passivo e PL**	**190,5**

(b) Estime o VEE e o VEA e analise a situação econômico-financeira da Nose e de seus acionistas. Assuma as seguintes características:

O custo de oportunidade dos acionistas é de 20%. Esse custo é mais alto que a média dos concorrentes do sr. Aquiles (10%), por causa do grande processo judicial por dano ambiental no qual a Nose vem tentando se defender há alguns anos.

O valor terminal deve ser estimado com uma perpetuidade simples.

(c) Um fundo de investimentos ofereceu à Nose um empréstimo de R$ 90 milhões para ser amortizado em dez anos por um custo de 4% ao ano. Em troca, o fundo quer 50% das ações da empresa. O que você recomendaria que o sr. Aquiles respondesse ao banco e por quê? Explique em detalhes.

NOTA TÉCNICA › *Role play*

Para professores com interesse em se aprofundar na problemática com seus alunos, é possível aplicar o caso Crazy Fish no contexto de uma simulação do tipo representação de papéis, ou, em inglês, *role play*. Os alunos devem se organizar em grupos de até cinco pessoas. Com base nas informações disponíveis no caso, cada grupo deve formular sua própria estratégia para a MBO e a LBO da CF. Cada grupo vai ter de refazer as projeções apresentadas no caso e construir seus próprios cenários para o FLC de acordo com a estratégia do MBO e da LBO consideradas, devendo preparar uma apresentação, em PowerPoint, de suas premissas e resultados para exibir na aula seguinte. Os grupos devem estar preparados para apresentar sua planilha em Excel e explicar detalhes da projeção, análise de sensibilidade e análise de estresse, caso sejam necessários.

NOTAS

1 Há alguns anos, a CF havia contratado um empréstimo com o BNDES para investir em uma fazenda experimental, na qual desenvolveria novas espécies da árvore que geraria as sementes usadas para fazer o extrato. Após muito investimento em terras, plantio, instalações e equipamentos, o projeto não gerou os resultados esperados e foi abortado. Dele restaram as terras da fazenda (contabilizadas por US$ 5,6 milhões) e a dívida com o BNDES, de US$ 20 milhões, com juros de 12% e cinco anos de prazo restante para a amortização. As perdas com esse projeto não abalaram a confiança da matriz nos principais executivos da CF, mas criaram uma resistência à aprovação de novos projetos de investimento, independentemente do volume de recursos a serem alocados.

2

$$\beta^{EUA}{}_{d} = \left[\frac{\beta^{EUA}{}_{a}}{1 + (1 - IR_{EUA}) \times \left(\frac{D_{EUA}}{C_{EUA}} \right)} \right] \qquad \beta^{CF}{}_{a} = \beta^{CF}{}_{d} \times \left[1 + (1 - IR_{BR}) \times \left(\frac{D_{CF}}{C_{CF}} \right) \right]$$

3 Essa é uma cláusula muito comum em empréstimos bancários, e não só do BNDES. Em inglês, essa cláusula é conhecida como "exchange of control clause".

4 O *all-in cost* inclui não só as despesas com os juros mas também com advogados, banqueiros e outras instituições que viabilizam a estruturação e subscrição da securitização de recebíveis.

5 O saldo das disponibilidades seriam investidos em CDBs de bancos de primeira linha a uma taxa real de 10% ao ano.

6 Post publicado no blog do autor (11/8/2010), <http://eduardoluzio.wordpress.com/2010/08/11/r-800-milhoes-viraram-po-ponto-fora-da-curva/>. Acesso em: 2 nov. 2014.

7 O índice de cobertura é dado pela seguinte relação matemática: (Ebitda – IR&CS)/(amortização do principal + despesas com juros).

8 De fato, muitas empresas exportadoras captavam recursos via ACC (a um custo de variação cambial mais 8%) para investir no CDI (que pagava uma taxa muito superior à variação cambial mais 8%).

9 Normalmente, o *rating* é dado após o start-up de um projeto de investimento, quando os riscos são menores que na fase da construção.

10 O uso dos sinais de "+" ou "–" somente indicam tendências de possível alteração de *rating*.

11 Jornal *Valor Econômico*, on-line, de 10/10/2012. Disponível em: <http://www.valor.com.br/empresas/2863224/frigorifico-rodopa-e-vendido-por-r-200-milhoes-para-diretor-executivo>. Acesso em: 19 ago. 2014.

12 Jornal *Valor Econômico*, on-line, de 6/10/2005. Disponível em: <http://www.valor.com.br/arquivo/479193/empresa-brasileira-de-software-passa-ser-gerida-pelos-funcionarios#ixzz3AsL6C2Iw>. Acesso em: 19 ago. 2014.

13 Jornal *Valor Econômico*, on-line, de 22/2/2005. Disponível em: <http://www.valor.com.br/arquivo/450453/nationwide-vende-carteira-para-icatu-e-deixa-o-brasil#ixzz3AsLrwq6s>. Acesso em: 19 ago. 2014.

CAPÍTULO 6

Caso Ópera: LBO

Ninguém durma! Ninguém durma!
[...] o meu mistério está fechado comigo,
O meu nome ninguém saberá!

Giacomo Puccini (*Turandot*)

▪ INTRODUÇÃO

O CASO ÓPERA, ÚLTIMO deste livro, aborda outro caso de LBO, agora com uma estrutura de financiamento diferente da securitização de recebíveis: **financiamento mezanino** (FM), intermediária entre a dívida tradicional e o capital acionário. Combina características de risco e a remuneração variável das ações com a remuneração fixa de uma dívida subordinada. Financiamento mezanino é uma estrutura **híbrida**, que coaduna características de um empréstimo de longo prazo que pode, em determinadas circunstâncias, obter uma remuneração variável mais alta que um instrumento de renda fixa tradicional. Geralmente, esse financiamento tem as seguintes características:

- Prazo e mecanismo predeterminados para a realização do financiamento ("cláusulas de saída") com o uso de opções de compra (*call*) e de venda (*put*).
- Patamar de remuneração mínima relativamente "assegurado"; por exemplo, pelo pagamento de juros sobre o principal.
- Possibilidade de ganho adicional por meio de ganho de capital na opção de compra ou por remuneração variável diferenciada se as metas de rentabilidade predefinidas forem alcançadas.

Essas características permitirão que o financiador tenha uma remuneração mínima garantida se o desempenho da empresa ou do projeto de investimentos for aquém do esperado. No caso de um desempenho acima do esperado, o empreendedor e o financiador compartilharão os ganhos. Se a empresa (ou o projeto) não for bem-sucedida(o) e tiver de ser liquidada(o), o financiador poderá perder boa parte, ou até o total, do valor dos recursos emprestados.

Considere, por exemplo, um projeto que requeira R$ 40 milhões em investimentos no primeiro ano. Do segundo em diante, o projeto gerará um fluxo operacional de caixa (FOC) de R$ 10 milhões ao ano, por 14 anos - a sequência de FOCs desse projeto. Leve em conta que, do total investido, metade será financiada por dez anos, incluindo um ano de carência de juros e principal. O pagamento do principal será do tipo *bullet*, ou seja, integralmente pago ao fim do décimo ano. Projetando a geração de caixa do projeto por 15 anos e considerando as despesas com juros de 10%, pode-se estimar a TIR (taxa interna de retorno) do fluxo livre de caixa (FLC), ou seja, a **TIR alavancada**.

QUADRO 6.1 › Projeção do FOC e do FLC para dez anos e estimativa da TIR de um projeto de investimentos com custo financeiro de 10% ao ano

Ano	FOC	10%	FLC
1	- 40	20	- 20
2	10	- 2,2*	7,8
3	10	- 2,2	7,8
4	10	- 2,2	7,8
5	10	- 2,2	7,8
6	10	- 2,2	7,8
7	10	- 2,2	7,8
8	10	- 2,2	7,8
9	10	- 2,2	7,8
10	10	- 22	- 12
11	10	-	10

Ano	FOC	10%	FLC
12	10	-	10
13	10	-	10
14	10	-	10
15	10	-	10
Total	100	- 19,6	80,4
TIR	24%	11%**	37%

* Observe que, no primeiro ano, acumula-se no saldo devedor o equivalente a um ano de juros, que deverão ser amortizados com o principal a partir do segundo ano.

** Este exemplo ilustra a diferença entre a TIR (11%) e a taxa de juros do empréstimo (10%). A primeira é a função da sequência e *timing* dos fluxos de pagamento de juros e amortizações. A segunda é a função do saldo devedor.

FONTE: ELABORADO PELO AUTOR.

É possível notar que um financiamento com juros de 10% gerará uma TIR alavancada de 37%, pois 50% dos investimentos do projeto estão sendo financiados com recursos por custos menores que 24% ao ano, a TIR desalavancada do projeto. Dos R$ 100 milhões de FOC gerados pelo projeto, R$ 19,60 milhões serão pagos ao financiador na forma de juros (39% do total do FOC do período), e o restante, R$ 80,40 milhões, aos acionistas.

Examine, em seguida, as implicações para o projeto de um financiamento mais caro. Suponha que o mesmo projeto seja financiado nas mesmas condições (mesmo valor financiado, prazo de pagamento e cronograma de amortização), exceto pela taxa de juros, que será de 25% ao ano. O custo do empréstimo, portanto, será superior à TIR desalavancada (24%). Consequentemente, os acionistas terão uma remuneração média inferior à TIR desalavancada (17%). Dos R$ 100 milhões de FOC gerados pelo projeto, R$ 55 milhões serão pagos ao financiador na forma de juros (55% do total do FOC do período), e o restante, R$ 45 milhões, aos acionistas.

QUADRO 6.2 › Projeção do FOC e do FLC para dez anos e estimativa da TIR de um projeto de investimentos com custo financeiro de 25% ao ano

Ano	FOC	25%	FLC
1	- 40	20	- 20
2	10	- 6,25	3,75
3	10	- 6,25	3,75
4	10	- 6,25	3,75
5	10	- 6,25	3,75
6	10	- 6,25	3,75
7	10	- 6,25	3,75
8	10	- 6,25	3,75
9	10	- 6,25	3,75
10	10	- 25	- 15
11	10	-	10
12	10	-	10
13	10	-	10

Ano	FOC	25%	FLC
14	10	-	10
15	10	-	10
Total	100	- 55	45%
TIR	24%	31%	17%

FONTE: ELABORADO PELO AUTOR.

Entre esses dois extremos, suponha que possa interessar ao financiador emprestar dinheiro ao projeto a juros menores, de 10% ao ano, em troca de uma opção de ter 50% das ações do projeto a partir do 10º ano, por cinco anos. Ao fim do décimo ano, o financiador receberia 100% do principal (R$ 22 milhões) e converteria a outra metade em ações da empresa. Pelos próximos cinco anos, do 11º ao 15º anos, o financiador receberia metade dos dividendos da empresa (R$ 25 milhões).[1] Ao final do 15º ano, os acionistas teriam uma opção de compra dos 50% das ações do financiador por R$ 11 milhões. Esse financiador teria uma remuneração mínima garantida por dez anos e a possibilidade de obter um ganho maior ao participar de 50% dos dividendos gerados entre o décimo primeiro e o décimo quinto anos. Nessa simulação de cenário, após 15 anos, a TIR para esse financiador passaria de 14% ao ano (se financiasse apenas o projeto) para 11% ao ano.

QUADRO 6.3 › Fluxo de pagamentos ao financiador mezanino em 15 anos

Ano	FOC	10%	FLC
1	- 40	20	- 20
2	10	- 2,2	7,8
3	10	- 2,2	7,8
4	10	- 2,2	7,8
5	10	- 2,2	7,8
6	10	- 2,2	7,8
7	10	- 2,2	7,8
8	10	- 2,2	7,8
9	10	- 2,2	7,8
10	10	- 11	- 1
11	10	- 5	5
12	10	- 5	5
13	10	- 5	5
14	10	- 5	5
15	10	- 16	- 6
Total	100	- 44,6	55,4
TIR	24%	14%	37%

FONTE: ELABORADO PELO AUTOR.

Nesse exemplo, o financiador quase divide a soma do FOC do período com o acionista. O perfil de amortização da dívida prolonga-se por cinco anos, o que reduz em 50% sua exposição à empresa e permite uma remuneração superior (R$ 5 milhões ao ano, contra R$ 2,2 milhões do período pré-conversão). Essa combinação entre exposição menor e retorno adicional ao financiador gera uma remuneração média maior, 14% ao ano. Por sua vez, os acionistas ganham mais tempo para saldar sua dívida e compartilhar o risco da operação por cinco anos com o financiador.

Esse exemplo permite ilustrar a utilidade do financiamento mezanino, a saber:

- Cria um "sócio" temporário, com ingerência limitada, que compartilha o risco do projeto com o empreendedor.
- Fornece uma alternativa de financiamento com prazos mais longos.
- Oferece ao financiador uma estrutura com duas opções para saída já pré-acordada, uma no 10º ano e outra no 15º, reduzindo o risco de solvência e a possibilitando ganhos maiores.

Com base nessa estrutura de financiamento, discutiremos o caso Ópera. Desde já, é oportuno mencionar que o financiamento mezanino pode ser um modo interessante de financiar projetos de investimento de diversas naturezas.

No Brasil, são poucas as fontes de financiamento de longo prazo para projetos de investimento. O BNDES é a principal dessas fontes em moeda local. No entanto, nem sempre as empresas e os novos empreendimentos têm acesso aos recursos do BNDES, que impõe uma série de requisitos que podem ser inviáveis ou impraticáveis por parte dos pleiteantes. Por exemplo, o BNDES tende a financiar projetos de empresas com demonstrativos contábeis auditados por empresa independente há mais de três anos. Na maioria de suas linhas e programas de apoio a investimentos, há limites do valor a ser financiado. A análise de crédito é muito criteriosa e exige garantias reais de, no mínimo, 130% do valor financiado. Outros tipos de garantias, que não as reais, são pouco valorizados. O contrato de longo prazo de compra e venda de energia, por exemplo, no caso de uma pequena central termoelétrica (PCH), pode não ser aceito como garantia aos financiamentos.

Posto isso, é crucial para o crescimento e desenvolvimento econômico e social do Brasil que se desenvolvam fontes, alternativas ao BNDES, de financiamentos de longo prazo a projetos de investimentos, reestruturações financeiras e societárias. Exemplo é o financiamento mezanino, o qual pode ser uma das soluções de estruturação que podem viabilizar a captação de tais recursos.

CONTEXTO

O CASO ÓPERA FOI implantado no Brasil no começo de 2002. As empresas Amadeus SA e Giovanni SA eram donas, igualitárias, do projeto da empresa Ópera de exploração de petróleo na Amazônia. A Amadeus era a subsidiária brasileira de um grupo petrolífero norte-americano, e a Giovanni, de um grupo brasileiro de construção civil. A Ópera detinha a concessão para explorar uma reserva comprovada, estimada em 80 milhões de barris de petróleo, em fase pré-operacional. O projeto estava fora dos padrões da indústria de extração de petróleo brasileira, predominantemente baseada em plataformas marítimas.

A Ópera foi uma das primeiras empresas com um projeto de exploração privada de petróleo no Brasil após a quebra do monopólio da Petrobras nessa área. Ainda havia muito receio dos investidores privados em atuar nessa área no Brasil pelo fato de a regulamentação ainda estar incipiente, mas o mercado era muito promissor. A Amadeus foi uma das primeiras empresas de investidores estrangeiros a apostar no mercado de exploração de petróleo no Brasil. A Giovanni era uma tradicional empresa de construção civil que buscava diversificar seus negócios, e também enxergou a quebra do monopólio da Petrobras como uma oportunidade de fazê-lo; não conhecia muito o negócio de exploração de petróleo, mas sabia que este poderia ser muito rentável.

A produção do primeiro dos dois poços da Ópera deveria começar no início de 2003 e se exaurir em 2013. Em 2002, o projeto já havia consumido investimentos de US$ 50 milhões. Desse valor, US$ 20 milhões tinham sido aportados pelos acionistas, e os outros US$ 30 milhões foram financiados por um banco internacional no final de 2001. O empréstimo era por cinco anos, incluindo 18 meses de carência de pagamentos de juros e principal. O custo do empréstimo era a variação cambial mais 10% ao ano. O Quadro 6.4 apresenta o balanço patrimonial da Ópera, pré-operacional, em 31 de dezembro de 2002.

QUADRO 6.4 › Balanço patrimonial da Ópera em US$ milhões (31 de dezembro de 2002)

Total do ativo	53	Total do passivo e PL	53
Imobilizado e diferido	53	Banco	53
		Patrimônio líquido	20
		Capital social	20

FONTE: ELABORADO PELO AUTOR.

Na época, a Giovanni detinha investimentos em outros setores da economia que exigiam altos investimentos. Seus recursos eram limitados, e o projeto Ópera não estava entre suas prioridades. Assim, decidiu oferecer à empresa Amadeus metade de suas ações na Ópera, ou seja, 25% do capital acionário, por US$ 30 milhões.

O capital social da Ópera, na época, era formado por 1 milhão de ações. O **valor patrimonial por ação** (VPA) em 31 de dezembro 2001 era de US$ 20. A oferta da Giovanni era vender 250 mil ações por US$ 30 milhões, o que equivalia a avaliar 100% das ações por US$ 120 milhões, ou seja, a US$ 120 por ação. Esse valor representava o equivalente a seis vezes o valor patrimonial da Ópera, que nem havia começado a gerar receitas até então. Seria essa aquisição um bom negócio para a Amadeus? Que fundamentos econômicos sustentavam esse preço de oferta da Giovanni?

Mesmo se fosse um bom negócio, a Amadeus teria outro problema: como pagar essas ações? A empresa tinha vários outros projetos de investimento em extração de petróleo em outras regiões do mundo, atividade intensiva em capital e de alto risco; e também estava com pouca folga de caixa na matriz em seu país de origem, e a aquisição das ações da Giovanni implicaria tornar-se responsável por um percentual maior do volume de investimentos que a Ópera ainda necessitaria.

O que fazer?

Foi nesse momento que a Amadeus nos procurou para ajudá-la a analisar a oportunidade de comprar as ações da Giovanni e estruturar um financiamento.

ESTIMANDO O VALOR DA ÓPERA

COMO ASSESSORES ESTRATÉGICOS DA AMADEUS, nosso primeiro passo foi avaliar o preço de venda proposto pela Giovanni. Para tanto, foi utilizado o método do fluxo descontado de caixa. Um dos maiores desafios dessa avaliação seria projetar o preço do petróleo no mercado internacional.

O petróleo era uma *commodity* cíclica, cujo preço costumava variar de acordo com o nível de atividade econômica mundial. Havia também as crises políticas no Oriente Médio que afetavam o preço do petróleo. Nos últimos 20 anos (1982-2002), o preço médio do petróleo foi de US$ 29 por barril. Nesse período, houve um "pico" em setembro de 1982 (US$ 63,7) e um "vale" em dezembro de 1998 (US$ 10,8). Para simplificar e ser um pouco conservador, no nosso cenário-base, projetamos o preço do petróleo constante a US$ 25 por barril produzido pela Ópera.

As projeções dos demonstrativos contábeis seriam em dólares constantes por dez anos, ou seja, até a exaustão da reserva de 80 milhões de barris. As premissas sobre a curva de produção resultariam numa curva não linear de receitas (apresentada na figura a seguir) que, no primeiro ano, poderia atingir US$ 67 milhões, aumentando gradualmente até atingir um pico em 2009 (US$ 294 milhões), para depois cessar em 2012, com US$ 76 milhões:

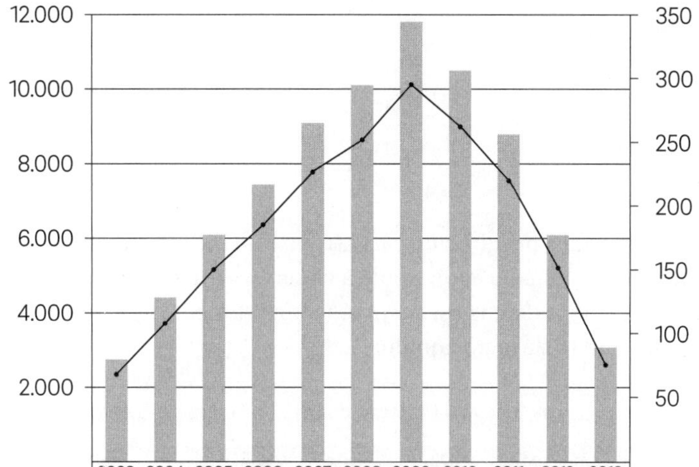

	2003	2004	2005	2006	2007	2008	2009	2010	2011	2012	2013
Produção mil barris/ano	2.688	4.368	6.048	7.392	9.072	10.080	11.760	10.416	8.736	6.048	3.024
ROB ($ MI)	67	109	151	185	227	252	294	260	218	151	76

FONTE: ELABORADA PELO AUTOR.

FIGURA 6.1 › Cenário-base: projeção de produção e receita bruta – 2003/2013.

Adotaram-se outras premissas operacionais e tributárias, como apresentadas a seguir.

a) Custo de extração constante de US$ 7 por barril.
b) Despesas com administração fixas em US$ 0,5 milhão ao ano.
c) O saldo médio das contas a receber da venda de 100% do petróleo produzido para a Petrobras seria equivalente a 30 dias do faturamento anual.
d) Os investimentos adicionais em ativos permanentes estavam previstos em: US$ 5 milhões para terminar a construção do primeiro poço em 2004; US$ 20 milhões em 2006 para concluir o segundo poço; e US$ 10 milhões em 2013, ao fim da exploração das reservas, para lacrar os dois poços. Esse último investimento seria considerado uma despesa operacional, uma vez que, em 2014, a Ópera deixaria de existir como operação.
e) A depreciação média do ativo imobilizado (10%) e da amortização do ativo diferido seria de 25% ao ano, de acordo com o prazo para a amortização do empréstimo.
f) A alíquota de impostos diretos seria de 3,65% sobre o faturamento bruto.
g) A empresa pagaria uma alíquota de IR&CS de 34% sobre o Lair.

Para financiar os investimentos efetuados até 2002, a Ópera detinha um empréstimo bancário, contratado no final de 2001, de US$ 30 milhões com um custo da variação cambial mais 10% ao ano, por cinco anos, sendo 18 meses de carência de pagamentos de juros e principal. O custo do empréstimo era a variação cambial mais 10% ao ano. A amortização seria linear em uma parcela anual (25% do principal ao ano), sendo a primeira em 30 de junho de 2003.

QUADRO 6.5 › Projeção de dívida, juros e amortizações (US$ milhões)

	2002	2003	2004	2005	2006
Principal: começo do ano	30	33	26	17,3	8,7
Amortizações	–	- 8,7	- 8,7	- 8,7	- 8,7
Juros capitalizados	3	1,7	–	–	–
Juros a pagar	–	- 1,7	- 2,2	- 1,3	- 0,4
Principal: final do ano	33	26	17,3	8,7	–

FONTE: ELABORADO PELO AUTOR.

Os eventuais saldos positivos de caixa seriam investidos em CDBs de bancos de primeira linha a um rendimento médio equivalente à variação cambial mais 5% ao ano, já líquida de impostos.[2] Essas premissas de custos, despesas e investimentos gerariam as seguintes projeções não lineares do Ebitda e de lucro líquido:

QUADRO 6.6 › Projeção do DRE da Ópera (US$ milhões)

	2003	2004	2005	2006	2007	2008	2009	2010	2013
ROB	67,2	109,2	151,2	184,8	226,8	252	294	260,4	75,6
(–) PIS/Cofins	–2,5	–4	–5,5	–6,7	–8,3	–9,2	–10,7	–9,5	–2,8
(=) ROL	64,7	105,2	145,7	178,1	218,5	242,8	283,3	250,9	72,8
CPV	–18,8	–30,6	–42,3	–51,7	–63,5	–70,6	–82,3	–72,9	–21,2
(=) Lucro bruto	45,9	74,6	103,3	126,3	155	172,2	200,9	178	51,7
(–) Despesa administrativa	–0,5	–0,5	–0,5	–0,5	–0,5	- 0,5	–0,5	–0,5	–0,5
(–) Despesa Lacre	–	–	–	–	–	–	–	–	–10
Ebitda	45,4	74,1	102,8	125,8	154,5	171,7	200,4	177,5	41,2
(–) Deprec. e amort.	–6,2	–6,7	–6,7	–8,7	–7,5	–7,5	–7,5	–7,5	–6,5
(=) Ebit	39,3	67,5	96,2	117,1	147	164,2	192,9	170	34,7
Despesa financeira	–1,7	–2,2	–1,3	–0,4	–	–	–	–	–
Receita financeira	–	–	–	0,1	0,1	5,3	11,2	18,4	37,3
Ebit	37,6	65,3	94,9	116,8	147,1	169,5	204,2	188,3	72
IR&CS	- 12,8	- 22,2	- 32,3	- 39,7	- 50	- 55,8	- 65,6	- 57,8	- 11,8
Lucro líquido	24,8	43,1	62,7	77,1	97,1	113,7	138,6	130,6	60,2

FONTE: ELABORADO PELO AUTOR.

Uma vez terminada a fase pré-operacional, a Ópera seria uma empresa muito lucrativa de acordo com nossas premissas de projeção. A geração de caixa também seria robusta.

QUADRO 6.7 › Projeção dos fluxos operacionais de caixa da Ópera (US$ milhões)

	2002	2003	2004	2005	2006	2007	2008	2009	2013
Ebitda		45,4	74,1	102,8	125,8	154,5	171,7	200,4	41,2
IR&CS desalavancado		-13,4	-22,9	-32,7	-39,8	-50	-55,8	-65,6	-11,8
Inv. capital de giro		-5,6	-3,5	-3,5	-2,8	-3,5	-2,1	-3,5	12,6
Investimentos	-50	-	-5	-	-20	-	-	-	-
F. caixa operacional	-50	26,5	42,7	66,6	63,2	101	113,8	131,3	42
FOC acumulado	-50	-23,5	19,2	85,8	149	250	363,8	495,2	839,9

FONTE: ELABORADO PELO AUTOR.

A TIR desalavancada era estimada em 89% ao ano. O *payback*[5] simples seria ao redor de 18 meses. Com o financiamento de 60% dos investimentos, a um custo de 10% ao ano, a TIR alavancada seria ainda melhor, 142% ao ano. E o *payback* ao acionista seria logo no começo do segundo ano de operação.

QUADRO 6.8 › Projeção dos fluxos livres de caixa da Ópera (US$ milhões)

	2002	2003	2004	2005	2006	2007	2008	2009	2013
F. caixa operacional	-50	26,5	42,7	66,6	63,2	101	113,8	131,3	42
Captação de empréstimos	30								
Despesa financeira		-1,7	-2,2	-1,3	-0,4	-	-	-	-
Amortização da dívida		-8,7	-8,7	-8,7	-8,7	-	-	-	-
Fundo de liquidez		-2,6	-0,1	0,2	0,2	2,3	-	-	-
Receita financeira		-	0,7	2,4	5,4	8,3	13,9	20,3	48,3
Ajuste IR&CS		0,6	0,7	0,4	0,1	-	-	-	-
FLC	-20	14,2	33,2	59,7	59,8	111,6	127,7	151,7	90,3
FLC acumulado	-20	- 5,8	27,3	87	146,8	258,5	386,2	537,9	1.036,6

FONTE: ELABORADO PELO AUTOR.

No entanto, quanto valia o projeto? Dependeria da premissa sobre o WACC. Infelizmente, não havia empresas de petróleo de capital aberto com as características da Ópera, uma empresa com 100% de poços a explorar em um território inóspito como a Amazônia. No cenário-base, assumimos um R_c real de 20% ao ano, o que foi considerado apropriado pela Amadeus. Projetamos o valor presente dos fluxos operacionais de caixa entre 2002 e 2013 e não consideramos nenhum valor residual para a Ópera.

QUADRO 6.9 › Cenário-base: estimativa do VEE e VEA da Ópera (US$ milhões)

VP FOC (2002/2013)	282
VP valor residual	-
VEE	**282**

Dívida (31/12/2002)	–33
VEA	**249**

FONTE: ELABORADO PELO AUTOR.

O valor econômico de 100% das ações da Ópera foi, então, estimado em US$ 249 milhões, ou US$ 249 por ação, o que equivalia a uma média de US$ 3,1 por barril em reserva comprovada. Na época, a média internacional era de US$ 8 por barril em reserva comprovada. Por que haveria tal diferença? Possivelmente uma combinação de percepção do risco Brasil e do próprio projeto. Simulando o valor presente da geração de caixa com WACCs menores, deduzimos que, para obter uma estimativa de valor equivalente à média internacional, o projeto Ópera teria de ter um custo médio ponderado real de capital de 3,0%, o que era impensável para o Brasil de 2002.

QUADRO 6.10 › Simulações para o VEA da Ópera (US$ milhões)

VEA para 100% das ações	R_c	Média por barril
645	6%	8,1
300	17%	3,8
248	20%	3,1
120	32,5%	1,5

FONTE: ELABORADO PELO AUTOR.

As projeções do cenário-base indicavam que a oferta de venda de 25% das ações pertencentes à Giovanni por US$ 30 milhões poderia corresponder a um WACC de 24,3%, o que parecia estar mais próximo do custo de capital de uma empresa brasileira.

A Giovanni conhecia o projeto e sabia quão valioso era, mas, ao mesmo tempo, precisava angariar recursos para seus outros projetos de investimento. Seu custo de capital era alto, superior a 40% ao ano. Vender metade de suas ações por US$ 30 milhões e ainda manter uma participação significativa na Ópera seria uma ótima solução.

Em suma, a oferta de venda de 25% das ações pertencentes à Giovanni para a Amadeus por US$ 30 milhões era excelente negócio. Novamente aqui, tal como nos casos Quixote e Crazy Fish, cada agente envolvido tem sua própria percepção de risco e valor.

Apesar da constatação de que adquirir as ações da Giovanni seria ótimo negócio, a Amadeus não tinha o dinheiro disponível naquela época. Precisaria de financiamentos. Entretanto, os bancos brasileiros estavam receosos de fazer empréstimos de longo prazo para o setor de exploração de petróleo, cuja regulação ainda estava incipiente. Além disso, 2002 era ano de eleição presidencial, e havia temores de novos ataques especulativos contra o real, como tinha sido observado em 1999. Os bancos estrangeiros também estavam igualmente receosos de emprestar recursos associados a um projeto que já estava alavancado. A saída seria identificar financiadores não tradicionais que suportassem maiores riscos em troca de maiores retornos.

Naquele momento, a Amadeus identificou um fundo de *private equity* que se dizia especializado em energia e queria investir no Brasil: o Fundo Fausto. Antes de agendar a primeira visita, a Amadeus assinou um MOU com a Giovanni, no qual a primeira se comprometia a comprar as ações da segunda por US$ 30 milhões em um prazo de até 60 dias. Ao fim desse prazo, caso a aquisição não tivesse sido efetuada, a Amadeus pagaria à Giovanni uma multa de US$ 5 milhões. Apesar da multa, o contrato era muito favorável à Amadeus, que tinha a opção de abortar a aquisição, enquanto a Giovanni não poderia fazê-lo em nenhuma circunstância. Os 60 dias deveriam ser suficientes para que a Amadeus e nós pudéssemos encontrar uma fonte de financiamento.

ESTRUTURANDO O FINANCIAMENTO MEZANINO

NA PRIMEIRA REUNIÃO, o fundo gostou muito do que ouviu sobre o projeto Ópera. Sugeriu que, se os financiamentos fossem necessários, poderiam fazê-los de várias formas, até por meio de compra de ações ou do financiamento mezanino. Caberia a nós propor uma transação e sua estrutura.

O melhor financiamento que a Amadeus poderia ter seria um de longo prazo, a um custo baixo e com a garantia de que seu pagamento fosse o próprio projeto. A Amadeus queria um financiador que, além de lhe emprestar os recursos para comprar as ações da Giovanni, compartilhasse os riscos do empreendimento. A Amadeus adoraria pagar esse empréstimo de forma gradual, seguindo a curva de produção e receita do projeto, e não um cronograma fixo e linear como havia sido contratado com o banco estrangeiro. Ou seja, a Amadeus adoraria ter um financiamento do tipo *project finance*. Entretanto, no Brasil da época, e com o perfil dos acionistas da Ópera, obtê-lo seria quase impossível. Além disso, o *project finance* que a Amadeus queria propor era, na verdade, uma LBO para promover uma reestruturação societária que seria paga com o fluxo do projeto.

Tal qual a LBO da Crazy Fish, a Amadeus gostaria de ganhar com a arbitragem que poderia conseguir entre o preço de compra das ações da Giovanni e o preço de venda de parte destas para o Fausto. Seria isso possível?

Em uma primeira simulação, a Amadeus ofereceria ao Fausto 10% das ações da Ópera por US$ 30 milhões, e este entraria na sociedade com a Amadeus e a Giovanni. Entretanto, a Amadeus não queria este Fundo como sócio para sempre. Para a Amadeus, o ideal seria que ele deixasse o quadro societário da Ópera em até cinco anos, no máximo seis. Portanto, a estrutura societária da Ópera passaria por três alterações. Na primeira, ainda em 2002, a Amadeus compraria 25% das ações da Ópera pertencentes à Giovanni por US$ 30 milhões, o que equivalia a US$ 120 por ação.

QUADRO 6.11 › Primeira alteração na estrutura societária da Ópera

Sócios	% Capital original	% Capital após compra da Giovanni
Amadeus	50%	75%
Giovanni	50%	25%
Total	100%	100%

FONTE: ELABORADO PELO AUTOR.

Na segunda alteração societária, poucos dias após a primeira, a Amadeus venderia 10% das ações da Ópera ao Fausto por US$ 30 milhões, o que equivalia a US$ 300 por ação.

QUADRO 6.12 › Segunda alteração na estrutura societária da Ópera

Sócios	% Capital após venda para Fausto
Amadeus	65%

Sócios	% Capital após venda para Fausto
Giovanni	25%
Fausto	10%
Total	100%

FONTE: ELABORADO PELO AUTOR.

Na terceira alteração do quadro societário, em 2007 ou 2008, a Amadeus recompraria os 10% do capital acionário pertencente ao Fausto pelos mesmos US$ 30 milhões.

QUADRO 6.13 › Terceira alteração na estrutura societária da Ópera

Sócios	% Capital após compra do Fausto
Amadeus	75%
Giovanni	25%
Fausto	-
Total	100%

FONTE: ELABORADO PELO AUTOR.

Seria este um negócio que interessaria ao Fausto? Para sê-lo, deveria ser rentável para as três partes envolvidas: Amadeus, Giovanni e Fausto. Os desafios da Amadeus, a empresa líder e principal interessada na transação, não eram poucos:

- Fausto aceitaria comprar 10% do capital da Ópera por US$ 30 milhões?
- Como Fausto reagiria ao saber que a Amadeus pagara US$ 120 por ação da Giovanni e, em seguida, vendera por US$ 300?
- Como a Amadeus incentivaria Fausto a sair da sociedade após cinco ou seis anos? Geralmente, esses fundos tinham prazos maiores para "sair" de um investimento.

Pela análise do fluxo descontado de caixa do cenário-base, a oferta de venda ao Fausto de 10% do capital da Ópera por US$ 300 por ação poderia ser um excelente negócio se o WACC do Fausto fosse de variação cambial mais 12,5%. Isto era improvável, pois os fundos de *private equity* eram conhecidos por almejar retornos de 20% a 30%.

Fausto não conhecia a Ópera com tanta profundidade, mas estava disposto a ser o primeiro fundo de investimentos a ingressar no setor, nem que para isso tivesse uma remuneração menor que sua meta média de 25% ao ano. Havia riscos óbvios na Ópera: (1) exploração em região inóspita; (2) riscos ambientais; (3) riscos regulatórios; e (4) riscos no contrato de compra do petróleo. O comprador de 100% do petróleo produzido pela Ópera, a preços internacionais, seria a Petrobras (por imposição do contrato de concessão). Entretanto, a história da Petrobras era marcada por defasagens em seus preços em relação ao mercado internacional como instrumento de controle da inflação. Como esse passado poderia afetar os preços de compra do petróleo da Ópera no futuro?

Mesmo que a Amadeus conseguisse convencer o Fausto a comprar as ações da Ópera, como poderia convencê-lo a vendê-las após seis anos? O argumento para o Fausto revender suas ações deveria passar por algum tipo de "prêmio". Os recursos para pagá-lo teriam de vir da geração de caixa da Ópera.

Em tese, havia seis maneiras diferentes por meio das quais os acionistas de uma empresa poderiam receber recursos de uma empresa como a Ópera: (i) pagamentos por serviços prestados (no caso, a área de **operação e manutenção** (O&M) da Ópera era conduzida pela Amadeus); (ii) dividendos ordinários; (iii) dividendos extraordinários; (iv) operações de empréstimos de mútuo; (v) redução de capital; e (vi) juros sobre o capital próprio (JSCP).[4] Nesse momento, a Amadeus nos solicitou que simulássemos o montante de recursos que a Ópera poderia gerar em dividendos.

Para estimar o que seria possível ofertar como prêmio, era preciso projetar o **fluxo de dividendos** da Ópera, o que não era uma tarefa trivial, uma vez que o empréstimo do banco internacional impunha certos limites financeiros e jurídicos ao projeto e a seus acionistas. O contrato de empréstimo continha *covenants* (abaixo), que, se violados, caracterizariam prévia de "eventos de *default*", que implicariam o vencimento antecipado do empréstimo.

- A diferença entre o Ebitda e o IR&CS deveria ser superior ao dobro do serviço da dívida (juros e amortização anuais). Ou seja, o índice de cobertura da dívida deveria ser, no mínimo, 2.
- A relação dívida bruta e Ebitda não poderia ultrapassar 3,5.
- A proporção do saldo da dívida financeira e do patrimônio líquido não poderia ultrapassar 70/30.
- Após o início das operações, a Ópera deveria manter um "**fundo de liquidez**" equivalente a 25% do total do serviço da dívida.

Para garantir que o empréstimo fosse pago, o banco detinha o penhor sobre 100% do petróleo produzido pelo campo Ópera e a caução de 100% de suas ações. Ou seja, tudo o que os acionistas não queriam era violar os *covenants* do empréstimo sob pena de perder o projeto para o banco.

Para estimar a capacidade do projeto em distribuir dividendos, sem violar os *covenants*, combinamos a projeção do FLC com a projeção do balanço patrimonial da Ópera. A projeção do patrimônio líquido deveria observar que, pela Lei das Sociedades Anônimas, 5% do lucro líquido deveriam ser mantidos na tesouraria das empresas como reserva legal. Ou seja, o máximo que a Ópera poderia distribuir como dividendos seria o equivalente a 95% do lucro líquido, obviamente respeitando os *covenants*.

Com base no cronograma de amortização da dívida, projetamos as despesas financeiras, as amortizações e os efeitos sobre os *covenants*: (a) o montante mínimo do Ebitda – IR/CS para cumprir o índice de cobertura da dívida; (b) patrimônio líquido mínimo; e (c) volume mínimo de caixa em tesouraria para manter o fundo de liquidez.

QUADRO 6.14 › Projeção dos *covenants* da Ópera (US$ milhões)

	2002	2003	2004	2005	2006
Saldo da dívida	30	33	26	17,3	8,7
Amortização da dívida	–	−8,7	−8,7	−8,7	−8,7
Juros capitalizados	3	1,7	–	–	–
Juros pagos	–	−1,7	−2,2	−1,3	−0,4
Saldo da dívida	33	26	17,3	8,7	–
Serviço da dívida	–	10,3	10,8	10	9,1
Cobertura mínima (1,3 x serviço dívida)	–	13,4	14,1	13	11,8
Ebitda – IR&CS projetados	–	32,6	51,9	70,6	86,1

	2002	2003	2004	2005	2006
Ebitda mínimo	–	7,4	5	2,5	–
PL mínimo (30%)	–	11,1	7,4	3,7	–
PL projetado (31/12)	20	44,8	88,6	153,6	236
Fundo de liquidez necessário	–	2,6	2,7	2,5	2,3

FONTE: ELABORADO PELO AUTOR.

Quanto ao índice de cobertura, as projeções indicavam que o projeto alcançaria as metas com tranquilidade se o preço do petróleo se mantivesse no patamar médio de US$ 25 por barril.

Para simular um **cenário de estresse**, reduzimos o preço do petróleo gradualmente até o índice de cobertura ser violado. Os primeiros anos de operação seriam os mais sensíveis, pois combinavam o início da produção (faturamento baixo) e o alto serviço da dívida. Se o preço do petróleo caísse para US$ 13,50 por barril em 2003, a Ópera entraria em *default*. À medida que o tempo passasse, a queda nos preços precisaria ser cada vez maior para gerá-lo. Em 2004, por exemplo, o preço precisaria cair para US$ 11,30 o barril para o *default* ser inevitável.

Para estimar a capacidade de atender aos outros dois *covenants*, projetamos o balanço patrimonial da Ópera sem considerar nenhuma distribuição de dividendos.

QUADRO 6.15 › Projeção do balanço patrimonial da Ópera sem distribuição de dividendos (US$ milhões)

	31/12/2002	31/12/2003	31/12/2004	31/12/2005	31/12/2006	31/12/2007
Caixa	–	14,2	47,3	107	166,8	278,5
Fundo de liquidez		2,6	2,7	2,5	2,3	–
CAR	–	5,6	9,1	12,6	15,4	18,9
Ativos fixos	53	48,5	46,8	40,2	51,5	44
Total (Ativos)	**53**	**70,8**	**106**	**162,3**	**236**	**341,4**
Bancos	33	26	17,3	8,7	–	-
Patrimônio líquido	20	44,8	88,6	153,6	236	341,4
(+) Capital social	20	20	20	20	20	20
(+) Res. legal (5% LL)	–	1,2	2,2	3,2	4,1	5,3
(+) Lucros retidos	–	23,6	66,4	130,4	211,9	316,1
(–) Dividendos distribuídos	–	–	–	–	–	–
(–) Redução de capital	–	–	–	–	–	–
Total Passivo e PL	**53**	**70,8**	**106**	**162,3**	**236**	**341,4**

FONTE: ELABORADO PELO AUTOR.

Sem distribuir dividendos, os dois *covenants* restantes seriam facilmente alcançados.

Simulamos a distribuição de dividendos, por tentativa e erro, para mensurar o caixa em excesso que poderia ser distribuído aos acionistas sem violar os *covenants*. Concluímos que, com o preço do barril a US$ 25, seria possível distribuir US$ 157,60 milhões de dividendos entre 2003 e 2006.

QUADRO 6.16 › Projeção do balanço patrimonial da Ópera com distribuição máxima de dividendos (US$ milhões)

	31/12/2002	31/12/2003	31/12/2004	31/12/2005	31/12/2006	31/12/2007
Caixa	-	0,5	0,6	0,4	0,9	104,3
Fundo de liquidez		2,6	2,7	2,5	2,3	-
CAR	-	5,6	9,1	12,6	15,4	18,9
Ativos fixos	53	48,5	46,8	40,2	51,5	44
Total ativos	**53**	**57,2**	**59,3**	**55,6**	**70,1**	**167,2**
Bancos	33	26	17,3	8,7	-	-
Patrimônio líquido	20	31,2	42	47	70,1	167,2
(+) Capital social	20	20	20	20	20	20
(+) Res. legal (5% LL)	-	1,2	2,2	3,1	3,9	4,9
(+) Lucros retidos	-	23,6	65,8	127,5	203,8	299,9
(−) Dividendos distribuídos	-	- 13,7	- 46	- 103,6	- 157,6	- 157,6
Payout (% LL)		55%	75%	92%	70%	-
(−) Redução de capital	-	-	-	-	-	-
Total passivo e PL	**53**	**57,2**	**59,3**	**55,6**	**70,1**	**167,2**

FONTE: ELABORADO PELO AUTOR.

Essa distribuição de dividendos, entretanto, não seria linear por causa das curvas de produção e de investimentos (em 2006, era previsto um investimento de US$ 20 milhões). O *payout* começaria em 55% do lucro líquido em 2003 e aumentaria gradualmente até 82% em 2006. O grande limitador à distribuição de dividendos não era o Ebitda, tampouco o PL, mas o fundo de liquidez, pois, quanto mais se pagasse de dividendos, menor seria o FLC que constituiria o fundo de liquidez.

QUADRO 6.17 › Cenário-base: projeção máxima dos dividendos entre 2003 e 2007 (US$ milhões)

	2003	2004	2005	2006	2007
Ebitda	45,4	74,1	102,8	125,8	154,5
IR&CS desalavancado	- 13,4	- 22,9	- 32,7	- 39,8	- 50
Inv. capital de giro	- 5,6	- 3,5	- 3,5	- 2,8	- 3,5
Investimentos	-	- 5	-	- 20	-
Fluxo caixa operacional	**26,5**	**42,7**	**66,6**	**63,2**	**101**
Captação empréstimos					
Despesa financeira	- 1,7	- 2,2	- 1,3	- 0,4	-
Amortização da dívida	- 8,7	- 8,7	- 8,7	- 8,7	-
Fundo de liquidez	- 2,6	- 0,1	0,2	0,2	2,3
Receita financeira	-	-	-	-	-
Ajuste IR&CS	0,6	0,7	0,4	0,1	-
Pagamento de dividendos	- 13,7	- 32,3	- 57,6	- 53,9	- 92,2
FLC	**0,5**	**0,2**	**- 0,3**	**0,5**	**11,1**

	2003	2004	2005	2006	2007
Payout	55%	75%	92%	70%	95%
Dividendos acumulados	13,7	46	103,6	157,6	249,8

FONTE: ELABORADO PELO AUTOR.

Em 2007, o empréstimo estaria pago e não haveria mais *covenants* a seguir. O excesso de caixa projetado para o final de 2007 seria de US$ 104,3 milhões. Boa parte desse valor (US$ 92 milhões) poderia ser distribuída como dividendos aos acionistas, e a Amadeus poderia recomprar as ações do Fausto.

Com essas simulações sobre a capacidade de distribuir dividendos sem violar os *covenants*, estávamos preparados para simular diferentes propostas de remuneração para o Fausto. O que ele poderia querer?

Os objetivos da Amadeus eram claros:

- Garantir uma remuneração mínima para o Fausto e compartilhar o sucesso do projeto, mas ao menor custo total possível.
- Ter certeza de que o Fausto sairia da estrutura societária em, no máximo, seis anos.
- Qualquer que fosse a remuneração do Fausto, esta não poderia inviabilizar as metas estabelecidas pelos *covenants* do banco internacional.

Com base nas nossas experiências com fundos de *private equities*, identificamos as seguintes possíveis demandas do Fausto:

- Obter a melhor combinação entre risco e retorno, acima de outras possibilidades disponíveis em bolsa de valores ou em títulos de renda fixa.
- Obter algum tipo de "seguro" contra eventuais riscos ou eventos adversos.
- Não sair do investimento antes de quatro anos, pois era interessante ter um período mínimo de remuneração que diluísse os custos de análise do Fausto e garantisse uma média de retorno interessante.

Para endereçar a questão do risco e remuneração mínima para o Fausto, destacamos alguns fatos e fizemos algumas sugestões negociais à Amadeus:

- Primeiro, nos últimos 20 anos (1982-2002), o preço médio do petróleo tinha sido de US$ 29, chegando a um pico de US$ 63,7 (em setembro de 1982) e a um vale de US$ 10,8 (em dezembro de 1998). Nossa **análise de estresse** indicava, portanto, que o risco de violar o *covenant* do índice de cobertura parecia ser remoto.
- Segundo, apesar de o projeto apresentar um baixo risco, o banco internacional detinha o penhor sobre 100% do petróleo e caução das ações como garantia por seu empréstimo de US$ 30 milhões. Ou seja, para correr pouco risco, o banco estipulou uma remuneração de 10% sobre seu empréstimo. Por conseguinte, o patamar de remuneração mínima do Fausto, que não teria garantias reais, deveria ser maior que 10%. Pelas condições de mercado da época, sugerimos à Amadeus que pagasse, no mínimo, 15% ao ano sobre o principal do Fausto.
- Terceiro, para responder a uma possível demanda por um "seguro", sugerimos que a Amadeus oferecesse ao Fausto uma opção de venda de suas ações, mas que poderia ser exercida

só em 2005, quando o empréstimo bancário já estaria pago. Em troca, a Amadeus exigiria que o Fausto lhe desse uma opção de compra de suas ações cujo vencimento ocorreria em 2007. Essa seria a forma de garantir que o Fausto sairia da estrutura societária.

Para simular o que seria uma remuneração adicional ao Fausto, reproduzimos três possíveis estruturas de oferta ao fundo de investimentos. Nestas, o fundo seria remunerado por uma combinação de dividendos e/ou prêmios sobre o valor da opção de compra da Amadeus. Nas três ofertas, a Amadeus pagaria ao Fausto uma remuneração mínima de 15% ao ano sobre o principal (US$ 30 milhões) e poderia ganhar um valor superior se a distribuição de dividendos fosse proporcionalmente maior que o equivalente aos 10% sobre o principal.

- **Simulação 1**: Fausto pagaria US$ 30 milhões por 10% da Ópera e receberia, no mínimo, 15% ao ano ou 10% dos dividendos distribuídos, o que fosse maior, ao longo de 2002 e 2006. Em 2007, receberia seus US$ 30 milhões de volta, quando a Amadeus exercesse sua opção de compra. A TIR dessa oferta para o Fausto era estimada em 18,5% ao ano.

QUADRO 6.18 › Simulação 1 do fluxo para Fausto (US$ milhões)

Oferta 1	2002	2003	2004	2005	2006	2007
Total distribuído acionista	–	13,7	32,3	57,6	53,9	92,2
Dividendos para Fausto (10%)	–	1,4	3,2	5,8	5,4	9,2
Remuneração mínima (15%)	–	4,5	4,5	4,5	4,5	4,5
Pagamentos ao Fausto	–	4,5	4,5	5,8	5,4	9,2
Fluxo para Fausto	– 30	4,5	4,5	5,8	5,4	39,2
Fluxo acum. para Fausto	– 30	– 25,5	– 21	– 15,2	– 9,8	29,4

FONTE: ELABORADO PELO AUTOR.

- **Simulação 2**: Fausto pagaria US$ 30 milhões por 10% da Ópera e receberia, no mínimo, 15% ao ano ou o equivalente a 20% dos dividendos distribuídos, o que fosse maior, ao longo de 2002 e 2006. Em 2007, receberia seus US$ 30 milhões de volta quando a Amadeus exercesse sua opção de compra. A TIR dessa oferta para o Fausto era estimada em 29,2% ao ano.

QUADRO 6.19 › Simulação 2 do fluxo para Fausto (US$ milhões)

Oferta 2	2002	2003	2004	2005	2006	2007
Total distribuído acionista	–	13,7	32,3	57,6	53,9	92,2
Dividendos para Fausto (20%)	–	2,7	6,5	11,5	10,8	18,4
Remuneração mínima (15%)	–	4,5	4,5	4,5	4,5	4,5
Pagamentos ao Fausto	–	4,5	6,5	11,5	10,8	18,4
Fluxo para Fausto	– 30	4,5	6,5	11,5	10,8	48,4
Fluxo acum. para Fausto	– 30	– 25,5	– 19	– 7,5	3,3	51,7

FONTE: ELABORADO PELO AUTOR.

- **Simulação 3**: Fausto pagaria US$ 30 milhões por 10% da Ópera e receberia, no mínimo, 15% ao ano ou o equivalente a 20% dos dividendos distribuídos, o que fosse maior, ao longo de 2002 e 2006. Em 2007, receberia seus US$ 30 milhões de volta quando a Amadeus exercesse sua opção de compra, mais um prêmio de 50% sobre o principal, ou seja, US$ 15 milhões. A TIR desta oferta para o Fausto estava estimada em 33,7% ao ano.

QUADRO 6.20 › Simulação 3 do fluxo para Fausto (US$ milhões)

Oferta 3	2002	2003	2004	2005	2006	2007
Total distribuído acionista	-	13,7	32,3	57,6	53,9	92,2
Dividendos para Fausto (20%)	-	2,7	6,5	11,5	10,8	18,4
Remuneração mínima (15%)	-	4,5	4,5	4,5	4,5	4,5
Pagamentos ao Fausto	-	4,5	6,5	11,5	10,8	18,4
Fluxo para Fausto	- 30	4,5	6,5	11,5	10,8	63,4
Fluxo acum. para Fausto	- 30	- 25,5	- 19	- 7,5	3,3	66,7

FONTE: ELABORADO PELO AUTOR.

Entre as três ofertas, a terceira daria o maior retorno ao Fausto. Entretanto, este teria de compartilhar o risco dos cinco primeiros anos da Ópera, que era seu período mais vulnerável por causa do endividamento. Nessa terceira simulação, se o preço do petróleo caísse para US$ 20, por exemplo, e o Fausto exercesse sua opção de venda, não teria direito ao prêmio. Saindo do quadro societário em 2005, sua remuneração média seria reduzida para 18,2%.

QUADRO 6.21 › Simulação 3 do fluxo para Fausto com preço do petróleo a US$ 20 e com exercício da *put* em 2005 (US$ milhões)

Oferta 3	2002	2003	2004	2005	2006	2007
Total distribuído acionista	-	9	21,8	39,7	37,3	64,2
Dividendos para Fausto (20%)	-	1,8	4,4	7,9	-	-
Remuneração mínima (15%)	-	4,5	4,5	4,5	-	-
Pagamentos ao Fausto	-	4,5	4,5	7,9	-	-
Fluxo para Fausto	- 30	4,5	4,5	37,9	-	
Fluxo acumulado para Fausto	- 30	- 25,5	- 21	16,9		

FONTE: ELABORADO PELO AUTOR.

O problema com a opção de venda do Fausto seria que a Amadeus talvez não tivesse dinheiro para pagá-lo. Afinal, todos esses pagamentos para o Fausto teriam de ser feitos com os dividendos que a Amadeus receberia da Ópera. O que garantiria que a opção de venda do Fausto poderia ser exercida sem problemas de liquidez? Se sua opção de venda só pudesse ser exercida após 2006, quando o empréstimo ao banco internacional estaria totalmente pago, a Amadeus poderia oferecer como garantia a caução de suas ações.

Entretanto, se o preço do petróleo aumentasse, por exemplo, para US$ 30, a terceira simulação indicava que o Fausto poderia ter uma remuneração média de 39,5%.

QUADRO 6.22 › Simulação 3 do fluxo para Fausto com preço do petróleo a US$ 30 e sem exercício da put em 2005 (US$ milhões)

Oferta 3	2002	2003	2004	2005	2006	2007
Total distribuído acionista	–	18,4	42,9	75,6	70,6	120,2
Dividendos para Fausto (20%)	-	3,7	8,6	15,1	14,1	24
Remuneração mínima (15%)	-	4,5	4,5	4,5	4,5	4,5
Pagamentos ao Fausto	–	4,5	8,6	15,1	14,1	24
Fluxo para Fausto	- 30	4,5	8,6	15,1	14,1	69
Fluxo acum. para Fausto	- 30	- 25,5	- 16,9	- 1,8	12,3	81,4

FONTE: ELABORADO PELO AUTOR.

A Amadeus não poderia garantiria que a opção de venda do Fausto seria honrada se este optasse por exercê-la em 2005. Teria de ser elaborada uma estratégia de negociação que valorizasse os ganhos do Fausto se o petróleo subisse. A fim de forçá-lo a revelar suas preferências, as negociações seriam iniciadas com a segunda simulação: 15% de remuneração sobre o principal ou o equivalente a 20% dos dividendos, o que fosse maior, com a opção de compra pela Amadeus sem nenhum prêmio sobre o principal. Dependendo da reação do Fausto, poderíamos negociar um prêmio sobre a opção de compra da Amadeus, mas, em nenhuma hipótese, oferecer ao Fausto uma opção de venda com exercício antes de 2007.

NEGOCIAÇÃO E DESFECHO

QUANDO FAUSTO EXAMINOU AS PROJEÇÕES DA ÓPERA, identificou rapidamente que era uma oportunidade muito interessante. Tentou reivindicar o que era esperado: deslocar o prazo do exercício da opção de compra da Amadeus para a data mais longínqua possível, sem abrir mão de sua opção de venda em 2005. Para os executivos, o projeto apresentava vários riscos. Com base nas nossas projeções do cenário-base, os executivos fizeram algumas simulações:

(a) O que aconteceria com o projeto se a licença ambiental para a exploração do primeiro poço atrasasse um ano para ser concedida?

- Sem receita em 2003, a Ópera teria de amortizar a primeira parcela da dívida com o banco internacional e ainda pagar juros no valor total de US$ 10,3 milhões. Esse montante teria de ser aportado pelos acionistas. Além disso, sem receita, a Ópera não teria dinheiro para constituir o fundo de liquidez de US$ 2,6 milhões, um *covenant* que, se violado, daria direito ao banco de exigir o pagamento antecipado de todo seu empréstimo. Além da amortização e juros, os acionistas, portanto, também teriam de aportar recursos para constituir o fundo de liquidez, o que resultaria em um total de US$ 12,9 milhões.
- A perda das receitas em 2003 reduziria a capacidade de a Ópera distribuir dividendos nos anos subsequentes se o Fausto tivesse aceitado a proposta da Amadeus, em vez de uma TIR de 29,3%, que já era considerada insuficiente, para 27,6%. Além de poder receber dividendos maiores, como detentor de 10% das ações da Ópera, Fausto teria de aportar mais US$ 1,3 milhão na empresa para honrar seus compromissos e obrigações com o banco internacional.

(b) O que aconteceria com o projeto se, além do ocorrido na simulação (a), uma questão geológica imprevista aumentasse o custo de extração do petróleo de US$ 7 para US$ 9 o barril?

- O lucro líquido seria menor e, em consequência, os dividendos reduziriam a TIR do Fausto para 25,4%.

(c) O que aconteceria com o projeto se, além do ocorrido nas simulações (a) e (b), um erro no dimensionamento do tamanho da reserva resultasse em uma produção 10% menor que a inicialmente prevista?

- O lucro líquido seria menor e, por consequência, os dividendos reduziriam a TIR do Fausto para 23,7%.

(d) Por fim, o que aconteceria com o projeto se, além do ocorrido em (a), (b) e (c), o governo, por meio da Petrobras, em um esforço de reduzir pressões inflacionárias perante uma crise cambial, reduzisse o preço pago em real pelo petróleo da Ópera em 10%, o que equivaleria a US$ 18 por barril?

- O lucro líquido seria muito menor e, em consequência, os dividendos reduziriam a TIR do Fausto para 16,2%.

Depois de ouvir atentamente as considerações do Fausto, dissemos que precisaríamos refletir e consultar o cliente sobre o que poderia ser feito, mas insistimos na questão de que conceder uma opção de venda era inviável, pois não havia como garanti-la. De volta ao escritório, conferimos as projeções do Fausto considerando os efeitos das simulações (a), (b), (c) e (d) e deduzimos os seguintes efeitos no VEA e na TIR do projeto:

QUADRO 6.23 › Simulações do impacto de eventos adversos no VEA e na TIR do projeto

	VEA (US$ milhões)	Perda	TIR Projeto	TIR Fausto
Cenário-base	24,9	–	89%	29,2%
Cenário (a)	201	–48	62%	27,6%
Cenário (b)	167	–34	57%	25,4%
Cenário (c)	141	–26	53%	23,7%
Cenário (d)	38	–103	36%	16,2%
Total	–	**–211**	–	–

FONTE: ELABORADO PELO AUTOR.

A soma dos efeitos, ao valor presente, de todos os eventos adversos simulados nos cenários (a), (b), (c) e (d) destruiria 85% do VEA da Ópera. Apesar de não nos ser favorável, a análise do Fausto era muito pertinente.

O evento descrito no cenário (a) tratava de um **risco de natureza regulatória** que realmente poderia acontecer. Dados os frequentes atrasos nos processos de licenciamento ambiental no Brasil, a probabilidade de um atraso não era remota. Além de implicar aumentos adicionais de capital próprio, como o Fausto havia advertido, o atraso na produção e na geração de receitas implicaria um Ebitda nulo em 2003. Naquele ano, portanto, os acionistas teriam de negociar com o banco um *waver*[5] para o *covenant* do índice de cobertura da dívida. Caso não fossem bem-sucedidos, os acionistas teriam de pré-pagar o empréstimo de US$ 30 milhões, o que seria um grande problema, principalmente para a Giovanni, que já estava com seus recursos comprometidos em outros investimentos.

A única maneira que os acionistas tinham para **mitigar** o risco regulatório descrito em (a) era concentrar esforços nas tratativas com os órgãos ambientais para acelerar o processo de obtenção das licenças. Entretanto, não havia garantias. Nesse caso, de todos os agentes envolvidos no projeto, a Giovanni era o que detinha maior experiência na exploração nas tratativas com os órgãos ambientais, por causa de suas inúmeras obras civis em vários estados brasileiros. Como tal, em acordo entre os acionistas, a Giovanni ficou responsável por obter as licenças ambientais.

Os eventos descritos nos cenários (b) e (c) tratavam de **riscos de natureza tecnológica** que também poderiam acontecer, tanto no primeiro como no segundo poço, apesar dos vários testes conduzidos pelos técnicos da Amadeus e por seus fornecedores. Por exemplo, um aumento de 20% a 30% no custo de extração, como o Fausto havia especulado, poderia acontecer não só por questões tecnológicas de várias naturezas mas também por exigências de proteção ambiental que as agências reguladoras poderiam impor. Nesse caso, de todos os agentes envolvidos no projeto, a Amadeus e seus fornecedores eram os que detinham maior experiência na exploração de petróleo. Como tal, em acordo entre os acionistas, a Amadeus e seus fornecedores especializados ficaram responsáveis por conduzir todos os estudos e testes que mensurassem os custos de extração da maneira mais eficiente e segura, até no aspecto ambiental.

O evento descrito no cenário (d) tratava de um **risco político**. Entretanto, uma possível redução no preço de venda também poderia acontecer, o que o tornaria um **risco econômico**. O impacto da ocorrência de uma redução de preço poderia ser catastrófico para o projeto. Nesse caso, de todos os agentes envolvidos no projeto, o que estava na melhor posição para evitar esse risco seria a própria Petrobras. Caberia aos acionistas negociar um **contrato de compra e venda** de petróleo que incluísse cláusulas que protegessem a Ópera de arbitrariedades políticas e flutuações significativas nos preços de mercado.

Enfim, o Fausto construiu argumentos poderosos para sustentar seu pleito por maiores retornos e garantias quanto à performance operacional, econômica e financeira do projeto, principalmente em seus primeiros anos, quando o risco era muito alto. Se fosse possível ilustrar todos os riscos do projeto em uma curva, haveria três momentos diferentes: de risco mais alto entre 2002 e a data do início da operação em 2003; de risco moderado entre 2003 e o fim do pagamento do empréstimo em 2006; e de risco menor de 2007 até o lacre dos poços (Figura 6.2).

Uma saída para reduzir o risco ao Fausto seria aumentar a remuneração fixa mínima de 15% para 20% ao ano, por exemplo. Agora, era uma questão de simular novos cenários e negociar. Em condições normais, para garantir o poder de barganha da Amadeus, deveríamos abordar outros FPEs para que pudéssemos criar alternativas para nosso cliente. Entretanto, nas circunstâncias da época, isso não era possível, pois a Amadeus estava muito preocupada com a confidencialidade da transação, e o MOU, naquele momento, expiraria em menos de 40 dias. A Amadeus queria minimizar o risco de a oferta da Giovanni ficar conhecida por muitos investidores, que poderiam abordá-la diretamente e comprar as ações que a Amadeus tanto queria após o fim da validade do MOU. Ao abordar o Fausto e antes de passar qualquer informação importante, os advogados da Amadeus impuseram um severo acordo de confidencialidade.[6] Todavia, esses advogados não garantiriam a eficácia desse acordo se outros fundos de investimentos fossem consultados.

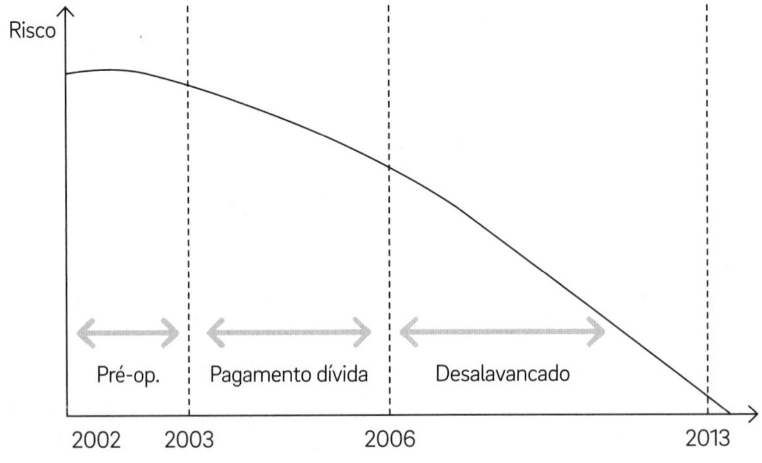

FONTE: ELABORADA PELO AUTOR.

FIGURA 6.2 › Evolução do risco do projeto entre 2002 e 2013.

Infelizmente, a transação da Ópera não deu certo. E não foi por causa da confidencialidade. O ano de 2002 foi marcado pelas eleições presidenciais, e o risco Brasil chegou ao nível histórico de 2.000 pontos-base! Na medida do possível, todos os investimentos de longo prazo foram adiados até o fim das eleições e o primeiro ano de posse do novo presidente.

▪ CONCLUSÕES

O CASO ÓPERA NOS remete a dois temas muito interessantes em finanças: estruturas de *earn out* e *project finance*. A primeira foi mencionada no caso Quixote. A estrutura do financiamento mezanino é um tipo da *earn out*, cuja ideia central é que ganhos e riscos sejam divididos entre os investidores e/ou acionistas. No mezanino, a particularidade está na estrutura jurídica, que define a possibilidade de um rendimento mínimo, o qual, por exemplo, pode ser estruturado como uma dívida subordinada.

O financiamento mezanino, bem como o *earn out*, possibilita, pelo menos em tese, um ajuste mais preciso entre a evolução da capacidade de geração de caixa do devedor com a remuneração e o pagamento do credor. A princípio, Amadeus e Fausto poderiam negociar uma estrutura de mezanino em que este último participaria dos dividendos da Ópera em proporção crescente ao longo dos anos conforme a curva de produção. Isto seria o ideal para a Amadeus, que teria menos pressão sobre seus próprios fluxos de dividendos oriundos de sua participação na Ópera nos primeiros anos de atividade, quando a produção seria relativamente menor. Tal ajuste poderia aumentar a TIR dos fluxos recebidos por Fausto, que estaria exposto a riscos maiores nos primeiros anos em troca de uma remuneração maior nos últimos.

Essa flexibilidade é muito importante para projetos de investimento com longas curvas de investimento e maturação da geração de caixa. Atualmente, no Brasil, ainda é raro encontrar estruturas de financiamento mezanino. Projetos com longas curvas de investimento e maturação da geração de caixa são parcialmente atendidos por financiamentos com alguns anos de carência de pagamento de principal e/ou juros, o que está longe de ser uma solução ótima. Talvez seja uma consequência da ineficiência do sistema jurídico, que dificulta a resolução de conflitos quando contratos são desrespeitados, ou, sobretudo, pela relativa escassez de financiamentos de longo prazo.

NOTA TÉCNICA › *Project finance* e parcerias público-privadas

Neste contexto e pela importância do tema, vale uma rápida digressão sobre o *project finance*. Segundo Finnerty (1999, p. 2), "*project finance* pode ser definido como a captação de recursos para financiar um projeto de investimento de capital **economicamente separável**, no qual os provedores de recursos veem o fluxo de caixa vindo do projeto como **fonte primária de recursos para atender ao serviço** de seus empréstimos e fornecer o retorno sobre o capital investido no projeto". A essência do *project finance* é segmentar e realocar riscos aos agentes que têm melhor capacidade para mitigá-los. Essa realocação de riscos pode otimizar a gestão do risco, o que pode reduzir o custo de captação de recursos financeiros do projeto. Como, em uma estrutura de *project finance*, o projeto é segmentado em uma entidade jurídica separada de seus proprietários originais (denominados "patrocinadores"), e se, no pior cenário, algo inviabilizar o projeto para seus patrocinadores, os financiadores não perdem todo recurso alocado.

Aproveitando esta digressão, vale um rápido comentário sobre **parceria público-privada** (PPP), uma estrutura contratual concebida na Inglaterra, no início da década de 1990, para contornar a falta de recursos e investimentos em infraestrutura, especialmente nos setores elétrico, ferroviário e de saneamento. A PPP surgiu no mundo como novo modelo de compartilhamento de riscos entre o Estado e a iniciativa privada, entre outros modelos tradicionais (privatização e concessão "comum"). Ou seja, é um modelo contratual, enquanto o *project finance* é o modelo financeiro que viabiliza a captação de recursos e alocação de riscos da PPP.

Exercícios

1 **Quais são as diferenças conceituais e qualitativas entre *corporate finance* e *project finance*?**

2 **Quais são os tipos de risco a que um projeto de investimento está sujeito? Exemplifique supondo que o projeto seja uma concessão pública de:**

- fornecimento de água, coleta e tratamento de esgoto em uma grande metrópole brasileira;
- estrada de rodagem com pedágio que interliga duas grandes cidades brasileiras;
- linha de metrô urbano (ainda a ser construída);
- terminal portuário;
- usina hidroelétrica em um rio da bacia Amazônica;
- usina termoelétrica movida a óleo diesel fornecido pela Petrobras;
- linha de transmissão de energia elétrica de 700 quilômetros de extensão;
- distribuição de energia elétrica em um município com um milhão de habitantes na área urbana e meio milhão na rural;
- linha de trem de alta velocidade ligando São Paulo ao Rio de Janeiro;
- novo aeroporto para passageiros e cargas na região metropolitana de São Paulo para servir à Copa de 2014 e aos Jogos Olímpicos de 2016.

3 **Nos empreendimentos apresentados a seguir, quais são os tipos de risco a que um projeto de investimento privado está sujeito?**

- central petroquímica;
- usina de açúcar e álcool;
- fazenda de produtos agrícolas orgânicos;
- rede de lojas de roupas de múltiplas marcas, todas importadas;
- um novo jornal de economia.

4 **Como uma empresa de exploração de petróleo pode contabilizar a descoberta de uma reserva de petróleo, que ainda não está operacional, em seu balanço patrimonial?**

5 **Como uma empresa de exploração de petróleo pode contabilizar a aquisição de reserva de petróleo em seu balanço patrimonial?**

6 **Reproduza as projeções do cenário-base da Ópera em sua própria planilha eletrônica. Faça uma análise de sensibilidade simulando o efeito sobre o VEA e os *covenants* das seguintes variáveis:**

- preço do petróleo de US$ 15, US$ 18 e US$ 30 por barril;
- volume de produção menor em 10%, 15% e 20% do previsto;
- ano do início da produção em 2004;
- curva de produção (por exemplo, assuma que, nos primeiros três anos, de 2003 a 2005, a Ópera tenha produzido 20% a menos que o previsto e some as diferenças nas produções dos três anos subsequentes, de 2006 a 2008);
- custo de extração de US$ 5 a US$ 10 por barril; e
- WACC de 10% e 20%.

7 **Utilizando a mesma planilha do cenário-base, simule o máximo de recursos que poderiam ser pagos aos acionistas da Ópera, via dividendos, reduções de capital e pagamento de juros sobre o capital próprio (JSCP).**

8 **Com base na planilha que você construiu para o cenário-base, elabore outras possíveis propostas para a venda e recompra das ações da Giovanni. Simule diferentes combinações entre: pagamentos com base em dividendos, juros sobre o principal, data de recompra das ações, prêmio de recompra, cronograma e intensidade de pagamentos, e outras variações que considere interessantes.**

ROLE PLAY

O professor pode organizar a sala em grupos de dois a cinco alunos. Cada grupo vai elaborar propostas com base na planilha de projeções do cenário-base. Um grupo pode representar o Fundo Fausto, que vai analisar a proposta de outro grupo, o qual representará a Amadeus. Os outros grupos podem representar outros potenciais investidores com interesse em comprar as ações que a Amadeus está oferecendo, e, para tanto, vão elaborar outras possíveis propostas para financiar a reestruturação societária da Ópera. A dinâmica da negociação vai se desenvolver em duas aulas. Na primeira, os grupos expõem suas propostas. Na segunda, a Amadeus terá de decidir que proposta será implementada. Nessa ocasião, as negociações entre a Amadeus, o Fausto e os outros possíveis investidores podem ser aprofundadas.

NOTAS

1 Para simplificar, assume-se que tanto o FOC quanto o FLC estão líquidos de IR&CS.
2 Para evitar circularidade na planilha eletrônica, a receita financeira é estimada a partir do saldo do período anterior.
3 *Payback* simples é o período que o projeto leva para acumular caixa equivalente ao total investido, desconsiderando o WACC.
4 Os JSCP são limitados à variação *pro rata* da TJLP vigente. O pagamento limita-se ao maior valor entre 50% do lucro líquido do período e 50% da soma dos lucros acumulados e das reservas de lucro.
5 *Waver*, no caso, consistiria em um perdão temporário à Ópera por não honrar com o *covenant* do ICD.
6 Em inglês, *confidentiality agreement* ou *non-disclosure agreement*.

Considerações finais

Minha obra pode ser entendida como uma reflexão sobre o erro.
Sim, sobre o erro como verdade instalada e por isso suspeita.
Saramago (*apud* ABC *Suplemento El Semanal*, 2001.)

■ TEORIA *VERSUS* PRÁTICA

ONDE E COMO SE originam o valor de uma empresa e o de um projeto de investimento?

Na teoria, sugerimos aqui uma resposta baseada na metodologia do fluxo descontado de caixa.

Na realidade, não há uma única resposta.

Ao longo deste livro, foi possível observar, na prática, a subjetividade envolvida na avaliação econômica de empresas e de projetos de investimento. Essa subjetividade manifesta-se em, pelo menos, quatro aspectos: (1) na concepção e implantação de uma estratégia; (2) na interpretação e revelação dos fatos econômicos e financeiros por meio da contabilidade; (3) na construção de hipóteses na metodologia do FDC; e (4) no encontro ou desencontro de percepções de valor em uma negociação. Por trás do formalismo dos demonstrativos contábeis, de pareceres de auditores independentes de fama mundial, da sofisticação do modelo do CAPM, de planejamentos estratégicos feitos por consultorias de renome internacional, há uma incrível dose de subjetividade, antes, durante e após o processo de uma decisão empresarial significativa.

Neste livro, houve uma preocupação constante com a proposta de compartilhar com o leitor nossas reflexões sobre um dos métodos mais difundidos para analisar a dinâmica de geração (ou destruição) de valor de uma empresa ou projeto de investimento. Por anos, prestamos assessoria na compra e venda de empresas e no financiamento a projetos, e lecionamos as disciplinas Finanças Corporativas e Avaliação de Projetos, defendendo a supremacia metodológica do FDC.

Terminamos aqui este livro fazendo um apanhado sobre este método e as dificuldades de aplicá-lo na prática com o objetivo de produzir informações de valor. O leitor pode se surpreender ao constatar quantas perguntas há em aberto. Perguntas, incertezas, receios. Não há como negá-los. A questão é fazermos o melhor que pudermos, sem negar a complexidade da realidade dos mercados e da natureza humana.

De forma muito resumida, é possível descrever o FDC como uma metodologia que estima o valor de uma empresa para seus acionistas com base em quatro poderosos elementos: (1) a capacidade de a empresa gerar "dinheiro"; (2) a sequência da geração desse "dinheiro" no **futuro** (em termos de quantia e *timing*); (3) os **riscos** envolvidos nessa geração; e (4) a escolha da melhor combinação de **endividamento financeiro** e capital dos acionistas. "Dinheiro", "futuro", "riscos" e "endividamento" são elementos cruciais, por isto cabe refletir sobre cada um deles.

■ DINHEIRO: MÉTRICAS E INCENTIVOS QUE ALINHEM PESSOAS E EMPRESAS

DO NOSSO PONTO DE VISTA, uma das maiores virtudes do FDC é sua definição de "dinheiro": fluxo livre de caixa, que consiste numa medida de rentabilidade muito mais completa que o lucro líquido, ou o Ebitda. As receitas geradas por uma empresa são como um "bolo" que deve ser fatiado pelos acionistas e distribuído a vários grupos de interesse que afetam a evolução da empresa. Aos acionistas, sobra a última fatia do bolo. Por serem os últimos a ser servidos, estes têm todo o incentivo para gerenciar os conflitos de forma a ter a maior fatia possível. Como o próprio nome diz, a fatia que sobra está "livre" de todos os **conflitos-chave estratégicos** nas relações diretas e indiretas entre acionistas e todos os outros grupos de interesse específicos de cada empresa.[1]

O FLC torna-se um conceito essencial para mensurar a capacidade de a empresa se autossustentar, crescer, investir, contrair novos empréstimos ou honrar os já existentes e distribuir dividendos. Por isso, sua projeção é fundamental em transações de financiamentos a empresas (*corporate finance*), projetos (*project finance*) e reestruturação financeira (*recovering/turnaround*).

Em suma, a premissa-chave do FDC é que os acionistas são o grupo de interesse mais preocupado com a sustentabilidade da empresa. Mas são?

Infelizmente, parece-nos incomum encontrar acionistas e executivos que concentrem suas metas de desempenho no FLC consistente, tanto no curto quanto no longo prazo. É muito mais frequente encontrar acionistas preocupados com medidas mais limitadas e imediatistas como o lucro líquido e o Ebitda. Isto é um erro, pois uma empresa pode ter um lucro líquido e o Ebitda positivos e, ao mesmo tempo, um FLC negativo.

Com a onda de abertura de capital na Bovespa (IPOs) 2004/2011,[2] quando fortunas foram feitas, a ênfase no curto prazo ficou ainda mais exacerbada. Nas IPOs, os múltiplos do Ebitda são os principais fatores que determinam o valor das ações. Além de ser uma métrica limitada de desempenho operacional, os múltiplos de Ebitda não consideram que o futuro é incerto e permeado de riscos de várias naturezas. O futuro não é um simples "múltiplo" do presente ou do passado recente. Pior, o fator que multiplica o Ebitda é uma média de empresas "similares" do setor no país e/ou no mundo, o que desconsidera as peculiaridades internas e externas de cada empresa.

Enfim, sem uma geração consistente de FLC e acionistas alinhados e comprometidos, uma empresa não é sustentável. A questão que tratamos aqui, portanto, é como alinhar incentivos.

Em seu provocante livro *Freakonomics*, Dubner e Levitt (2006) nos convocam a repensar a Economia não como a "ciência da alocação de recursos escassos", mas como a "ciência dos incentivos". Seu livro contém muitos exemplos inusitados do nosso cotidiano que nos ensinam sobre a natureza humana e a geração (ou destruição) de valor. Na questão sobre alinhamento de pessoas, esses autores citam um exemplo curioso: o pagamento de bônus aos professores dos colégios de Chicago.

Os bônus eram pagos aos professores cujos alunos haviam tido bom desempenho nos exames estaduais padronizados. Por meio de uma simples, mas inteligente, análise dos dados, Dubner e Levitt mostraram evidências de "trapaças": os professores podem ter ajudado seus alunos a "colar" no exame estadual para que eles, professores, recebessem prêmios por sua didática. Independentemente de como as trapaças ocorreram, o interessante foi a constatação: quando há um incentivo (um bônus), uma métrica e uma performance (as notas em exames padronizados), os agentes com interesses diferentes podem se articular em benefício próprio para manipular resultados.

O que este exemplo ensina sobre estratégia empresarial? Muito!

Imagine uma empresa que queira implementar uma estratégia de retenção de talentos. Para tanto, define como métrica de performance de seus gerentes o número de avaliações de desempenho de seus funcionários "acima da média". Esse processo faz muito sentido, pois, se as avaliações de desempenho têm metas objetivas, agressivas e um sistema de mensuração "eficaz", essa métrica indica que "as pessoas certas estão nos lugares certos". Entretanto, se você já trabalhou com avaliação de desempenho, sabe quão difícil é elaborar metas objetivas, agressivas e um sistema de mensuração eficaz! Mesmo em bancos, em que a métrica mestra é o dinheiro no caixa, a questão é a qualidade desse dinheiro (pergunte aos acionistas do Citibank, Lehman Brothers, Bear Stearns ou Merrill Lynch). Este exemplo de métrica de performance, portanto, pode incentivar os gerentes a definir metas pouco agressivas a seus funcionários, ou a ser condescendentes com estes em suas avaliações. Veja a seguir o estrago que isto pode causar em uma empresa.

NA PRÁTICA[3] › O livro de Cristiane Correa (2013) discorre sobre o percurso profissional de Jorge Paulo Lemann (JPL), Marcel Telles (MT) e Beto Sicupira (BT) –coletivamente aqui chamado "Trio" – e suscita a reflexão a respeito de alguns temas muito interessantes sobre capital humano e estratégias para alinhá-lo:

- **A grande questão.** A questão de JPL coincidia com a de Jim Collins, um dos grandes gurus de negócios da atualidade: como se constrói uma empresa duradoura? A resposta de JPL é: meritocracia e *partnership*.
- **A estratégia.** A estratégia do Trio era a cultura da meritocracia e *partnership* (em que os melhores se tornam sócios do negócio e os piores são desligados). "A estratégia era a cultura", como resume bem Jim Collins no prefácio do livro. Essa estratégia permitia que jovens talentosos (e ambiciosos) ocupassem cargos de destaque em poucos anos de empresa. "Faca nos dentes." "Sangue nos olhos." Muitos desses jovens começaram como *office boys* no Garantia e ficaram milionários.
- **Pilares.** A meritocracia e *partnership* exigem: crescimento e disciplina. E, também, um eficiente e objetivo sistema de avaliação. Disciplina que o Trio soube impor enquanto esteve presente no Banco Garantia; mas seus sucessores parecem ter falhado em fazê-lo. Esta é a explicação sugerida no livro para a quebra do Garantia em 1997, três anos após o Banco ter lucrado US$ 1 bilhão, dos quais 90% foram distribuídos aos sócios e funcionários. JPL comenta que, com muito dinheiro no bolso, a disciplina foi relaxada. Por isso, se há excesso de caixa, é melhor buscar investir em novos empreendimentos que possam gerar mais crescimento e oportunidade para bons profissionais.
- **Avaliação de pessoas.** "Como julgar tanta gente boa?" Remuneração com base na performance, no Garantia, implicava métricas objetivas e uma avaliação 360° (na qual a pessoa é avaliada pelo seu chefe, subordinados, parceiros, clientes e fornecedores). As avaliações geravam até brigas físicas, e, em 1996, foi apontada na carta de JPL para a comemoração dos 25 anos do Banco como um aspecto que precisava ser aprimorado. Como ser objetivo em uma avaliação? Como não criar hostilidade e "guerra de gangues" com uma avaliação 360°?
- **Copiar o melhor.** Ao entrar em um novo empreendimento, quer seja o Garantia, as Lojas Americanas, a Ambev ou outros, o Trio e seus seguidores saíam mundo afora para copiar as melhores práticas e aprimorá-las.
- **Captação de talentos.** Gente boa atrai gente boa. O programa de *trainee* da Ambev atrai 74 mil candidatos para 26 vagas. Com um universo deste, o desafio é ter um processo seletivo eficiente. O Trio valorizava os PSDs (*Poor, Smart, Deep desire to get rich*), mas também percebeu que, para se internacionalizar, o banco precisaria de profissionais com educação diferenciada.
- **Culturas.** Em certo momento, parecia haver duas culturas no banco: uma intelectualmente sofisticada, liderada por Claudio Haddad, e outra, dos PSDs. Não deve ser fácil ter um bom clima organizacional entre um Ph.D. de Princeton e um PSD com colegial incompleto: é preciso muita humildade para quem tem "a faca nos dentes".
- **Arrogância do sucesso.** Ter tido sucesso em um negócio não garante sucesso em outros. A Ambev é o maior símbolo do sucesso do Trio, mas a experiência no GP Investimentos em múltiplos investimentos (Submarino, Telemar, Oi, Artex, LBR, Imbra etc.) foi tumultuada. ▶

Depois de vender a GP Investimentos em 2003, o primeiro *private equity* do Brasil, JPL reconheceu a dificuldade de investir em múltiplos negócios e ter sucesso. Isto nos leva a outra questão interessante: *private equities* com foco difuso podem ser bem-sucedidos?

- **Pessoas são dispensáveis?** Volto à questão do Trio e de Jim Collins: como se constrói uma empresa duradoura? A carta de JPL para a comemoração dos 25 anos do Banco em 1996 (um ano antes de este quebrar) termina assim: "perdemos algumas pessoas boas na nossa história, mas a organização continuou e ninguém é indispensável na empresa. Ela é maior do que qualquer indivíduo [...] tenho certeza que o Garantia será uma organização excepcional em termos mundiais nos próximos 25 anos". Não foi isso o que aconteceu. Por quê?

Parece que, no caso do Banco Garantia, as pessoas não eram dispensáveis. O livro cita que, se MT não tivesse trocado o Banco pela Brahma, o Garantia não teria quebrado.

> *O Garantia desapareceu porque se deslumbrou com o próprio sucesso. Porque seus principais sócios se afastaram do negócio e deixaram o barco correr solto. Porque boa parte da nova geração estava mais interessada em engordar seu patrimônio pessoal do que em perpetuar a instituição. Vários pilares da cultura que fez do Garantia o maior banco de investimentos da época ruírem – simplicidade, foco, dedicação total à firma, valorização da sociedade acima de qualquer coisa [...] Quem matou o Garantia foi o próprio Garantia* (CORREA, p. 164).

Por fim, o livro traz mais uma questão interessante: o que faz uma sociedade (por exemplo, o Trio) durar tanto tempo? Parece que, além da educação, do "sangue nos olhos", da ambição, há algo que une pessoas competentes e bem-sucedidas por muito tempo e que é difícil de se encontrar em escala. O que será?

NA PRÁTICA[4] › Como alinhar interesses e maximizar valor em empresas sem fins lucrativos (ESFL). De propósito, não vou chamá-la de "organização", "fundação" ou "instituto", e sim de empresa, pois, independentemente da sua forma de constituição legal, esse tipo de empresa também tem como meta maximizar o lucro, embora este lucro seja todo reinvestido na empresa.

Antes de tudo, vamos aos problemas:

1 **O que é uma ESFL?** A Resolução CFC nº 1.409/12 define como: "[...] A entidade sem finalidade de lucros pode ser constituída sob a natureza jurídica de fundação de direito privado, associação, organização social, organização religiosa, partido político e entidade social."

Há ESFLs na área de educação, saúde, religião, desenvolvimento social etc. Ao todo são 118,7 mil ESFLs no Brasil, das quais 49% foram criadas nos últimos cinco anos. Interessante: ¼ na região Nordeste, ¼ religiosas, ¼ defesa dos cidadãos e comunidades.

2 **O que é Governança Corporativa?** "[...] sistema pelo qual as organizações são dirigidas, monitoradas e incentivadas, envolvendo as práticas e os relacionamentos entre proprietários, conselho de administração, diretoria e órgãos de controle. As boas práticas de Governança Corporativa convertem princípios em recomendações objetivas, alinhando interesses com a finalidade de preservar e otimizar o valor da organização, facilitando seu acesso ao capital e contribuindo para a sua longevidade longevidade" (IBGC, 2014).

Francisco Müssnich (2014), renomado advogado, nos brindou com uma definição sucinta e poderosa: governança = **governo interno** que trata dos "conflitos de agência" e sustenta a confiança dos *stakeholders* (mantenedores, doadores, clientes, fornecedores, gestores etc.).

3 **O que são "Conflitos de agência"?** No caso de empresas com fins lucrativos, os conflitos de agência surgem quando seus gestores têm interesses diferentes daqueles dos donos (acionistas). Um famoso caso foi de um presidente da Disney que, num ano em que a empresa teve um enorme prejuízo, pagou para si mesmo um bônus de US$ 300 milhões.

No caso de uma ESFL, a questão dos conflitos de agência pode ser um desafio ainda maior, pois a ESFL não tem dono! O "dono" é um grupo de pessoas eleitas que formam sua curadoria (no caso de uma fundação) ou seu conselho deliberativo (no caso de um instituto, por exemplo). Esse conselho geralmente é composto pelos fundadores e outras pessoas com boa reputação no campo de atuação da ESFL. O conselho contrata profissionais para administrar o dia a dia da ESFL. Com o tempo, o crescimento e o aumento da complexidade, seus fundadores podem perder o poder de influência sobre os gestores, e a ESFL desviar o foco de seus objetivos iniciais.

Ainda em ESFLs há outro aspecto importante: as doações, em geral, respondem por parte significativa do orçamento. Como os efeitos das doações em causas sociais têm poucos indicadores mensuráveis no curto prazo, a ineficiência dos gestores não tem uma punição evidente. Resultado: o gestor tem muito poder na ESFL.

Para garantir a perpetuidade das ESFLs, recomenda-se:

- Transparência nas decisões e ações.
- Equidade de todos os *stakeholders*.
- Prestação de contas.
- Responsabilidade (decisões devem ser informadas, refletidas, não conflitadas [*business judgement rule*]).
- Composição do Conselho: de sete a nove membros, dos quais 25% devem ser profissionais independentes (nos Estados Unidos são dois terços).
- Conselheiros devem ter formações distintas, educação contínua, avaliação periódica (do tipo 360°), contato direto com mantenedores, com prazo de mandato que não deve ser inferior a dois anos nem superior a quatro.
- Os conselheiros devem ser voluntários e não remunerados.
- A renovação do Conselho deve ser escalonada para não comprometer a cultura (ex.: renova-se um terço num ano, um terço no ano seguinte etc.).
- Não ter conselheiro suplente (para não comprometer a continuidade dos trabalhos, do tipo: "cachorro com dois donos passa fome").
- Não ter o CEO como presidente do Conselho.
- Criar um código de conduta aderente aos valores e princípios da cultura, que verse sobre: conflitos de interesse, confidencialidade, relatórios (informações e tempestividade [quando as informações relevantes devem ser divulgadas]), partes relacionadas, gerenciamento de riscos etc.
- Auditoria independente contratada pelo Conselho.
- Conselho Fiscal.

Ou seja, o sucesso e a perenidade de uma ESFL dependem de criatividade na sua autorregulamentação. O resultado de uma boa estrutura de governança pode refletir maior captação de doações. O mercado de doações, muito competitivo, substitui o mercado de capitais no sentido de fornecer sinais sobre a qualidade da ESFL.

FUTURO: PLANOS *VERSUS* REALIDADE

Se non è vero, è bene trovato
(ditado italiano)

O QUE É O futuro no FDC? É uma história sobre a capacidade de a empresa explorar, com base em sua **posição estratégica** atual, seus **ativos estratégicos tangíveis** e **intangíveis**, e otimizar seus **conflitos-chave estratégicos** com grupos de interesse internos e externos na geração do FLC. Toda a história sobre o futuro é fictícia; porém, a "qualidade" da ficção é a chave. A ideia de futuro do FDC é uma ficção que deveria ser viável, factível.

Na construção da projeção do FLC, surgem duas grandes dificuldades. Primeiro, a visão de futuro reflete, explícita ou implicitamente, um planejamento estratégico. Em seu livro, Kaplan e Norton (1997), dois grandes expoentes do planejamento estratégico, afirmam que 70% a 90% das empresas não conseguem implementar suas estratégias! Ou seja, projetar o FLC é fácil, mas torná-lo realidade é muito mais complexo. Por quê?

Talvez uma razão para a dificuldade em se implementar a estratégia, tornar uma projeção de FLC em realidade, esteja na formulação correta da estratégia, no entendimento desta pelos colaboradores e públicos de interesse, e na capacidade de alinhar e mobilizar as pessoas envolvidas. Além da disciplina de refletir, atualizar e fazer a estratégia acontecer.

Em nossa experiência, raramente encontramos uma empresa que articule a projeção do FDC com as quatro perspectivas do **mapa estratégico**,[5] a saber: **financeira** ("Se formos bem-sucedidos, como seremos percebidos pelos nossos acionistas?"); **clientes e mercados** ("Como seremos reconhecidos como únicos pelos nossos clientes?"); **processos internos** ("Para satisfazer nossos clientes e atingir os objetivos financeiros, em que processos estratégicos precisaremos atingir a excelência?"); e **aprendizado e crescimento** ("Para atingir nossa visão de futuro, como nossa empresa precisa aprender e se aprimorar?"). Uma projeção de FLC que não considere explicitamente essas quatro perspectivas corre o risco de se tornar apenas uma ficção de má qualidade, uma ilusão. Entretanto, o mais comum é encontrarmos empresas somente focadas na perspectiva financeira. Mesmo empresas que refletem e atuam sobre as quatro perspectivas não necessariamente conseguem gerar valor a seus acionistas. Um dramático exemplo deste fato é a Aracruz, discutido no Capítulo 3.

A segunda dificuldade em projetar o futuro e acreditar nesta projeção, provavelmente decorrente da primeira, refere-se à "mortalidade" das empresas, como já evidenciado na *Introdução* deste livro.

RISCOS: O DESAFIO DE ENCARÁ-LOS

O CONCEITO DE RISCO é muito complexo e subjetivo; portanto, sua mensuração é um grande desafio teórico e prático.

Para refletir sobre riscos, Dubner e Levitt (2006) nos convidam a pensar sobre as diferenças entre riscos percebidos e riscos reais. Responda rápido à seguinte pergunta: "O que você acharia mais perigoso: deixar seu filho brincar em uma casa na qual há uma arma de fogo guardada ou em uma casa com piscina?" Provavelmente, responderíamos: a casa com arma de fogo. Errado.

Estatisticamente, nos Estados Unidos, o risco de uma criança morrer afogada em uma piscina é cem vezes maior que um acidente fatal com uma arma de fogo guardada em local não suficientemente seguro. Outra pergunta: "O que é mais fácil ser aprovado no Congresso norte-americano: US$ 1 bilhão para uma campanha de prevenção às doenças cardíacas, ou US$ 100 bilhões para combater o terrorismo?" A história recente mostra que a guerra contra o terror não encontra limites em seus gastos, embora a probabilidade de um norte-americano morrer do coração seja muito superior à de morrer de um ataque terrorista. Então, por que a luta contra o terrorismo consegue tanto apoio político? Porque morrer por um ato terrorista é muito mais revoltante para a população que morrer de enfarte. Este "fator de revolta" é uma variável que distorce a percepção do risco real das coisas. Distorce, mas ganha votos. O que isto tem a ver com estratégia empresarial? Muito!

Lembra-se do escândalo da Enron? Em 2000, a empresa texana de distribuição de energia empregava 21 mil pessoas e faturou US$ 101 bilhões. Até então, seus acionistas estavam satisfeitos. No ano seguinte, a empresa surpreendeu o mercado e o mundo ao pedir concordata. A Enron, com ajuda de sua "auditoria independente" - a Arthur Andersen -, tinha fraudado seus balanços, causando pesados prejuízos a seus credores, fornecedores, empregados e acionistas. A revolta maior não foi pelas práticas inescrupulosas da empresa, mas, sim, pelo papel do auditor independente, que, de um lado, zelava pela transparência das contas da companhia e, de outro, ganhava fortunas em consultorias na Enron. A Arthur Andersen, até então uma das cinco maiores empresas de auditoria do mundo, "virou pó", e, daí em diante, o governo norte-americano redigiu a lei Sarbanes-Oxley, em 2002, que impunha severas restrições aos serviços de consultoria dos auditores independentes. Muito bem. E em que isso ajudou a evitar a atual crise imobiliária nos Estados Unidos? Quem é o culpado? O banco central norte-americano (FED)? As agências de classificação de riscos? Ou as práticas inescrupulosas dos bancos? Estamos discutindo novamente o risco errado? O risco está no agente supervisor ou nos incentivos aos agentes executores?

A complexidade dos riscos pode ser facilmente ilustrada quando pensamos em um projeto de investimento (e uma empresa pode ser pensada como uma coleção de projetos de investimento), no qual são identificados 14 tipos de riscos de naturezas diferentes: operacional, mercadológico, de infraestrutura, ambiental, legal, político, cambial, de força maior,[6] fornecimento de matéria-prima e energia, alinhamento e solidez dos acionistas (*sponsor*), disponibilidade de financiamento (*funding*), alinhamento e articulação dos financiadores (sindicalização), engenharia na concepção e implantação do projeto, e conclusão do projeto em si de acordo com o cronograma programado (*completion*).

Será que os acionistas e seus executivos de confiança percebem os riscos reais a que sua empresa está exposta? Suponha uma eficiente indústria de celulose para exportação que usa água de um rio e cloro como insumos. O risco ambiental percebido pelos acionistas e seus executivos pode ser muito superior ao de usar derivativos de câmbio como uma fonte de receita adicional à empresa. No entanto, a volatilidade cambial pode mostrar que o risco real dos derivativos é muito mais devastador para a empresa que um vazamento de cloro. (Consulte nossa discussão sobre a Aracruz no Capítulo 3.)

No FDC, o conceito de risco é considerado em uma única medida: o β. Como vimos, na prática, o β é estimado a partir de médias históricas dos preços das ações de empresas "similares" em relação ao índice do mercado. Além de essas médias serem muito manipuláveis, o que são empresas similares? Há uma empresa similar a outra? Pode até haver produtos e mercados-alvo similares, mas não a organização interna, tampouco o perfil dos acionistas e líderes executivos.

Enfim, uma única medida para algo tão complexo, hoje, parece cada vez mais frágil e irreal.

▪ ENDIVIDAMENTO: O DINHEIRO DOS OUTROS

A TEORIA DAS FINANÇAS empresariais afirma que dívidas financeiras, na medida certa, adicionam valor a uma empresa por meio de dois vetores: por combinar uma fonte de capital mais barata (a dos bancos) com uma mais cara (a dos acionistas), o endividamento pode reduzir o custo médio do capital utilizado pela empresa; e pelo fato de que as dívidas geram despesas financeiras que reduzem o imposto de renda a pagar (se a empresa for lucrativa).

Dívida "demais" é obviamente perigoso, pois impõe à empresa o risco de não poder pagá-la, mas a quantidade certa de dívida agrega valor, como observado no caso Quixote. No entanto, qual é essa quantidade "boa" de dívida? Esta é uma importante questão em aberto no FDC.

Na prática, recorre-se, novamente, às médias de empresas "similares". E muitas vezes, na falta deste tipo de empresa nacional, buscam-se similares estrangeiras. O que pode ser um endividamento "ótimo" para os outros pode não ser para a empresa em questão. Afinal, quem terá de pagar esse endividamento "ótimo" não são as "similares", mas, sim, a própria empresa e seus acionistas. Há empresas com múltiplos acionistas que demonstram coesão quando o endividamento é baixo, o mercado está em alta e os dividendos são previsíveis. Mas esses mesmos acionistas podem entrar em graves conflitos entre si quando a empresa se alavanca e se depara com uma crise macroeconômica.

Em suma:

- A capacidade de tornar o FLC projetado em um fluxo livre factível é crucial; caso contrário, a estimativa de valor econômico da empresa e sua capacidade de honrar suas dívidas são ficções de má qualidade, e, como tal, perigosas, pois orientam os acionistas a decisões arriscadas, insustentáveis.
- Em "riscos" e "endividamento", a importância das referências externas de empresas similares é explícita. Aqui, o que gera os parâmetros de valor da empresa são outras empresas "similares". As "outras" nos determinando para mais ou para menos.
- Em "dinheiro" e "futuro", a empresa deve olhar para dentro de si. Onde está hoje, como, aonde e quando quer chegar no futuro? Quais são os conflitos estratégicos, internos e externos, que influenciam seu valor (os famosos "fatores críticos de sucesso", ou *value drivers*)? Não nos parece adiantar nada olhar para os "similares" e descobrir que o endividamento "ótimo" é de 50% se a empresa não estiver preparada para tanto, isto é, com acionistas, proposição de valor ao cliente, processos internos e capital humano alinhados em uma estratégia coerente e, de fato, implementável.

Parece-nos que o FDC é um método teórico poderoso, mas sua aderência à realidade requer informações de qualidade, análise criteriosa e capacidade de implementação da estratégia para o futuro que é, implícita ou explicitamente, assumida nas projeções. A minuciosa análise estratégica deve ser holística, no sentido de buscar "um entendimento integral dos fenômenos" (Houaiss, 2001, p. 1.544). O fenômeno da geração sustentável do FLC.

Cada desvio entre o FLC realizado e o projetado deve ser analisado com responsabilidade e humildade para gerar lições, adaptações necessárias nos objetivos estratégicos financeiros, clientes e mercados, processos internos, aprendizagem e crescimento. Neste ponto, subscrevemos a tese de De Geus (1998): "o valor de uma empresa se origina em sua capacidade de aprender". O ato de aprender nasce de uma atitude, de uma disposição.

ESSÊNCIA E FORMA

ESTE É MEU SEGUNDO LIVRO. O primeiro foi minha tese de doutorado, concluída em 1993 e publicada nos Estados Unidos em 1996: *The microcomputer industry in Brazil: the case of a protected high-technology industry.*[7] O que há de comum entre os dois livros? As tensões entre a essência e a forma e entre a teoria e a prática.

No primeiro descrevi e analisei a política do governo para promover o desenvolvimento da indústria de informática no Brasil entre 1974 e 1992. A ideia da política e de seus instrumentos fazia sentido em sua forma, mas não em sua essência. A política serviu para favorecer alguns e atrasar o desenvolvimento econômico, social e científico de todo um país. Quatorze anos mais tarde, publiquei o segundo, sobre o mesmo tema, em outro contexto: a contabilidade e a teoria das finanças têm uma forma, uma argumentação lógica, consistente e coerente; entretanto, a essência da construção e definição de valor na prática é algo muito, muito mais complexo.

Contabilidade e finanças são necessárias, mas não suficientes para determinar o valor de uma empresa ou de um projeto de investimento. Depende da perspectiva de quem os analisa. Depende do planejamento estratégico e, mais importante, de sua implementação. Depende do momento em que a transação acontece e do apetite para o risco das partes envolvidas. Ou seja, o elo entre os dois livros é o fator humano, incluindo o meu.

FINAL FELIZ?

SOB CERTO PONTO DE vista, todos os casos aqui apresentados não tiveram "finais felizes". O sr. Quixote perdeu sua empresa. Os executivos da Crazy Fish não conseguiram executar a MBO e a LBO da empresa. A Amadeus não conseguiu convencer o Fundo Fausto a financiar a estruturação societária da Ópera a seu favor. Afinal, por que alguém escreve um livro sem nenhum final feliz? Talvez porque, na vida real, há mais erros do que acertos. Talvez porque os erros sejam fontes mais ricas de ensinamentos que os acertos, já que nossos erros nos perseguem, chateiam, marcam nossas vidas, mais que nossos acertos.

RELATO PESSOAL

Uma noite, depois dar uma aula na Fundação Getulio Vargas, estava ouvindo uma entrevista no rádio com uma simpática lutadora de jiu-jitsu. No fim da entrevista, o repórter perguntou se, ao pé da cama, ela contava alguma história em especial para seus filhos pequenos antes de dormir. Ela disse que sim. Que contava sobre sua luta mais difícil contra uma adversária chinesa muito maior que ela. O repórter a interrompeu: "E você conta para eles como venceu?". "Não venci. Perdi. Apanhei feito uma cachorra", a lutadora disse com uma tranquilidade desconcertante. "Ué, não entendi", insistiu o repórter. "Você conta sobre uma luta em que apanhou?!" E a lutadora respondeu: "Sim, apanhei, mas foi a luta em que mais aprendi!"

É isto: todos esses casos se assemelham a lutas, em que apanhamos um bocado, mas que nos ensinaram muito.

A forma e a essência da contabilidade: métricas e estruturas de incentivos que alinhem executivos aos interesses da empresa e seus acionistas. O desafio de identificar riscos e mitigá-los.

A subjetividade na percepção do valor econômico das empresas. Esses desafios são ainda mais contundentes na análise de bancos. A alavancagem financeira em bancos é extrema. Talvez não haja outro setor econômico em que a alavancagem financeira seja tão importante. Talvez não haja outro setor econômico em que a administração de riscos seja tão complexa e crucial. Talvez não haja outro setor econômico com tanto poder para afetar a vida de cada um de nós, para o bem ou para o mal. De um lado, bancos podem ajudar a realizar as aspirações de consumidores, poupadores e empreendedores. De outro, as repercussões de uma crise bancária são sempre devastadoras, e **todos** perdem. A regulamentação e as regras contábeis para bancos são cada vez mais complexas, e, mesmo assim, não dão conta de acompanhar a velocidade das inovações do mercado financeiro.

Uma parte considerável do valor das bolsas e dos títulos de renda fixa no mundo refere-se a emissões de bancos, como descreve o quadro a seguir. Se considerarmos os 27 maiores países europeus, mais os Estados Unidos e o Japão, veremos que a dívida das instituições financeiras transacionadas no mercado de capitais correspondeu a 105% do PIB desses países em 2008. Em 2010, a diferença entre ativos e depósitos (*funding gap*) nos bancos europeus foi estimada em € 15,8 trilhões, quatro vezes mais que o *gap* dos bancos americanos.[8] Antes da crise de 2008, havia 400 bancos com risco AAA. Hoje, há 40, sendo que muitos deles só mantêm essa classificação por causa do apoio do Tesouro de seus países.

QUADRO CF.1 – Relação do total da dívida de instituições financeiras sobre o PIB

	1993	2007	2008
Europa-27	45%	92%	99%
EUA	57%	126%	138%
Japão	37%	27%	33%
Total	**48%**	**97%**	**105%**

FONTE: EUROPEAN CAPITAL MARKETS INSTITUTE (2009).

Consideramos que avaliar bancos é a fronteira da aplicação das teorias de valor em Finanças Corporativas. Há alguns anos, uma aluna que trabalhava no Banco Central decidiu fazer seu trabalho de conclusão de curso sobre o tema avaliação de bancos. Foi pesquisar na Amazon.com e encontrou apenas dois livros. Um deles não inspirou sua confiança. O outro ela comprou. Infelizmente, não tivemos acesso à sua monografia para saber sua conclusão. Talvez este seja um assunto para uma próxima edição deste livro.

NOTAS

1 Aqui vale um comentário: o FLC considera *quase* todos os conflitos de interesse oriundos da atuação de uma empresa, pois há um aspecto que pode ser desconsiderado: o que os economistas denominam "externalidades". Um dos exemplos mais marcantes de externalidade é o impacto ambiental das operações de uma empresa. Uma agroindústria considera o impacto da contaminação dos lençóis freáticos e da saúde do consumidor ao usar agrotóxicos?

2 Nessa época, houve 133 IPOs, com uma média de captação de R$ 716 milhões por empresa.

3 Com base no post "Uma Empresa é maior do que qualquer indivíduo? Pessoas são dispensáveis? O Caso do Banco Garantia e outros temas...", publicado no blog do autor. Disponível em: <http://eduardoluzio.wordpress.com/2013/11/08/uma-empresa-e-maior-do-que-qualquer-individuo-pessoas-sao-dispensaveis-o-caso-do-banco-garantia-e-outros-temas/>. Acesso em: 3 nov. 2014.

4 Com base no post "Como perpetuar empresas sem fins lucrativos?" publicado no blog do autor. Disponível em: <http://eduardoluzio.wordpress.com/2014/04/14/como-perpetuar-empresas-sem-fins-lucrativos/>. Acesso em: 3 nov. 2014.

5 Disponível em: <http://www.ibgc.org.br/inter.php?id=18161>. Acesso em: 25 jul. 2014.

6 KAPLAN e NORTON (1997) constroem uma ferramenta muito útil de planejamento estratégico denominada mapas estratégicos.

7 "Força maior" refere-se a eventos que fogem à nossa capacidade de evitá-los, como guerras, greves, invasões, desastres naturais (terremotos, chuvas abundantes etc.) e outros.

8 Para os interessados no tema, outras versões resumidas da tese podem ser encontradas em LUZIO e GREENSTEIN (1995; 1998).

Siglas utilizadas

EM FINANÇAS CORPORATIVAS, há muitos termos e siglas sem tradução literal consensual para o português que são amplamente utilizados pelos profissionais da área. As siglas aqui são apresentadas em ordem alfabética, independentemente de haver tradução dessas para o português. No entanto, quando a sigla em inglês é a mais conhecida, é incluída a descrição em português. Observa-se também que alguns termos traduzidos para o português foram extraídos de Brealey e Myers (1999).

AC Ativo Circulante

ACC Adiantamento de Contrato de Câmbio

ADR *American Depositary Receipt*

AIB Ativo Imobilizado Bruto

AIL Ativo Imobilizado Líquido

ANC Ativo Não Circulante

Aneel Agência Nacional de Energia Elétrica

AP Ativo Permanente

Apimec Associação dos Analistas e Profissionais de Investimento do Mercado de Capitais

BP Balanço Patrimonial

CAR Contas a Receber

CCVA Contrato de compra e venda de ações

CCVE Contrato de compra e venda de energia

CDB Certificado de Depósito Bancário

CMP Custo da Mercadoria Produzida

CMV Custo da Mercadoria Vendida

CNPJ Cadastro Nacional de Pessoas Jurídicas

Cofins Contribuição para o Financiamento da Seguridade Social

CPC Comitê de Pronunciamentos Contábeis

CPE Companhia de Propósito Específico

CPMF Contribuição Provisória sobre Movimentação Financeira

CPV Custo do Produto Vendido

CSP Custo do Serviço Prestado

CVM Comissão de Valores Mobiliários

DAC Departamento de Aviação Civil

D, A, E Depreciação, Amortização e Exaustão

DDM Modelo de Dividendos Descontados (*Dividend Discount Model*)

DFC Demonstração de Fluxos de Caixa

DLP Demonstração de Lucros e Perdas (ou Demonstrativo de Resultado do Exercício - DRE)

Doar Demonstração de Origens e Aplicações de Recursos

Ebit Lucro operacional (*Earnings Before Interests and Taxes*)

Ebitda Lucro antes de juros, impostos, depreciação e amortização - Lajida (*Earnings Before Interest, Tax, Depreciation and Amortization*)

EMBI Emerging Markets Bonds Index

ESFL Empresas sem fins lucrativos

FDC Fluxo Descontado de Caixa

FIDC Fundo de Investimento em Direitos Creditórios

FLC Fluxo Livre de Caixa

FOC Fluxo Operacional de Caixa

FPE Fundo de *Private Equity*

Gaap Princípios contábeis geralmente aceitos (*General Accepted Accounting Principles*)

ICMS Imposto sobre Circulação de Mercadorias e Serviços

ICSD Índice de cobertura do serviço da dívida

IFRS *International Financial Reporting Standards*

IGP-DI/FGV Índice Geral de Preços da Fundação Getulio Vargas

IGP-M/FGV Índice Geral de Preços do Mercado da Fundação Getulio Vargas

IOF Imposto sobre Operações Financeiras

IPC/Fipe Índice de Preços ao Consumidor da Fundação Instituto de Pesquisas Econômicas

IPI Imposto sobre Produtos Industrializados

IPO Oferta pública de subscrição inicial (*Initial Public Offering*)

IPTU Imposto Predial e Territorial Urbano

IR&CS Imposto de Renda e Contribuição Social

IRPF Imposto de Renda da Pessoa Física

IRPJ Imposto de Renda da Pessoa Jurídica

ISS Imposto Sobre Serviços de Qualquer Natureza

JSCP Juros Sobre o Capital Próprio

Lair Lucro Antes do Imposto de Renda

Lalur Livro de Apuração do Lucro Real

LBO Aquisição Alavancada (*Leveraged Buy-Out*)

LL Lucro Líquido

Ltda. Sociedade Limitada

MBO Aquisição da empresa pelos seus gestores (*Management Buy-Out*)

M&A Fusões e Aquisições (em inglês, *Mergers & Acquisitions*)

MEP Método da Equivalência Patrimonial

MOU Memorando de Entendimentos (*Memorandum of Understanding*)

NDA Acordo de confidencialidade (*Confidentiality Agreement ou Non-Disclosure Agreement*)

Pb Ponto-base (0,01%)

PC Passivo Circulante

PCH Pequena Central Hidroelétrica

PDD Provisão para Devedores Duvidosos

PECLD Perdas Estimadas em Créditos de Liquidação Duvidosa

P&D Pesquisa e Desenvolvimento

PELP Passivo Exigível a Longo Prazo

Peps Primeiro a Entrar É o Primeiro a Sair (*First in, First out - Fifo*)

PG Ponte Ganesha

PIS Programa de Integração Social

PL Patrimônio Líquido

PNC Passivo Não Circulante

PPC Paridade do Poder de Compra

PPP Parceria Público-Privada

R_c Remuneração (esperada) pelo capital

R_d Remuneração do endividamento oneroso

Refis Programa de Recuperação Fiscal

ROA Retorno sobre ativos (*Return on Assets*)

ROB Receita Operacional Bruta

ROE Retorno sobre patrimônio (*Return on Equity*)

ROL Receita Operacional Líquida

SA Sociedade Anônima

Selic Sistema Especial de Liquidação e Custódia

SIN Sistema Integrado Nacional

Susep Superintendência de Seguros Privados

TACC Taxa Anual de Crescimento Composto

TIR Taxa Interna de Retorno

TJLP Taxa de Juros de Longo Prazo

TMA Taxa Mínima de Atratividade

Ueps Último a Entrar É o Primeiro a Sair (*Last in, First out* - Lifo)

UMC Unidade Monetária Contábil

US$ Dólar estadunidense

VEA Valor Econômico Agregado ao Acionista (*Shareholder Value Added*)

VEE Valor Econômico da Empresa (*Enterprise Value*)

VP Valor Presente

VPA Valor Patrimonial por Ação

VPL Valor Presente Líquido

WACC Custo médio ponderado do capital (*Weighted Average Cost of Capital*)

Referências

AKERLOF, G.; SHILLER, R. *Animal spirits*: How human psychology drives the economy, and why it matters for global capitalism. Princeton, NJ: Princeton University Press, 2009.

ARACRUZ. *Informações Financeiras 2007*. Aracruz, 2008a.

_____. *Aracruz Celulose*: Uma história de desenvolvimento e de compromisso com o futuro. Aracruz, 2008b.

ARACRUZ. Aracruz Celulose SA. e controladas. Demonstrações financeiras em 31 de dezembro de 2008 e de 2007 e parecer dos auditores independentes. Aracruz, 2009.

BORGES, A.; OTTA, L.A. 30% das obras de concessão atrasam. *O Estado de S. Paulo*, 28 ago. 2014, p. B1.

BREALEY, R.; MYERS, S. *Princípios de finanças corporativas*. Lisboa: McGraw-Hill, 1999.

_____. *Capital investment & valuation*. Nova York: McGraw-Hill, 2003. [ed. brasileira: *Investimento de Capital e Avaliação*, Ed. Bookman, 2006.]

BRUCK, C. *The Predators' Ball*: The inside story of Drexel Burnham and the Rise of the Junk Bond Raiders. Nova York: Penguin Books, 1988.

BRUNER, R.F. *Deals from Hell*: M&A Lessons that Rise Above the Ashes. Hoboken, NJ: John Wiley & Sons, 2005.

BURROUGH, B.; HELYAR, J. *Barbarians at the gate*: The fall of RJR Nabisco. Nova York: Harper Perenial, 1990.

CARROL, P.B. & MUI, C. *Billion Dollar Lessons*. Nova York: Portfolio/Penguin, 2009.

CHIARA, M. Está mais difícil manter a liderança. *O Estado de S.Paulo*, 7 out. 2013, p. B7.

COLLINS, J. *Good to great*: Why some companies make the leap and others don't. Nova York: Harper Collins, 2001.

_____. *How the mighty falls*. Nova York: Harper Collins, 2009. [ed. brasileira: *Como as gigantes caem*. Rio de Janeiro: Campus, 2010.]

COPELAND, T.; ANTIKAROV, V. *Real options: a practioner's guide*. Nova York: Texere (Thompson Group), 2003.

COPELAND, T.; KOLLER, T.; MURRIN, J. *Avaliação de empresas Valuation*: Calculando e gerenciando o valor das empresas. São Paulo: Pearson Education do Brasil, 2002.

CORREA, C. *Sonho grande*: Como Jorge Paulo Lemann, Marcel Telles e Beto Sicupira revolucionaram o capitalismo brasileiro e conquistaram o mundo. Rio de Janeiro: GMT Editores, 2013.

DAMODARAN, A. *Damodaran on valuation*: Security analysis for investment and corporate finance. Nova York: John Wiley & Sons, 1994.

_____. *Avaliação de empresas*. São Paulo: Pearson Education do Brasil, 2007.

DE GEUS, A. *A empresa viva*: Como as organizações podem aprender a prosperar e se perpetuar. São Paulo: Campus, 1998.

DOSTOIÉVSKI, F. *Crime e castigo*. 4. ed. São Paulo: Ed. 34, 2004.

DOWNES, J.; GOODMAN, J. E. *Dictionary of finance and investment terms*. Nova York: Barron's Educational Series, 1985.

DUBNER, S. J.; LEVITT, S. D. *Freakonomics*: O lado oculto e inesperado de tudo que nos afeta. São Paulo: Campus, 2006.

ERNST & YOUNG; FIPECAFI. *Manual de normas internacionais e contabilidade*: IFRS *versus* normas brasileiras. São Paulo: Atlas, 2010.

EUROPEAN CAPITAL MARKETS INSTITUTE. Disponível em: <http://www.eurocapitalmarkets.org/system/files/ecmi+statistical+package+2009.pdf>. Acesso em: 20 dez. 2009.

FINNERTY, J. *Project finance*: Engenharia financeira baseada em ativos. São Paulo: Qualitymark, 1999.

FORTUNA, E. *Mercado financeiro*: Produtos e serviços. Rio de Janeiro: Qualitymark, 2003.

Fusões & Aquisições. Disponível em: <http://fusoesaquisições.blogspot.com.br>. Acesso em: jan. 2014.

GARTNER, W.B. Who is an enterpreneur is the wrong question, *American Journal of Small Business* (primavera), 1988.

GAZZONI, M. Só 1% das empresas sai da recuperação judicial no Brasil. *O Estado de S. Paulo*, 14 out. 2013.

HREBINIAK, L. G. *Making strategy work*. Upper Saddle River, NJ: Wharton School Publishing, 2005.

HOUAISS, A. *Dicionário Houaiss da língua portuguesa*. Rio de Janeiro: Objetiva, 2001.

IBGC (Instituto Brasileiro de Governança Corporativa). Disponível em: <www.ibgc.org.br/inter.php?id=18161. Acesso em: 25 jul. 2014.

IUDÍCIBUS, S.; MARTINS, E.; GELBCKE, E. *Manual de contabilidade das sociedades por ações (aplicável também às demais sociedades)*. São Paulo: Atlas, 2003.

KAPLAN, R. S.; NORTON, D. P. *Mapas estratégicos* - Balanced scorecard: convertendo ativos intangíveis em resultados tangíveis. Rio de Janeiro: Campus, 1997.

______. *A estratégia em ação* - Balanced scorecard. Rio de Janeiro: Campus, 2004.

LEITE, H. *Contabilidade para administradores*. São Paulo: Atlas, 1993.

LISPECTOR, C. *Crônicas para jovens:* De escrita e vida. Rio de Janeiro: Rocco, 2010.

LUZIO, E. *The microcomputer industry in Brazil*: The case of a protected high-technology industry. West Port, CT: Praeger, 1996.

______. Fusões e aquisições. FALTA SUB. São Paulo/Rio de Janeiro: Cengage Learning/Senac-RJ, 2015.

LUZIO, E.; GREENSTEIN, S. Measuring the performance of a protected infant industry: The case of Brazilian microcomputers. *Review of Economics and Statistics*, Harvard University, v. 77, n. 4, 1995.

______. Protectionism and high-technology industries: Lessons from the Brazilian microcomputer industry. In: ______. *The handbook of Latin American trade in manufactures*. Northampton, MA: Praeger, 1998.

LUZIO, E. Fusões e aquisições em ato. *Guia prático: geração e destruição de valor em M&A*. São Paulo: Cengage Learning, 2015.

LUZIO, F. *Fazendo a estratégia acontecer*: Como criar e implementar as iniciativas da organização. São Paulo: Cengage Learning, 2010.

MANDL, C. Analistas reclamam de maior transparência. *Valor Econômico*, São Paulo, 30 jun. 2005. Empresas, p. B2.

MARKIDES, C. *All the right moves*. Boston: Harvard Business School Press, 2000.

MARTIN, J. D.; PETTY, J. W., *Value based management*: The corporate response to the shareholder revolution. Boston: Harvard Business School Press, 2000.

MARTINS, E. (Org.). Avaliação de empresas: da mensuração contábil à econômica. São Paulo: Atlas, 2001.

MARTINS, E.; IUDÍCIBUS, S.; GELBCKE, E. R.; SANTOS, A. *Manual de contabilidade societária:* Aplicável a todas as sociedades de acordo com as normas internacionais e do CPC. 2. ed. São Paulo: Atlas, 2013.

MÜSSNICH, F. *O futuro chegou e o Brasil agora é respeitado*. 2011. Disponível em: <http://www.conjur.com.br/2011-jun-05/entrevista-francisco-mussnich-advogado-especialista-direito-societario>. Acesso em: 21 nov. 2014.

OSTERWALDER, A.; PIGNEUR, Y. *Business Model Generation*: A handbook for Visionaries, Game Changers, and Challengers. Hoboken, NJ: John Wiley & Sons, Inc., 2010.

PAGE, M. *Como me tornei estúpido*. Rio de Janeiro: Rocco, 2005.

PORTER, M. *Competição*. Rio de Janeiro: Campus, 1999.

RAPPAPORT, A. *Creating shareholder value*: A guide for managers and investors. Nova York: The Free Press, 1998.

REVISTA Conjuntura Econômica. São Paulo: FGV, v. 58, n. 2, fev. 2004.

RUMELT, R. P. *Good Strategy, Bad Strategy*: The Difference and Why it Matters. Nova York: Crown Business, 2011. [ed. em português: *Estratégia Boa, Estratégia Ruim*. Rio de Janeiro: Ed. Campus, 2011.]

SAFRANSKI, R. *Schopenhauer and the wild years of philosophy*. Cambridge: Harvard University Press, 1991.

SARAMAGO, J. In: ABC (Suplemento El Semanal), Madri, 7-13 jan. 2001.

SARASVATHY, S.; MENON, A. *Failing firms and successful entrepreneurs: serial entrepreneurs as a serial machine*. Working paper, University of Washington, 2002.

SERVIÇO BRASILEIRO DE APOIO ÀS MICRO E PEQUENAS EMPRESAS (Sebrae-SP). *10 Anos de monitoramento da sobrevivência e mortalidade de empresas*. São Paulo: RS Press Editora, 2008.

SÊNECA. *Sobre a brevidade da vida*. São Paulo: Nova Alexandria, 1993.

SHELL, R. G. *Negociar é preciso*. São Paulo: Negócio, 2001.

STUART, J. *Covil de ladrões*: O escândalo financeiro que abalou Wall Street. São Paulo: Bertrand Brasil, 1993.

SYMONDS, J. Melhorando a contabilidade. *Valor Econômico*, São Paulo, 20 fev. 2004.

SZIPRO, G.G. *Pricing the future: finance, physics, and the 300-year journey to the black-scholes equation*. Nova York: Basic Books, 2011.

TANURE, B.; CANÇADO, V. Fusões & Aquisições: aprendendo com a experiência brasileira. *Revista de Administração de Empresas* - RAE, São Paulo, v. 45, n. 2, abr jun, 2005, p. 10 22.

THE ECONOMIST. Stars of the junkyard. Disponível em: www.economist.com/node/17306419. Acesso em: 18 nov. 2014.

TORRES, F. Lajida, polêmico também na padronização. *Valor Econômico*. São Paulo, 20 dez. 2010.

VALUE LINE INVESTMENT SURVEY ®. Disponível em: <https://research.valueline.com>. Acesso em: 30 out. 1998.

Índice remissivo

E

F

G

H

I

J

L

M

R

Este livro foi impresso pela Lis Gráfica e Editora Ltda.,
em papel *off-set* 70 g/m^2 no miolo e cartão 250 g/m^2
na capa, para Editora Senac Rio de Janeiro
e Cengage Learning, em dezembro de 2014.